미술치료학 연구법

미술치료학 연구법

Lynn Kapitan 지음

장연집, 손승아, 안경숙, 장윤정, 최호정 옮김

Introduction to Art Therapy Research

Σ**시그마프레스**

미술치료학 연구법

발행일 | 2012년 11월 30일 1쇄 발행

저자 | Lynn Kapitan
역자 | 장연집, 손승아, 안경숙, 장윤정, 최호정
발행인 | 강학경
발행처 | (주)시그마프레스
편집 | 이미수
교정·교열 | 류미숙

등록번호 | 제10-2642호
주소 | 서울특별시 영등포구 양평로 22길 21 선유도코오롱디지털타워 A401~403호
전자우편 | sigma@spress.co.kr
홈페이지 | http://www.sigmapress.co.kr
전화 | (02)323-4845, (02)2062-5184~8
팩스 | (02)323-4197

ISBN | 978-89-97927-59-3

Introduction to Art Therapy Research

＊책값은 뒤표지에 있습니다.

역자 서문

2000년대 국내에서는 미술치료학이 새로운 전공 분야로 등장하였다. 기존의 학문들이 학부 과정을 토대로 학위 과정을 개설해 놓은 것과는 달리, 국내외의 미술치료학 전공은 학부 과정에는 거의 설치되어 있지 않다. 대부분은 대학원에서 석사학위 과정만 운영하고 있으며, 극히 일부 대학원에서만 석사학위 과정과 박사학위 과정 모두를 운영하고 있다.

대부분 석사학위 과정에 집중되어 있는 미술치료학은 대학원의 유형에 따라 학문적 오리엔테이션이 매우 다르게 설정되어 있다. 다시 말해 미술치료학이라는 전공 명칭을 동일하게 사용하고 있지만, 학문적 정체성은 다양하다는 것이다.

미술치료를 심리치료의 한 유형으로 보고 사회과학 분야에서 접근하는 대학원이 있는가 하면, 예술치료라 하여 미술과 매체 개발에 관심을 두고 접근하는 대학원도 있고, 대체보완치료로 접근하는 대학원도 있으며, 미술교육과 혼용하여 접근하는 대학원도 있다.

대학원 과정은 교과 과정의 운영을 통해 학문을 심화시키며, 관련된 학문적 소양을 소지한 경우 학위를 수여하게 된다. 대부분의 학문은 그 학문이 쌓아온 역사적 흐름 위에서 일관된 학문적 정체성을 지니게 된다. 이에 학위 과정에서 운영하는 교과 과정, 다양한 훈련, 연구 접근방법, 교수들의 학문적 배경, 졸업생들의 미래 진로 선택 등에서 상당히 공통되며 일관성을 지니게 된다. 반면 2000년대 등장한 한국의 미술치료학은 기존의 학문들과는 상황이 좀 다르다. 역자들은 미술치료학이 기존의 학문들과 같이 안정되고 일관성 있는 학문적 정체성을 갖기를 희망하고 있다.

대학원 과정이 개설된 지 10여 년이 된 한국 미술치료학 전공의 학문적 정체성의 다양성은 학문적 접근과 강조점 그리고 다양한 수행 능력을 보이는 미술치료사를 배출하고 있다. 이로 인해 한국의 미술치료학 전공을 접한 정신건강 전문인이나 관심이 있는 이들 역시 그들이 접한 기관이나 전문가들에 의해, 한국의 미술치료학 전공을 바라보는 요구와 기대 역시 매우 다양한 상황이다.

이 같은 특수성은 미술치료학 전공이 등장한 첫 10년, 즉 미술치료학이 자라온 햇수인 10년 내에 일어난 일이다. 한국의 미술치료학은 국외 미술치료학을 접한 이후에 생겨났다. 그러나 이제 세계의 미술치료학을 이끌어 가는 대열에 함께하고, 앞으로 세계의 미술치료학을 이끄는 학문적 주도국이 되기 위해서는 우선 이 같은 다양성의 이유와 특수성의 올바른 역할 및 목표를 분명히 해야 할 필요가 있으며, 이를 위해서는 보다 발전적인 바름의 큰 틀에서 올바른 학문적 정체성의 정리가 필요하다.

한국 미술치료학의 다양성이 나타나는 큰 원인 중 하나는 오늘날 미술치료학이 다루는 영역이 매우 확대되었기 때문이다. 미술치료는 처음에는 정신병리가 있는 정신과 환자를 위해 임상 상황에서 요구되어 시작되었다. 그러나 시대적인 급변화와 정신건강의 증진을 위해 심리치료를 요구하는 새로운 수요층이 생겨남에 따라, 오늘날의 미술치료 적용 대상은 일반인에게까지 확대되었다.

원래 미술치료는 정신과 환자를 위해 시작된 것으로 이를 임상미술치료 또는 미술심리치료로 명명해 볼 수 있다. 그리고 오늘날에는 이외에도 세 가지 유형의 미술치료가 있다. 특수교육기관이나 다양한 형태의 특수학교와 같은 곳에서 실시되는 기관 중심 미술치료가 있고, 정신과를 제외한 내과·소아과·외과·정형외과 등 일반 병원들 중심으로 환자의 이완과 병의 쾌유를 도와주는 의료미술치료가 있으며, 정상인의 자아발견이나 창의성 개발 등을 위한 미술치료가 있어 현재는 총 네 가지 유형의 미술치료로 대별해 볼 수 있다.

다시 말해 오늘날 미술치료라고 부르는 치료적 접근에는 네 가지 유형이 혼용되고 있으며, 네 가지 유형의 대상자는 정신병리가 있는 환자부터 일반인에 이르기까지 다양하고, 연령별로는 유아부터 노인에 이르기까지 남녀노소 모든 연령에 적용이 가능하다. 그리고 미술치료는 개인 중심의 개별미술치료, 집단미술치료, 그리고 대규모의 집단에도 적용이 가능하다. 주된 치료로 사용하기도 하는 동시에, 다른 치료를 보완해 주는 보조치료로도 활용이 가능하다.

이 같은 특성이 바로 오늘날 한국의 미술치료학이 대학원 과정에서 학문적 정체성과 운영의 다양성을 낳게 되는 가장 주된 근원이라고 여겨진다. 그리고 학부 과정에서 무엇을 전공하였든 간에 누구나 대학원 학위 과정으로의 접근이 가능하다고 보는 학문에의 근접성 또한 이를 가속화시킨다고 본다.

의사나 임상심리학자, 상담심리학자 등 정신건강 전문인을 배출해내는 데에는 기본적으로 수년이 걸리고, 여기에 더해 임상훈련 기간과 개인적인 노력이 요구된다. 누구도 이들의 길이 쉽다고 여기지 않는다. 전문가라는 것은 그렇게 만들어지고 키워지기 때문이다.

학부와는 다른 전공을 선택하여 2년 만에 석사학위를 수여받는다고 할 때 분명한 것은 그 분야의 공부를 2년 이내 동안 매우 집중적으로 다루었다고 해도 그 분야에서 다루어야 할 내용을 제대로 알고 익혀 가기에는 그 기간이 터무니없이 짧다는 것이다. 모든 학문에서도 그러하긴 하지만, 미술치료학 석사학위를 소지해도 그 분야를 제대로 큰 시각으로 다룰 수 있다고 보기 어려운 것이 오늘날의 현실이다.

대학원 과정에 설치된 미술치료학 전공은 학위 과정에 걸맞은 내용을 다루면서 비로소 학문적 발전의 가능성과 전문가로서의 기초적 경쟁력을 만들어 가게 된다. 이는 다양하고 재미있는 미술치료 워크숍과 다를 수 있다. 미술치료를 학문적으로 접근하는 대학원 과정에서는 각 대학원마다 개설해 놓고 있는 개설과목과 대학원 과정에서 요구하는 다양한 시험들 그리고 연구계획서의 준비와 청구논문의 발표 그리고 심사 과정을 거치게 된다. 특히 석사학위 청구논문을 준비하기 위해서는 연구방법론을 적용한 연구주제를 다루게 되며, 연구결과를 산출해내야 한다.

미술치료는 미술작업을 통하여 긍정적인 변화와 성장을 증진시켜 정신건강에 긍정적 영향을 주는 새로운 심리치료 분야이다. 미술치료에서 활용하는 다양한 미술 매체는 미술치료사의 전문적인 판단에 의해 선택되며, 미술 작업은 환자에게는 다양한 정신병리를 치료하는 것에서부터 일반인에게는 오래된 문제를 새로운 방식으로 생각하도록 이끌어 주거나 자기발견, 자기치유 등의 효과를 만들어내게 된다. 이 같은 미술치료의 효과는 흔히 현장에서 미술치료사의 눈을 통해 확인된다. 미술치료사가 가끔 치료회기 내에서 일어난 놀라운 변화를 접하게 될 때 미술치료의 힘 앞에 경외감까지 느끼게 된다. 감탄스럽고 놀라운 경험들은 미술치료사 자신과 가까운 사이에서는 말로 전달이 되기도 한다.

같은 상황에 처했다고 했을 때 학위 과정을 밟은 미술치료학의 연구자들은 미술치료의 효과와 경험을 과학적인 연구방법론을 통해 전달하려고 한다. 연구에서는 미술치료를 통해 이끌어낸 성공 요인이 무엇이고, 미술치료를 경험하는 동안 발생하는 인지적·심리적·창조적 과정의 설명, 그리고 미술치료 회기에서 다루어진 미술작업의 이해 등 이 모든 것들을 매우 정확하고도 확신을 가지고 과학적으로 설명하게 된다.

연구란 학문적이고 과학적인 조사 혹은 철저하게 공부하기 위해 계속해서 찾아내는 것이다. 성실한 연구를 수행하여, 발견하는 것은 미술치료학 발전과 현장에 알려지게 된다.

한국의 미술치료학 전공은 10년 정도의 학문적 역사를 가지고 있고, 성별에 관계없이 모든 연령에 적용 가능하며, 두려움이나 거부감 없이 누구나 접근할 수 있는 친화성이 있으며, 언어 사용에 제한을 받지 않는 등 수많은 긍정적 이유로 인하여 많은 관심과 호응 속에, 여러 유형의 대학원을 통해 졸업자들을 배출하고 있다. 지난 2012년도를 기준으로 국내에서 수행된 미술치료라는 주제의 연구편 수를 Riss에서 찾아보면, 학위논문 2,445편, 학술지논문 1,625편, 단행본 1,246편, 기타 자료 23편, 총 5,339편이다. 여기에 미술치료라는 용어가 들어가지 않은 미술치료의 연구물까지 합치면 연구물은 훨씬 더 많다.

　미술치료학 전공자들의 미래는 그들이 수행해 놓은 연구결과와 비례된다. 미술치료학의 학문적 경쟁력은 사회적 요구뿐만 아니라, 이를 뒷받침할 수 있는 학위 논문과 연구물들이다.

　미술치료학의 연구내용은 국내외를 막론하고 미술치료학 전공자들 사이에서뿐만 아니라 동일 전공과 유사 전공 및 타학문 분야의 전공자 그리고 정신건강 전문가 집단들과도 상호 의사소통이 이루어져야 한다. 이는 나아가 협력적인 연구로 이어질 수 있는 수준이어야 한다.

　미술치료학의 학문적 특수성을 배경으로 연구를 수행하기 위해 각 대학원 과정에서는 양적 연구, 질적 연구, 연구방법론, 통합적 접근법 등 다양한 교과목을 설치 운영해 오고 있다. 그러나 다양한 학부 과정을 배경으로 가지고 있는 미술치료학 석사학위 과정생들의 경우, 이 같은 강의가 그들에게 얼마만큼 도움이 되어 줄지에는 개인차가 많을 것이다. 석사학위 청구논문을 준비하기 위해서는 연구 마인드를 지녀야 하며, 이를 2년간의 석사학위 과정에서 올바르고 제대로 갖추려면 각고의 노력이 요망된다.

　다행히 미술치료학이라는 학문의 특수성을 반영하는 동시에 미술치료학 분야의 연구에서 요망되는 기초적 개념을 다루고 있어서, 그동안 석사학위 과정생들이 지녔던 어려움을 겪지 않고 쉽게 접근할 수 있도록 구성해 놓은 Lynn Kapitan의 『Introduction to Art Therapy Research』가 2010년 6월 미국에서 출간되었다. 미술치료학 전공 연구에서 요구되는 연구에 대한 개념, 질적 연구, 양적 연구 등 다양한 접근법에 관한 기본적인 측면들을 자상하게 안내해 주는 이 책은 미국에서 출간된 즉시 국내에서는 질적 연구와 양적 연구에 정통한 본 교재의 번역 팀들이 『미술치료학 연구법』이라는 제목으로 번역에 착수하게 되었다.

　미술치료학 전공의 대학원 과정에서는 일반 학문의 석사학위 과정 2년에 비해 고된 시간을 보내게 된다. 학부에서 기초적 개념을 4년 동안 다루고, 대학원 과정을 통해 이를 심화시키는 일반적인 학문들과는 달리, 미술치료학이란 전공은 기존의 학문적 연구접근들과는 매우 다른 부분들이 있다. 2년간의 석사학위 청구논문을 준비하는 기간은 동일하지만, 현장에서의 체험과 미술활동이란 특수성으로 대학원에서의 연구 이외에도 학위 과정 내에서 요구되고 채워야 할 부분이 너무도 많다.

미술치료학이란 학문적 정체성을 갖기 위해 요구되는 시간도 턱없이 부족한 데다가, 심리치료를 다루기 위해 심리학 관련 과목을 수강해야 하고, 현장에서 실습을 통해 다양한 내담자, 환자, 일반인들을 만나야 하며, 미술활동도 해야 하므로, 늘 시간에 쫓기고 해놓은 것은 아무것도 없이 헛바퀴만 돈 듯한 2년을 보내게 된다. 심지어는 학위 과정을 마쳐도 이 같은 느낌은 지속된다. 아는 것도, 할 줄 아는 것도 없는 것 같은 끝없는 부족한 느낌은 이 분야에서 열심히 노력하는 전공자들의 공통점이기도 하다. 이는 학문적 정체성과 오리엔테이션이 약하기 때문이기도 하고, 자신들의 역량이 부족하기 때문이기도 하다.

미술치료학 전공으로 석사학위 과정을 밟는 대학원 학위 과정생의 중요한 입학 목적은 무엇보다도 훌륭한 논문을 쓰고 원하는 학위를 취득하는 것이다. 훌륭한 논문을 쓰기 위해서는 연구라는 것이 무엇인지를 제대로 알 필요가 있다. 미술치료학 분야는 일반 사회과학이나 자연과학처럼 일반적인 양적 접근이나 질적 접근을 시도하기 이전에 미술치료학이라는 학문적 특수성이 지니고 있는 예술로서의 미술이 아닌 미술치료학에서 다루는 미술과 관련하여 다루어져야 할 개념들이 있다. 이런 개념들을 다루면서 미술치료학 연구를 위해 갖추어야 할 기본적인 부분들을 쉽게 접근하면서도 양적 접근과 질적 접근 모두를 다뤄놓고 있는 이 책은 그동안 미술치료학 연구 분야에서 매우 필요로 하였던 전공서적이다. 일반적인 통계적 연구나 질적 연구를 다룬 서적, 그리고 연구방법론을 다룬 서적들은 시중에 많이 출간되어 있다. 그러나 미술치료학에서의 연구수행을 위해 Kapitan이 2010년 6월 출간한 『Introduction to Art Therapy Research』는 『미술치료학 연구법』이라는 제목으로 번역되어도 좋을 정도로 충분히 가치가 있고, 적합한 내용들을 다루고 있다. 이에 석·박사학위 과정 중인 미술치료학 전공자, 현장의 미술치료 전문가, 그리고 미술치료학 전공 학위 과정생을 지도하는 교수들, 미술치료학에 관심 있는 분들에게 활용해 보도록 추천 드리고 싶다.

이 책은 전체가 '제1부 미술치료 연구개요', '제2부 미술치료 연구방법', '제3부 미술치료 연구수행을 위한 제반사항'의 세 부분으로 나누어져 있고, 전체는 아래와 같이 10개의 장으로 구성되어 있다.

제1부 '미술치료 연구개요'는 제1장에서 제2장까지이다.

제1장 '미술치료 연구의 전반적인 진행 과정'에서는 연구수행을 위한 연구의 필요성과 미술치료 영역에서의 연구의의에 대해 설명하고 있다. 그리고 연구설계의 기본이 되는 7단계인 연구문제 찾기, 연구문제 발전시키기, 문헌고찰, 연구방법론의 선정, 연구수행을 위한 자료와 도구선정, 윤리적 측면과 연구의 수행, 연구결과와 발표하기를 다루고 있다.

제2장 '미술치료 연구에서 미술의 역할'에서는 '미술'이 연구의 주된 맥락으로 자리 잡도록 하기 위한 전문성과 관련된 이슈를 다루고 있다. 특히 미술치료에서의 '미술'의 역할을 조명하고, 미술치료사의 세계관, 미술치료에서 다루는 미술작업의 윤리적 측면, '미술'을 해석하는 것과 관련된 전문성 영역, 사회문화인류학적인 관점의 반영, 다학제적 접근의 필요성, 과학적 연구를 위한 미술치료에서의 평가, 질적·양적 연구의 통합적 접근, 폭넓고 다양한 질문, 목표, 제안들을 다루고 있다.

제2부 '미술치료 연구방법'은 제3장부터 제7장까지이다.

제3장 '미술치료의 양적 모형'에서는 양적 연구의 인과관계를 설명하기 위해 조작과 측정, 통제, 무선화, 체계화, 선계획된 구조 등을 살펴보고, 양적 연구의 실험모형인 진실험, 통제집단설계, 단일사례연구, 준실험연구, 연구 프로토콜 등을 소개한다. 또한 실험연구의 측정과 통계분석을 간단히 언급하고, 실험연구의 타당도를 고찰하고 비실험연구인 상관연구와 조사연구 등을 다룬다.

제4장 '증거기반 성과연구'에서는 결과 차원에서 효율성과 효과성에 대한 설명, 좋은 임상 실제의 확장으로서의 방법론, 처치와 효과에 대한 것, 증거기반 실제를 위한 연구모형, 전반적인 미술치료 프로그램의 효과성을 보는 성과연구의 한 형태로 프로그램 평가연구, 보조금과 기금을 얻기 위한 프로그램 평가에 대해 다루고 있다.

제5장 '현장 중심 연구 : 참여관찰'에서는 현장을 관찰하며 동시에 참여하여 연구를 진행하는 형태로 내부자의 관점과 외부자의 관점을 균형감 있게 유지하며 변화를 위한 실용적이고 직접적인 문제해결 전략을 강조하는 접근법을 다루고 있다. 참여관찰 현장연구에서 세 가지 주요 방향은 1인칭 실행연구(Action Research, AR), 2인칭 사례연구(국내에서는 질적 연구로서 사례연구는 잘 다루지 않음), 3인칭 탐구(문화기술지, 문화기술지 연구에 대한 비평-지향적 관점, 참여행위연구(Participatory Action Research, PAR)로 나눠 다루고 있다.

제6장 '현상학 및 해석학적 접근'에서는 질적 연구의 한 분야인 해석학적 현상학의 질적 탐구의 과정에 관하여 자세히 설명하고 있다. 특히 미술치료 연구자가 현상학적 질적 연구에서 수행해야 하는 발견적 탐구의 핵심개념과 6단계 과정(초기개입, 몰입, 잠복기, 조명, 설명, 창조적 통합)을 자세히 소개하고 있다. 또한 발견적 탐구 시에 유의해야 하는 사항들에 대해서도 구체적으로 언급하고 있다.

제7장 '미술기반 탐구 : 새롭게 출현하고 있는 미술치료 패러다임'에서는 미술기반 탐구의 목적, 특성/미술기반 연구방법 : 미술적 실제(artistic practice)의 체제/ 자료수집, 자료분석, 결과물 제시로서의 미술작업/미술기반 탐구와 다른 연구 패러다임의 관계/과학적 연구에서의 미술가와 연구자의 심층 역할/미술기반 탐구와 미술치료 연구의 성과를 다루고 있다.

제3부 '미술치료 연구수행을 위한 제반사항'은 제8장부터 제10장까지로 구성되어 있다.

제8장 '연구계획서와 연구윤리'에서는 연구계획을 연구보고서로 작성하는 방법, 또 연구에 참여하는 사람인 연구참여자의 권리를 보호하기 위한 기관윤리 심의위원회(IRB)의 승인, 연구과정에서의 윤리적 역할에 대해 다루고 있다.

제9장 '연구수행과 결과 보고'에서는 양적 연구와 질적 연구의 차이점을 설명하고, 좋은 연구의 모형을 찾을 수 있는 방법을 알려준다. 그리고 실제로 연구보고서를 어떻게 읽을 것인가에서는 몇몇 연구를 사례의 초록, 연구문제, 샘플, 정보수집, 정보분석, 결과, 논의, 제한점을 간략히 정리하여 각 연구에서 무엇이 잘되었고 무엇이 안 되었는지를 보여주는 근거를 제시해 주고 있다. 그리고 연구를 평가하기 위한 보고서의 기준, 미술치료 연구의 모형, 결과물의 질을 높이기 위한 연구수행도 다루었다.

제10장 '미술치료 연구물의 학술지 출간을 위한 글쓰기'에서는 미술치료 연구논문이나 학위논문을 전문 학술지에 출판하기 위해 요구되는 글쓰기의 방법과 미술치료 연구논문의 저작권과 윤리적인 측면 등에 대해 다루고 있다. 출판을 위해 미국심리학회(APA)에서 제시하는 가이드라인의 활용과 함께, 논문 제출 이전에 살펴봐야 할 사항들의 검토와 심사 과정에서 밟는 단계를 설명하였다.

국내 미술치료학 연구는 미술치료학의 특수성과 다양성으로 인하여 학문적 정체성과 경쟁력을 갖추기 위해 연구의 축적이 매우 중요시되어야 한다. 이 책은 위와 같이 세 부분으로 나눈 다음 10개 장으로 구성하여 미술치료학 연구의 기본적이고 기초적인 측면을 상세하고도 집약적으로 다루고 있다.

전문가들 사이의 대화는 비전문가들과의 대화와는 다르다. 전문가라 함은 상대를 파악하여 최적이자 최선의 반응을 할 수 있는 능력을 갖춘 자를 말한다. 이 책은 전문가들 사이에서 이루어지는 과학적인 대화를 위한 기초적인 내용을 담고 있으며, 과학적 연구수행 과정과 관련한 상세하고 전반적인 내용을 다루고 있어 미술치료학의 학위 과정을 준비하는 연구자들에게는 매우 유용한 연구의 동반자가 될 것이다. 동시에 한 학기 미술치료학 연구를 위한 대학원 교재로도 활용도가 높다고 생각한다. 국내의 다양한 대학원에서 미술치료의 양적 연구,

질적 연구, 통합적 연구, 연구방법론의 강의를 수강하기 이전에 스스로 편안히 읽어 보고 원하는 강의를 수강하는 것도 좋은 접근이라 여겨진다.

미술치료학 연구의 기초이면서 미술치료학의 특수성을 반영하고 있으므로 미술치료학의 학위 과정생과 연구자뿐만 아니라 미술치료에 관심이 있는 모든 분들께도 훌륭한 지침서가 될 것이다.

이 책을 출간하도록 격려해 주신 (주)시그마프레스 강학경 사장님과 편집에 힘써 주신 편집부 직원 분들께 깊은 감사를 드린다.

2012년 11월
역자 대표

차례

제2부 미술치료 연구방법

제3부 미술치료 연구수행을 위한 제반사항

제8장 연구계획서와 연구윤리 _ 253

제9장 연구수행과 결과 보고 _ 277

제10장 미술치료 연구물의 학술지 출간을 위한 글쓰기 _ 329

서론

연구
- 학문적이거나 과학적인 연구 또는 탐구
- 철저하게 연구하기 위해, 나이 든 프랑스인으로부터
  찾아내기 위해 반복적으로 탐색한다.

탐구
- 탐구하는 활동, 즉 문제를 만들고 조사하거나
  연구한다.
- 정보나 진실을 탐색해내기 위해 요구되는 어떤
  문제에 대한 정밀한 조사

문제
- 무언가를 찾거나 추적하는 활동 또는 사례
- 고대 라틴으로부터 게임을 찾는 것

사냥
- 쫓는 것, 찾는 것, 연구하는 것
- 근면한 연구를 수행하는 것, 찾는 것

実제로 일어난 일은 무엇인가? 미술치료사는 무엇을 살피고, 무엇을 실현하고자 하는가? 연구는 예술가가 작품을 만드는 문제, 미술치료사가 내담자를 돕는 문제, 그리고 학생이 선택한 미술치료 분야의 전문가가 되기 위한 길을 찾는 문제와 관련된 지식을 찾는 창의적 활동이다. 성공적인 연구결과의 핵심은 변형을 이끄는 힘의 가치를 지닌다는 것이다. 좀 더 효과적인 치료실제를 위해서는 좀 더 정확한 지식, 인간의 삶의 사건이나 경험의 영향에 대한 좀 더 깊은 이해, 또는 미술치료 사례를 형성하는 새로운 사실과 인식에 근거해야 하기 때문이다.

전형적인 창의적 과정으로서의 연구

연구는 창의적인 과정이다. 그것은 누군가가 새로운 무언가를 어떻게 발견해내는가 또는 무언가를 진실이라고 확인해내는가를 창의적으로 상상하는 활동에서 시작된다. Leedy(1997, p. 5)에 의하면 연구는 다음과 같은 여덟 가지 특성이 있다.

1. 문제 또는 의문으로 시작된다.
2. 명확한 목표 또는 목적이 필요하다.
3. 특정한 계획 또는 절차를 따른다.
4. 일반적으로 관리 가능한 하위 문제들로 나누어진 주요 문제로 구조화된다.
5. 특정 연구문제, 연구질문 또는 가설을 이끈다.
6. 어떤 가정들을 수용한다.
7. 문제를 해결하기 위한 자료수집과 해석이 필요하다.
8. 나선형의 조사연구로 접근한다.

이런 원칙은 다른 학문적이고 창의적인 활동과 구별되는 것이다. 예를 들어, 연구는 도서관이나 인터넷에서 사실들을 검색하거나 보고서를 쓰는 것이 아니라 연구자는 문제에 대해 의미 있는 관계를 설명하는 어떤 방식으로 사실들을 해석해야만 한다. 연구는 연구문제에 대한 단순한 반영이 아니라 실재적인 계획이 요구된다. 질적 연구는 연구자가 어떻게 문제의 틀을 세우고, 그것에 대해 유용한 자료를 수집하며, 그에 대한 결과를 설명하는가에 대해 구성한다. 그러나 이 정의에는 연구수행에 창의적인 활동을 배척하지는 않는다. 미술치료는 전문성에 도움이 된다는 맥락에서 미술치료사가 그들의 창의적 작업에 관해 생각하고 접근하는 방식이기 때문에 연구에 있어 독특한 시각이 필요하다.

미술치료사의 최근 도전은 그들의 핵심적인 가치를 반영하고, 지식에 대한 예술가와 과학자라는 두 가지 방식으로 치료 계획에 대해 알고 실행하도록 질문 방향을 발견하는 것이다. Broud와 Anderson(1998)은 미술치료사가 연구를 수행할 때 고려해야 하는 세 가지 주된 동기를 제시하였다. 첫 번째 동기는 연구가 예측 가능한 결과를 산출하기 위해서 해결되어야 할 일련의 문제들로 접근되어야 한다는 것이다. 두 번째 동기는 호기심과 경외감의 태도를 가지고 세계를 단순하게 이해하고자 하는 것이다. 연구는 충분한 조각들이 함께 맞춰질 때 좀 더 큰 그림으로 이해되는 하나의 퍼즐이다. 세 번째 동기 또한 경외감 제공에 관한 것이지만 그것은 놀람과 발견의 경외감이다. 연구는 해결해야 할 문제나 퍼즐이라기보다는 좀 더 평가되어야 할 미술작업과 같은 것이다. 비록 모든 연구질문에 똑같이 적합한 것은 아니지만 이 세 가지 동기는 미술치료 연구에 타당하고 서로 공존될 수 있는 것들이다.

창의적인 탐구를 위해 유용한 또 다른 은유는 원형을 찾아내고 모으는 형태처럼 연구를 상상하는 것이다(Kapitan, 1998). 현대를 살아가고 있는 우리 인간은 채집생활을 하던 조상들로부터 물려받은 본능적인 패턴을 버리지 못하고 있다. 사냥은 인간이 세계와 맺었던 원시적 관계에 근거한 지식에 대한 탐구이다. 이것은 많은 연구로 특징지어지는 생생한 원형을 미술치료사에게 제공한다. 미술치료사들이 치료실제에 도전하여 그들 자신의 본능적 반응을 찾기 시작할 때 자연적으로 전통적인 과학적 탐구뿐 아니라 미술에 대한 원칙, 도구, 방법, 사고과정에 도달한다. 그들은 확대된 원형적인 창의적 과정으로 연구에 참여할 수 있다. 사냥과 연구 모두 개인과 그들을 둘러싸고 있는 역동적인 상호작용으로 이루어져 있다. 과학과 예술은 모두 동일한 상호교환을 제공한다. 사냥—채집 전통에 대한 지식은 어떻게 수행하는지, 무엇을 얻는지, 그리고 인생의 요구에 직면했을 때 집중해야 할 중요한 것이 무엇인지에 관련된 것이다(Ortega y Gassett, 1943/1985). 예술가와 과학자, 치료사와 연구자, 고대의 사냥꾼과 채집가는 항상 이런 깊은 인간 탐구에 참여한다.

미술치료 연구의 간략한 역사

오늘날 미술치료사들은 연구의 중요성을 인정한다. 그것은 미술치료 분야에서 급증하고 있는 연구의 수가 이를 대변해 주고 있다. 'Journal of the American Art Therapy Association', 'The Arts in Psychotherapy', 'International Journal of Art Therapy', 그리고 최근의 다른 학문적 저널들같이, 대학 미술치료 교육이나 학위 프로그램에 요구되는 구성요소로서 연구가 포함되고 있다. 담화는 미술치료사가 연구를 해야 하는가 하지 않아야 하는가 또는 연구를 어떻게 수행해야만 하는가에 관한 의구심에서 벗어나야 한다. 미국에서 출간된 미술치료 연구의 역사를 간략히 살펴보는 것은 미술치료 발달에 새로운 연구 전통의 예를 제공할 수 있다.

1960년대 미술치료의 첫 번째 저널인 'Bulletin of Art Therapy'가 1968년에 출간되었고, 여기에는 미술치료 연구활동에 대한 설명이 포함되었다. 재명명된 새로운 명칭인 'American Journal of Art Therapy'에서는 미술치료의 다양한 작업들을 연대기로 올렸고, 미술치료사들에 의해 이루어진 논문심사 출간을 고무시켰다.

1970년대 1970년대 대학원생들은 20세기 중반의 심리학 이론과 미술 스튜디오를 접목시킨 미술치료를 배웠다. 출간된 미술치료 문헌이 거의 없었고 미국 내에 존재했던 책들은 거의 새로 활용될 수 있었던 것들이었다(Anderson, 1978; Betensky, 1973; Robbins & Sibley, 1976; Rubin, 1977; Ulman &

Dachinger, 1975). 1973년 'The Arts in Psychotherapy'의 시작은 미술치료 연구 출간을 위한 첫 국제적인 장이었다. 그러나 Rhyne의 미술치료 연구에서 는 모든 연구의 2/3가 미국에서 출간되었고 비미술치료사에 의해 수행된 것도 많았다(Knapp, 1992).

1980년대 미국 미술치료협회(AATA)는 1983년에 『Art Therapy : Journal of the American Art Therapy Association』을 출간하였다. 연구보고서의 수가 급성장하였고 다양한 분야에 적용되기 시작하였다. 그러나 미술치료 대학원 프로그램에는 공식적인 연구과정이 포함되어 있는 곳이 거의 없었고, 그 당시 우세한 시각은 대학원 교육에서는 우선적으로 치료사를 배출하기 위한 교육을 제공하였고 연구는 박사과정 학생들에게 남겨진 것이었다. 일반적인 언어가 없는 상태에서 미술치료사들은 행동과학의 전통적인 연구방법으로 홀로 작업해야 했다. 질적 연구는 사회과학 밖에서는 알려지지 않았고 실제적인 연구로서는 평가절하되어 있었다. 1980년대 말에는 Maxine Junge와 Marcia Rosal(1989) 간의 대화가 미술치료 특유의 방법론을 발전시키는 지배적인 태도와 도전이라고 설명하였다.

1990년대 1980년부터 1995년까지 15년 동안 미술치료 문헌들이 미국과 영국에서 급속히 퍼져나갔고 인정된 미술치료 지식들이 융합되기 시작하였다. 연구정보에 대한 욕구를 충족시키기 위해, 1992년 AATA에서 'A Guide to Conducting Art Therapy Research'를 발간하였다. 1995년까지, 'Art Therapy'에 좀 더 많은 연구방법론이 보이기 시작하였다. 그러나 전문성 향상을 위한 경험적 지식에 대한 욕구 때문에 출간은 늘었지만 실험적 연구의 타당성은 의문시되었다. 연구방법의 질적인 기준과 좀 더 많은 다양성에 대한 지지는 교육과 치료실제의 기준에 대한 논쟁을 만들었다.

  1990년대 말, 'Art Therapy'는 미술치료 연구에 바치는 두 가지 획기적인 이슈를 게재하였다(Malchiodi, 1998a). Shaun McNiff는 미술치료에서 미술에 근거한 연구에 전적으로 전념하는 최초의 저서인 『Art-Based Research』

(1998a)를 출간하였다. McNiff는 미술치료 자체에서 파생된 연구 대신 또 다른 학문으로서의 독립성이 있었다는 것을 느꼈다. 2년 후 Frances Kaplan(2000)은 연구의 주제에 대해 다루고 과학적 접근이 미술에 기반한 미술치료 이론을 어떻게 지지하는가를 분명하게 표현하는 두 번째 책을 출간하였다.

2000년대　공식적인 인식을 향상시키기 위한 연구의 중요성을 깨달으면서, AATA는 그 분야의 연구문헌들을 계속 업데이트시키기 위해 위원회를 설립하였다(Vick, 2001). 위원회의 일은 기초작업이 2005년 전국적인 임상적 결과 연구의 첫 발표를 통해 더욱 발전하였다(Kaplan, 2003b, 2005). 영국에서는 Gilroy(2006b)가 영국 건강돌봄시스템 내에서 미술치료 실제를 입증하는 연구의 필요성이 급증한다는 것을 'Art Therapy, Research and Evidence-Based Practice' 저널에 발표하였다.

비교적 짧고 서서히 전개되는 전문성의 맥락 속에서 바라볼 때, 연구기초를 명확히 하고자 하는 미술치료의 최근의 변화는 당연한 것이다. 지난 30여 년 동안, 1세대 미술치료사들은 그 분야에서 선두적인 목소리를 냈고, 연구는 창립자들 자신의 치료실제에 기초해 만들어졌다. 이 패턴은 미술치료가 세계의 다양한 영역에 나타나고 이동하면서 반복되었다. 'Schools of thought'가 구조화되고 대학원이 설립되었으며 미술치료의 다양한 선구자들에 의해 관련된 교과목과 훈련이 진행되었다. 이런 좀 더 넓은 미술치료 이론과 실제로의 혁신은 초기의 훈련을 받으며 서로 협조하였던 비판적인 치료사들이 없이는 가능하지 않았다. 미술치료가 학문적인 원칙이 세워지게 되면서, 2세대가 더 폭넓은 대화를 시작하였다. 동료들 간의 논문심사를 통해 일반적인 지식과 증거에 기반한 치료실제가 구성되었다. 다양한 문화적 맥락 내에서 좀 더 정교화되고 경험적 연구를 통해 검증될 때, 이런 구성은 결국 '미술치료 자체로부터 나오는 접근' 형성을 가능하게 할 것이다(McNiff, 1998b, p. x).

미술치료는 연구가 역동적이기 때문에 계속 발전될 것이다. 그것은 개인주의적 치료개념을 초월한 공유된 이해의 비옥토로 끊임없이 재탄생된다. 미술치료의 전문성과 전경－배경 관계에 있어서의 전경으로서, 연구는 전체를 형성하는 아이디어와 치료실제의 발전에 영향을 준다. 각각의 새로운 공헌들은 미술치료사들에게 새롭게 변화된 맥락에서 '수용된 지혜'에 대한 비평을 제공한다. 그러나 우리가 새로운 유리한 지점을 만드는 데 도움이 된 많은 선구자들이 있었기 때문에 이런 새로운 이해들이 존재하는 것이다.

과학과 예술 간의 담화

미술치료에서 연구에 대한 고무된 입장에도 불구하고 생동적이고 잘해나가고 있는 많은 미술치료사들은 그에 대한 양가감정을 지속적으로 느낀다. 그들의 양가감정에는 과학에 대한 포스트모던의 반발뿐 아니라 과학의 모더니스트 전통의 영향이 작용하고 있다. 1969년 미국에서 이루어졌던 달 우주선 발사 당시에는 과학이 해결할 수 없는 문제는 없는 것처럼 보였다. 그것은 현대과학에서 공적으로 이루어진 확신이었다. 그러나 즉각적으로 이런 중심이 되던 운동 이후, 과학의 우세성에 반대하는 반대세력의 또 다른 목소리들이 나타났다. 베트남 전쟁, 미국 시민권리운동, 그리고 여성해방운동과 같은 사건들은 현재의 상황을 벗어나도록 도전하도록 하였고, 세계에 관해 또 다른 방식의 이해를 요구하는 포스트모더니즘으로 안내하였다.

연구를 수행하는 데 하나의 옳은 길이 존재했었다는 아이디어가 적어도 몇십 년 동안 유지되었다. 그러나 Habermas가 '모더니즘이 우세하지만 죽었다'라고 관찰하였다(Gergen, 1991, p. 11). 부분적으로 이것은 교육과 의학 연구의 기하급수적인 성장에서 기인한다. 이런 산업은 어마어마한 양의 재정을 소비하는 것을 정당화하기 위해 정량화된 결과를 필요로 하였다. 지속되는 모더니스트들의 과학에 대한 시각은 모든 것은 언어, 문화, 상징체계의 중재 없이 객관적이고 사실적으로 알려져야만 한다는 것이 유지되었다. 이런 견해에 대해 포스트모던 비평가들은, 연구지식은 주어진 사회적 또는 문화적 맥락 안에서만 타당하다고 주장하였다. 하나의 맥락 안에서 무언가가 타당하다는 것은 모든 맥락 안에서 진실이어야만 한다는 것이다. 미술치료사 Junge(1989)는 다음과 같이 설명하였다.

> 우리의 연구문제들은 보이는 우리의 세계관에서 나온다. 그리고 우리는 어떤 것에 대해 생각하는 방식이 그것을 보일 수 있게 만들어야 한다는 것을 배웠다. 연구자는 현미경을 통해 보는 전체적이고 객관적인 과학적 존재가 아니라 어떤 현상에 초점을 두고 문제를 선택하여 체계 안에서 중재하고 계획적이든 비계획적이든 변화를 창조한다.

우리가 알고 있는 것은 우리가 그것을 보고자 선택한 것이 무엇이고 어떻게 선택했는가에 달려 있다. 우리가 '발견한' 것이라고 믿는 실재는 좀 더 정확하게는 구성이다. 이 구성된 맥락은 이해하고 있는 실재에 대한 어떤 틀이나 렌즈를 제공하는 특정 역사적 시점과 사회적 역사, 언어, 문화에 근거한다. 포스트모더니즘에서 연구는 외적 또는 행동적 관점을 대상과 연구자의 내적이고 상호작용적인 관점으로 이동시킨다. 포스트모더니즘은 실재가 주체와 객체로 분리될 수 없다고 주장한다. 인간 존재는 한 종에만 국한된 지각 밖으로 나갈 수 없고 객체의 위치로부터 실재를 볼 수 없다. 그러므로 우리가 모든 주체이기 때문에 우리가 진실이라고 얻은 것은 다른 객체와 주체의 상호작용의 관계로부터만 나타날 수 있다.

예술적 편견은 심리적이고 주관적인 경험이 채색될 때 실재를 '좀 더 실재적'으로 만들기 때문에 이런 이해는 전통적인 과학의 환원적 과정을 불신하는 많은 미술치료사들에게 받아들여지고 있다. Junge와 Linesch(1992)는 미술과 미술치료의 과정은 과학적 연구를 쉽게 적용할 수 없다는 결론을 내렸다. Wadeson(1992)은 "창의적 작업은 까다로운 방법론적 연구설계와 수행의 고려사항과는 매우 다른 특성을 가지고 있다."는 것을 관찰하였다. McNiff(1998a, 1998b)는 미술치료에서의 '과학자적 태도'에 대해 기술하였는데, 그는 예술적 진실에 대한 과학적 연구의 잘못된 적용으로 정의내렸다. 과학이 미술치료 이론과 실재의 복잡성을 어떻게 설명할 수 있는가에 대한 불신은 반대로, '과학적 방임'에 기여한다(Kaplan, 2000). 지식의 관련성을 강조하는 포스트모더니즘과 더불어, Gantt(1998)는 성 편견, 유사과학의 인기, 과학을 파괴적인 사업으로 보는 지각 같은 것들이 과학적 연구에 대한 양가감정에 기여한다고 보았다.

흥미롭게도, 미술치료에 있어서 이런 '과학 대 미술'에 대한 관찰은 1980년 대와 1990년대 인식에 고군분투하던 질적 연구 지지자들이 보여준 사회과학의 역사적 발전과 유사하다. 뜨거워진 논쟁은 전통적인 과학 연구(양적으로 알려진)는 새로운 패러다임의 연구(질적)에 대항하고 있고 아래와 같이 기술된 양극적인 이미지가 중심이 되었다.

양적	질적
당연한(Taken for granted)	대안적인, 다른(other)
제도(establishment)	제도 저항(Establishment protesters)
정규 군인	저항가
거물(big guns)	정찰(reconnaissance)
남성	여성
딱딱한, 단단한, 고형의, 실제자료(real data)	부드러운, 흐릿한, 적은 자료(weak data)
건조한, 이해할 수 없는, 의미 없는	자료 두꺼운, 깊은, 근거 있는 자료
변수통제, 극단의 자료(dirty data) 버림	자료에의 몰두, 익사 피함
실제로는 진실이 아님	실제로는 과학이 아님

Kaiser, St. John과 Ball은 2007년 미술치료 연구교육에 대한 조사에서, 대부분의 대학원 미술치료 프로그램이 질적 연구에 대한 선호를 보인다고 놀라움을 표현했다. 그 이미지는 미술치료사들의 우상타파적인 편견이 조정될 수 있다는 것을 암시한다. 미술치료는 예술 대 과학, 치료자 대 예술가, 결과 대 과정, 철학 대 실용주의의 중요성이나 위치에 대한 극단적인 논쟁의 역사를 지니고 있다. 이것은 미술치료 연구를 구분할 때 어려움을 유발한다. 그러나 나는 두 부분을 강조하는 경향성 때문에 다학제적인 분야에서는 필수적이라고 믿는다. 다행히 사회과학의 고전적인 질적-양적 논쟁은 크게는 해결되었고, 이제는 다양한

접근들이 필요하다고 믿는 더 넓은 인식이 있다(Patton, 2002). 미술치료에서 담화는 과학적 사고와 예술적 사고 간의 균형을 발견하는 방향으로 변화되었고 이론과 실제의 양극적인 아이디어를 넘어서고 있다. 연구목적과 연구문제를 잇는 방법 때문에 많은 이해의 방안이 존중되고 있다(Carolan, 2001; Gantt, 1998; Kapitan, 1998; McNiff, 1998b; Wadeson, 1992). Carolan은 "미술, 이미지, 은유는 우리들의 접근들을 통합시키는 일차적인 수단으로 제공될 수 있다."고 결론내렸다(2001, p. 191).

이 책의 전제와 목적

이 책을 쓴 목적은 미술치료 연구를 이해하고 평가하기를 원하는, 그리고 자신들의 연구를 수행하고 싶어 하는 미술치료사들에게 유익하고 유용한 지침을 제공하는 것이었다. 실용적인 텍스트로서 적절한 연구질문, 연구방법, 그리고 윤리적 가치에 대한 다양한 조사를 통해 연구설계에 관해 학생들과 치료사들에게 지침을 제공하는 미술치료 연구문헌과 맥락에 근거하고 있다. '사냥'의 원형은 미술치료사들의 상상을 불러일으키고 그것들에 연구설계의 서로 다른 예술적이고 과학적인 논리학에 접근할 수 있도록 도움을 주기 위한 것이다.

미술치료가 다학제적인 분야(예술과학과 사회과학으로 탄생되었고, 스튜디오와 클리닉에서 활용되는)이기 때문에, 이것은 연구수행에 있어 다른 학문 분야에서 정보를 얻으려는 미술치료사들에게 적절하다. 연구전통은 수많은 시간과 수많은 연구자들에 의해 이루어진다. 미술치료는 연구에 전념했던 좀 더 많은 자원을 가지고 있는 사회학, 행동학, 생물학, 심리학 분야와 비교해 볼 때 비교적 작은 분야이다. 미술치료사들은 그런 지식을 자신의 목적을 위해 잘 활용할 것이다. 나는 그런 노력의 결과로 이루어진 창의적인 통합이 미술치료에 적절하고 자연스러운 연구전통을 만들 것이라고 믿는다.

미술치료 연구는 진공상태에서 태어난 것도 아니고 이 책 또한 그렇다. 오랫동안 최신 연구 지침서가 필요하였고, 많은 의견들로부터 하나의 책을 만들어내는 복잡성에 압도되기도 한다. 나는 이 프로젝트를 미술치료 연구에 대한 담화에 공헌한 미술치료 연구자들, 교육자들, 리더들의 과거 노력에 대한 논리적인 확장이라고 생각한다. 가장 두드러진 연구는 AATA Research Task Force의 회원들에 의해 저술되었고, 미술치료 연구에서 표본으로 제공되는 설명들을 출판하는 'Art Therapy' 논문인 Harriet Wadeson에 의해 편집된, 「Guide to Conduction Art Therapy Research」(1992)에서 발견할 수 있다. 이 내용들은 전문지식을 보존하고 독자들을 위한 유용한 자료를 제공하기 위해 이 책에 포함시켰다.

나의 첫 번째 역할은 독자인 여러분에게 친밀한 '관광 가이드'를 제공하는 것이다. 1991년부터 대학원생들에게 미술치료 연구를 가르치고 있는 나는, 학생들의 학습에 도움이 되고 그들의 미술적 세계관과 임상 경험을 불러일으키는 미술치료 언어로 이루어진 연구에 관한 사고에 도움이 되는 유용한 교재를 갈망해왔다. 제1부에서 나는 미술치료 연구의 설계와 실행에 포함되는 기본적인 도구와 실제 단계에 대한 개관, 그리고 미술치료사들의 특정한 흥미를 담은 질문 영역들을 제시하였다. 제2부에서는 미술치료 실제와 일치하는 내재적 논리를 실제로 보여주는 미술치료사의 '렌즈'를 통해 본 양적 연구모형과 질적 연구모형을 기술하였다. 제3부에서는 독자를 연구의 '초보적 입문'으로 이끄는, 효과적인 연구 제안서 쓰기, 연구수행에 있어서의 윤리적 기준, 좋은 연구의 평가와 인식방법, 연구결과 보고와 출판의 방법에 대한 내용이 포함되어 있다.

이 책의 독자를 위한 나의 또 다른 역할은 전문 분야의 학술지 중 하나인 'Art Therapy' 편집자로서의 나의 견해를 제시하는 것이다. 나는 18년간 동료 비평가, 편집자, 출판자로서의 다양한 역할을 끊임없이 제공했으며 수많은 연구보고서들을 평가하고, 이 분야의 기초지식에 대한 연구를 수행하려는 도전을 받아들인 미술치료사들과 밀접하게 작업하는 특권을 누려 왔다. 나는 미술치료사들이 자신들의 연구에 그것들을 잘 활용할 것이라는 소망을 가지고 이런 경험으로부터 얻은 통찰을 제공할 것이다.

선임 편집자로서의 나의 의무 중 하나는 'Art Therapy' 학술지에 제출된 모든 원고들을 읽는 것이다. 몇 년 동안 미술치료사가 수행한 연구의 가치와 깊이를 평가한 심사위원들로부터 받은 수많은 피드백은 나의 견해를 형성하였고, 특정 영역의 욕구를 강조하게 되었다. 이 책의 몇 가지 전제를 조직화하기 위해서 나는 미술치료 연구를 위한 '소망목록(wish list)'을 만들었고 독자들이 고무되기를 희망한다. 다음은 나의 '10가지 항목'이다.

10. 오래된 논쟁은 끝내라 : Habermas가 이전에 인용했던 것으로 미술치료 연구의 필요성에 관한 철학적 논쟁은 지배적이지만 더 이상 언급되지 않고 있다. 미술치료는 중간 정도의 근거도 껴안고 이 분야에 좀 더 중요하거나 적절한 하나의 패러다임을 어느 정도 포기하는 주장을 받아들이는 것이 좋을 것 같다. 질적 연구는 본래 양적 연구보다 더 창의적이지는 않다. 양적 연구도 원래 환원적이지 않다. 미술치료사들은 연구문제를 효과적으로 설명하기 위해 두 가지 패러다임을 모두 학습할 필요가 있다. 미술에 기반한 방법은 과학적 연구와 예술적 탐구 간의 서로 다른 논리를 이어주는 데 도움이 될 수 있다. 이 책에서는 제1부에서 두 방법에 대해 개관하였고, 제2부에서는 이런 오래된 논쟁 너머의 분야에 적용될 수 있는 근거 있는 작업을 하도록 할 것이다.

9. 연구에 대한 두려움은 더 이상 갖지 마라 : 연구를 지도해 온 20년은 나에게, 미술치료사들이 가장 강조하는 연구질문을 기술적으로 적용할 수 있는 기회가 될 때 연구를 사랑한다는 것을 가르쳐 주었다. 연구를 막는 장해는 확신의 부족, 지식과 기술의 부족, 실패에 대한 두려움 때문인 경우가 많다. 미술치료의 실제는 체계적인 연구를 통해 지식을 산출하는 데 있어 지나치게 특별하지도 복잡하지도, 미묘하지도 않다. 나의 바람은 이 책에서 제시한 실용적인 아이디어, 도구, 단계들이 창의적인 혁신과 할 수 있다는 태도를 이끄는 데 효과적인 지침으로 활용되는 것이다.

8. 좀 더 선택적으로 읽어라 : 이 책에는 주제에 따라 미술치료에 대한 훌륭하고 재미있는 설명을 제시하고 있다. 그러나 이 책의 대부분은 동료가 검증하지

않았기 때문에 그들의 주장이 평가와 비평으로 제시되지 않았고 안면타당도를 얻지 못했다. 오늘날 우리는 인터넷 시대에서 정보의 홍수에 살고 있다. 전문성에 공헌하길 원하는 미술치료사들은 자신의 지식과 연구를 수행하기에 가장 적합한 최신 연구를 찾기 위해 데이터베이스를 활용하는 것을 배워야만 한다. 나는 각 연구모형에 따라 발표된 연구예시를 제시하였다.

7. 서로 다른 연구문제를 질문하라 : 미술치료사들은 오랫동안 치료에서 나타나는 어떤 상징이나 이미지의 의미를 풀기 위한 열쇠를 찾아내려는 데 마음을 뺏겨 왔다. 1995년, 이전 편집자인 Cathy Malchiodi는 'Art Therapy' 학술지에 제출된 대부분의 연구는 내담자의 경험보다는 다른 미술치료사들이 무엇을 수행하거나 생각했는가, 그리고 '미술표현의 내용'에 초점을 둔 연구들이라고 쓰고 있다. 미술치료 과정이나 그 효용성에 대한 내용은 거의 없다. 상황은 오늘날에도 크게 변화되지 않았다. 많이 연구되지 않았지만 중요한 문제들을 연구할 필요가 있다. 미술치료에 대한 독특하고 가능한 연구접근의 범위를 폭넓게 제시하고 있기 때문에 독자들은 '연구할 만한 문제'에 대해 세밀히 논의하게 될 것이다.

6. 더 좋은 연구설계를 만들어라 : 질적 연구는 미술치료사들이 직접적인 관찰로부터 자료를 수집하고, 그 자료를 체계적으로 분석하며, 그럴듯한 대안적인 설명이 아닌 결과의 타당성을 검증하는 연구를 가능하게 한다. 미술치료에는 1회 사례연구가 많다. 많은 수의 참여자나 다양한 장소에서 수행한 연구는 거의 없다. 이 책의 많은 장들에서는 타당한 연구를 설계하고 수행하도록 하기 위해 다양한 종류의 기본적인 연구요소들과 전략들을 제시하였다.

5. 연구설계를 위한 통제집단을 고려하라 : 많은 미술치료 연구논문은 연구의 결과가 예비결과이고 결과 연구 또는 심층 질적 연구로 타당성을 입증할 필요가 있다는 결론을 내린다. 가장 일반적인 착오 요소는 통제집단, 한 세션 이상의 체계적인 측정, 결과에 대한 추후 평가 등이다. 연구의 질을 향상시키기 위한 결정

적인 요소는 각 연구방법을 말한 장에서 살펴보았고 제3부에서 좋은 연구수행에 대해 개관하였다.

4. 연구를 좀 더 명확하고 완전하게 보고하라 : 연구를 보고하거나 출간하는 것 모두 하나의 작품이고 미스터리가 되지 않도록 할 필요가 있다. 미술치료사들은 대학원에서 사례연구나 논문을 쓸 때, 연구의 글쓰기를 배운다. 그러나 그들은 잘 읽을 수 있는 과학적 보고서의 요소에는 익숙하지 않다. 표준적인 보고서는 연구에 대해 명확한 근거를 제공하고, 간결하게 문헌을 개관하며, 재연구가 가능하도록 충분히 자세한 연구방법을 제공한다. 결과는 읽기 쉽고 명확해야 하며, 논의는 이해 가능한 맥락으로 포함시킨다. 마지막으로 미술치료를 포함하는 보고서는 미술 지침, 미술에 기반한 평가, 또는 스튜디오 미술활동과는 구별되는 것들에 대한 명확한 기술을 제공해야만 한다. 독자들은 연구보고서를 어떻게 읽을 것인지 그리고 미술치료 보고서의 예를 제3부에서 배울 것이다.

3. 반복검증하라 : 나는 가끔 매우 잘 쓰인 많은 연구들이 왜 첫 번째 연구의 결과에 대한 새로운 시사점, 대상, 적용 등을 확장시키기 위해 반복검증이 전혀 되지 않는 것일까 의아해한다. 아마도 많은 예술가들처럼, 미술치료사도 표현의 독창성으로 고무된다. 게재된 연구논문을 반복한다는 생각은 누군가의 창조적인 작품을 복제하는 것처럼 직관에 반하는 것으로 보일 수 있다. 그러나 과학자들은 항상 그들이 연구실에서 다른 누군가와 비교하기 위해 똑같은 결과 또는 전혀 다른 결과가 나올 수 있는지를 알아보기 위해 실험하고 있다. 음악가들조차 보통 노래를 부르고 서로 다른 템포, 다른 악기 또는 주된 모티브 속의 악절 등을 반복적으로 시도한다. 나는 미술치료사들이 반복을 통해 연구를 받아들이고 확장시키기를 바란다. 아마도 이 책에 게재된 연구들의 많은 예들은 독자들에게 이런 시도들을 수행할 수 있도록 연구의 범위를 알게할 것이다.

2. 파트너를 체결하라 – 공동연구하라 : 많은 연구는 비평적 연구질문과 밀접하기 때문에 시간, 지식, 기술을 공유하는 일은 거의 없다. 예술적 실제를 발달시키는 데 있어, 우리의 수학적 기술이 쇠퇴되어 있고 통계는 동떨어진 기억이다. 또는 우리는 필요한 종류의 사이트에 접근하지 못할 수 있다. 다른 정신건강과 미술에 근거한 분야와 떨어져 있기 때문에 연구는 연구결과의 질적인 향상을 위한 좀 더 공동적인 과정의 결과를 만들지 못한다. 미술치료사들이 다른 전문가, 연구재단, 연구조직 또는 에이전시와 연구 파트너십을 형성하기 시작한다면 미술치료의 가치에 대한 인식과 발견의 과정이 성과를 이룰 수 있다. 공동연구에 대해서는 제1장에서 논의하였다.

1. 수행하라! 그리고 출간하라 : 모든 미술치료사가 전문가 발달과정의 하나로서 연구논문을 수행하는데 전념한다면, 미술치료는 풍부한 지식을 발견하게 될 것이다. 최근 이루어진 다양한 미술치료 회의는 이런 종류의 연구에 대한 깊은 전념을 지지하고 있다. 그러나 얼마나 많이 연구하는가? 희망하건대, 'Art Therapy'에 게재하기 위한 글쓰기에 관해 쓴 마지막 장이 이런 틈을 메우는 데 도움이 될 것이다.

미술치료사들은 인간 이해와 지식의 향상을 끊임없이 제공한다. 미술치료사들이 치료실제에서 미술치료의 과정, 작품, 치료결과에 관한 독특한 지식에 공헌하기 위해 연구설계와 수행에 적용될 수 있는 창의적 기술을 똑같이 사용하는 것은 의심의 여지가 없다. 나는 이 책이 미술치료사들이 이 분야의 전문성에 대한 공동의 이점을 위해 그들의 작업을 창조하고 성취하고 보급하려는 사업을 시작할 때 유용한 동료가 되길 희망한다.

참고문헌

Anderson, F. E. (1978). *Art for all the children*. Springfield, IL: Charles C Thomas.

Betensky, M. (1973). *Self-discovery and self-expression*. Springfield, IL: Charles C Thomas.

Braud, W., & Anderson, R. (1998). *Transpersonal research methods for the social sciences: Honoring human experience*. Thousand Oaks, CA: Sage.

Carolan, R. (2001). Models and paradigms of art therapy research. *Art Therapy: Journal of the American Art Therapy Association, 18*(4), 190–206.

Gantt, L. (1998). A discussion of art therapy as science. *Art Therapy: Journal of the American Art Therapy Association, 15*(1), 3–12.

Gergen, K. (1991). *The saturated self: Dilemmas of identity in contemporary life*. New York, NY: Basic Books.

Gilroy, A. (2006). *Art therapy, research, and evidence-based practice*. Thousand Oaks, CA: Sage.

Junge, M. B. (1989). The heart of the matter. *The Arts in Psychotherapy, 16*, 77–78.

Junge, M. B., & Linesch, D. (1992). Art therapists' way of knowing: Toward creativity and new paradigms for art therapy research. In H. Wadeson (Ed.), *A guide to conducting art therapy research* (pp. 79–83). Mundelein, IL: American Art Therapy Association.

Kaiser, D. H., St. John, P., & Ball, B. (2006). Teaching art therapy research: A brief report. *Art Therapy: Journal of the American Art Therapy Association, 23*(4), 186–190.

Kapitan, L. (1998). In pursuit of the irresistible: Art therapy research in the hunting tradition. *Art Therapy: Journal of the American Art Therapy Association, 15*(1), 22–28.

Kapitan, L. (2003b, Winter). Going for the money. *Newsletter of the American Art Therapy Association, 36*(4). Mundelein, IL: American Art Therapy Association.

Kapitan, L. (2005, Summer). Advancing the profession: Progress report from the AATA Board of Directors. *Newsletter of the American Art Therapy Association, 38*(2). Mundelein, IL: American Art Therapy Association.

Kaplan, F. (2000). *Art, science, and art therapy: Repainting the picture*. Philadelphia, PA: Sage.

Keyes, M. F. (1974). *The inward journey*. Millbrae, CA: Celestial Arts.

Knapp, N. (1992). Historical overview of art therapy research. In H. Wadeson (Ed.), *A guide to conducting art therapy research* (pp. 7–12). Mundelein, IL: American Art Therapy Association.

Kramer, E. (1971). *Art as therapy with children*. New York, NY: Schocken Books.

Kwiatkowska, H. Y. (1978). *Family therapy and evaluation through art*. Springfield, IL: Charles C Thomas.

Leedy, P. (1997). *Practical research: Planning and design* (3rd ed). Upper Saddle River, NJ: Prentice Hall.

Malchiodi, C. (1995). Does a lack of art therapy research hold us back? *Art Therapy: Journal of the American Art Therapy Association, 12*(4), 218–219.

Malchiodi, C. (Ed.). (1998a). [Special issue on art therapy and research]. *Art Therapy: Journal of the American Art Therapy Association, 15*(1–2).

McNiff, S. (1998a). *Art-based research*. Philadelphia, PA: Jessica Kingsley.

McNiff, S. (1998b). Enlarging the vision of art therapy research. *Art Therapy: Journal of the American Art Therapy Association, 15*(2), 86–92.

Naumburg, M. (1966). *Dynamically oriented art therapy*. New York, NY: Grune and Stratton.

Naumburg, M. (1973). *An introduction to art therapy*. New York, NY: Teachers College Press of Columbia University,

Ortega y Gasset, J. (1985). *Meditations on hunting*. (H. B. Wescott, Trans.). New York, NY: Charles Scribner's Sons. (Original work published in 1943).

Patton, M. Q. (2002). *Qualitative research and evaluation methods* (3rd ed.). Thousand Oaks, CA: Sage.

Rhyne, J. (1973). *The gestalt art experience*. Monterey, CA: Brooks/Cole.

Robbins, A., & Sibley, L. B. (1976). *Creative art therapy*. New York, NY: Brunner/Mazel.

Rosal, M. (1989). Master's papers in art therapy: Narrative or research case studies? *The Arts in Psychotherapy, 16*(2), 71–75.

Rubin, J. (1977). *Child art therapy*. New York, NY: Van Nostrand Reinhold.

Ulman, E., & Dachinger, P. (Eds.). (1975). *Art therapy theory and practice*. New York, NY: Schocken Books.

Vick, R. (2001). Introduction to special section on research in art therapy: When does an idea begin? *Art Therapy: Journal of the American Art Therapy Association, 18*(3), 132–133.

Wadeson, H. (Ed.). (1992). *A guide to conducting art therapy research*. Mundelein, IL: American Art Therapy Association.

제 1 부

미술치료 연구개요

제1장

미술치료 연구의
전반적인 진행 과정

산의 정상에 서서
사냥꾼이 이룬 명예로운 죽음
또는 철학적 문제
또는 평화를 위한 물음
누군가는 끝까지 견디며
그 과정을 확실하게 해야 한다.
대지의 존재, 자연의 존재에 동화되기 위하여
결코 쉽지 않은 것을 찾기 위하여
성공이나 실패를 위하여,
두려움을 키우기 위하여,
왜냐하면 진정 산이 그랬기 때문에
정상이 있기 때문에
전쟁은 끝나고
당신에게 시작을 가져다줄 인생,
평범한 일상을 넘어서 깊고 심오한 곳으로
들어가기 위하여
사냥을 한다

– R. Rudner

인간이 탐구하고 조사하는 본성을 지니고 있다는 측면에서 본다면, 연구란 많은 노력을 기울여 찾고 검색하는 것을 의미한다. 연구자가 무엇인가를 발견하고자 하는 욕구를 수행함으로써 살아 있음을 느끼는 것은 미술치료사에게 익숙한 창조 과정과 다를 바 없다(Kapitan, 1998). 연구는 이전에 사유되지 않았던 것에 대해 새로운 이해를 낳고, 닫혀 있었던 마음을 열게 하고, 미래에 영향을 주고, 전문 분야에 자양분이 되는 지식을 창출해낸다. 연구에서 가장 중요한 것은 지식과 기술을 형성하는 비판적 대화의 과학적 교류를 수행하는 것이다. 연구 프로젝트를 수행하는 미술치료사들은 현장에서 미술치료의 효과, 질, 내담자 돌봄을 향상시키고 그 분야의 기초 지식를 세우는 데 공헌하기 위하여 합의된 미술치료에 대한 이해를 증진시키고자 한다(Anderson, 2001).

미술치료사들의 임상 작업 또는 예술 작업을 새로운 방향으로 적용하려는 창조성의 측면에서 볼 때, 1995년에 Linesch가 언급했듯이 체계적인 연구와 미술치료는 공존할 수 없는 것으로 여전히 간주되고 있어 곤혹스럽다. 미술치료사들은 전통적인 임상 분야에 맞추려는 시도를 해야 한다고 반복적으로 상기시키며, 사회과학 연구의 엄격한 모델에 맞춰야 한다고 믿으며, 무력감 속에서 연구에 접근할지도 모른다(Kapitan, 1998).

연구가 내담자와의 미술치료 실제 경험을 보여주기에는 다소 소외감을 불러일으키는 생소한 전문적인 분야일 것이라는 이미지는 통계학, 복제, 예측, 측정으로 인한 것이 아닐지도 모른다. Deaver(2002)는 "우리는 사실상 내담자들에게 가장 효과적인 접근을 밝히려는 욕구와 함께 내담자에게 초점을 맞추고 있으므로 이미 미술치료 연구 형식을 갖고 있는지도 모른다."(p. 23)라고 언급하면서 오히려 미술치료사들이 연구에 대한 두려움을 갖고 있다고 하였다.

Deaver는 다음과 같이 기록하였다.

우리는 미술치료가 미술작업을 통하여 긍정적인 변화와 성장을 증진시키도록 미술치료사들을 훈련시키는 서비스 전문 분야라는 것은 익히 알고 있다. 미술작업은 자기 파괴적인 행동 기제를 중단시키고 오래된 문제를 새로운 방식으로 생각하고 자기 발견을 위한 촉매제로서 기능할 뿐 아니라 치유적 또는 치료적 효과를 만들어낸다. 미술과제와 매체는 미술작업 중에 일어나는 창조적 과정, 심리학적 발달 단계, 미술치료 이론과 기법에 대한 미술치료사의 지식에 의해서 주의깊게 선택된다. 비록 역사는 짧지만 개인, 집단, 가족 미술치료 회기 내에서 미술치료를 찾아왔던 이들의 상황을 해결하도록 돕는 데 미술치료가 효과적이라는 것을 눈으로 확인했기 때문에 미술치료에 대한 확신이 있다. 가끔씩 우리는 회기 내에서 일어난 상황에 놀라고 변화를 가져오는 미술치료의 힘 앞에 경외로움까지 느낀다. 그러나 우리의 일에 대해 강한 의문점이 있다면 미술치료의 성공적인 결과를 이끌어낸 요인이 무엇이고, 미술치료 경험을 하는 동안 무슨 또는 어떤 인지적, 심리적, 창조적 과정이 일어났는지 그리고 미술치료에서 만들어진 미술작품을 우리가 어떻게 이해할 것인지 정확하게 확신을 가지고 설명할 수가 없다는 것이다. 연구가 해답을 줄 수 있을 것이다(p. 23).

연구설계

연구계획은 디자인과 건축 분야와 비슷한 창조적 과정을 지니고 있다. 건물을 짓거나 웹사이트를 만드는 일 등 그것이 무엇이든 디자이너는 그 프로젝트의 목적에 맞게 설계하고 그 속에 내재된 논리적 원칙을 따르게 된다. 예를 들면 건물을 짓는 경우라면 물리학 법칙을 따라야 하고 웹사이트를 만드는 경우라면 그것을 이용하게 될 사람들에 대해서 알아야 한다. 설명과 예측을 목적으로 한 연구는 실험되는 변인과 논리적으로 관계되어 있으며 시험되는 자료를 용인하는 구조적인 설계를 요구한다. 발견 지향적인 연구는 연구자와 자료 간 상호작용이 극대화되도록 설계된다. 그 설계는 이전에 알려지지 않은 요인이나 알려질 정보로서 새로운 이해를 돕기 위하여 변화를 허용한다.

　연구설계는 연구를 수행하기 전에 이루어져야 하지만 미술치료사에 따라 그 과정과 접근은 다양할 것이다. 종종 현장에서 일하다 보면 미술치료사는 해결책을 요구하거나 조금은 의도적으로 연구동기에 불을 붙이는 임상적 문제와 대면

하게 된다. 아니면 작업실에서 예술적으로 일을 해야만 하는 창조적인 문제일 때도 있다. 어떤 미술치료사들은 자신만의 지식과 관심을 확장하고자 현존하는 연구를 읽는 반면 어떤 미술치료사들은 문제를 찾아내서 시작한다. 이 장은 서문에서 밝힌 것에 구애받지 않고 연구를 설계하는 데 필요한 논리적인 단계에 대한 개관을 제시할 것이다.

1. 연구문제 찾기
2. 문제 발전시키기
3. 문헌 또는 이미 알려진 사실들 고찰하기
4. 연구방법론 설정하기
5. 연구수행을 위한 도구와 자료 찾기
6. 윤리적인 문제와 또 다른 한계 내에서 연구 시행하기
7. 결과를 보고하고 알리기

나는 설계 과정 단계를 수행하기 위하여 비선형(non-linear)의 사고 과정을 더 선호하는 미술치료사들에게 Maxwell(2005)이 적용한 개념 지도(그림 1.1)를 사용해 볼 것을 추천한다. 이 도식은 5개의 상호 교류적이고 계층이 없는 요소들 사이에서 왔다 갔다 하면서 연구계획을 발전시키는 데 도움이 될 것이다. 연구자들은 다섯 요소 중 어디서나 시작할 수 있고 타당성, 방법론, 질문, 맥락, 목적 사이에서 관계성에 기초를 두고 연구에 살을 붙여 나가면서 어떤 방향으로든지 진행할 수 있다. 예를 들어서, 당신이 좋은 문제를 가지고 있고 방법론에 대해서 생각해 봤지만 그 시간과 에너지를 쓸 만한 가치가 있는지에 대해서 의문이 있다고 하자. 그것에 영향을 미치는 근본 지식을 생각하거나 관련 서적을 읽으면서 그 문제의 주변 맥락에 주목한다면 목적이 드러나는 데 도움이 될 것이다. 당신이 맥락과 목적을 명확하게 하면 더욱 그 문제를 정교하게 만들어 갈 수 있게 될 것이고 그 다음으로 당신이 발견하고자 하는 것을 밝혀줄 방법론을 찾게 될 것이다. 타당한 지점에서 설계 과정을 세운 연구자가 중요한 미술치료 프로그램을 만들게 되더라도 내담자들이 연구 참여 부탁을 들어줄지는 모르겠다. 그 다음으로

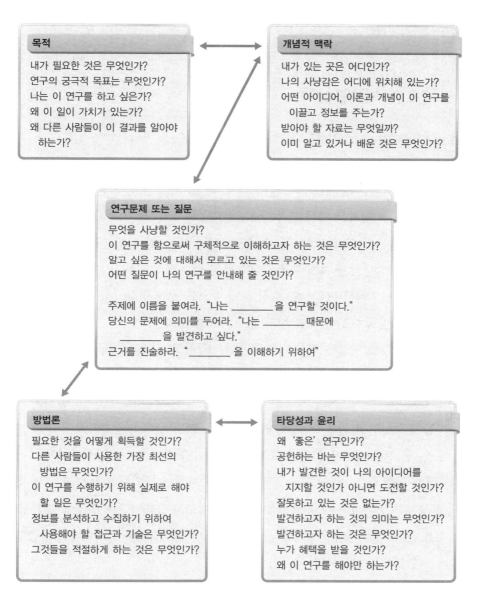

목적

내가 필요한 것은 무엇인가?
연구의 궁극적 목표는 무엇인가?
나는 이 연구를 하고 싶은가?
왜 이 일이 가치가 있는가?
왜 다른 사람들이 이 결과를 알아야
    하는가?

개념적 맥락

내가 있는 곳은 어디인가?
나의 사냥감은 어디에 위치해 있는가?
어떤 아이디어, 이론과 개념이 이 연구를
    이끌고 정보를 주는가?
받아야 할 자료는 무엇일까?
이미 알고 있거나 배운 것은 무엇인가?

연구문제 또는 질문

무엇을 사냥할 것인가?
이 연구를 함으로써 구체적으로 이해하고자 하는 것은 무엇인가?
알고 싶은 것에 대해서 모르고 있는 것은 무엇인가?
어떤 질문이 나의 연구를 안내해 줄 것인가?

주제에 이름을 붙여라. "나는 _____ 을 연구할 것이다."
당신의 문제에 의미를 두어라. "나는 _____ 때문에
    _____ 을 발견하고 싶다."
근거를 진술하라. "_____ 을 이해하기 위하여"

방법론

필요한 것을 어떻게 획득할 것인가?
다른 사람들이 사용한 가장 최선의
    방법은 무엇인가?
이 연구를 수행하기 위해 실제로 해야
    할 일은 무엇인가?
정보를 분석하고 수집하기 위하여
    사용해야 할 접근과 기술은 무엇인가?
그것들을 적절하게 하는 것은 무엇인가?

타당성과 윤리

왜 '좋은' 연구인가?
공헌하는 바는 무엇인가?
내가 발견한 것이 나의 아이디어를
    지지할 것인가 아니면 도전할 것인가?
잘못하고 있는 것은 없는가?
발견하고자 하는 것의 의미는 무엇인가?
발견하고자 하는 것은 무엇인가?
누가 혜택을 받을 것인가?
왜 이 연구를 해야만 하는가?

▌ **그림 1.1** 연구설계를 위한 개념 지도 [Maxwell, J. A. (2005)에 의해서 개안됨. 질적 연구설계 : 상호적 접근(2nd ed.). Thousand Oaks, CA : Sage]

타당성을 명확하게 하는 일을 고려하고, 그 후에 가치가 있다고 여겨지면 현 위치에서 적합한 방법론을 제시해 줄 것이며 보다 정확한 연구문제에 다다르게 될 것이다. 당신은 연구설계를 하면서 연구수행과 결과보고에 이르기까지 연구를

발전시키기 위한 '연구설계를 위한 개념지도'를 보며 점검할 수도 있다.

1단계 : 연구문제 찾기

연구문제는 항상 다루기 힘든 문제나 호기심의 형태로 미술치료사의 클리닉, 스튜디오 또는 그 밖의 현장으로부터 발생된다. 미술치료사의 작업 과정 중 창조적인 문제해결은 미술치료사의 일에 있어서 기초이기 때문에 연구문제는 항상 잠재되어 있다. 당신은 일에 집중하다 보면 왜 특정 내담자가 특정 미술치료 개입 전후에 행동이 달라지게 되는지 궁금할 것이다. 아마도 당신은 동료들과 특히 좌절되는 임상적 문제에 대해서 의논하고 다른 접근법을 고려해 볼 것이다. 당신이 스튜디오에서 미술작업 과정 중에 발견한 것을 현장에서 시도하고 그로부터 얻은 이점에 대한 통찰을 하게 될지도 모른다.

때로는 실제로 현장에 적용하기 위하여 연구물을 읽다가 연구문제가 생겨날 수도 있다. 아니면 연구자의 발견이 실제와 차이가 있기 때문에, 동의할 수 없을 수도 있고 당신이 임상경험으로부터 얻은 것들이 진실일지도 모른다. 당신은 이 차이점이 무엇인지 연구해 보고 싶을지도 모르고 당신만의 방법으로 수정해 볼 수도 있다. 전문 저널을 읽거나 프레젠테이션이나 컨퍼런스에 참석하면서 다른 사람들과 소통하는 미술치료사들은 동료들과 사례를 토의하거나 실제 해본 것을 향상시키기 위하여 자료를 활용하고 미술치료의 효과가 무엇인지에 대한 호기심을 쫓아간다. 아니면 그냥 당신의 관심과 반응을 명확하게 하거나 확장함으로써 연구문제를 만들어낼 수도 있다.

미술치료사들의 흥미는 항상 단계적으로 '연구 가능한 문제'로 전환된다. 이를테면, 아이디어가 생기고, 아이디어에 대해서 생각하고, 임상현장에서 미술에 대한 아이디어를 탐색하며, 동료들과 아이디어에 대해서 논의하고 문헌고찰을 확인하고 연구를 통하여 획득할 수 있는 목표가 정확히 무엇인지 결정하고 마지막으로 가설을 창조적으로 세우기 위하여 명확하게 문제를 설정하게 된다 (Bailey, 1991). Deaver(2002)의 미술치료 연구 구성요소를 개관해 보면 거의 무제한적으로 주어진 잠재적인 연구문제 속에서 독창적으로 연구하는 미술치료의 특성을 논의하였다. 연구문제를 만들어내는 도약판으로서, 그녀는 네 부류로 (a) 치료적 관계 (b) 평가로서의 미술 또는 치료적 효과에 대한 측정 (c) 과정 또는 개입으로서의 미술 (d) 전문직으로서의 미술치료로 연구문제를 분류하였다 (표 1.1).

Deaver가 제시한 개관은 미술치료에서 가능한 문제들을 생각하는 데 도움을 주며 유용한 목표를 세우도록 하고 전문성에 기여할 수 있는 '연구 가능한' 문제가 무엇인지 상기시켜 준다. 효과적인 연구문제는 다음과 같은 특성이 있다 (Bailey, 1991).

- 연구를 다룰 이론과 근거를 다시 생각한다. '이 연구가 미술치료의 지식에 기여하는 바는 무엇인가?'
- 연구의 의의가 있어야 한다. 즉 '누가 관심을 가질 것인가?' 또는 '그래서, 무엇 때문에?'
- 원인과 결과, 발견의 의미, 특별한 조건 또는 관점에 대한 깊은 이해와 같이 연구목적을 위하여 특정 변인을 확인하면서 연구할 수 있어야 한다.
- 데이터베이스 또는 소프트웨어 도구, 임상 슈퍼바이저, 통계학자, 연구팀으로부터 도움을 받을 수 있는지 고려하면서 가능한 모든 자료를 가지고 수행할 수 있어야 한다

표 1.1	미술치료 연구문제 발전시키기

미술치료적 관계

다음과 같은 질문들은 연구문제가 될 수 있다.

- 내담자들에게 미술작업을 할 수 있는 기회와 특정 미술 매체가 제공됐을 때 실제적인 효과는 무엇인가?
- 내담자의 미술작업에 반영된 치료적 관계의 중요한 측면은 무엇인가?
- 회기 내에서 내담자와 함께 만든 미술작품이 치료적 관계에 미치는 영향을 평가할 수 있는 방법이 있는가?
- 치료사의 자화상을 정기적으로 그리는 내담자에 대해서 우리가 고려해야 하는 것은 무엇인가?
- 내담자 집단이나 특정 내담자와 함께 한 과정에서 만든 미술작업을 통해서 얻는 깨달음은 무엇인가?
- 미술작업을 통한 정기적인 자기 탐색이 임상적 또는 개인적으로도 왜 유용한가?

평가 : 측정으로서의 미술

- 유형을 객관적이고 정확하게 평가하기 위한 잠재적 미술의 속성에 대한 연구
- 경험적으로 검증된 이해를 근거로 입증되지 않았거나 근거 없는 주장을 입증하기 위한 연구
- 문화적·발달적 차이와 같이 그림에 반영되는 아동의 발달에 대한 규범적인 자료
- 그림에 나타난 것과 정신증적 조건 사이의 관계뿐만 아니라 그림으로 평가할 수 있는 다른 변인들에 대한 연구
- 질병의 범위와 예후, 과정, 진단의 수용에 대한 평가로서 미술 작품의 타당도와 신뢰도

개입 : 과정으로서의 미술

- 다양한 종류의 내담자들에 대한 이론적 접근 또는 특정 과제의 영향력과 같이 미술치료의 특정 분야에 대한 연구. 예 : 투옥된 청소년 가해자를 위한 분노 조절 집단에게 가장 효과적인 미술 경험은 무엇일까?
- 치료로서 특정 미술치료 적용의 효과성에 대한 연구. 예 : 특정 미술 지침에 대한 매체 선택의 영향력은 무엇인가?
- 목표 또는 목적의 범위, 세팅의 영향에 관한 연구. 예 : 의료적 세팅에서 관리와 스태프, 환자들을 위한 거주 작가 프로그램은 어떤 영향을 미치는가?
- 고통 조절 또는 뇌 손상 수술 후 회복, 불치병의 수용으로서 임상적 문제에 대한 미술치료의 유용성을 관찰하는 연구

전문 분야로서의 미술치료

다음과 같은 질문들은 연구문제가 될 수 있다.

- 미술치료 대학원 과정에서 시행되고 있는 다문화 교육 지침은 어떠한가?
- 미국 미술치료협회의 회원의 인구 통계 동향은 어떠한가?
- 미술치료사가 되기 위하여 그들이 가져야 하는 철학과 개인적인 경험에 대한 이해는 무엇인가?
- 미술치료사들 사이에서 에너지의 소진됨을 나타내는 표시는 무엇인가? 그리고 효과적인 예방책은 무엇인가?

자료 : Deaver, S. P. 미술치료 연구 구성요소는 무엇인가? 미술치료 : 미국 미술치료협회 저널 , 19(1), 23-27, 2002

- 어떤 참여자가 적절할 것인가 또는 연구가 어디에서 행해질 것인가 그리고 어떻게 동의서를 받을 수 있을 것인가와 같은 문제들을 다루면서 연구자에게 가능한 접근 방법을 가지고 수행할 수 있어야 한다

알고자 하는 욕구 또는 무엇을 발견하고자 하는 욕구를 가지고 시작한 미술치료사는 점점 중심 문제를 만들어낸다. 이미 언급한 자료들 외에 미술치료사들은 자주 그들의 목적을 명확하게 하고 문제를 표면에 드러내는 자신만의 미술 작품을 사용한다. Rhyne(1992)는 자신이 관찰한 내용에 의문점이 생기는 호기심으로부터 연구문제가 나타난다는 것에 주목하였다. Allen과 Gantt(1992)는 연구자로서 자신과 연구에 대한 관심을 미술 이미지로 창조함으로써 연구를 분명히 설명할 수 있다고 격려하였다. 나는 연구를 은유적으로 사냥에 비유했는데, 이 비유로 미술작업을 해볼 것과(Kapitan, 1998) 다양한 형태와 지형 안에서 사냥꾼이 가지고 있는 도구, 당신이 사냥하려는 것의 존재 여부들을 이미지를 통해 자세히 관찰하면서 연구해 볼 것을 추천한다. 연구가 이런 창조적인 방법으로 그려질 수 있을 때 미술치료사의 미술작업이 동반된 정확도는 연구설계를 확실하게 보여줄 것이다.

연구문제를 발전시키기 위하여 미술 사용하기

- 다음과 같거나 비슷한 문제들을 고려하는 미술 중심의 저널 만들기 : 내가 원하는 것은 무엇인가? 나의 전문적인 목표 또는 열정을 만족시켜야만 하는 것은 무엇인가?
- 사냥꾼으로서 당신 자신의 이미지를 미술로 창조하라. 당신 속에 거하는 지형과 당신이 가지고 있는 도구는 무엇인지, 당신은 어떤 모습을 하고 있는지에 대해 저널 작업을 해보라.
- 일련의 이미지를 가지고 미술과 함께하는 명상을 지속하라. 당신이 사냥하고 있는 것은 무엇인가? 사냥감의 이미지 또는 동물의 특징은 무엇인가? 그 모습들은 당신의 연구목적에 어떤 정보를 주는가? 당신의 질문은 무엇인가?
- 다른 은유적인 방법들을 시도해 보라. 값진 것 또는 정수를 찾기 위해 땅을 파는 광부로서의 당신을 상상해 보라. 또는 새로운 땅에 도착한 여행자로서 그곳을 알아보고자 하는 모습으로 상상해 보라.

당신의 목적 명확하게 하기 : 당신은 목적을 명확하게 함으로써 질문을 다듬을 필요가 있을 것이다. 당신이 그것을 어떻게 사용하기를 원하는지에 대한 맥락 속에서 연구가 개념화될 때 특정 방법으로 획득한 정보를 사용하고 행동을 취하기 위하여 현상, 문제, 질문의 다양한 측면에 초점을 맞출 수 있을 것이다 (Kapitan, 1998). 이렇게 개념을 잡는 이유는 특정 연구가 다른 연구보다 더 타당하고 신뢰성 있다는 가정을 잠재우는 데 도움이 된다. 목적의 차이는 항상 방법과 질문의 선택을 이끌어낸다. 만약 당신이 저녁식사로 생선을 먹고 싶다면 인내를 가지고 미끼와 낚싯대를 가지고 낚시 구멍을 내고 낚시를 하는 방법을 취해야 할 것이다. 당신은 낚시를 위해서 총을 선택하지는 않을 것이고 총이 음식을 얻기 위한 유일한 방법이라고 주장하지도 않을 것이다. 각자마다 다른 목적이 있다. 이는 다음과 같은 요인에 따라 다르다.

- 당신은 흥미로운 현상을 어떻게 보는가
- 그 주제에 대한 당신의 배경 지식
- 연구에 대한 당신의 믿음과 가설
- 당신은 어떻게 접근하고, 과정을 계획하고, 그것을 수행하는가

연구자를 사냥꾼-채집자로 비유할 때, 만약 당신의 목적이 전체 미술치료 분야에서 앞서가기 위한 것이라면 당신은 매우 큰 동물이나 무수히 많이 결합된 작은 동물들을 찾아야 한다. 여러 지역의 국가적 연구결과는 동물에 비유한다. 하지만 당신의 목적이 단순히 당신의 호기심을 만족시키기 위한 것이라면 작은 연구가 될 것이다(Kapitan, 1998). 예를 들어 단일 주제의 유사 실험 설계와 현상학적 연구의 명확한 차이점 앞에서, 미술치료사는 "내가 사냥하고자 하는 것은 무엇이며 왜 하려고 하는가?, 어떤 방법론이 내가 찾고자 하는 것에 적합할까?, 나는 이런 종류의 연구를 수행하는 데 필요한 자원이 있는가?, 나는 어떤 기술과 강점이 있는가?, 나는 그것들을 어떻게 효과적으로 사용할 것인가?"와 같은 질문을 할 것이다.

2단계 : 문제 발전시키기

다음 단계는 연구자의 질문을 기능적인 문제 진술로 어떻게 전환하는가이다. 문제를 좁히면서 연구자는 흥미로운 넓은 주제를 축소해야만 하거나 특정 주제에 초점을 맞추기 위하여 다양한 길로 가야만 한다. 그 문제를 피력하기 위하여 어떤 영향이 미칠 것인지 고려하는 것은 중요하다. 이 문제를 발표하기 위하여 필요한 자원, 시간, 에너지를 쓰는 것이 가치가 있을까? 당신과 다른 사람들에게도 중요한 문제인가? 사냥할 만한 가치가 있는 현실적인 문제인가, 아니면 이미 답을 알고 있는 유사 문제인가? 연구의 근거를 만들어내는 데 도움이 되는 유용한 견본은 다음과 같이 목적과 동기를 표면화하기 위하여 "왜냐하면……〈z〉, 그 문제가 암시하는 〈y〉를 위하여 〈x〉를 연구하고 싶다."고 기술하면서 주제에 이름을 붙인다. 예를 들면 다음과 같다. "나는 미술치료에서 시각적 경험을 강조함으로 인해서〈z〉 그들의 필요가 간과되기 때문에 가장 효과적인 과정과 매체의 범위를 확실히 하기 위하여〈y〉 시각 장애인과의 미술치료에 대해서〈x〉 연구하고 싶다."

한번 문제가 결정되면 가능한 간단하고 명확하고, 정확하고 완전하게 진술되도록 더 정제해야 한다. 정확한 문제 또는 연구에서 문제의 기능은 레이저 광선이나 매우 잘 조율된 악기와 같다. 만약 그렇지 않다면 당신의 목표는 버려지고

연구문제부터 가설에 이르기까지

- 왜 그 문제가 당신을 흥분시키는가? 당신은 진정으로 그 해답을 알기 원하는가?
- 하나의 문제인가 아니면 여러 분야로 이루어져 있는가?
- 그 문제를 위해서 명백한 이론적 근거가 있는가?
- 당신이 다루려고 계획하는 특정 문제는 무엇인가? 다음 빈칸을 채워 보라. "나는 _____ 때문에 _____ 위하여 연구하고 싶다."
- 중요한 문제인가? 당신의 연구는 왜 중요하고 누구를 위한 것인가?
- 당신의 연구결과물은 어떤 결과를 낳을 것인가? 이 문제에 대한 답은 당신이 그 가설을 만들어내는 데 도움을 줄 것이다.

엉뚱한 방향으로 가거나 부적절한 것이 될 것이다. 기술된 문제를 비판적으로 바라보고 수정하고 다듬고 당신이 무엇을 사냥하는 것인지 정확하게 말하도록 명백하게 하라. 누구라도 그것을 읽을 수 있고 당신이 얻으려는 것이 무엇이고, 왜 얻으려고 하는지 알 수 있는가? 그렇지 않다면 당신은 아마도 아직도 그 문제가 무엇인지 모르고 있다는 것이다.

Leedy(1997)는 대부분의 연구문제는 하위 문제로 구분되지 않고는 풀 수 없을 정도로 복잡하게 되어 있다고 하였다. 문제가 정확하게 쓰여지면 하위 문제들은 드러날 것이다. 하위 문제들은 주요 연구문제 전체를 보충하는 좀 더 작은 부분으로 서로 연결되도록 한다.

예를 들면 주요 문제가 다음과 같다고 하자.

- "나의 목적은 가정 폭력 쉼터에서 미술치료사의 효율성에 기여하는 요인들을 밝혀내는 것이다.

하위 문제는 다음과 같을 수 있다.

1. 미술치료를 할 때 긍정적이든 부정적이든 세팅이 어떻게 기여하는지 분석하라.
2. 미술치료사가 이 세팅에서 어떻게 평가하고, 치료를 계획하며, 개입하고 성공을 측정할 것인가에 영향을 미치는 주요 변인을 밝혀라.
3. 이러한 맥락에서 '성공'이 의미하는 것은 무엇인가?

이러한 각각의 하위 문제들은 정보를 해석하고 수집하기 위한 방법이나 수단과 하위 문제들을 연결시키는 동사(분석하다, 밝히다, 정의내리다)로 나타내고 연구가능하고 독립적인 구성단위라는 것에 주목하라(Leedy, 1997). 만약 주요 문제를 신중하게 개진한다면 하위 문제가 2~6개 이상을 넘지는 않아야 한다. (만약 6개 이상의 하위 문제가 생긴다면 그때에는 주요 문제가 충분히 명확하게 초점이 맞추어진 것이 아니다.). 일단 문제와 하위 문제들이 주어지면 논리적인 구조는 설계가 발전될 수 있는 범위 내에 존재하게 된다.

그 다음에 연구자는 연구범위와 씨름하게 된다. 이는 그 문제에 대한 연구맥락을 세우고 너무 넓지도 않고 제한적이지도 않도록 한다. "나는 'y'를 위하여 'x'를 연구한다. 왜냐하면……"라는 견본으로 돌아가고 당신이 원하는 것뿐만 아니라 의도하지 않는 것은 무엇인지 확인해야 한다. 예를 들어서 가정 폭력 쉼터를 위한 미술치료에 대해서 연구를 하고 싶다고 하자. 그러나 그곳에 있는 모든 대상을 연구하고 싶은 것이 아니라 모자 미술치료 프로그램에만 관심이 있다. 당신은 모든 쉼터에 대한 연구를 하고 싶은 것이 아니라 당신이 관심 있는 특정 대상이 있는 쉼터인 것이다. 그 문제를 존중하며 당신이 가지고 있는 모든 가설을 명확하게 기술하라. 마침내 연구문제 또는 검증 가능한 가설로서 그 문제를 재기술하라. 각각의 하위 문제와 주요 문제를 위하여 제기된 문제나 적어도 하나의 가설이 세워지도록 도움을 줄 것이다.

3단계 : 문헌고찰

목적, 목표, 문제에 대한 이해가 이루어지면 연구자는 그 연구가 어디에 위치해 있는지 그 '땅'과 친숙해져야 한다. 당신의 연구와 관련된 곳으로 가는 것에 대해 어떻게 생각하는가? '그곳으로'라는 뜻은 당신의 동료 연구자, 임상가, 예술가 그리고 당신이 생각하고 있는 것과 같은 주제들에 대한 다양한 연구, 기사, 보고서, 초록, 학술대회 발표지에 실린 발표물들과 '대화'를 통해서 미술치료 세계로 들어가는 것을 의미한다. 당신의 연구맥락은 당신의 생각을 지지하고 정보를 주는 이론, 개념, 가설, 예상, 믿음과 관련이 있다(Maxwell, 2005). 다른 연구자들이 비슷한 문제를 어떻게 다루었는지 발견하도록 돕고 계속 초점을 맞출 수 있도록 해주기 때문에 결국에 이 기초에 기대는 것이 시간을 절약하게 해준다. 당신의 깨달음에 대한 질과 생각은 맥락적으로 문헌고찰을 통해서 잘 조율된다.

만약 당신이 현장에서 일을 하고 있다면 이 단계는 학점이나 마감일에 대한 압력 아래서 보고서를 쓰려고 노력하거나 도서관에서 자료들을 찾아보느라고 오랜 시간을 투자했었던 대학원 시절의 이미지를 떠올리게 될지도 모른다. 그러므로 그 프로젝트를 바로 시작하고 이 단계를 그냥 넘어가려는 유혹이 올 것이다. 그러나 문헌고찰은 당신의 연구를 시기적절하게 만들어 주고 의미 있고 유익하게 하는 데 필수불가결한 일이다. 다음의 이유들을 고려해 보라(Bailey, 1991).

- 당신은 누군가가 이미 같은 연구문제에 대답해 놓은 것들을 반복하게 되는 시간 낭비를 원하지 않을 것이다.
- 만약 누군가가 그 문제를 연구했다고 하자. 예를 들어, 표본이나 특정 요인을 통제하지 않았다면, 이의를 제기할 수 있는 것이 무엇인지 알고 싶을 것이다.
- 당신의 목표를 수행하는 데 보다 효과적인 모델로서 활용하거나 복제할 수 있는 주제에 대해 현존하는 연구를 발견할 수도 있다.
- 누군가가 당신이 구성하기 원하는 질문의 요소를 이미 연구했을지도 모른다.
- 다른 사람들이 당신의 작업을 어떻게 바라볼지 알 수 있도록 하기 위하여 비슷한 연구의 맥락 속에 당신의 연구를 놓아 볼 수 있다.
- 당신은 연구 독자뿐만 아니라 당신의 연구를 이루는 이론적 배경에 대한 이해를 높이고 싶다.
- 당신의 연구가 왜 중요하며 그 문제를 어떻게 풀어갈 것인지 또는 질문에 어떻게 대답할 것인지에 대해서 문헌을 통하여 훌륭한 이유를 발견해야 한다.
- 다른 사람이 비슷한 문제에 어떻게 접근했는지 보았으면 다른 측면들을 변화시키거나 강조점을 바꿔서 당신의 문제를 수정할 수 있다.
- 연구문헌의 기록에 의해서 확인되었거나 제기된 임상을 발견할 수 있다.

물론 그 문헌을 찾기 위하여 당신은 도서관을 가야 할 것이다. 그러나 21세기의 도서관은 더 이상 건물에 국한되어 있지 않다. 수많은 전자 파일과 데이터베이스, 연구물과 도서관이 연결되어 있는 협회에 저장되어 있는 광대한 학문적 정보 시스템을 위한 포털 사이트가 있다. 연구문헌은 디지털화되어 있고 시카고에 있는 학생들뿐만 아니라 홍콩에 있는 미술치료사들도 쉽게 저널을 찾아보고 접근할 수 있는 거대한 데이테베이스에 저장되어 있다. 당신이 거주하고 있는 지역의 대학 도서관은 효과적이고 쉽게 알기 원하는 것을 찾을 수 있도록 도와주는 힘 있는 도구들의 집합체를 가지고 있다. PsychINFO, Medline, CINAHL, ERIC과 같은 온라인 도서관 데이터베이스에는 당신의 특정 필요에 맞게 연구보고서들과 동료들이 평가한 기사물, 초록들이 잘 갖추어져 있다. 하나의 예를 들어 보겠다. Medline은 수많은 등재물들로 가득 찬 데이터베이스이다. 당신은 발행부수가 많지 않은 기록물이나 다학제간 연구물, 최근 또는 정통 연구물들을 찾을 수 있다. 'Art Therapy' 같은 학술지에서 찾은 자료들은 특별히 문헌 연구를 수행할 때 중요하다. 왜냐하면 자율적으로 출판된 자료들을 찾아보는 것을 즐기는 전문가들에 의해서 검토되고 입증된 정통 연구물은 동료들이 논문을 확인해 준 것이기 때문이다. 만약 당신이 학생이라면, 광대한 정보 시스템 접속비용은 당신의 등록금에 포함되어 있을 것이고, 만약 전문가라면 연구를 지원하는 많은 기관들의 도서관에 출입할 수 있는 특권을 누릴 수 있다. 다른 소중한 온라인 연구도구는 전문가들을 지원하기 위하여 존재한다. 도서관에 갈 필요 없이 무료로 Medline에 접속할 수 있도록 제공하는 PubMed는 훌륭한 온라인 도구이다.[1]

당신이 만약 구글 같은 일반적인 온라인 검색 엔진보다 도서관이나 온라인 연구 데이터베이스[2] 활용에 익숙지 않다면 정보 기술의 단점인 지름길을 찾고 싶은 유혹이 올 수 있다. PsychINFO나 ERIC에서 찾은 것과 인터넷의 웹사이트에서 찾은 것의 차이를 보면 전자는 주의깊게 검토된 연구결과물이라는 것이다. 그 보고서들도 웹사이트상에서 볼 수 있긴 하지만 열람할 때마다 돈을 지불해야 하는 벽이 있으므로 문헌 검토를 수행고자 할 때는 도서관의 검색 도구를 사용하는 것이 좋다(표 1.2).

당신의 연구를 위하여 연구문헌을 거의 또는 전혀 찾지 못했다면 당신은 무엇

---

1) http://ncbi.nlm.nih.gov/pubmed
2) http://scholar.google.com

표 1.2	온라인 연구도구		
연구도구의 종류	**연구 데이터베이스**	**온라인 도서관 목록**	**웹 검색 도구**
실례	PsychINFO, Medline, ERIC, CINAHL, PubMed	지역 대학 도서관 (예) 오하이오링크 도서관 목록	야후, 구글
내용	수많은 정기간행물이나 저널에서 얻은 초록과 논문 전문	• 지역, 주, 학술 도서관 체계와 연결되어 있음 • 비디오, 정부간행물, 정기간행물, 서적의 기록물	웹 페이지와 연결되어 있음
선택(질 조절)	출판업자와 기고가들에 의해서 평가되고 선택된 자료, 도서관이 구독한 데이터베이스에 포함되기 위해 선택된 자료	• 시스템에 포함되고 구매하기 위하여 도서관이 선택한 자료 • 출판업자와 기고가들에 의해서 평가되고 선택된 자료	• 누구나 웹상에서 얻을 수 있는 자료 • 질 보장은 되지 않음 • 구글 학자를 제외하여 선택되지 않은 자료
검색 방법	키워드 또는 저자, 기사 제목, 저널 제목, 주제	저자, 주제, 제목, 키워드	대부분 키워드

을 해야만 하는가? 당신이 사용하고 있는 키워드가 너무 구체적이거나 너무 광범위한 주제일 가능성이 많다. 예를 들면 '가정 폭력을 위한 미술치료의 스튜디오적 접근'이라고 정확하게 쓰여진 연구를 찾는다면 앞서 말한 전자의 경우가 될 것이다. 당신이 만약 밀접하게 관련된 분야의 연구와 논리적으로 적합한 접근 또는 중요한 문제를 알고 이 초점을 분석한다면 나타날 가능성이 더욱 높아질 것이다. 그런 연구를 조직화하는 데 좋은 전략은 연구문제를 작성하면서 각하위 문제에 해당하는 전문적인 문헌에서 발견한 용어를 찾거나 주제들을 확인하는 것부터 해야 한다(그림 1.2). 위에서 예를 든 것처럼, 주제들은 미술치료에서 가정 폭력 프로그램 모델, 치료 시설, 공간, 환경의 영향, 가정 폭력 또는 유사한 프로그램에서 사용되는 미술 평가, 모자 미술치료 프로그램, 가정 폭력을 위한 치료 개입, 치료 효과를 증진시키기 위한 미술치료사의 자기평가 기법, 엄마와 아동과 함께하는 미술치료사의 개인적인 특징, 분노 조절 또는 가정 폭력

문헌 검색 조직화하기

각 장의 상단에 문제 작성

당신이 왼쪽 단에서 발견한 각 관련 연구의 목록을 작성하라.

당신이 발견하고 목록화한 각각의 연구와 상반되었다면, 그것과 관련된 특정 하위 문제들과 왜 오른쪽 단에 분류되었는지 확인하라.

각 자료의 정보를 APA 형식으로 인용하여 작성하라.

▌ **그림 1.2** 문헌 검색 조직화하기

법 체계, 아동 양육의 심리적 외상의 영향과 같은 가정 폭력 치료와 관련된 것일 수 있다. 이 목록을 가지고 도서관으로 가서 다른 참고문헌이나 참고도서, 초록, 색인으로부터 참고물들을 수집하라. 만약 당신이 연구 다이어그램을 따르고 각 하위 문제에 고착되어 있다면, 당신은 시간낭비를 하게 될 것이고 관련 없는 문헌들로 인해 혼란스러울 것이다. 각 하위 문제와 관련된 모든 연구를 수집하고 문헌 검토의 논리를 조직화하기 위하여 분류하라. 그 후에 검색 내용을 쓸 때, 당신은 당신의 논의 부분을 위하여 각 하위 문제를 활용할 수 있을 것이다.

4단계 : 연구방법론 설정하기

가장 개방적인 설계라고 할지라도 연구자는 연구문제를 풀기 위하여 정보가 어떻게 수집될 것이며 해석될까에 대한 생각을 정리해야 한다. Leedy(1997)는 방법론 설정을 돕기 위하여 네 가지 기본적인 질문들을 다음과 같이 제시하였다.

연구설계를 조직화하기 위하여 많은 방법이 있을지라도, 이 책의 제2부에서 제시된 것처럼 가장 근본적인 것은 당신의 목적을 가장 잘 획득할 수 있는 것이 질적인 접근일지 또는 양적인 접근일지 결정하는 것이다. Deaver(2002)가 언급한 것처럼 연구자의 목적을 획득하고 '규칙과 패턴을 찾고 원인과 결과의 관계,

방법론 설정하기

- 내가 필요한 자료는 무엇인가?
- 자료를 어디에서 찾을 것인가?
- 자료를 어떻게 구할 것인가?
- 자료가 어떻게 해석될 것인가? 나는 그 문제를 해결하기 위하여 자료를 통해서 무엇을 하려고 하는가?

— Leedy, 1997

변인을 통제하고 측정하는 것'을 일반적으로 고려한 방법론은 양적인 것으로 간주한다. 질적인 방법론은 '관찰된 주제와 현상에 대한 반영들을 사려 깊게 분석하고 인상 및 느낌'에 의한 것으로 설명할 수 있거나, 일반적으로 '연구조건의 상황이나 문제에 대한 연구 참여자와 연구자의 주관적인 반응'(p. 24)이라고 설명할 수 있다. Deaver는 다음과 같이 설명을 덧붙인다.

> 양적 연구는 이론적 가설을 지지하기 위한 노력으로 특정 가설에 대한 검증으로부터 일반적인 문제 영역에 이르기까지 절차와 연역적인 추론을 사용한다. 예를 들면, 미술치료사 겸 연구자는 특정 그림의 특별한 특징과 진단적 범주 사이에 상관관계가 존재하는지 아닌지 통계적으로 분석하면서 투사라는 일반적인 이론을 탐색한다. 만약 연구자가 과학의 규칙에 부흥하여, 충분히 방대하게 수행해서 중요한 상관 관계를 밝혀냈다면, 연구자는 미술치료에서의 투사 이론을 위한 신빙성을 추가하게 될 것이다. 그에 반하여 질적 연구는 사실상 귀납적이다. 질적 연구자는 조사자의 과정에 따라 이론을 세우며 그것에 대한 결론을 이끌어내고 존재하는 현상을 탐구한다. 미술치료사 겸 연구자는 체계적으로 심층 면접의 방법을 통하여 점토로 작업할 때 내담자의 반응을 조사한다. 그는 회기 후 면접과 치료회기에 대한 내담자와 그만의 반응을 분석한다. 그리고 일관된 주제를 발견하고 임상 실제에서 이론적 근거를 추가하는 점토 작업에 대한 결론을 이끌어낸다(p. 24).

Deaver의 설명은 실행된 경험적 관찰의 결과인 자료와 자료의 해석을 허용한 개념 정리를 나타낸 이론이라는 두 가지 기본 요소의 상호 관계를 다룬다(Elmes, Kantowitz와 Roediger, 1999). 일반적인 이론을 만들기 위하여 사례나 특정 자료로부터 귀납적인 연구결과를 이끌어낸다. 연구자가 특정 사례로부터 일반적 사례에 이르기까지 이유나 정보를 예상하는 이론을 강조할 때 반대 방향인 연역적 방법으로 옮겨간다. Deaver 역시 양적 연구방법론이 객관성을, 질적 연구방법론이 주관성을 띠고 있다는 주안점에 대해서 언급하였다. 객관성을 열망하는 연구는 자료가 수집되는 조건을 통제함으로써 자료에 대한 연구자의 영향을 최소화하도록 한다(Carolan, 2001). 주관성을 용인하는 질적 연구는 연구자의 선입견과 그 영향을 인식하고자 한다.

표 1.3은 연구접근과 설계 설정의 선택을 위한 일반적인 지침을 제공한다. 양적, 질적 연구방법론의 구분이 다소 인위적이라는 점을 명심하기 바란다. 많은 설계가 1개 또는 2개의 접근이 엄격하게 적용되지 않는다. 많은 설계가 여러 방법으로 혼합되어 있다. 그 연구의 특정 측면을 나타내기 위하여 당신이 선택한 방법이 혼합된다. 당신의 목적을 위하여 가장 좋은 방법론을 결정하도록 돕는 계획과 생각의 과정을 사용하는 데에 목적을 둔다.

연구통합의 중요한 질은 타당성이다. 실험과 관련 있는 양적 연구에서 타당성은 다음과 연관된다.

- **측정**(그 연구는 측정하고자 하는 것을 측정했는가?)
- **내적 타당성**(이 처치가 이 상황에서 차이가 있었나?)
- **외적 타당성**(이 연구의 효과가 다른 대상, 세팅, 치료, 다른 변인들에게도 일반화될 수 있는가?)

질적 연구에서 타당성은 다음과 같은 요인에 근거한다.

- **맥락**(특정 자료가 전체 그림과 맞는가?)
- **관점**(타당한 연구는 항상 관계의 문제이거나 참여자의 시점이 머무는 곳이다.)

| 표 1.3 | 연구접근 선택하기 : 양적이냐 질적이냐? |

	설계 선택과 고려사항	
이슈	**양적**	**질적**
연구문제의 본질은 무엇인가?	확증적인, 예견되는	해석적인, 탐구적인
목표 또는 목적은 무엇인가?	수행된 가설에 대한 함의를 시험하고 추론하기 위하여 예측하고 설명하기 위하여 확증하고 입증하기 위하여 이론을 시험하기 위하여	관찰한 것을 근거로 한 잠정적인 가설에 다다르기 또는 이끌어내기 위하여 설명 또는 기술하기 위하여 탐색과 해석을 위하여 이론을 세우기 위하여
연구의 초점이나 범위는 무엇인가?	적용 범위를 넓히기 위하여 변인으로 알려진 지침을 따르는 맥락과 관련 없는 거리를 둔 관점	심층적 연구를 위하여 알려지지 않은 변인들 유동적인 지침 맥락 속에서 개인적 관점
연구할 수 있는 대상과 환경은 무엇인가?	개인, 집단, 프로그램 또는 프로그램 구성, 기관, 클리닉과 병원, 단체, 지역 건강 센터, 학교, 대학 등	
자료를 수집하기 위하여 사용될 수 있는 도구는 무엇인가?	부모 기록, 기록, 미술 또는 미술품에 대한 검토, 질문, 조사 관찰, 평가 또는 신체 검사와 같은 도구	심층 면접 상호 교류적인 현장 연구 분석적 메모 관찰 질문, 조사 미술품 또는 미술, 글에 대한 검토 환자와 연구자의 과정 기록
무엇이 연구될 수 있는가 또는 어떤 가치나 영향을 미칠 수 있는가?	종속변인으로 효과(변화)를 관찰하기 위하여 조정된 독립변인 고정된 변인들 이미 발생된 변인들 하나 또는 그 이상 변인들의 구성	조건 또는 경험에 의해 영향을 받은(사람, 과정 미술 결과물)에 대한 분석의 구성단위 알려지지 않은 변인들 분석의 구성단위들의 비교
참여자를 어떻게 선정하였는가?	무작위 선택 무작위 할당 일반화를 위한 대규모 대표 집단	유익한 정보 또는 소규모의 목적이 있는 샘플 함께 집합되거나 연결된 다중 사례들

표 1.3	연구접근 선택하기 : 양적이냐 질적이냐?(계속)	
	설계 선택과 고려사항	
이슈	**양적**	**질적**
사용될 통제 정도와 타입은 무엇인가?	변인을 통제하기 위하여 고정된 설계 (통제 집단) 실험 (부분적 통제) 유사 실험 비실험	신생 자료를 발견하기 위하여 열린, 유동적인 설계 비실험적인 기술적인
해석 또는 자료 분석 시 어떻게 접근할 것인가?	(일반적인 이론으로부터 원인 또는 상관관계, 특정 동향을 예측하기까지) 연역적 추론 계산 통계적 분석 평가 척도 코딩 시계열 분석	(일반적인 이론을 위하여 주제 또는 특정 사례로부터) 유도하는 해석 주제별 분석 또는 내용 코딩 패턴 매칭 설명
발견물과 어떻게 상호 교류할 것인가?	숫자 통계학, 자료들	단어 또는 이야기 내러티브, 개인적 인용
타당성을 어떻게 설명할 것인가?	예측의 신뢰와 타당도 요구 정확도 일반성	진정성과 자료의 신뢰도의 타당한 주장 연구자 또는 관점, 다중 방법론, 자료수집의 삼각관계
연구활동이 어떻게 배열될 것인가? 그리고 얼마나 시간이 소요될 것인가? 언제 연구를 할 것인가?	고정된 연대표 사전검사, 치료 국면, 사후 평가	고정된 vs. 개방된 연대표 장기간 현장 연구 탐구적 vs 확증적 측면
필요한 자료들은 무엇인가?	자료 입력과 분석, 시간, 접근을 위한 컴퓨터 프로그램, 자료들, 평가 또는 기기장비, 현장 슈퍼바이저, 통계학자, 연구 팀 등과 같은 사람들	
그 현장의 실행 계획들을 어떻게 다룰 것인가?	기록, 사람들 또는 주제, 사이트 접근 유용성, 트레이닝, 계약, 연구 참여자 연락을 위한 필요사항	
윤리적 문제들은 어떻게 다룰 것인가	참여자를 위하여 연구자의 목표 제시, 반응도, 기관윤리심의 위원회, 연구대상자를 위한 보호, 동의서 등	

타당성과 함께 많은 문제들은 연구문제, 목적, 방법을 정확하게 기술하지 않는 것으로부터 기인한다. 아니면 연구자가 연구의 주요 전제나 가설들을 확인하기 위한 열망과 함께 연구에 접근한다. 미술치료사들은 특별히 그들의 확신이 부족하거나 미술치료사가 가치 절하되었거나 잘 알려지지 않은 환경에서 일하면서 다소 방어적이 될 때 이 타당성이 위협받으며 취약해진다. 그들은 이미 답을 알고 문제를 설명하기 위하여 자료를 자신도 모르게 수집한다. 아니면 미술치료의 가치에 대해서 반박의 여지가 없게 '증명'할 자료 창조하기를 시도할지 모른다. 이러한 경향을 반대로 하기 위하여 좋은 연구자들은 전통이 무엇이든 간에 그들의 연구와 자료를 향한 '기능적으로 회의적인' 입장을 항상 채택한다. 표면적인 발견을 받아들이지 않고 어쩌면 거절된 문제를 제기하는 용기가 필요하다.

Malchiodi(1992)는 연구문제에 부정확하거나 부적절한 도구를 적용했을 때, 왜 이 주제가 선택이 되었는지, 연구가 구성되거나 수행되는 방식 속에 나타나는 실험적인 선입견에 대해서 언급하였다. 연구자가 알아채지 못하는 투사와 같은 개인적인 선입견 역시 연구의 타당성과 타협할 수 있다.

우리는 연구를 하면서 매 순간 투사되는 무의식적 자료에 의해서 방해받는다. 선입견 역시 연구자 집단이 그들의 불안을 방어하기 위한 집단적 사고에 속해있는 '합의된 결탁'을 형성할 수 있다(Reason, 1981). 집단적 사고는 집단이 수용한 규준에 반한 행동이나 경험의 특정 영역을 바라보지 못하도록 개인을 방해한다. 이러한 위치에 있는 연구자는 이단자로서 강력히 비판당하고 집단적 사고에 반항하게 되거나 집단으로부터 수용을 받기 위하여 '합창을 전달하는' 것으로 끝나고 말지도 모른다.

Reason(1981)은 타당성을 높이기 위하여 유용한 '체험적인 지침'을 제공한다. 이것들은 방법론이 아니라 비판적인 사고 기술을 발전시키기 위하여 최고의 규칙 또는 좋은 실제적인 방법이다. 당신의 연구를 설계할 때 사용하고 있는 방법론이나 패러다임이 무엇이든 간에 아래에 제시된 요소들을 통과하였는지 살펴보기 바란다.

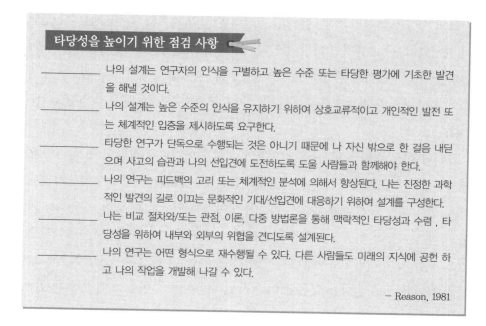

타당성을 높이기 위한 점검 사항

_____ 나의 설계는 연구자의 인식을 구별하고 높은 수준 또는 타당한 평가에 기초한 발견을 해낼 것이다.

_____ 나의 설계는 높은 수준의 인식을 유지하기 위하여 상호교류적이고 개인적인 발전 또는 체계적인 입증을 제시하도록 요구한다.

_____ 타당한 연구가 단독으로 수행되는 것은 아니기 때문에 나 자신 밖으로 한 걸음 내딛으며 사고의 습관과 나의 선입견에 도전하도록 도울 사람들과 함께해야 한다.

_____ 나의 연구는 피드백의 고리 또는 체계적인 분석에 의해서 향상된다. 나는 진정한 과학적인 발견의 길로 이끄는 문화적인 기대/선입견에 대응하기 위하여 설계를 구성한다.

_____ 나는 비교 절차와/또는 관점, 이론, 다중 방법론을 통해 맥락적인 타당성과 수렴, 타당성을 위하여 내부와 외부의 위협을 견디도록 설계된다.

_____ 나의 연구는 어떤 형식으로 재수행될 수 있다. 다른 사람들도 미래의 지식에 공헌하고 나의 작업을 개발해 나갈 수 있다.

– Reason, 1981

5단계 : 연구수행을 위한 도구와 자료 찾기

연구를 수행하는 것은 '특정한 추구를 위하여 적절한 세팅과 방법론, 도구를 사용하는 사냥, 그 자체'이다(Kapitan, 1998, p. 25). 연구도구들은 특정 도구에 익숙지 않은 사람들에 의해서 자주 혼란스러워지면서 결국에는 의심을 갖게 되는 방법론과는 다르다. 방법론은 전체 프로젝트의 특징이면서 본질인 반면에 도구는 단순히 도구일 뿐 연구 과정을 위한 액세서리이다(Leedy, 1997). 모든 직종에는 특정 작업을 실행하기 위한 전문적이거나 독창적인 도구가 있다. 미술치료에서 이러한 도구들은 미술 과정과 결과물을 말한다. 대부분의 연구자들이 자료로부터 통찰력 있고 의미 있는 결론을 도출하기 위하여 직종과는 상관없이 일반적인 도구들을 도구 상자에 추가해야 한다(Leedy, 1997). 많은 연구들에서 이러한 도구들은 측정 기법과 통계를 말한다.

통계와 측정의 가치

통계는 자료를 모델이나 규준과 비교해 보았을 때 자료 집단들 사이의 관계와 자료의 '윤곽' 을 설명하기 위한 (a) 기술적 타입과 자료의 특정 추론이나 판단이 제시되는 (b) 추론적인 타입이 있다. 연구자는 연구문제를 고려하여 자료 배열의 원인을 설명하기 위하여 통계를 사용한다. 사실상 통계의 주된 임무는 인간의 마음이 조직된 전체로서 흩어져 있는 자료를 이해하도록 돕는 것이다(Leedy, 1997).

그러나 이 강력한 도구는 인간 생활의 실제가 아니며 추상적이다. 우리는 인생의 '등고선' 을 설명하기 위하여 미술 이미지를 사용할 수 있으며 인생의 문제에 대해서 특정 사항을 추론하기 위하여 이미지를 연구할 수 있다. 그러나 그것을 가리키는 것이 인생을 표현한 미술작업은 아니라는 것에 대해서 오해하지 않았으면 한다. 통계의 경우에도 마찬가지다. 통계는 미국 가족이 평균적으로 1.8명의 자녀를 두고 있다는 것을 보여주고 있지만 아동의 비율이 단지 전체 인구의 0.8이란 것이 아니라는 것은 모두가 다 안다. 평균과 통계 도구들은 단순히 정신적 구조들이다. 이론이 발전할 수 있고 이질적인 자료를 이해가능하게 하는 가설의 근거를 제공한다.

연구의 양적 모델에서 자료는 항상 숫자로 환산되며 결과는 통계 분석으로 전달된다. 측정의 숫자 언어가 많은 미술치료사들에게는 생소하긴 하지만 치료팀의 임상가와 관련된 전문가에게 접근할 수 있는 언어와 구조로 미술치료가 번역되는 업무는 그렇지 않다. 연구에서 수학적인 번역의 목적은 생각의 확장이다. 다른 종류의 자료가 숫자로 환산됨으로써 그들 간의 특정 관계가 보다 쉽게 보여지고 해석될 수 있다. 연구에서 측정은 용인된 양적 또는 통계적 규준에 따르면서 수학적으로 실험하기 위하여 자료를 제한시키고자 사용하는 것이다(Leedy, 1997). 자연스러운 현상과 미술작품, 사물과 같이 만져 볼 수 있는 개념이나 태도, 생각, 정서적 진술처럼 만져 볼 수 없는 다양한 현상이 '번역될 수' 있다. 그리고 보일 수 있고 잡을 수 있게 하는 통계 도구를 가지고 측정한다. 이러한 측정이 수학적 관계라는 용어로 보여질 때 자료가 새로운 관련 연구문제, 사람의 집단, 방법, 시간표, 다른 자료들과 통찰력을 가지고 비교할 수 있다.

미술치료 연구에서는 '건립 이전의 체계와 비교하고 수량화된 것과 대조적으로 미술치료사들은 그들에 대해서 미술로 이야기하는 것을 더 선호'하며 그 복잡성을 설명하지 못할 것이라는 주장으로 측정에 대해서 비판한다(McLaughlin과 Carolan, 1992, p. 50). 그러나 측정이 단순히 도구이며 그 자체로 결론이 아니라는 점에서 오해가 있다. 미술치료사의 작업의 실제를 위한 대체물은 당연히 없다. 측정은 자료가 미술 표현이든지, 복잡한 행동이든지 간에 자료에 대한 정보를 제공하는 연구 도구이다. 통계 뒤에는 통계가 언급하는 자료가 있다. 연구자는 항상 이 자료의 의미를 부여하고 해석한다. 통계는 단순히 사용된 도구일 뿐이다.

타당하고 신뢰 있는 기기 장비

미술치료사는 연구를 대할 때 자료를 해석하고 수집하기 위하여 스스로 알아냈거나 비공식적인 방법을 선호하면서 규정화된 도구를 향하여 비판적인 눈을 가지고 항상 접근하는 것은 아니다. 어떤 점에서는 창조적으로 문장의 단어들을 재배열하는 것과 같다고 볼 수 있다. 그리고 당신이 말하는 것을 사람들이 이해하기를 기대하는 것과 같다. 표준화된 도구는 표준화된 영어와 같다. 명확한 대화와 공유된 의미는 단지 사람들이 같은 문법 규칙을 사용했을 때에만 가능하다. 연구에서 자료수집을 이끌기 위한 도구의 선택은 적어도 어느 정도는 타당성과 신뢰도에 의해서 결정되어야 한다. 당신은 오래도록 그리고 일관성 있게 당신에게 유사한 결과를 줄 수 있는 신뢰성 있는 도구를 사용하고 발견하기를 원한다. 타당한 도구 선택은 측정하고자 하는 것을 측정하는 것이다. 당신의 연구에서 제시하는 규준에 근거하여 당신이 찾고 있는 것을 측정해야 한다. 예를 들어, 특정 지시에 따른 하나의 그림으로 그 사람의 영적 믿음을 측정할 수 있는가? 또는 평가자에 의해서 수용되기를 원하거나 그 사람이 사실이기를 원하는 것처럼 이 모든 것들을 측정할 수 있는가? 표준화된 도구는 다른 기기의 실수와 선입견을 통제하기를 원한다. 이것들은 항상 미술 평가, 출판된 심리학 검사와 목록, 신체적 측정, 질문, 점검목록, 조사의 형식으로 이루어져 있다.

연구도구로서의 미술

다음의 장에서 자세하게 논의된 것처럼 미술치료 연구의 전략이나 독특한 도구는 치료 서비스에서 미술을 창조하는 과정과 결과물을 포함한다는 점이다. 미술치료사가 연구 프로젝트를 수행하면서 사회 과학자들과 함께 어떻게 협력할 것인가에 대한 관점을 작성할 때 Musham(2001)은 연구에서 미술의 사용이 새로운 것이 아니긴 하지만 그 약속이 여전히 충족되지 않았다는 것을 발견하였다. 그녀는 대부분의 사회과학 연구자들이 미술 교육 배경을 가지고 있지 않기 때문에 연구에서 미술을 어떻게 사용할지 모르는 것은 놀랄 만한 일이 아니라고 하였다. 그러므로 그들은 '미술이 드러내는 힘을 가지고 있고 그것이 정당한 자료가 될 수 있다는 것'을 인식하지 못한다(p. 210). Musham은 전문화된 훈련과 경험으로 미술치료사들이 사회과학자들의 연구에 중요한 공헌을 할 수 있고 미술을 보다 효과적이고 책임감 있게 사용하도록 도울 것을 제안한다.

임상 연구팀

미술치료에서는 불행하게도 드물긴 하지만, 임상과 사회과학 분야의 많은 연구는 현재 학문기관이나 개인의 연구 수혜비에 의해서 보조를 받아 협력된 공동작업으로 수행되고 있다. 임상 연구팀은 미술치료사와 실무자가 그들의 프로젝트를 실행하고 전문적 지식을 발전시킬 가치가 있는 기술을 획득하기 위하여 고려해야 할 또 다른 도구이다(Musham, 2001). 이 분야의 세팅에서 연구를 수행하는 데 있어서 발생하는 까다로운 문제는 그 팀의 인원들이 그들의 독특한 전문성 안에서 책임감을 가지고 할 때 해결할 수 있다. 표 1.4에서 Nainis(2007)에 의해 기술된 모델은 연구팀이 어떻게 기능해야 하는지에 대한 일례와 매우 전형적인 협력적 연구모형이다.

이 모델에 의하면 그 팀의 다른 일원이 참여자를 선정하고, 통계 분석, 자료를 입력하고 시험하는 일을 수행함으로써 타당하고 신뢰성 있는 연구를 하는 반면에 미술치료사는 실험변인을 수행하거나 미술치료를 하는 사람이 될 수도 있다. Musham(2001)은 특별히 주요 조사자(PI)가 미술치료사가 아닐 때 미술치료사

표 1.4	임상 연구팀
심리학자 또는 연구 전문가	타당하고 신뢰성 높은 연구를 설계하는 방법을 알고 있다.
	통계 분석을 할 수 있다.
	그 팀의 일원을 훈련할 수 있다.
	자료를 해석한다.
	발견물을 출판하고 과학적 논물을 작성할 때 전문 지식을 제공할 수 있다.
미술치료사	개입을 설계한다.
	개입을 수행한다.
	자료를 해석한다.
	그 연구의 미술적 측면을 서술한다.
자료수집가	참여자로부터 동의서를 받아 안전하게 한다.
	사전 사후 검사를 수행한다.
	통제 요소를 구성한다.
	프로그램에 자료를 입력한다.
연구 참여자를 위한 연락 담당자	(항상 간호사나 의사) 병원이나 기관을 위하여 공식적으로 책임자의 역할을 담당한다.
	연구 대상자와 연락한다.
	다른 임상가와 연락한다.
	수행할 수 있는 장소를 찾고 제공한다.
	연구를 위하여 참여를 권유한다.
기관윤리심의위원회	피해를 입지 않도록 연구 대상자를 보호한다.
	법적 책임으로부터 연구팀을 보호한다.
	대상자에게 준수할 지침과 규칙을 제공한다.
	연구의 안전성을 결정한다.
	팀과 연구사항을 승인하고 평가한다.

는 미술이 쓰여지는 연구의 성공을 위하여 대단히 중요한 일을 할 수 있다. 미술치료에서 사용되는 이론적 틀이나 기법이 PI가 잘 이해하지 못했거나 연구에 사용되는 전략적 미술의 광대한 범위에 대해서 잘 모를 수 있다. 미술치료사들은

미술 사용을 위하여 윤리와 절차의 감독을 제공하거나 미술 과정에 임하는 연구 참여자들을 돕기 위한 전략을 제공하고 정서적 반응을 다룰 수 있다.

연구수행에서 '문제 또는 동물의 가장 숭고하고 광대하며 저항할 수 없는 이미지를 풀어낼 수 없는' 미술치료사들을 위하여 당신이 일하는 기관이나 대학과 연결된 기관의 임상 연구팀의 참여는 좋은 해결책이 된다(Kapitan, 1998, p. 25). 이것이 많은 사람들에게 미술치료의 가치를 증명하면서도 많은 팀원들에게 인정과 존경을 부여할 가장 이상적인 연구이다. 실제로 많은 사람들의 노력이 동물들의 예처럼, 성공적으로 수행하기 위하여 필요하다. "성공을 위하여 함께 협력하는 사냥꾼 집단이 필요하다."(p. 25). 연구팀에서 하나의 역할을 담당할 때 항상 미술치료의 촉진제로서 당신은 연구목표를 만족시키기 위해서 이미 소유한 지식과 힘을 사용할 것이고 당신의 연구를 보다 균형을 이루며 조절되도록 할 것이다.

멘토의 도움

또 하나의 유용한 도구는 멘토를 갖는 일이다. Deaver(2002, p. 23)는 "많은 미술치료사들은 연구방법론에 대한 교육과 훈련이 부족하거나 과도하게 구조화되거나 평가적 접근을 요구하는 연구방법론에 관한 두려움을 가지고 있을지 모른다."라고 언급하였다. 미술치료사 겸 연구자들이나 최근의 박사 과정생들과 연락하거나 전문가들과 슈퍼비전을 해나가면서 과거의 장해물을 치우는 지침을 받을 수 있다. 연구와 사냥꾼-수집가 전통에서 볼 때 가이드를 받거나 '존경받는 연장자'와 작업하는 일은 가치 있는 지식을 전수받기 위한 중요한 수단이 되며 혼자서 하는 것보다 더 큰 성공을 이룰 수 있다.

6단계 : 윤리 경계 안에서 연구 수행하기

연구를 시행하기 전 마지막 단계는 당신의 연구에 참여할 사람들의 권리를 어떻게 안전하게 지킬 것인가를 기술하는 것이다. 당신이 접촉하고자 하는 기관이나 단체에서 연구를 감독하도록 하는[기관윤리심의위원회(Institutional Review Board, IRB)] 대상자 위원회에 의해서 평가되기 위해서 제출해야 하는 제안서를 쓰는 것이 요구된다. (제8장 '연구계획서와 연구윤리' 참조). 오늘날의 대부분의 학문적이며 건강 관련한 기관은 미술치료 실무자가 이러한 제도를 갖추고 있지 않은 기관에서 일하고 있기는 하지만 이러한 목적을 위하여 그들만의 평가 이사회를 두고 있다. 이러한 경우 미술치료사 겸 연구자는 연구자가 윤리 지침에 따라 연구를 수행할 것이라는 것과 그 기관이 연구를 지지하고 승인 및 검토한다는 것을 서면으로 확인할 기관의 높은 책임자에게 연구 제안서를 제출하는 것과 같이, 과정을 승인하고 공평하게 검토해야만 한다. 전문적인 행동 지침뿐만 아니라, 연구자들은 윤리적 평가를 요구하는 대상자와 함께 연구를 위하여 지방 자치 규칙과 함께 보호 관련 법률에 익숙해야만 한다. 이러한 것들은 연구윤리에 강력하게 영향을 미칠 수 있다.

Patton(2002)은 자료에 대한 비밀 유지와 사생활 보호, 사기, 동의서, 피해에 관한 문제와 관련 연구를 시행하기 전에 인식해야 하는 점검 사항들을 제시하였다.

- **목적 설명하기** : 다른 사람이 이해할 수 있도록 정확하게 연구목적을 설명할 수 있는가? 연구에 참여할 사람들과 함께 나눠야 하는 자세한 사항들은 무엇인가? 연구를 가치 있게 하는 것은 무엇인가?
- **약속과 호혜** : 당신이 설계한 활동에 왜 그들이 참여해야 하는지에 대해서 참여자와 보조 연구자에게 설명할 수 있는가? 이러한 약속들을 이행할 수 있는가? 그리고 그들의 참여에 대한 보답으로 어떤 약속을 했는가?
- **위험 평가** : 당신의 연구에 참여함으로써 일어날 수 있는 위험 요소를 설명할 수 있는가? 사람들이 참여하지 않을 수 있는 범위는 어디까지인가? 심리적 위험 요소는 어느 정도인가? 참여를 함으로 해서 사회적 또는 정치적인 충격과 같은 다른 위험 요소는 있는가, 아니면 참여자의 고용인, 동료, 가족 일원 등에게 주어질 위험은 없는가? 그 연구에 생길 수 있는 알 수 없

는 위험 요소들을 어떻게 다룰 것인가?

- **비밀 유지** : 비밀 유지가 온전히 유지될 수 있는가? 아동 학대 보고를 위임하는 것과 같이 비밀 유지를 제한하는 환경이 있는가? 자료가 어떻게 비밀 유지로 지켜질 것이며 자료 보관에 대한 기간과 정도는 어디까지인가?

- **고지(告知)에 입각한 동의서** : 동의서 제안에 충분하게 연구에 대해서 설명할 수 있는가? 어떤 종류의 서면화된 동의서가 연구자와 참여자 모두의 권리를 보호하기에 필요한가? 기관윤리심의위원회가 명시하는 요구 사항은 무엇인가?

- **자료 접근과 소유권** : 수집된 미술 작품과 자료에 대해서 누가 관리하고 접근할 것인가? 최종 보고서를 누가 볼 것인가? 참여자를 보호하기 위하여 필요한 접근에 따른 제한은 무엇인가? 그 자료는 어떻게 기록되고 보관될 것인가? 자료 또는 미술 작품은 누가 소유할 것인가?

- **정신건강 보호** : 당신의 참여자는 연구에 의해 어떤 영향을 받게 될 것인가? 연구자로서 당신은 어떤 영향을 받을 것인가? 자료수집 또는 분석 후에 보고를 할 필요가 있는가?

- **충고** : 누가 연구에 발생될 수 있는 윤리 문제를 다루도록 도와주고 감독할 것인가? 누가 충고해 줄 것인가? 또는 누가 어려운 문제를 다루도록 도와줄 것인가?

- **자료수집 경계** : 그 연구를 위한 자료를 수집하는 당신의 역할에 대해 갈등은 없는가? 본래의 동의서를 넘어서서 정보를 공개하는 것으로부터 당신의 참여자를 보호하기 위하여 당신이 설정할 제한점은 무엇인가? 그 연구를 포기해야 하거나 공격적인 상황은 무엇인가?

7단계 : 결과를 보고하고 알리기

자료를 모으고 연구를 수행한 후에 당신은 계획에 따라 증명된 양적 또는 질적 방법을 사용하여 자료를 분석할 것이다. 만약 당신의 프로젝트가 조심스럽게 수행되고 당신이 가치 있는 자료를 얻었다면 당신은 결과를 발표해야만 한다. 보고서를 출판하기 위하여서는 두 가지 일반적인 규칙이 있다. 당신의 연구논리와 결과를 입증하기에 충분한 근거가 있어야만 하고 결론이 투명하거나 명확해야 한다. 당신은 좋은 연구 보고서를 어떻게 구성할 것인가에 대한 지침을 따르기 위하여 제8장을 참조할 수 있고 학술 저널에 당신의 연구를 어떻게 출판할 것인가에 대해서는 제10장을 참조하기 바란다. 여기서의 중요한 점은 다른 사람과 당신의 발견을 공유하지 않고는 연구가 끝나지 않은 것이라는 진지한 책임감이 있어야 한다는 것이다. 지식이나 사냥을 위하여 탐색하기 위한 실제적인 이유들은 다음과 같다.

> 고립이라고 규정된 탐색이 아님에도 불구하고, 사냥꾼은 사냥감의 최종적인 결과물이 공동체를 먹이기에 필수적인 음식의 저장을 계속 보충하는 것이라는 것을 알고 있다. 그것과 마찬가지로 연구자는 단지 지식을 위한 개인적인 탐색에 의한 것이 아니라 문제가 불러일으키는 기본적인 과학적 대화의 갱신으로 인해서 얻어지는 수혜를 받는 전문가 집단과의 관련성에 대한 인식에 의해 동기화된다. 한번 자료가 수집되고 해석되면 연구자는 자기 자신, 전문가 동료, 집단, 정책입안자, 집단 사회 또는 다른 연구자 등 누구건 간에 독자에게 알려야만 한다. 결과물이 연구 기사, 신문 기사, 기관 내 프레젠테이션, 소논문 형식 등 수많은 갖가지 형태로 알려질 수 있다. 모든 사냥꾼 – 연구자들은 지역 사회의 전체적인 기능을 수행한다. 그것이 생존의 문제이든 식량의 문제이든 간에 추격의 세계에서 사냥꾼 – 연구자의 우월성에 대한 믿음과 오만함 또는 힘의 세계로 들어가는 것이 아니다. 게임도 아니다. 이러한 아낌 없이 주는 태도 역시 연구수행을 하는 학생들과 동료들의 미래의 멘토링의 토양을 준비하는 것이다(Kapitan, 1998, p. 26).

연구수행을 할 때 미술치료사는 항상 이 일이 가치 있고 인간 지식에 공헌을 할 것이기 때문에 참여에 동의하는 사람들로부터 도움을 받는다. 그러므로 많은 연구들이 보고되지 않고 출판되지 않는 것은 부끄러운 일이다. 종종 미술치료사들은 오로지 출입자가 매우 제한된 장소, 국제 회의에서 발표하는 행운을 통해서만 연구를 들을 수가 있다. 하지만 신뢰가 있든 없든 통계나 이론의 모델을 창조하기 위하여 사용된 출판되지 않은 발견물도 종종 있다. 문제는 임상이나 통계의 중요성에 대한 주장을 위하여 개개인의 평가자에 의해서 평가되지 않은 연구가 보고된다는 것이다.

보다 좋은 이득을 얻을 수 있는 미술치료 연구를 위하여 아이디어가 한번 폭넓게 알려지게 되면, 우리는 지식을 탈바꿈할 수 있는 잠재력이 있다는 것을 이해할 필요가 있다(Kapitan, 2006b). 우리는 "내가 발견할 것을 사람들이 알아야 할 필요가 있는가?"라며 물을 필요가 없다. 연구는 상대적으로 고립된 영역에서 지식을 생성하는 것을 멈추지 않지만 여러 방면으로 유용한 실제적인 측면을 위해 지식을 넓혀야 한다. '사냥'의 목표가 예술가의 발견 또는 과학자의 발견인지에 대해서는 중요하지 않다. 끝까지 견디기 위하여 확실하게 탐구해야 한다(Kapitan, 1998). 미술치료 연구가 우리에게 보다 효과적이고 이 세상에서의 존재 방식을 보다 나은 방향으로 발견하도록 공헌해야 한다.

요약

연구설계를 위한 기본 단계들은 다음과 같다.

1. _____ 연구문제 찾기
2. _____ 문제 발전시키기
3. _____ 그 문제와 관련된 현존하는 문헌 검토하기
4. _____ 연구방법론 설정하기
5. _____ 자료를 분석하고 수집하기 위한 자원과 도구 확인하기
6. _____ 윤리 경계 안에서 연구 수행하기
7. _____ 발견물을 출판하고 결과 보고하기

참고문헌

Allen, P. B., & Gantt, L. (1992). Guidelines for getting started in art therapy research. In H. Wadeson (Ed.), *A guide to conducting art therapy research* (pp. 23–27). Mundelein, IL: American Art Therapy Association.

Anderson, F. (2001). Benefits of conducting research. *Art Therapy: Journal of the American Art Therapy Association, 18*(3), 134–141.

Bailey, D. M. (1991). *Research for the health professional: A practical guide.* Philadelphia, PA: Davis.

Carolan, R. (2001). Models and paradigms of art therapy research. *Art Therapy: Journal of the American Art Therapy Association, 18*(4), 190–206.

Deaver, S. P. (2002). What constitutes art therapy research? *Art Therapy: Journal of the American Art Therapy Association, 19*(1), 23–27.

Elmes, D. G., Kantowitz, B. H., & Roediger III, H. L. (1999). *Research methods in psychology* (6th ed.). Pacific Grove, CA: Brooks/Cole.

Kapitan, L. (1998). In pursuit of the irresistible: Art therapy research in the hunting tradition. *Art Therapy: Journal of the American Art Therapy Association, 15*(1), 22–28.

Kapitan, L. (2006b). The multiplier effect: Art therapy research that benefits all. *Art Therapy: Journal of the American Art Therapy Association, 23*(4), 154–155.

Kvale, S. (1996). *Interviews: An introduction to qualitative research interviewing.* Thousand Oaks, CA: Sage.

Leedy, P. (1997). *Practical research: Planning and design* (3rd ed.). Upper Saddle River, NJ: Prentice Hall.

Linesch, D. (1995). Art therapy research: Learning from experience. *Art Therapy: Journal of the American Art Therapy Association, 12*(4), 261–265.

Malchiodi, C. (1992). Minimizing bias in art therapy research. In H. Wadeson (Ed.), *A guide to conducting art therapy research* (pp. 31–36). Mundelein, IL: American Art Therapy Association.

Maxwell, J. A. (2005). *Qualitative research design: An interactive approach* (2nd ed.). Thousand Oaks, CA: Sage.

McLaughlin, D., & Carolan, R. (1992). Types of research. In H. Wadeson (Ed.), *A guide to conducting art therapy research* (pp. 49–54). Mundelein, IL: American Art Therapy Association.

Musham, C. (2001). The potential contribution of art therapy to social science research. *Art Therapy: Journal of the American Art Therapy Association, 18*(4), 210–215.

Nainis, N. (2007). Developing a scientific research study for expressive art therapy. Presentation at Northwestern Memorial Hospital, Chicago, IL.

Patton, M. Q. (2002). *Qualitative research and evaluation methods* (3rd ed.). Thousand Oaks, CA: Sage.

Reason, P. (1981). *Human inquiry.* New York, NY: John Wiley & Sons.

Rhyne, J. (1992). How ideas are generated for art therapy research. In H. Wadeson (Ed.), *A guide to conducting art therapy research* (pp. 113–121). Mundelein, IL: American Art Therapy Association.

Rudner, R. (1991). The call of the climb. *Parabola, 16*(2), 73–78.

제2장

미술치료 연구에서
미술의 역할

밖에서는 바람이 불고
안에서는 열정이 솟아오른다.
벽에 새겨진 고대 이미지를 바라보며,
우리는 동굴의 크기와 모양을 측정하고,
바위 벽의 화학작용을 결정하며,
계산을 하는 데 시간을 보내려고 했다……
그러나 왜?
사냥꾼의 동굴 안내 정신
우리에게 좀 더 심오한 것들을 깊이 생각하도록
요구한다…….
불이 났을 때, 그것을 쫓은 사냥꾼들뿐 아니라
벽 위의 모양을 자세히 관찰하는 것처럼,
우리의 마음은 상징을 연상의 줄로 함께 연결시키도록
그려지는 것처럼 보인다.
우리가 그들에게 그 이야기들을 말할 수 있는가?
또는 그들이 우리에게 말할 수 있는가?

-James Swan

미술치료 전문가를 위한 자기정의(self-defining) 경험의 하나는 "미술치료가 무엇인가?"라는 질문을 해보는 것이다. 그것은 내가 비행기 좌석에 앉았을 때, 내 옆좌석에 앉은 사람이 나에게 직업에 대해 질문한 순간 어김없이 일어났다. 그 사람은 이런 단순한 질문이 존재론적인 자기검토(self-scrutiny)를 만드는 계기가 되었다는 것은 알지 못했다. 나는 Airplane Seat Partner Assessment(ASPA)라고 불렀던 미술치료 연구 스터디에 대한 생각에 잠겼다. 내가 "미술치료사예요."라고 말했을 때 내 옆좌석에 앉은 사람은 어떻게 반응할 것인가? 존중하는 것처럼 보이는 것을 측정할 수 있을까? 또는 의아해하며 "그런 분야도 있나요?"라고 반응할 것인가? 20년 전, 그는 작은 스틱그림이 그려진 음료수 냅킨을 나에게 건네주었고, 그것이 그의 삶에 대해 드러내고 있는 깊은 비밀이 무엇인지 내가 찾아내 얘기해 주길 기대했었다. 오늘 나의 옆좌석에 앉은 사람에게 미술치료에 관해 듣고 읽을 수 있도록 하는 것은 아주 평범한 것이었다. 나의 ASPA '결과물들'에 따르면 미술치료는 일반 대중들의 의식 속에 스며들기 시작했다.

"미술치료가 무엇인가?"라는 질문은 미술치료사를 정의하는 것이다. 왜냐하면 그것은 숨겨진 의문뿐만 아니라 그 분야의 독특성을 반영하는 계기이기 때문이다. 미술치료가 좀 더 보편적이라면, 이 질문은 생겨나지 않았을 것이다. 미술치료가 무엇인지를 정의하기 위해서는 그것이 무엇인지를 발견하고 증명하는 연구가 필요하다. 미술의 역할은 그 분야에서 항상 지속되어 온 정의에 대한 시도의 핵심이었다. 이 장에서는 역사적이고 동시대적인 관점에서 이루어진 미술치료에서의 미술을 조명하고, 미술치료사의 연구세계에 독특한 공헌을 한 특별한 이슈들을 다루어 볼 것이다. 이 장에는 미술치료 연구를 위한 틀이 포함되어 있어 광범위하고 다양한 질문, 목표, 제안들과 만날 수 있을 것이다.

미술치료의 렌즈

미술치료는 건강과 웰빙을 방해하는 심리적, 발달적, 사회적, 행동적 스트레스들을 받고 있는 사람들에게 도움을 주기 위해 사용된 대인적이고 미술에 기반한 일련의 기술들이라고 기능적으로 정의한다. 이 일련의 기술들은 미술, 심리학, 심리치료 또는 전문적 상담의 지식들이 필요한 기술들이다. 미술치료사들은 치료실제의 스펙트럼에 따라 클리닉부터 스튜디오까지, 그리고 서로 다른 문화적 맥락 안에서 그들의 작업을 정의하는 데 도움이 되는 절충적인 이론들을 선택한다. 그러나 순수한 기능적 정의는 이론과 실제의 역동적인 특성 때문에 제한적이다. 미술치료는 미술치료사가 무엇을 하는지에 따라 동일하게 정의되기는 어렵다. 치료사는 다양한 내담자의 상황에 따라 방법, 이론, 기법을 선택해야만 하기 때문이다.

정의에 대한 대안적 접근은 미술치료사가 치료적 진전을 가져오는 대중적인 렌즈 또는 세계관을 확인하는 것이다. 세계관은 매우 영향력이 있지만 때로는 실제와 연구에서 간과되곤한다. 예를 들어, 눈이 많이 온 어느 겨울날, 나는 나무 위에 무겁게 내린 눈과 햇빛이 내리쬐는 풍경이 보이는 변두리 지방도로의 아름다움을 즐긴다. 나에게는 눈이 매우 많이 내린 북부 아메리카의 장면이 편안하지만 열대지방에서 온 방문객에게는 즐겁거나 또는 혐오스럽게 느낄 수 있다. 매일 출근하는 나의 동료는 그곳을 운전해 통과하는 것을 걱정스런 눈으로만 바라볼 수 있다. 제설장비를 움직이는 사람은 눈을 기능적으로만 보고 빨리 치워야만 하는 것으로 본다.

세계관은 왜 내담자가 치료에서 미술을 사용할 수 있는 심리학자, 사회복지사, 또는 전문 상담자가 아닌 미술치료사와의 작업에서 도움을 얻는지 설명하는 데 유용하다. 하나의 구별되는 특성은 미술치료사의 전문적인 준비가 시간이 지나면서 발달되는 미술과의 개인적인 관계성을 가정한다는 것이다. 미술치료사들은 미술전공을 하고 대학원에 들어온다. 이런 주된 경향은 그들이 치료를 어떻게 보고 접근하는가, 그들이 치료적 개념들에 어떻게 상호작용하는가, 그들이 치료에서 가치를 두거나 또는 집중하게 하는 것이 무엇인가, 그들이 임상적 환경으로부터 정보를 어떻게 해석하는가에 영향을 준다. 이런 점에서 미술은 미술치료사의 마인드와 행동의 중심에 위치하고 있고 단지 기법으로만 정의되지 않는다. 치료팀에서 차이에 가치를 두는 다른 전문가들은 때때로 미술치료 동료들을 다르게 인식하고 독특하게 통찰한다고 생각한다.

보통 다른 모든 예술가들처럼 미술치료사의 주된 방법은 반영적인 비평과 함께 창조의 과정을 활성화시키는 것이다. 치료적 맥락에서 이런 기본적인 방법의 적용은 미술치료사를 다른 예술가나 치료사들과 구별되게 하는 것이다.

미술치료 세계관은 미술치료사가 연구를 수행하는 마인드를 보게 해준다. 미술치료사들은 그들의 독특한 심미적 세계관으로부터 치료에 접근하지만 다른 정신건강 전문가들은 그들이 공유하는 세팅이나 문화에서 사용하는 똑같은 윤리적 원칙, 진단적 범주, 보살핌의 규준들을 사용한다. 유사하게 미술치료사 연구자들은 방법론의 독특성뿐만 아니라 그들이 어떻게 생각하고 무엇에 집중하였는가에 의해 구별될 수 있다. 전문성이 많은 부분에서 세계관이 명확하지 않기 때문에 미술치료사들이 과학적이고 예술적인 통합이 이루어져야 하는 연구에 어떻게 접근할 수 있는지에 대한 질문은 답하기 어렵다. 예를 들어, 최근의 전국 연구대회에서 저명한 행동과학자는 미술치료사들이 자신들의 연구를 '변절한 과학자들(rat scientists)의 언어'로 기술하는 것처럼 보인다는 좌절감을 표현했다. 그는 미술치료가 독특하게 제공해 주는 무언가를 보기를 원했다(personal communication, B. van der Kolk, 2006, 11). 미술치료사들이 어떻게 그들의 문제를 공식화하고, 주어진 심미적–관계적 세계관의 민감성을 통해 무엇에 집중할 것인지를 어떻게 선택하는가?

Daley(2007)는 과학적인 연구가 '합리적 설명, 표상적 정확성, 확신성'이 요구되는 반면 미술은 '각성, 생생함, 해석적 창조성'을 위해 노력해 나가는 것으로 설명하였다(p. 1). 미술치료사들이 그들의 연구를 미술치료 세계관과 관련하여 수행할 때, 그들은 제4과학과 미술로 부른다. Daley는 "그들이 과학 절차의 이점을 충분히 얻을 수 있을 때까지 그들 자신의 심미적 능력의 자각을 개발해야 한다."고 기술하였다. 미술치료 세계관은 독특하게 미술치료사가 효과적인 연구자로 가정하고 있다. 왜냐하면 연구를 수행하고 그것들을 다른 사람들과 의사소통하기 위해서는 우리가 만나는 인생의 고민들을 경청하는 기술들을 사용해야만 하기 때문이다. 미술치료 연구는 우선 어떻게 관찰하고, 어떻게 우리의 관찰을 좀 더 정확하게 볼 수 있는 맥락 속에 놓을 것이며, 우리의 이해를 타당화하기 위해 어떻게 증거들을 반복적으로 되돌려야 하는지에 대한 학습의 원리들이 포함된다.

Daley가 주장했던 보기 위한 학습은 과학자와 예술가 모두에 기반을 둔다. 훌륭한 연구는 연구가 무엇을 볼 수 있느냐에 따라 탄생된다. Ortega y Gasset(1943/1985)는 평범한 광경을 보는 사냥꾼의 주의 깊은 감각과 미리 생각해 보는 집중력을 비교하였다. '방심하지 않는 시선'은 과학자, 예술가, 연구자가 가지고 있는 것처럼 사냥꾼의 가장 큰 도구이다. 내가 사진작가의 훈련을 받은 남편과 숲을 걸어가고 있을 때, 나는 항상 그가 이런 특별한 시감각을 사용하고 있다는 것을 느낄 수 있다. 그는 단순하게 숲을 걷고 있는 것이 아니라 색, 모양, 형태, 패턴, 재질, 대비라는 흐름의 감각들에 둘러싸여 있다. 그는 경험이 포착되고 표현될 수 있는 정확한 사진작품의 순간에 집중한다. 대조적으로 보통의 장면은 "볼 수 있는 영역의 어느 한 지점으로 흡수되고, 다른 지점에는 집중하지 않는 것과 유사하다."(Ortega y Gassett, 1943/1985, p. 129)

미술이 미술치료 연구에 알려진 많은 방식들 중, 미술치료사들에게는 다음과 같은 몇 가지 주된 기술이 있다.

구성: 예술가의 구성과 연구자의 연구설계는 모두 중간 정도의 범위로 결정된다. 주제의 구성요소들은 이런 경계선 내에 위치하고, 예술가나 연구자는 그것의 초점, 형태(숫자)에 근거한 관계, 분야의 깊이, 관점에 관한

결정을 내린다. 복잡한 주제는 가장 중요한 세부 사항을 선택적으로 구분하거나 다루는 창조된 구성에 의해 관리된다. 좋은 연구설계는 좋은 구성과 같다. 이것은 '작업'이지만 기대된 결과를 성취하지 못할 수도 있다.

주제 : 예술가와 연구자 모두 무엇이 실제이고 진실인지에 대한 예리한 지각과 좀 더 명확한 이해를 위해 객관적인 태도를 가지고 한 주제에 관해 밀접하게 보는 조화를 배운다. 예를 들어, 사람 얼굴을 그리는 것은 예술가에게 얼굴상에 대한 과거의 당황스럽고 선입견적인 아이디어들을 떠올리게 하고, 그렸던 모델의 특별한 얼굴에 관한 연구에 초점을 두게 한다. 예술가들은 하나의 물체를 윤곽, 형태, 비율 등 좀 더 정교하고 복잡한 주제들로 만들도록 훈련한다. 연구자들처럼 그들은 기술적으로 원근법을 사용하여 때로는 매우 가깝게 세부적인 것들로 만들기도 하고 또 한편으로는 점점 뒤로 가서 객관적인 거리를 두거나 전체를 측정하기도 한다.

표현 : 예술가와 연구자는 현실의 측면을 묘사하기 위해 상징 체계를 사용한다. 어떤 형태의 연구는 수학적 상징을 사용하고, 또 어떤 형태의 연구는 언어적 표상, 그리고 또 어떤 연구는 미술적 이미지를 사용한다. 어떤 예술가들은 현실적인 이미지를 위해 세부적인 것에 전념하고 또 어떤 예술가들은 인상주의적, 개념적인 것 또는 "현실의 추상적 표현을 통해 보이는 것들을 묘사한다."(Daley, 2007, p. 16). 유사하게, 형태 연구자들은 그들의 연구결과를 통해 발견되고 소통될 수 있는 큰 힘으로 작업하는 것을 선택하였다.

연구로 확대된 미술치료 렌즈는 합리적일 뿐 아니라 열정적이고, 생각하는 것뿐 아니라 느끼게 하고, 설명하는 동안 각성되는 '분석적인 것뿐 아니라 창의적인 것'의 이점을 받아들인다(Daley, 2007, p. 1). 이런 통합적이고 다학제적인 세계관적 접근은 전문가, 미술치료사, 그리고 내담자들에게 많은 이점을 가진 창의적 활동으로 연구하게 한다.

미술을 자료로 사용하는 데 있어서의 윤리

미술치료 렌즈는 치료와 연구 과정에서 만들어진 미술작품에 대해 미술치료사가 윤리적으로 민감해야 한다고 가정한다. 치료 과정에서 창조된 내담자들의 이미지 작품을 많은 사회과학자들이 단지 형태를 가진 생기 없는 '자료'로 대하는 것과는 달리 미술치료사들은 그에 대해서도 윤리적 가치를 고려하는 배려를 중시한다. B. Moon(2006a)은 미술치료사들에게 윤리적 결정을 내릴 때 민감한 개념으로서 '이미지의 권리'를 고려하도록 요구하였다. 그는 다음과 같이 쓰고 있다.

> 해석과 낙인, 내담자의 작업에 대한 전시, 미술치료 회기에 대한 문서화, 그리고 완성된 미술 작품에 대한 소유권의 적절성에 관한 질문들은 미술치료사들이 미술작품에 대한 가장 적합한 소유권을 심각하게 고려할 때 매우 민감한 것들이다.

내담자 미술 해석하기

B. Moon(2006a)은 미술작업에서 보이는 의미를 해석하는 투사적 평가 체계를 사용하는 치료사들과 임상적 경험에 비추어 미술 이미지를 진단적 해석을 위한 자료로 사용하는 것을 반대한다. 그는 창작자의 투사로서의 원래 미술작품과 치료사들의 자신의 투사가 들어간 해석 간의 평행선을 관찰하였다. 물론 미술치료에 대한 해석적 접근은 미술작품에 관한 판단적 해석을 명명하거나 만들 때 일어날 수 있는 치료적 관계에 해가 되는 가능성을 인식하면서 사용되어야만 한다. "어떻게 다른 사람이 전적으로 당신이 의미한 것을 기술할 수 있나요? 명명되었을 때 당신은 어떻게 느끼나요? 언제 다른 사람이 설명했나요?"라는 질문이 McNiff(1992, p. 184)에게 이루어졌다. 미술치료사들은 미술작품에서 발견될 수 있는 많은 의미들이 있다는 데에 동의한다. Rubin이 언급했던 것처럼, 그

것들은 "우리가 쉬운 답을 갈망하는 만큼 깔끔한 공식이나 간단한 처방으로 발견되지 않는다."(B. Moon, 2006a, p. 67의 인용문에서처럼).

동시에 미술치료사에게는 평가에서 미술을 임상적으로 사용하는 것과 연구로 사용하는 것 간의 구별이 중요하다. 과학자들은 미술이 그들의 연구에 중요한 자료를 제공하기 때문에 미술치료에서 창조된 다양한 측면의 미술 이미지들에 가치를 둔다. 사회과학자들도 모든 복잡한 인간 존재에 대해 연구할 때 연구 참여자의 웰빙에 대한 고려나 존중을 갖는다. 그러나 특히 미술치료사들은 연구 과정을 통해 그리고 선택된 방법론적 틀이 무엇이든 간에, 어떻게 미술작품을 고찰하고 기술하며 해석할 것인가, 그리고 얻은 지식을 어떻게 적용할 것인가와 관련해서 연구에 공헌하는 사람 및 현상에 대해 윤리적으로 좀 더 민감해야만 한다.

내담자의 미술 수집하기

미술치료사 연구자들은 수집한 미술 이미지들을 사용하고 유지, 보관, 폐기하는 것 등에 관한 윤리적인 결정을 내려야만 한다. 새로운 기술을 가지고, 미술치료사들은 내담자나 연구 참여자의 미술작품을 원래의 상태로 보관하는 대신 문서화할 수 있다. 이 책의 다른 부분에서 논의될 것이지만 비밀보장의 규칙과 사생활 보호는 이미지들의 보관과 사용에도 적용된다.

내담자 미술 전시하기

미술치료사들이 연구에 미술을 사용할 때 고려해야만 하는 또 다른 영역은 내담자의 미술작품 전시와 진열이다. B. Moon(2006a)은 치료에서 창조된 미술작품을 전시하는 것의 잠재적인 위험성과 더불어 장점과 잠재적인 이점들을 평가하기 위한 미술치료사의 윤리적 책임성을 논의하였다. 사회적으로 소외된 사람들의 정신건강 염려 또는 욕구에 대해 공적인 자각을 제공해 주고자 하는 프로젝트 연구자들은 연구 참여자들의 미술작품들을 전시하고 싶어 한다. 참여자들은 그들의 작품이 다른 사람들에게 보여짐으로써 힘을 갖게 되고, 작품을 전시함으

내담자 미술 작품 사용의 윤리적 원칙

- 미술치료사들은 내담자의 미술작품을 내담자−예술가의 소유권으로 간주한다. 미술은 치료 중이거나 종결시 내담자를 자유롭게 해주어야 한다. 만약 내담자들의 미술작품이 임상적 기록으로 사용될 경우 그들에게 통보해 주어야 한다.
- 미술치료사들은 어떤 매체로든 미술작품을 복사하기 전에 내담자 또는 법적 보호자로부터 동의서를 얻어야만 한다. 동의는 교육, 연구, 평가목적을 위해 미술작품을 계속 간직하고, 복사, 슬라이드, 비디오, 작품사진 등으로 사용된다는 내용이 포함되어야 한다.
- 미술치료사들은 서면 동의 없이 내담자의 미술치료 회기에 대한 공식적인 활용이나 재현, 또는 회기(미술작품 포함)에 대한 제3자의 입장을 가질 수 없다.
- 미술치료사들은 내담자에게 서면 동의를 얻고 내담자의 신분 보호가 보장될 경우 학생을 가르치거나 글을 쓰거나 공식적인 발표에서 그들의 작품을 임상적 재료(미술 작품과 미디어 포함)로 사용할 수 있다.
- 미술치료사들은 공적인 장소에서 내담자의 작품을 보여주기 전에 내담자로부터 서면 동의를 얻어야 한다.
- 미술치료의 윤리적 원칙에 대한 원본을 참조하라(미국 미술치료협회, 2003).

로써 이점을 얻을 수 있다. 그러나 연구자들은 원치 않게 작품이 출간되거나 책에 실려 읽히는 것 같이 악용되거나 선정성으로 인해 정서적 고통을 겪을 수 있는 상황으로부터 참여자들을 보호해야 할 의무가 있다. Spaniol(1990)은 미술작품을 전시할 때 고려해야 할 몇 가지 사항들을 제시하였다. 이것은 참여자들에게 동등한 권한을 부여하는 조건들을 만들며, 전시에 동반될 수 있는 내담자 정보 폭로에 대한 안전장치들이다.

연구방법에서 미술의 위치

미술이 미술치료 연구외 결정적 측면이긴 하지만 1차적 연구실제의 분야로 자리 잡기에는 그 위치와 가치에 대한 전체적인 이해가 아직 부족하다. 시각적이고 미술에 기반한 연구들에 비춰 볼 때, Sullivan(2005)은 미술이 연구 활동의 맥락으로 자리를 잡기 위한 다양한 원칙들이 포함된 세 가지 일반적인 전략을 제시하였다.

1. 형태, 주제, 이슈들과 관련된 이론 중심의 연구는 특정 이론들에 대한 미술 작업에서 발견되었다. 전략은 역사적인 질문과 미술 해석, 잘 알려진 미술사, 미술이론, 미술비평의 전통을 지닌 원칙들에서 나왔다.
2. 자료를 모으고 해석하기 위해 시각적인 수단을 사용하는 연구에서는 미술이 사회과학, 주목할 만한 사회학, 시각 인류학, 문화연구들에서 존재하는 트렌드 내에서 해석될 수 있는 하나의 문화적 표현의 형태로 보인다.
3. 미술기반 연구는 우선 미술교육에서 시작되었고, 감각에 기초한 학습과 인간의 지식과 이해에 대한 독특한 통찰을 제공해 주는 일련의 실제에 근거한 미술을 강조하는 특성을 가지고 있다.

전문성에 있어 유사한 트렌드를 따르는 미술치료는 역사적으로 이론과 실제에서 미술의 위치를 찾고자 노력해 왔다. 일찍이 정신분석 이론은 실제를 통해 만들어졌고 환자가 창조한 미술작품의 상징적이거나 무의식적인 내용과 주제들에 대한 해석을 강조하였다. 이 트렌드는 오늘날에도 계속되고 있다. Gantt(1992a)는 미술치료사들이 내담자 미술작품의 형식적인 요소들에 대한 연구를 수행하거나 특정 내담자군에 의해 사용된 상징들에 대한 도상학적인 연구를 수행해야 한다고 제안하였다. 또 다른 예로, Junge(1994)는 예술가가 그린 출입문에 대한 현상학적 특성을 발견하기 위해 미술가로부터 떠오른 영감을 살폈다. 미술과 미술 상징에 대한 해석은 미술치료 연구의 지속적인 특성이 되어 왔는데, 이는 일반적으로 위에 제시된 첫 번째 범주를 반영한다. 이것은 미술의 역사적이고 심리학적인 틀에 근거한 미술치료 연구이며, 미술치료사로 하여금 내담자의 미술작품으로부터 의미를 구성하고 해체하도록 해준다.

두 번째, 미술치료 연구의 유사한 트렌드는 미술작업의 창조성을 둘러싼 문화적이고 사회적인 맥락을 강조한 것으로 첫 번째 트렌드에 비해 제한적이거나 재해석하거나 확대된 것이다. 사회과학 연구에서, 시각적 매체는 문서화된 '텍스트'로 다루어지거나 사회문화적 표현의 증거로 사용되곤 한다. 미술작품의 총체적인 데이터베이스를 발달시키고자 했던 Gantt(1992a)의 제안은 '예술가와 미술치료사들의 코멘트 그리고 적절한 인구통계학적이고 진단적인 자료들을 가진 특정한 사회, 국가 또는 진단적 집단의 구성원들' 에 의해 창조되었는데(p. 73), 이것은 연구에 있어서 인류학적인 관점을 반영하는 것이다. 사례연구들과 다른 개업치료사들의 관찰을 통해 보고된 많은 미술치료 연구들은 이런 방향의 태도를 취하고 있다. 사회적이고 문화적인 실제는 미술과 같은 시각적 정보를 통해 전달되는 방식에 있어 핵심주제이다(Riley, 1997).

Sullivan(2005)에 따르면, 미술에 대한 확대된 이해는 미술사/비평, 그리고 문화 연구 분야의 가교 역할을 할 것이다. 최근 미술 분석의 '해석적 공간' 은 '텍스트 자체, 이미지 연출가, 주변 맥락, 관점의 위치' 를 고려하기 위해 개방되었다. 비록 미술작업과 해석의 어떤 윤리적이고 정책적인 결과가 연구되었다 할지라도 미술치료의 사회적 구성은 비교적 탐구되지 않은 영역이다(Lark, 2005; C. Moon, 2002; B. Moon, 2006a; Spanilo, 1998, 2000, 2005). 미술치료 내 담자 집단이 소문화 집단과 같다는 관점은 문화적으로 유능한 치료사가 미술치료의 사회문화적 측면의 질문에 개방적일 필요가 있다는 것을 말한다(Spaniol, 1998; Lumpkin, 2006). Kapitan과 Newhouse(2000)는 모더니스트 전통으로 배운 미술치료사들과 포스트모더니스트 관점의 좀 더 젊은 세대의 미술치료사 간의 차이가 의미하는 사회문화적 시사점에 대해 연구하였다. Hocoy(2005) 등은 미술치료와 사회적 활동이 통합된다는 것을 통한 하나의 매체로서의 미술 이미지에 대해 논의하였다.

세 번째 분야는 미술을 연구에 적용할 수 있는 감각에 기반한 학습 과정과 시각적 사고 과정으로 보는 것이다. 그리고 이것은 미술교육 이론가인 Elloit Eisner가 개척하였다. 미술치료 분야에서 이런 트렌드의 예는 Allen(1995), McNiff(1998a), B. Moon(1995)의 저술에서 찾아볼 수 있다. 원래 1차적으로 예술가-치료사의 자기연구 방법으로 고안된 것으로, 미술치료사는 구성주의, 실용주의, 참여주의 미술에 기초한 방법들을 연결 짓는다(Wix, 1995). 그러나 오랫동안 미술에 기초한 질문에 대한 철학적 담화에도 불구하고 자료에 대한 출간된 연구보고는 거의 없다.

　　미술치료 연구에서 미술의 위치는 미술치료 이론과 실제에서 미술의 위치에 대한 그 분야의 역사적 논쟁으로 되풀이되고 있다. 몇 년 동안 이루어져 온 그 분야를 지배해 온 이원적 사고는 미술을 창조하는 과정에 대한 강조 대 창조된 창조물에 대한 강조뿐 아니라 '예술가' 대 '치료사' 의 역할에 대한 논쟁과 '치료에 있어서의 미술' 대 '치료로서의 미술' 의 역할에 대한 논쟁으로, 미술과 치료적 실제에 완전한 보완을 절충하도록 하는 방식을 제공하였다. 연구에서 방법론적인 순수성을 주장하는 것은 도움이 되지 않는다. 왜냐하면 미술치료사의 질문은 너무 광범위하고 그 분야의 복잡성을 반영하기 때문이다. 미술치료사가 기본적으로 그 분야의 다학제적인 아이디어를 받아들일 때, 많은 방향 제시나 미술치료 전통으로부터 다양한 연구를 수행하는 데 자유로울 수 있다. 유사한 목적들은 다르지만 상보적인 통로를 통해 성취될 수 있다.

　　미술이 미술치료 연구에서 차지하는 큰 기능과 상보적인 역할에 대한 결합을 만들기 위해서 그림 2.1의 다이어그램이 도움이 될 수 있다. 이 도식은 특정 지식 계열을 가진 미술치료 연구들의 서로 다른 맥락을 일치시킨다. 하나의 지식 계열 또는 패러다임은 연구자들이 연구 질문을 안내하기 위해 사용하는 일련의 가정들이다(Creswell, 2003). 다이어그램의 수직축은 미술치료사의 치료실제, 정체성, 세계관으로 알려진 미술과 치료의 다학제적인 연속선이다. 수평축은 과학 지식과 미술 지식의 과정을 나타내는 질문을 만드는 연구의 연속선이다. 미

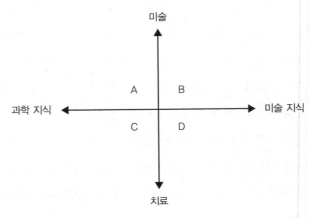

그림 2.1 미술치료 지식의 상보적 패러다임

술치료 연구에서 과학과 미술의 목적이 때로는 혼동되고 불분명하기 때문에 구별을 짓는 것이 중요하다. 구별을 명확히 하기 위해, Kaplan(2000)은 "주관적이고 객관적인 관점은 서로 다른 미술과 과학이 접근하는 연속선상에 존재한다."고 확신하였다. 더욱이 그것들은 "무엇을 얻을 수 있을 것인가를 언급하기 이전에 과학과 미술을 연합하여 함께 가져오려는 노력이 가치 있다는 것을 확신하기만 한다면 충분히 가능하다." 과학적 질문과 미술적 질문은 그것들이 양극단에 있는 것이 아니라 각각의 주장이 다양한 미술치료 연구자가 존재한다는 것을 보여주기 때문에 하나의 연속선을 따라 놓인다. 미술치료사들이 좀 더 다학제적인 렌즈 또는 세계관을 사용하는 기술이 향상될수록 Kaplan과 동료들이 가능하게 되길 기대하는 것들과 점차 겹쳐지게 된다.

우리가 미술치료 문헌에서 특별한 발달을 기대할 때, 대부분의 연구활동은 과학적 지식/미술 사분면에 존재하는데(A), 이는 평가를 위한 미술 사용에 과학적인 기초를 세우려는 노력이 대부분이다. Gantt(1998)는 "문화인류학자들의 것보다는 뼈와 이를 연구하는 데 관심이 있는 자연인류학자들의 연구가 좀 더 수월한 것처럼 연구를 위한 명확한 미술작품을 다룬다는 단순한 사실은 우리의 연구를 좀 더 쉽게 만들 것이다."라고 주장하였다. McNiff(1998a, 1998b) 또한 미술치료 연구에서 미술치료에 관한 미술 지식을 만드는 데 목적을 두기보다는 미술에 대한 탐구를 강조해야 한다고 제안하였다. 그의 가정은 자신의 미술작품들과 미술실제들을 연구하는 미술치료사들은 치료 작업에 대한 좀 더 큰 통찰과 예술적 민감성을 얻을 수 있다는 것이다. 비록 치료에서 미술의 의미에 초점을 두는 연구들은 많지만, 미술치료사가 실제적으로 무엇을 하고 어떻게 그것이 내담자에게 영향을 주는지에 관한 연구는 적다(Malchiodi, 1998b). 미술치료사들은 미술치료의 치료적 이점에 관한 과학적 근거뿐 아니라 치료적 초점에 대한 창의적 표현으로부터 얻는 시각적 지식의 영향을 탐구하기 위해 많은 연구를 이 연속선상의 '치료' 쪽으로 방향을 틀어야 한다(C, D 분면 각각). 치료 과정의 과학은 근거 기반의 실제 그리고 치료-결과 연구와 같은 선상에 놓인다. 예술적 통찰을 가져오는 미술치료에 대한 연구는 미술치료의 주관적인 경험에 대한 많

연구에서 미술의 위치와 관련된 질문들

- 우리가 미술치료에 대한 과학적 지식을 만드는 데 미술을 어떻게 사용하는가?
- 우리가 미술치료에 관한 예술적 통찰을 가져오는 미술작품과 창의적 과정을 어떻게 사용하는가?
- 우리가 미술치료의 치료적 실제, 과정, 그리고 결과를 검증하기 위해 과학을 어떻게 사용하는가?
- 우리가 치료적 진전에서 무엇이 일어났는지에 대한 지식을 알리기 위해 미술과 창의적 개입을 어떻게 사용하는가?

은 질적 연구에서 수행되었다.

요약하면 좀 더 광범위한 다학제적인 미술치료사의 세계관에서는 이런 사분면 각각에서의 미술의 위치처럼 서로 다른 연구질문을 할 수 있도록 해준다.

미술평가 : 과학에서의 미술치료의 창

평가는 관념에 대한 것이다. 그것은 검사에 대한 가정, 탐색을 위한 창의적 시도, 또는 치료 과정 동안 해결하기 위한 문제에 대한 공식화를 시작하는 과정이다. 과학자들은 자연현상을 설명하는 해석과 모형을 탐색하기 위한 아이디어를 만든다. 예술가들은 어떤 측면의 세계와 그에 대한 주관적인 경험을 탐색하기 위해 아이디어를 짜낸다. Gardner(1973)는 예술가와는 달리 "과학자는 주변인이 주관적인 정보를 얻을 수 있는 자기 자신의 측면이 표현되는 대상을 창조하지 않는다……. 대신 최대한 다양한 맥락에서 얻을 수 있는 메시지를 얻으려 한다."고 저술하였다(p. 311). 과학자는 조사하고, 부호화하고, 그럴듯하게 설명하기 위한 명백한 기록을 통해 치료에서 이루어지는 미술의 잠재성에 가치를 둔다. 이런 미술 대상에 대한 뚜렷한 관점은 많은 미술치료사들이 미술에 근거한 평가를 하는 매력을 설명하는 데 도움을 준다.

Gantt는 자신의 논문에서 역사적으로 미술작업에 대한 과학적 견해에는 다음과 같은 네 가지의 원칙이 있다고 설명하였다. 평가는 (a) 능력, 흥미, 지능에 상관없이 어떤 내담자에게든 널리 적용되어야만 한다. (b) 부가적인 관찰이나 내담자 정보 없이 내담자에 관한 유용하고 타당한 정보를 제공해야만 한다. (c) 장기적인 견해를 얻기 위해 시간이 지난 후 반복되고 비교되어야 한다. (d) 평가에서 사용된 표준화된 등급들은 다른 내담자들이나 그 내담자의 다음번 검사와 비교되어야만 한다(Lehmann & Risquez, 1953, Gantt 인용, 1992b, pp. 126~127). 오늘날 미술치료사들은 그것이 변화무쌍한 맥락을 반영하기 때문에 직접적인 하나의 그림이나 일련의 그림검사들은 결코 이런 조건들에서 사용되어서는 안 된다는 것을 알고 있다. 그러나 미술치료에서의 평가에 대한 표준화된 접근들은 자료와 대조되고 비교되는 진행 중인 발달규준에 기여하기 때문에 중요하다. Kaplan(2000)이 언급했듯이, 미술에 기반한 평가는 원래 극적으로 내담자의 개인적이고 의미 있는 미술 사용을 평가하기 위한 치료사와 내담자 간의 협력뿐 아니라 치료계획에 도움이 되기 위한 임상적 사용의 절차에서 유래되었다.

진행 중인 비형식적 평가

일반적으로 연구에서 사용되는 표준화된 그림 평가는, 많은 미술치료사들이 매일의 임상 작업 과정에서 적용하고 있는 형식적인 평가와는 구별되어야만 한다. Wadeson(2002)은 다음과 같이 설명하였다.

> 치료사는 어떻게 환자나 내담자들이 진전되고 있고, 무엇이 변화되었고, 무엇이 변화되지 않고 남아 있는지를 사정하도록 지속적으로 평가해야만 한다. 평가는 치료에 퍼져 있는 순간순간의 작업이다. 지속되는 평가는 현재의 행동과 과거의 관찰을 비교한다. 예를 들어, 최소한의 흑백그림만을 그리던 환자가 이제는 색을 사용하고 좀 더 노력을 기울인 이미지를 창조한다.
>
> 가장 중요한 것은, 미술치료사 스스로 필요한 것이 어떤 정보인지를 결정할 수 있어야만 한다는 것이다. 예를 들어, 자살위험을 평가할 때 주된 임상적 문제 영역들을 발견하려고 하고, 통찰 능력을 평가하려 할 것인가? 그리고 우선 그들은 그 결정을 내리기 위해, 찾는 정보를 발견할 수 있는 가장

좋은 방식을 탐구해야만 한다. 다른 미술치료사들이 작업에서 썼던 방법을 사용할 수도 있다(배경 자료를 얻기 위한 가계도). 또는 즉각적인 상황에 대해 반응하기 위해서 그들의 창의성을 사용할 수도 있다.

Wadeson(2002)은 '때때로 많은 정보를 주는 미술 표현들이 자아상, 가족, 현재 감정들, 가장 중요한 관계에 대한 표상들과 같은 가장 단순하고 명확한 지시로부터 나오고', 때로는 미술치료 작업의 지시가 필요하지 않을 수도 있다는 것을 관찰하였다. 이런 입장에서 미술치료사는 평가를 치료적 관계 내에서 일어나는 순간적인 정보의 교환으로 통합한다. 경험 많은 임상가는 시간이 지날수록 그들의 가정과 결론, 그에 따른 적절한 치료를 점검하고 재점검하기 위해 내담자가 미술에서 창조된 확고하고 비공식적인 방식의 정보를 발달시킬 것이다.

미술평가 절차

1983년 초, Kramer는 미술재료에 대한 내담자의 상호작용에 기초한 기능의 독특한 영역을 보고한 비교적 비구조화되고 비형식적인 인테이크 평가 회기의 유용성에 대해 언급하였다. Kramer는 자신이 제안하는 미술 절차의 지침이 심리학자의 검사 배터리와 비교하려 하거나 또는 체계적인 사고의 도구보다 좀 더 나은 도구를 사용하려는 의도가 아니었다는 것을 강조하면서 주의하도록 하였다. 다른 매체와 다른 지시에 기초한 일련의 미술작업에 관해 묻기 위한 다양한 절차들이 미술치료사에 의해 발달되었다. 미술가가 난화 그리기와 같은 특정 과정을 사용하려는지 또는 Kwiatkowska의 가족화 평가와 같은 특별한 절차 내에서 특별한 재료가 사용되는지의 질문들이었다(Gantt, 1992b).

그러나 Wadeson(2002)이 정확하게 지적하였듯이, 오늘날 미술치료사들이 유용하게 '평가'를 통해 의미하는 것은 '평가 도구가 진단과 같은 특정 결과를 만들어내기 위해 사용되는 좀 더 형식적인 절차'이다. 이런 의미에서, 형식적인 평가는 기대되는 잠재성을 제공한다. 이런 차이는 특히 미술치료사들이 평가절차를 만들 때, 그리고 그것을 타당성과 신뢰성을 검증하고 표준화함으로써 형식적인 이름을 부여할 때 더 많은 혼란을 준다. 형식적인 평가의 목적은 치료를 계획하고 하나의 과정이 다른 과정보다 좀 더 나은지 평가하는 데 도움이 되는 기술적, 규범적, 평가적 자료를 제공하는 것이다(Gantt, 2004). 표준화된 미술에 기반한 평가는 신뢰도와 타당도의 심리측정적 도구 안에서만 예언적이다. 현재 미술치료에서 비교적 적은 평가는 이런 요구들과 맞닥뜨리게 되고, 부분적으로 좀 더 큰 척도가 요구된다.

　　Anderson은 지난 20년 전 시작된 Gantt와 Tabone의 Formal Elements Art Therapy Scale(FEATS)에 대한 연구를 활용하여, 어떻게 형식적 평가에 대한 연구가 서서히 시간이 지남에 따라 형성되었는지에 대한 통찰을 제공하였다.

> Gantt와 Tabone은 나무에서 사과를 따는 사람그리기(PPAT)라는 1939년 Viktor Lowenfeld의 단순한 지시로부터 몇 가지 미술치료 연구를 수행하였다. Gantt에게 감독을 받았던 인턴으로서, Tabone는 자신의 몇몇 내담자들에게 PPAT를 실시하였다. 그와 Gantt는 PPAT의 명확성과 내담자의 진단 분류명과의 정확한 관계에 관심을 가졌다. Gantt(1990)는 PPAT를 논문주제로 사용하였고, Formal Elements Art Therapy Scale(FEATS)를 개발하였다. 11년 후, 그들은 특정 증상과 진단에 대한 정보가 있는 정신과 환자로부터 5,000장의 그림 데이터베이스를 구축하였다. 그들은 또한 약 1,000명의 성인과 아동 비환자의 그림도 데이터베이스에 추가하였다(Anderson, 2001, p. 138).

투사적 그림검사들

치료에서 표준화된 그림에 근거한 평가를 사용하는 데에 대한 논쟁은 이미 투사적 그림검사의 역사에서 복잡하게 얽혀 다루어져 왔다. Gantt(2004)에 의하면, 집-나무-사람 그림(HTP)검사나 로르샤흐(Rorschach) 검사와 같은 투사적 그림검사들은 거의 근거 없는 성격이론에 기초한 해석에 배타적으로 의존한다. 이런 검사들은 개인의 지속되어 온 성격 특성, 욕구, 갈등들이 하나의 그림 안에

때때로 검사 세션에서 나타날 수 있다고 가정한다. 그것들의 매우 다양한 체점 체계는 '개별 상징의 의미를 이해함으로써 특정 그림의 의미를 결정할 수 있다는 불운한 인상'을 준다(Gantt, 2004, p. 22). Gantt는 "하나를 전체에서 나온한 부분으로만 끌어내리면, 그것은 의미가 결여된다. 맥락은 그 상징이 어떻게 기능하는지를 이해하는 열쇠이다. 아직도 이런 접근은 투사적 그림의 연구자가 검증 가능한 가설을 발달시키곤 하는 것처럼 보이게 한다."고 설명하였다.

투사적 그림검사들의 타당성과 신뢰성은 많은 비평을 받고 있다. 연구는 "많은 연구에도 불구하고 특정 그림의 사인(Sign)과 특정 성격이나 정신병리 간의 관계를 잘 연결시킨 것이 없다."는 것을 보여준다(Lilienfeld, Wood, Garb, Wadeson에서 인용, 2002, p. 168). 가장 보편적으로 사용되는 투사적 검사인 로르샤흐(Rorschach), 주제통각검사(TAT), 사람그림검사(HFD) 세 가지에 대해 타당성이나 신뢰성 모두 증명되지 않았다. 유사하게 미술치료 문헌에서 찾아지는 동작성 가족화(KFD), 집-나무-사람 그림(HTP)검사, 그리고 많은 그림에 기초한 검사들이 그렇다(Brooke, 1996). Kaplan(2000)의 '사인에 근거한 해석'에 대한 고찰에서 투사적 그림 기법은 선택적으로 사용되어야 한다고 결론지었다. 어떤 저자들은 미술치료사에게 '좀 더 정확한 심리측정적 접근의 탐구를 포기하라'고 충고하는 반면, 어떤 저자들은 임상적 면접 도구보다 내담자에 관해 좀 더 알 수 있는 이런 평가들을 제안한다(Gantt, 2004, p. 20).

미술기반 평가들

Kaplan(2000)은 형식적 측면(미술 이미지의 내용에서 발견되는 '사인'들과 비교하여)들은 "보편성에 대해 주장을 많이 하면 미술에 대한 의미 있는 평가척도를 구성하는 가장 좋은 기초를 제공한다."고 결론지었다. FEATS는 그림에서 주된 정신장애를 구별해내고, 시간이 지남에 따라 내담자의 기능향상을 추적할 수 있는 유용한 평가가 될 수 있다는 것을 보여주었다(Gantt & Tabone, 1998). 1983년에 처음으로 개발된 Silver Drawing Test of Cognition and Emotion 검사는 언어부족의 상황에서 인지발달을 평가한다(Silver, 1996). Silver가 출간한 많은 연구에서 신뢰도와 타당도가 높게 나타났다(Kaplan, 2000). Diagnostic Drawing Series(DDS)의 저자는 그들의 그래픽 프로파일들이 서로 다른 진단 집단으로부터 얻을 수 있는가를 결정하는 세 개의 그림을 통해 평가한 결과를 축적하고 있다(Cohen, Mills, Kijak, 1994). Kaplan은 이런 표준화된 평가에 관한 연구는 촉진되어야 하지만 미술 기술과 문화적 배경, 표집 내의 개별 변인, 마음-뇌장애의 요인들을 혼동하는 것 때문에 이런 평가가 치료나 연구에서 시기적절하게 사용되어야만 한다는 것에 대해 경고하였다.

비록 아직 현재의 제한된 예측 유용성 때문에 치료실제에서 형식적인 미술에 기반한 평가를 사용한다는 것의 가치는 제한적이지만, 연구도구로서는 사용할 가치가 있다. Deaver(2002)는 미술치료사에 의해 일상적으로 이루어지는 미술치료의 효율성에 대한 몇 가지 주장을 입증하려는 이야기를 다음과 같이 하고 있다.

> 우리 미술치료사들은 초등학교 교실에서 위험군에 속하는 학생들의 인지적인 수준을 평가하거나, 응급 상태의 뇌손상 성인과 작업할 때 우리의 매체 선택을 안내하거나 또는 미술치료 집단의 치료 노력이 목적과 목표에 도달하는 데 효과적인지를 알아보기 위해 평가해야 한다는 것에는 동의한다. 그러나 우리가 정확하고 객관적으로 특성의 범위를 측정할 수 있는 미술의 잠재성을 인식하는 것이 필요하다는 것에는 익숙하지 않다. 미술작업에 관한 결론이나 해석은 거의 시대에 뒤떨어지고 제한적이며 문화적으로 편파된 양적 연구에 기반한 일화기록 보고서에 기초한다. 경험적으로 검증된 이해들로 이런 주장을 입증하는 것은 필수불가결하다(Gantt, 1998; Kaplan, 1998).

연구는 많은 종류의 논문에서 사용될 수 있는 미술기반 도구들을 제공하고 있다. Kaplan(2001)은 미술에 기반한 평가가 서로 다른 표본과 치료결과를 수집하고 기술하는 데 필요한 몇 가지 질문을 만들었다. 그녀는 치료에 영향을 주는 미술표현에 대한 태도와 성향을 나타내는 문화 집단과 같이, 서로 다른 다양한 표본들로부터 미술 표본들을 수집하도록 충고하였다. 예를 들어 최적의 기능을 하는 미술 기술을 통합하기 위한 경향을 보여주는 성인 내담자에 대한 연구는 존재하지 않는다(Kaplan, 2001). 아동의 미술에 영향을 줄 수 있는 아동의 발달이나 문화적 차이에 대한 최근의 규범적인 자료도 없다(Deaver, 2002).

Kaplan(2001)은 신뢰성과 타당성 있는 표준화된 평가를 개발하는 중요한 작업을 수행하기를 원하지 않는 미술치료사는 기존의 평가를 검증함으로써 과정을 돕는 데 만족할 수 있다고 지적하였다. 이런 유형의 연구는 좀 더 확실한 측정을 통한 점수를 가지고 평가결과를 비교하는 것이다. 이런 한 연구의 예는 Moser(인용, Silver, 1998)가 수행한 연구인데, 이 연구에서는 Silver Drawing Test of Cognition and Emotion 검사 점수와 WAIS 지능검사 점수 간의 유의한 상관을 보였다는 결과를 얻었다.

요약하면 미술기반 평가는 미술치료사를 위한 적어도 네 가지 기능을 가지고 있다.

1. 내담자와 치료사 간의 상호 정보교환을 통해 통합된 것으로, 적절한 치료 정보를 비구조화하거나 구조화한 미술 지시를 사용함으로써 이루어지는 비형식적으로 지속되는 평가(Wadeson, 2002)

2. 심리검사 배터리와 비교되기보다는 오히려 체계적인 사고에 도움을 주고, 이전의 또는 다른 측면의 치료에 대한 정보를 얻기 위한 도구로서의 비형식적이거나 형식적인 평가과정(Kraner & Schehr, 1983; Kwiatkowska, 1978)

3. 문제해결, 치료목적, 치료계획에 전반적인 도움이 될 수 있도록 치료에서 사용될 수 있는 서술적이거나 예언적인 정보를 세우기 위해 설계된 형식적이고 표준화된 미술기반 평가(Kaplan, 2001; Gantt, 2004)

4. 미술치료의 효과를 주장하고 향상된 결과를 보여주기 위한 목적으로 서로 다른 표본들을 수집하고 기술하는 데 사용된 표준화된 연구기반 미술평가(Deaver, 2002)

과정, 결과, 견해로 확대된 연구

'Art Therapy' 학술지의 전 편집자인 Cathy Malchiodi는 1998년 대부분의 연구 논문들이 '이미지 메이킹, 치료적 기법, 또는 결과 연구보다는 이미지의 내용이 많이 포함된' 원고를 제출한다는 것을 관찰하였고, 이것은 오늘날에도 마찬가지라고 하였다. 이것은 아마도 미술치료가 때때로 실체가 있는 결과물을 만들어내기 때문에, 많은 연구들이 그것의 의미에 대한 연구에 전념해 왔다는 것을 의미하는 것이다. 비록 연구 초점이 미술 이미지에 있다 하더라도, 중요한 것은 그 연속선의 치료 끝부분에 대한 경험적 연구 또는, '미술 이미지를 만드는 과정, 치료사와 내담자 간의 상호변화, 그리고 가장 중요한 왜, 언제, 어떻게 미술작품을 만드는 것이 치유되는 것인가?'라는 연구가 거의 없었다는 것이다(Malchiodi, 1998b, p. 82). Malchiodi는 다음과 같이 설명하였다.

> 미술치료는 왜 이루어지는가에 대해 이해하려는 나의 연구에서 보면, 나는 항상 미술 표현 그 자체의 의미를 찾아내려고 하기보다는 미술작업의 과정으로 돌아오고 있는 나를 발견한다. 나의 많은 내담자들은 미술치료가 미술작업 과정에서 얻는 이점이 많고, 미술을 통해 반드시 평가, 진단, 또는 사정되기를 원하지 않았다. 어떤 내담자들은 그들 자신에 대한 미술을 만들어 갔고, 미술치료사와 함께하는 작업을 통해 좀 더 깊은 표현을 하길 원했다. 또 어떤 사람들은 단순히 미술작업은 그들에게 어떤 방식으로든 도움을 줄 수 있다는 것을 믿었다. 비록 이미지의 내용에 대한 이해가 치료의 한 부분이 될 수 있지만 중요한 것은 치료 과정에서 그 과정이 자기이해, 심리적 변형, 스트레스 경감, 정서적 보상, 증상완화, 개인적 만족이 포함된 과정이든 아니든 내담자에게는 그 과정이 도움을 준다는 것은 부인할 수 없다. McNiff가 언급했듯이, 미술치료는 개인이 치료 후에 어떻게 느끼는가를 평가하기 위한 체계적인 의도는 적다. 나는 우리가 사람들이 미술작업 동안 어떻게 느끼고 처음으로 미술치료가 무엇을 그들에게 가져다주었는지를 평가하는 데 주의를 많이 기울이지 않는다는 것을 첨가하고 싶다.

미술기반 평가와는 대조적으로, 미술치료 평가는 치료의 결과와 치료 과정으로서의 미술의 효과를 강조한다. 미술기반 평가가 사진기처럼 진단이나 치료와 관련된 내담자의 미술을 스냅사진으로 찍을 수 있다면, 미술치료 평가는 그것들이 펼쳐져서 치료적이고 창의적인 과정의 역동들을 잡아낼 수 있는 비디오카메라와 같을 것이다. Kaplan(2001)은 질문을 위해 중요한 영역은 '일화 보고서보다는 치료 동안의 다양한 시점을 체계적으로 측정함으로써 집단 또는 개인 미술치료가 계획에 따라 진행된다는 것을 발견하는 것'이 포함된다고 제안하였다. 디지털 기술, 실제적 기술, 그리고 또 다른 기술이 있다면, 시각적 의미들, 특히 치료적 교환 동안의 시각적 의미들을 통해 미술치료 회기를 기록하고, 과정을 명확히 밝히는 데 많은 연구 잠재성이 있을 것이다(Riley, 1996).

대부분의 임상가들은 표준화된 평가가 모든 치료 상황을 해석해 주지는 않는다는 것을 인식하고 있다. '전문가로서의 평가자'에 기초한 특권 관계는 치료사와 내담자 간의 비판단적인 상호변화를 지지하는 치료적 태도와 일치되지 않는다(Malchiodi, 2000). 치료에 대한 내담자의 시각으로부터 이루어지는 평가뿐 아니라 미술치료에서 표현된 미술의 의미는 변한다. '전문가로서의 평가자'에 대한 대안적 태도를 취하는 것(Spaniol, 1998)은 내담자의 이점 또는 치료에 관한 인식, 미술재료, 지향성, 주제, 그리고 치료를 하는 목적과 의도와 같은 미술치료의 이점에 관한 많은 중요한 자료를 제공한다(Malchiodi, 2000). 연속선상의 미술 끝부분에는, 연구자에 의한 미술작업이 포함된 창의적인 미술치료 경험의 요소에 대한 질문이 있다. 좀 더 많은 미술치료사가 다양한 측면으로 미술 이미지, 내담자-미술가, 치료사, 그리고 맥락적 교류가 있는 '해석적 공간'을 평가하는 데 통합되듯이, 미술치료의 가치에 대한 지속되는 주장은 결국 연구에서 증명해 보일 것이다.

미술치료 연구를 위한 전반적인 틀

미술치료 연구에서 미술의 위치에 대한 고찰에서, 미술은 서로 다른 목적을 지

Garoian, C. R. (1999). *Performing pedagogy: Toward an art of politics*. Albany: State University of New York.

Gendlin, E. (1962). *Experiencing and the creation of meaning*. Chicago, IL: Free Press.

Gergen, K. (1991). *The saturated self: Dilemmas of identity in contemporary life*. New York, NY: Basic Books.

Gilroy, A. (2006). *Art therapy, research, and evidence-based practice*. Thousand Oaks, CA: Sage.

Giorgi, A. P., & Giorgi, B. M. (2003). The descriptive phenomenological psychological method. In P. M. Camic, J. E. Rhodes, & L. Yardley (Eds.), *Qualitative research in psychology: Expanding perspectives in methodology and design* (pp. 243–274). Washington, DC: American Psychological Association.

Golub, D. (2005). Social action art therapy. *Art Therapy: Journal of the American Art Therapy Association, 22*(1), 17–23.

Gordon, J., & Shontz, F. (1990a). Living with the AIDs virus: A representative case study. *Journal of Counseling and Development, 68*, 287–292.

Gordon, J., & Shontz, F. (1990b). Representative case research: A way of knowing. *Journal of Counseling and Development, 69*, 62–69.

Guba, E. G., & Lincoln, Y. S. (1998). Competing paradigms in qualitative research. In N. K. Denzin & Y. S. Lincoln (Eds.). *The landscape of qualitative research: Theories and issues* (pp. 195–220). Thousand Oaks, CA: Sage.

Guerrero, S. H. (1999). *Gender-sensitive and feminist methodologies: A handbook for health and social researchers*. Quezon City: University of the Philippines Center for Women's Studies.

Hall, B. (1981). Participatory research, popular knowledge, and power: A personal reflection. *Convergence, 14*(3), 6–17.

Hayes, S. C. (1998). Single case experimental design and empirical clinical study. In A. E. Kazdin (Ed.), *Methodological issues and strategies in clinical research* (pp. 419–450). Washington, DC: American Psychological Association.

Hebert, P. (1997). Treatment. In R. L. Kane (Ed.), *Understanding health care outcomes research* (pp. 93–126). Gaithersburg, MD: Aspen.

Heidegger, M. (1962). *Being and time*. New York, NY: Harper and Row.

Henley, D. (2007). Naming the enemy: An art therapy intervention for children with bipolar and comorbid disorders. *Art Therapy: Journal of the American Art Therapy Association, 24*(3), 104–110.

Heron, J., & Reason, P. (2001). The practice of co-operative inquiry: Research 'with' rather than 'on' people. In P. Reason & H. Bradbury (Eds.), *Handbook of action research* (pp. 179–188). Thousand Oaks, CA: Sage.

Hervey, L. W. (2000). *Artistic inquiry in dance/movement therapy*. Springfield, IL: Charles C Thomas.

Hesse-Biber, S. N., & Leavy, P. (2006). *The practice of qualitative research*. Thousand Oaks, CA: Sage.

Heyneman, M. (1991). The never-ceasing dance. *Parabola, 16*(2), 4–13.

Higgins, R. (1996). *Approaches to research: A handbook for those writing a dissertation*. London, England: Jessica Kingsley.

Hocoy, D. (2005). Art therapy and social action: A transpersonal framework. *Art Therapy: Journal of the American Art Therapy Association, 22*(1), 7–16.

Hoffmann Davis, J. (2003). Balancing the whole: Portraiture as methodology. In P. M. Camic, J. E. Rhodes, & L. Yardley (Eds.), *Qualitative research in psychology: Expanding perspectives in methodology and design* (pp. 199–218). Washington, DC: American Psychological Association.

Janesick, V. J. (2004). *"Stretching" exercises for qualitative researchers* (2nd ed.). Thousand Oaks, CA: Sage.

Julliard, K. (1994). Increasing chemically dependent patients' belief in step one through expressive therapy. *American Journal of Art Therapy, 33*(4), 110–119.

Julliard, K. P. (1998). Outcomes research in health care: Implications for art therapy. *Art Therapy: Journal of the American Art Therapy Association, 15*(1), 13–21.

Junge, M. B. (1989). The heart of the matter. *The Arts in Psychotherapy, 16*, 77–78.

Junge, M. (1994). The perception of doors: A sociodynamic investigation of doors in 20th century painting. *The Arts in Psychotherapy, 21*(5), 343–357.

Junge, M. B., & Linesch, D. (1992). Art therapists' way of knowing: Toward creativity and new paradigms for art therapy research. In H. Wadeson (Ed.), *A guide to conducting art therapy research* (pp. 79–83). Mundelein, IL: American Art Therapy Association.

Kaiser, D. H. (1996). Indications of attachment security in a drawing task. *The Arts in Psychotherapy, 23*(4), 333–340.

Kaiser, D., Dunne, M., Malchiodi, C., Feen H., Howie, P., Cutcher, D., & Ault, R. (2005). *Call for art therapy research on treatment of PTSD.* [Monograph]. Mundelein, IL: American Art Therapy Association. Retrieved February 15, 2010, from http://americanarttherapyassociation.org/upload/callforresearchptsd.pdf

Kaiser, D. H., St. John, P., & Ball, B. (2006). Teaching art therapy research: A brief report. *Art Therapy: Journal of the American Art Therapy Association, 23*(4),186–190.

Kane, R. L. (Ed.). (1997). *Understanding health care outcomes research.* Gaithersburg, MD: Aspen.

Kapitan, L. (1997). Making or breaking: Art therapy in a violent culture. *Art Therapy: Journal of the American Art Therapy Association, 14*(4), 255–260.

Kapitan, L. (1998). In pursuit of the irresistible: Art therapy research in the hunting tradition. *Art Therapy: Journal of the American Art Therapy Association, 15*(1), 22–28.

Kapitan, L. (2003a). *Re-enchanting art therapy.* Springfield, IL: Charles C Thomas.

Kapitan, L. (2003b, Winter). Going for the money. *Newsletter of the American Art Therapy Association, 36*(4). Mundelein, IL: American Art Therapy Association.

Kapitan, L. (2004). Artist disenchantment and collaborative witness project. *The Journal of Pedagogy, Pluralism and Practice, 9.* Retrieved February 15, 2010, from http://www.lesley.edu/journals/jppp/9/index.html.

Kapitan, L. (2005, Summer). Advancing the profession: Progress report from the AATA Board of Directors. *Newsletter of the American Art Therapy Association, 38*(2). Mundelein, IL: American Art Therapy Association.

Kapitan, L. (2006a). Global perspectives of practice. *Art Therapy: Journal of the American Art Therapy Association, 23*(2), 50–51.

Kapitan, L. (2006b). The multiplier effect: Art therapy research that benefits all. *Art Therapy: Journal of the American Art Therapy Association, 23*(4), 154–155.

Kapitan, L. (2007). The power of n=1: An art therapist's qualities of mind. *Art Therapy: Journal of the American Art Therapy Association, 24*(3), 101–102.

Kapitan, L. (2009). Quality matters: Expanding the reach of art therapy's scholarly communication. *Art Therapy: Journal of the American Art Therapy Association, 26*(1), 2–3.

Kapitan, L., & Newhouse, M. (2000). Playing chaos into coherence: Educating the postmodern art therapist. *Art Therapy: Journal of the American Art Therapy Association, 17*(2), 111–117.

Kaplan, F. (1998). Anger imagery and age: Further investigations in the art of anger. *Art Therapy: Journal of the American Art Therapy Association, 12*(2), 116–119.

Kaplan, F. (2000). *Art, science, and art therapy: Repainting the picture.* Philadelphia, PA: Jessica Kingsley.

Kaplan, F. (2001). Areas of inquiry for art therapy research. *Art Therapy: Journal of the American Art Therapy Association, 18*(3), 142–147.

Kaufman, A. B. (1996). Art in boxes: An exploration of meanings. *The Arts in Psychotherapy, 23*(30), 237–247.

Kazdin, A. E. (Ed.). (1998). *Methodological issues and strategies in clinical research* (2nd ed.). Washington, DC: American Psychological Association.

Kearns, D. (2004). Art therapy with a child experiencing sensory integration difficulty. *Art Therapy: Journal of the American Art Therapy Association, 21*(2), 95–101.

Keyes, M. F. (1974). *The inward journey.* Millbrae, CA: Celestial Arts.

Kidd, J., & Wix, L. (1996). Images of the heart: Archetypal imagery in therapeutic artwork. *Art Therapy: Journal of the American Art Therapy Association, 13*(2),108–113.

Knapp, N. (1992). Historical overview of art therapy research. In H. Wadeson (Ed.), *A guide to conducting art therapy research* (pp. 7–12). Mundelein, IL: American Art Therapy Association.

Kramer, E. (1971). *Art as therapy with children*. New York, NY: Schocken Books.

Kramer, E., & Schehr, J. (1983). An art therapy evaluation session for children. *American Journal of Art Therapy, 23*, 3–12.

Kunkle-Miller, C. (1982). The effects of individual art therapy upon emotionally disturbed deaf children and adolescents. In A. DiMaria, E. S. Kramer, & E. A. Roth (Eds.), *Art therapy: Still growing. Proceedings of the 13th Annual Conference of the American Art Therapy Association* (pp. 137–142). Alexandria, VA: American Art Therapy Association.

Kvale, S. (1996). *Interviews: An introduction to qualitative research interviewing*. Thousand Oaks, CA: Sage.

Kvale, S. (2003). The psychoanalytic interview as inspiration for qualitative research. In P. M. Camic, J. E. Rhodes, & L. Yardley (Eds.), *Qualitative research in psychology: Expanding perspectives in methodology and design* (pp. 275–297). Washington, DC: American Psychological Association.

Kwiatkowska, H. Y. (1978). *Family therapy and evaluation through art*. Springfield, IL: Charles C Thomas.

Lark, C. V. (2005). Using art as language in large group dialogues: The TREC™ model. *Art Therapy: Journal of the American Art Therapy Association, 22*(1), 24–31.

Lawrence-Lightfoot, S., & Hoffman Davis, S. (1997). *The art and science of portraiture*. San Francisco, CA: Jossey Bass.

Leedy, P. (1997). *Practical research: Planning and design* (3rd ed.). Upper Saddle River, NJ: Prentice Hall.

Lett, W. R. (1998). Researching experiential self-knowing. *The Arts in Psychotherapy, 25*(5), 331–342.

Linesch, D. (1994). Interpretation in art therapy research and practice: The hermeneutic circle. *The Arts in Psychotherapy, 21*(3), 185–194.

Linesch, D. (1995). Art therapy research: Learning from experience. *Art Therapy: Journal of the American Art Therapy Association, 12*(4), 261–265.

Linton, R. (2000, August). Retrospective outlining. *The Learning Councilor Newsletter, 1*, 1–2.

Locke, L., Silverman, S., & Spirduso, W. (2004). *Reading and understanding research* (2nd ed.). Thousand Oaks, CA: Sage.

Locke, L., Spirduso, W., & Silverman, S. (1993). *Proposals that work: A guide for planning dissertations and grant proposals* (3rd ed.). Thousand Oaks, CA: Sage.

Lumpkin, C. (2006). Relating cultural identity and identity as art therapist. *Art Therapy: Journal of the American Art Therapy Association, 23*(1), 34–38.

Lykes, M. B. (2001). Activist participatory research and the arts with rural Mayan women: Interculturality and situated meaning making. In D. L. Tolman & M. Brydon-Miller (Eds.), *From subjects to subjectivities: A handbook of interpretive and participatory methods* (pp. 183–199). New York: New York University Press.

Lyshak-Stelzer, F., Singer, P., St. John, P., & Chemtob, C. M. (2007). Art therapy for adolescents with posttraumatic stress disorder symptoms: A pilot study. *Art Therapy: Journal of the American Art Therapy Association, 24*(4), 163–169.

Madson, C. (1991). The wilderness within. *Parabola, 16*(2), 65–67.

Maguire, P. (1987). *Doing participatory research: A feminist approach*. Amherst: The Center for International Education, University of Massachusetts.

Malchiodi, C. (1992). Minimizing bias in art therapy research. In H. Wadeson (Ed.), *A guide to conducting art therapy research* (pp. 31–36). Mundelein, IL: American Art Therapy Association.

Malchiodi, C. (1995). Does a lack of art therapy research hold us back? *Art Therapy: Journal of the American Art Therapy Association, 12*(4), 218–219.

Malchiodi, C. (Ed.). (1998a). [Special issue on art therapy and research]. *Art Therapy: Journal of the American Art Therapy Association, 15*(1–2).

Malchiodi, C. (1998b). Embracing our mission. *Art Therapy: Journal of the American Art Therapy Association, 15*(2), 82–83.

Malchiodi, C. (2000). Authority or advocacy: Art therapy in service of self or others? *Art Therapy: Journal of the American Art Therapy Association, 17*(3), 158–159.

Malis, D., Alter-Muri, S., & Young, L. (2006). Imagistic exchange: Communication in the mother/daughter relationship of artists. Panel presented at the Annual Conference of the American Art Therapy Association, New Orleans, LA.

Marincowitz, G. J. O. (2003). How to use participatory action research in primary care. *Family Practice, 20*(5), 595–600.

Maxwell, J. A. (2005). *Qualitative research design: An interactive approach* (2nd ed.). Thousand Oaks, CA: Sage.

McCullough, C. (2009). A child's use of transitional objects in art therapy to cope with divorce. *Art Therapy: Journal of the American Art Therapy Association, 26*(1), 19–25.

McLaughlin, D., & Carolan, R. (1992). Types of research. In H. Wadeson (Ed.), *A guide to conducting art therapy research* (pp. 49–54). Mundelein, IL: American Art Therapy Association.

McLeod, J. (1994). *Doing counseling research*. Thousand Oaks, CA: Sage.

McNiff, S. (1989). *Depth psychology of art*. Springfield, IL: Charles C Thomas.

McNiff, S. (1992). *Art as medicine: Creating a therapy of the imagination*. Boston, MA: Shambhala.

McNiff, S. (1998a). *Art-based research*. Philadelphia, PA: Jessica Kingsley.

McNiff, S. (1998b). Enlarging the vision of art therapy research. *Art Therapy: Journal of the American Art Therapy Association, 15*(2), 86–92.

Merleau-Ponty, M. (1973). *The prose of the world*. Evanston, IL: Northwestern University Press.

Milgram, S. (1963). Behavioral study of obedience. *Journal of Abnormal and Social Psychology, 67*, 371–378.

Milligan, L. (1996). A mother's journey of healing: When a child changes gender. *Art Therapy: Journal of the American Art Therapy Association, 13*(4), 282–284.

Monti, D. A., Peterson, C., Shakin Kunkel, E. J., Hauck, W. W., Pequignot, E., Rhodes, L., & Brainard, G. C. (2005). A randomized, controlled trial of mindfulness-based art therapy (MBAT) for women with cancer. *Psycho-Oncology, 15*(5), 363–373.

Moon, B. L. (1995). *Existential art therapy: The canvas mirror*. Springfield, IL: Charles C Thomas.

Moon, B. L. (1998). The role of responsive art making. In *The artist as therapist with adolescents* (pp. 22–53). Springfield, IL: Charles C Thomas.

Moon, B. L. (1999). The tears make me paint: The role of responsive artmaking in adolescent art therapy. *Art Therapy: Journal of the American Art Therapy Association, 16*(2), 78–82.

Moon, B. L. (2002). *The acoustic memory project*. [CD recording]. Mundelein, IL: Author.

Moon, B. L. (2003). *Voices from nowhere*. [CD recording]. Mundelein, IL: Author.

Moon, B. L. (2006a). *Ethical issues in art therapy* (2nd ed.). Springfield, IL: Charles C Thomas.

Moon, B. L. (2006b). *This tree has no roots: Images of an abandoned adolescent*. Performance presented at the Annual Conference of the American Art Therapy Association, New Orleans, LA.

Moon, B. L. (2007). Dialoguing with dreams in existential art therapy. *Art Therapy: Journal of the American Art Therapy Association, 24*(3), 128–133.

Moon, C. H. (2002). *Studio art therapy: Cultivating the artist identity in the art therapist*. Philadelphia, PA: Jessica Kingsley.

Morgan, C. A., & Johnson, D. R. (1995). Use of a drawing task in the treatment of nightmares in combat-related post-traumatic stress disorder. *Art Therapy: Journal of the American Art Therapy Association, 12*(4), 244–247.

Morris, S. (2008). What is quality in journal publishing? *Learned Publishing, 21*,4–6. doi: 10.1087/095315108X248383

Morse, J. M., & Field, P. A. (1995). *Qualitative research methods for health professionals* (2nd ed.). Thousand Oaks, CA: Sage.

Moustakas, C. (1990). *Heuristic research: Design, methodology, and applications*. Newbury

Park, CA: Sage.

Moustakas, C. (1994). *Phenomenological research methods.* Thousand Oaks, CA: Sage.

Musham, C. (2001). The potential contribution of art therapy to social science research. *Art Therapy: Journal of the American Art Therapy Association, 18*(4), 210–215.

Nainis, N. (2007). Developing a scientific research study for expressive art therapy. Presentation at Northwestern Memorial Hospital, Chicago, IL.

Naples, N. N. (2003). *Feminism and method: Ethnography, discourse analysis, and activist research.* New York, NY: Routledge.

National Institutes of Health. (2003). *Protecting personal health information in research: Understanding the HIPAA Privacy Rule.* Retrived February 15, 2010, from http://privacyrule-andresearch.nih.gov/pr_02.asp

Naumburg, M. (1966). *Dynamically oriented art therapy.* New York, NY: Grune and Stratton.

Naumburg, M. (1973). *An introduction to art therapy.* New York, NY: Teachers College Press of Columbia University,

Nelson, R. (1991). Exploring the near at hand. *Parabola, 26*(2), 35–43.

Oleson, V. (1994). Feminism and models of qualitative research. In N. K. Denzin & Y. S. Lincoln (Eds.), *Handbook of qualitative research* (pp. 158–174). Thousand Oaks, CA: Sage.

Ortega y Gasset, J. (1985). *Meditations on hunting.* (H. B. Wescott, Trans.). New York, NY: Charles Scribner's Sons. (Original work published in 1943).

Park, P. (2001). Knowledge and participatory research. In P. Reason & H. Bradbury (Eds.), *Handbook of action research* (pp. 81–90). Thousand Oaks, CA: Sage.

Patton, M. Q. (2002). *Qualitative research and evaluation methods* (3rd ed.). Thousand Oaks, CA: Sage.

Peacock, M. (1991). A personal construct approach to art therapy in the treatment of post sexual abuse trauma. *American Journal of Art Therapy, 29,* 100–109.

Pifalo, T. (2002). Pulling out the thorns: Art therapy with sexually abused children and adoles-cents. *Art Therapy: Journal of the American Art Therapy Association, 19*(1), 12–22.

Pifalo, T. (2006). Art therapy with sexually abused children and adolescents: Extended research study. *Art Therapy: Journal of the American Art Therapy Association, 23*(4), 181–185.

Pifalo, T. (2009). Mapping the maze: An art therapy intervention following disclosure of sexual abuse. *Art Therapy: Journal of the American Art Therapy Association, 26*(1), 12–18.

Punch, M. (1994). Politics and ethics in qualitative research. In N. K. Denzin & Y. S. Lincoln (Eds.), *Handbook of qualitative research* (pp. 83–98). Newbury Park, CA: Sage.

Quail, J. M., & Peavy, V. (1994). A phenomenological research study of a client's experience in art therapy. *The Arts in Psychotherapy, 21*(1), 45–57.

Reason, P. (1981). *Human inquiry.* New York, NY: John Wiley & Sons.

Reason, P., & Bradbury, H. (Eds.). (2001). *Handbook of action research.* Thousand Oaks, CA: Sage.

Remde, G. (1991). Close to the earth. *Parabola, 26*(3), 46–49.

Reynolds, M. W., Nabors, L., & Quinlan, A. (2000). The effectiveness of art therapy: Does it work? *Art Therapy: Journal of the American Art Therapy Association, 17*(3), 207–213.

Rhyne, J. (1973). *The gestalt art experience.* Monterey, CA: Brooks/Cole.

Rhyne, J. (1992). How ideas are generated for art therapy research. In H. Wadeson (Ed.), *A guide to conducting art therapy research* (pp. 113–121). Mundelein, IL: American Art Therapy Association.

Richardson, P. (2001). Evidence-based practice and the psychodynamic psychotherapies. In C. Mase, S. Moorey, & B. Roberts (Eds.), *Evidence in the psychological therapies* (pp. 157–173). New York, NY: Brunner-Routledge.

Ricoeur, P. (1981). *Hermeneutics and the human sciences.* Cambridge, MA: Cambridge University Press.

Riley, S. (1996). Videotape recording in supervision and live supervision. In C. Malchiodi & S. Riley (Eds.), *Supervision and related issues* (pp. 143–153). Chicago, IL: Magnolia Street.

Riley, S. (1997). Social constructionism: The narrative approach and clinical art therapy. *Art*

Therapy: Journal of the American Art Therapy Association, 14(4), 282–284.

Riley, S. (2000). Questions to which "not knowing" is the answer: An exploration of an "invented reality" called art therapy and the supporting structure known as the "profession" of art therapy. Art Therapy: Journal of the American Art Therapy Association, 17(2), 87–89.

Robbins, A. (1973). The art therapist's imagery as a response to a therapeutic dialogue. Art Psychotherapy, 1(3/4), 181–194.

Robbins, A. (1989). The psychoaesthetic experience. New York, NY: Human Sciences.

Robbins, A., & Sibley, L. B. (1976). Creative art therapy. New York, NY: Brunner/Mazel.

Rosal, M. (1989). Master's papers in art therapy: Narrative or research case studies? The Arts in Psychotherapy, 16(2), 71–75.

Rosal, M. (1992). Illustrations of art therapy research. In H. Wadeson (Ed.), A guide to conducting art therapy research (pp. 57–65). Mundelein, IL: American Art Therapy Association.

Rubin, J. (1977). Child art therapy. New York, NY: Van Nostrand Reinhold.

Rudner, R. (1991). The call of the climb. Parabola, 16(2), 73–78.

Salkind, N. J. (1997). Exploring research (3rd ed.). Upper Saddle River, NJ: Prentice Hall.

Sheller, S. (2007). Understanding insecure attachment: A study using children's bird nest imagery. Art Therapy: Journal of the American Art Therapy Association, 24(3), 119–127.

Silver, R. (1996). The Silver Drawing Test of Cognition and Emotion (3rd ed.).Sarasota, FL: Ablin Press.

Silver, R. (1998). Updating the Silver Drawing Test of Cognition and Emotion (3rd ed.). Sarasota, FL: Ablin Press.

Spaniol, S. (1990). Exhibition art by people with mental illness: Process and principles. Art Therapy: Journal of the American Art Therapy Association, 7(2), 70–78.

Spaniol, S. (1998). Towards an ethnographic approach to art therapy research: People with psychiatric disability as collaborators. Art Therapy: Journal of the American Art Therapy Association, 15(1), 29–37.

Spaniol, S. (2000). "The withering of the expert": Recovery through art. Art Therapy: Journal of the American Art Therapy Association, 17(2), 78–79.

Spaniol, S. (2005). "Learned hopefulness": An arts-based approach to participatory action research. Art Therapy: Journal of the American Art Therapy Association, 22(2), 86–91.

Sperry, L., Brill, P. L., Howard, K. I., & Grissom, G. R. (1996). Treatment outcomes in psychotherapy and psychiatric interventions. New York, NY: Bunner/Mazel.

Spindler, G., & Spindler, L. (1987). Interpretive ethnography of education: At home and abroad. Hillsdale, NJ: Lawrence-Erlbaum.

Spradley, J. P. (1979). The ethnographic interview. Fort Worth, TX: Holt, Rinehart and Winston.

Spradley, J. P. (1980). Participant-observation. Fort Worth, TX: Holt, Rinehart and Winston.

Stacy, J. (1991). Can there be a feminist ethnography? In S. B. Gluck & D. Patai (Eds.), Women's words (pp. 111–119). New York, NY: Routledge.

Stahura, B. (n.d.). Jimmy Santiago Baca interview. The Progressive. Retrieved from http://www.progressive.org/mag_intvbaca

Stake, R. E. (1994). Case studies. In N. K. Denzin & Y. S. Lincoln (Eds.), Handbook of qualitative research (pp. 236–247). Thousand Oaks, CA: Sage.

Stake, R. E. (1995). The art of case study research. Thousand Oaks, CA: Sage.

Sullivan, G. (2005). Art practice as research: Inquiry in the visual arts. Thousand Oaks, CA: Sage.

Sulzberger, J. (1991). Some notes on Arab calligraphy. Parabola, 16(3), 26–29.

Sung-Chan, P. (2007). Generating practice knowledge for social work education: A teacher's experience in Hong Kong. Social Work Education, 26(6), 601–615.

Swan, J. A. (1999). The sacred art of hunting. Minocqua, WI: Willow Creek Press.

Sweig, T. (2000). Women healing women: Time-limited, psychoeducational group therapy for childhood sexual abuse survivors. Art Therapy: Journal of the American Art Therapy Association, 17(4), 255–264.

Tappan, M. B. (2001). Interpretive psychology: Stories, circles, and understanding lived experience. In D. L. Tolman & M. Brydon-Miller (Eds.), From subject to subjectivities: A *handbook of interpretive and participatory methods* (pp. 45–56). New York: New York University Press.

Tavani, R. (2007). Male mail: A survey of men in the field of art therapy. *Art Therapy: Journal of the American Art Therapy Association, 24*(1), 22–28.

Taylor, P. G., Wilder, S. O., & Helms, K. R. (2007). Walking with a ghost: Arts-based research, music videos, and the re-performing body. *International Journal of Education and the Arts, 8*(7).

Tolman, D., & Brydon-Miller, M. (2001). *From subjects to subjectivities: A handbook of interpretive and participatory methods.* New York: New York University Press.

Torbert, W. R. (2001). The practice of action inquiry. In P. Reason & H. Bradbury (Eds.), *Handbook of action research* (pp. 250–260). Thousand Oaks, CA: Sage.

Ulman, E., & Dachinger, P. (Eds.). (1975). *Art therapy theory and practice.* New York, NY: Schocken Books.

U.S. Department of Health, Education, and Welfare. (1979, April 18). *The Belmont report.* Retrieved February 15, 2010, from: http://www.hhs.gov/ohrp/humansubjects/guidance/belmont.htm

U.S. Department of Health and Human Services. (2009). *Code of federal regulations, Title 45, Public welfare, part 46, Protection of human subjects.* Retrieved February 15, 2010, from http://www.hhs.govohrp.osophs.dhhs.gov/humansubjects/guidance/45cfr46.htm

Van Lith, T. (2008). A phenomenological investigation of art therapy to assist transition to a psychosocial residential setting. *Art Therapy: Journal of the American Art Therapy Association, 25*(1), 24–31.

Van Manen, M. (1990). *Researching lived experience.* London, ON: State University of New York Press.

Vick, R. (2001). Introduction to special section on research in art therapy: When does an idea begin? *Art Therapy: Journal of the American Art Therapy Association, 18*(3), 132–133.

Vick, R. M., & Sexton-Radek, K. (2005). Art and migraine: Researching the relationship between artmaking and pain experience. *Art Therapy: Journal of the American Art Therapy Association, 22*(4), 193–204.

Vick, R. M., & Strauss, B. S. (1997). Assessment of affects: Comparison of ratings of prestructured images with symptom checklist. *Art Therapy: Journal of the American Art Therapy Association, 14*(2), 95–101.

Wadeson, H. (Ed.). (1992). *A guide to conducting art therapy research.* Mundelein, IL: American Art Therapy Association.

Wadeson, H. (2002). The anti-assessment devil's advocate. *Art Therapy: Journal of the American Art Therapy Association, 19*(4), 168–170.

Watson, B. (1968). (Trans.). *The complete works of Chuang Tzu.* New York, NY: Colombia University Press.

Weber, S., & Mitchell, C. (2004). *About art-based research.* Retrieved February 15, 2010, from http://iirc.mcgill.ca/txp/?s=Methodology&c=Art-based_research.html

Wilson, S. (1996). *Art as research.* Retrieved February 15, 2010, from http://userwww.sfsu.edu/~swilson/papers/artist.researcher.html

Winnicott, D. W. (1971). *Playing and reality.* London, England: Tavistock.

Winter, R. (1989). *Learning from experience: Principles and practices in action research.* Philadelphia, PA: Falmer Press.

Wix, L. (1995). The intern studio: A pilot study. *Art Therapy: Journal of the American Art Therapy Association, 12*(3), 175–178.

Wolcott, H. F. (1994). *Transforming qualitative data: Description, analysis, and interpretation.* Thousand Oaks, CA: Sage.

Yates, C., Kuwada, K., Potter, P., Cameron, D., & Hoshino, J. (2007). Image making and personal narratives with Japanese-American survivors of World War II internment camp. *Art Therapy: Journal of the American Art Therapy Association, 23*(3), 111–118.

Zinsser, W. (1980). *On writing well.* New York, NY: Harper and Row.

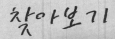
찾아보기

저 자 소 개

Lynn Kapitan(PhD, ATR-BC)

위스콘신 Milwaukee Mount Mary 대학 미술디자인 학부의 미술치료 대학원 과정 개설자이며 교수이다. 'Art Therapy: Journal of the American Art Therapy Association'의 편집자이며, 이 저널은 그녀가 지난 18년간 동료 자문자, 편집자, 출판자로서 꾸준히 제공해 온 미술치료 분야의 학문적인 연구를 선도하고 있다. Union Institute and University의 졸업생으로서 훌륭한 연구 업적으로 명성 높은 'Circle of Scholars'에 입회했고, 미국 미술치료협회의 회장을 역임하였다. 현재는 미 중남부의 민간단체와 협의하여 공동체에 기반한 문화간 미술치료를 수행하고 있다. 또한 1991년부터 대학에서 미술치료 연구를 가르쳤고, 미술치료에서의 사회적 행위, 다문화적이고 직업적인 이슈, 유해 작업 환경에서의 창의성 발달, 전략적인 정책 발달과 리더십이라는 주제로 국내외적으로 연구 발표 및 출판하고 있다.

역 자 소 개

장연집
프랑스, 스트라스부르, 루이빠스대학교 대학원 심리학과(심리학박사)
서울여자대학교 특수치료전문대학원 교수/사회과학대학 아동학과 교수 겸직
서울여대 사회과학대학 학장, 입학처장, 한국심리치료학 회장 등 역임
한국심리학회 산하 학회 임상심리전문가, 상담심리전문가, 건강심리전문가,
　한국심리치료학회 심리치료전문가, 미술심리치료전문가, K-EMDR 전문가,
　국제 NLP Trainer & Consultant 외

손승아
서울여자대학교 아동학과 아동심리전공 문학박사
Child's Mind 심리상담센터 공동소장
서울여자대학교 특수치료전문대학원 강사 외/아동학과 겸임교수
한국심리학회 산하 상담심리학회 상담심리사 1급, 청소년상담사 1급

안경숙
서울여자대학교 아동학과 아동심리전공 문학박사
Child's Mind 심리상담센터 공동소장
서울여자대학교 특수치료전문대학원 강사 외/아동학과 겸임교수
한국심리학회 산하 상담심리학회 상담심리사 1급, 청소년상담사 1급,
　게슈탈트치료 수련감독자

장윤정
가톨릭대학교 생활문화학과 아동학전공 이학박사
샌프란시스코주립대 아동청소년발달학과 Visiting Scholar
가톨릭대학교 심리학과 외 연구방법과 통계 강의

최호정
서울여자대학교 특수치료전문대학원 표현예술치료학 박사
서울여자대학교 특수치료전문대학원 겸임 교수 역임
최호정 미술심리치료연구소 소장
서울여자대학교 심리건강증진센터 강사
서울여자대학교 인증 예술치료사(30호), 미국 미술치료학회 공인 미술치료사(ATR)

사후검사 통제집단 설계

무선할당	사전검사	개입	사후검사
R		X	O
R			O

▋ **그림 3.5** 사후검사 통제집단 설계

이 검사받은 통제집단(O)과 비교된다(그림 3.5).

Carolan(2001)은 이러한 설계 오차를 최소화하는 방법을 설명하였다. 이 오차는 연구에서 예언된 성과로부터 다양한 결과를 일으키는 무엇인가를 의미한다. 그는 다음과 같이 요약하였다.

> 첫 번째 설계(사전사후검사 통제집단 설계)는 가장 보편적으로 사용되는 접근법이다. 하지만 사전검사와 개입 간 상호작용 효과의 잠재력에 기인하는 오차가 발생할 수 있다. '사후검사 통제집단 설계'에서 그 상호작용 효과를 통제한다. 하지만 집단의 처음 동질성이 무선 선택과 할당을 통해 성립된 확률에 근거하기 때문에 오차의 여지가 있다. 두 집단의 기저 동질성이 성립된 사전검사란 없다. '솔로몬 4집단 설계'가 뒤섞인 변인들을 통제하려고 하지만 종종 실행하기는 어렵다. 4개의 실험 상황을 수행하는 많은 대상이 두 번씩 필요하기 때문이다(p. 193).

단일대상 연구

단일대상 연구설계는 각 개인의 사전-사후 면접 반응을 비교하는 인과관계에 주목한다. 이 설계는 통제집단이 불가능할 때 특히 유용하다. 이 설계에서 '단일대상'은 같은 참여자가 실험과 통제 표본 둘 다 하는 것이다. 시간계열이나 ABA 설계로도 알려져 있으며, A는 개입이 시작되기 전에 측정된 기저 상황이며 B는 개입을 나타낸다. 연구자는 변화될 필요가 있는 행동의 기저 상황(A)을 측정하고, 독립변인이나 처치(B)를 더한 다음 처치가 변화에 영향을 받았는지 알아보기 위해 처음 기저 자료와 비교하여 시간이 지나 반복 측정(A)

단일대상 설계

무선할당	사전검사	개입	사후검사
n/a	O	X	O
	O	X	O
	O	X	O

▌ **그림 3.6** 단일대상 실험설계

한다(그림 3.6).

어떤 측면에서는 이 실무자에게 친숙한 설계는 미술치료사가 직장에서 매일 사용하는 전형적인 방법과 실제를 공식화하는 것보다 조금 더 있다. 처치를 받지 않는 행동의 가능한 과정을 예언하기 위해 측정은 개입 전에 이루어진다. 연구는 실제 관찰된 행동과 예언을 비교할 수 있다. 차이는 공식적인 가설과 명확하게 정의된 종속물에 기초한 처치의 시작을 미리 계획했느냐이며, 인과관계를 가장 잘 '잡는' 측정을 선택하는 것이다. 이러한 이유에서 단일대상 연구는 내담자 한 명 이상이며 시간이 지나 반복될 때 '치료적 미술 과정의 측면이 주어진 표본집단에 대해 효과를 나타낸다는 결과적으로 명확한 이해를 발달시키며, 단계별 미술치료 개입의 요소'를 주목하는 데 있어 유용한 모형이다(Carolan, 2001, p. 195). 주된 강점은 단일대상 설계가 실제 미술치료의 실행을 밀접히 따르며 다른 내담자와 복제될 수 있는 환경하에 그것의 효과성을 직접적으로 측정하도록 하는 것이다(Gilroy, 2006).

가장 어려운 제한점은 연구자가 처치 단계에서 일어나는 변화가 실제 처치에 의해 발생된 것인지 연구자의 직접적인 통제하가 아니거나 간과된 어떤 다른 것이 아닌지 확신할 수 없다는 것이다. 타당도를 위협하는 다른 것들 중에서, 개인 내 변화(성숙) 혹은 시간의 흐름에 따른 사건(역사), 측정의 반복 노출(검사) 덕분에 효과가 일어날 수 있다. 단일대상 연구를 강하게 하기 위해, 앞서 설명한 ABA설계에 대한 일반적인 대안은 독립변인단계(B)에 독립변인이 제거된 기저선 단계(A)에 배치된 독립변인 단계를 포함한 역전설계이다. 독립변인이 반복되었을 때, 만약 행동에서 다시 변화가 보이면, 인과관계에 대한 신뢰는 증가한다. 예를 들어, 미술치료사가 자폐아를 대상으로 개입해 아이가 미술치료를 받은 당일 종속변인인 헤드뱅잉을 그치는 것을 관찰하고 미술치료가 제공되지 않은 날 다시 시작했다면, 이는 명백한 효과이다. 시간이 지나면서 반복 관찰하면 자료에서 패턴이 보인다. 계속적이거나 다각적인 기저선 측정 역시 경쟁 가설을 배제하도록 하는 데 사용되는데, 단일 사전사후 개입 측정은 이루어지지 않았다.

특정 치료적 목표와 관련 종속변인에 직접적으로 관련된 적절한 측정을 하는 것 역시 중요하다. Diamond(1992)는 무단결석의 위험한 상태에 있는 청소년 집단에 미술치료를 제공하는 단일대상 설계에서 출석 기록, 부모와 교사의 관찰, 자기보고, 등급 검사 등과 같은 다각적인 각도로 포착하는 측정 패키지를 추천하였다. Diamond는 시간이 지나도 지속성이 높은 '상태' 자료를 제공하는 표준화된 검사보다 작은 변화나 '특질'에 민감한 측정을 하도록 권장하였다. 통계 자료는 처치에 대한 전형적인 미술치료 접근의 한 부분인 시각적인 것과 이야기 등 다른 자료와 함께 수집될 수 있다.

Gilroy(2006)는 단일대상 실험설계가 미술치료사로 하여금 단기간 미술치료의 근거 기반에 굳건한 공헌을 해줄 수 있으며, 실제 현장에서 행해진 것을 문서화하는 그들의 능력이 평가될 것이라 믿는다. 다른 이들은 단일대상 연구가 치료와 연구 모두를 가깝게 해주며, 제4장에서 논의될 처치의 효율성을 평가할 만큼 신뢰성 있고 확고하다는 것에 동의한다.

준실험 연구

준실험

준실험은 종속변인에 대한 독립변인의 효과를 보기 위해 독립변인을 조작하는 실험의 형태로 자격을 얻는다. 하지만 어떠한 이유에서건 통제나 무선화를 포함하지 않는다. 준실험의 한 종류에서, 특정 상황을 경험한 사람들의 집단행동은 그러한 경험이 없는 유사한 사람들의 균형 잡힌 그러나 비무선화된 통제집단과

준실험 연구문제의 예

- 요리 예 : 같은 레시피로 요리한 두 요리사 팀은 모든 것을 정확히 똑같이 한 것 같은데, 그런데 왜 항상 그들 중 하나가 더 성공하는 걸까? 더 성공하는 요인이 뭘까?
- 일상의 예 : 많은 부모들은 왜 자신의 자녀가 유치원 Y 교사보다 X 교사에게 가야 한다고 고집하는 걸까? 이러한 선택을 하게 하는 두 교사 간 차이는 무엇일까?
- 미술치료 예 : 미술치료를 받은 사람은 같은 증상의 그렇지 않은 사람과 비교하였을 때 우울 증상이 덜한가? 특정 기간 사이에 미술을 창조하는 미술치료사는 그렇지 않은 이들과 비교했을 때 직업 만족도가 향상되는가?

전쟁과 관련된 PTSD에서 악몽에 대한 처치 시 그림 작업 사용

Morgan과 Johnson은 외상후 스트레스 장애로 진단된 베트남 전쟁 참전군인인 두 명의 연구대상의 악몽의 빈도와 강도, 심각성의 조절에서 글쓰기와 비교하여 그림의 효과성을 측정하기 위해 A−B−A−B 설계를 사용하였다. 결과는 그림이 모든 영역에서 보다 효과적임을 나타내었다. 저자는 트라우마가 언어를 통해 정서 상태를 표현하는 능력을 손상시키는 듯하며, 그러나 미술은 표현의 수단으로서 더욱 효과적임을 제시하였다.

— Morgan & Johnson, 1995

비교된다. 만약 두 집단이 매번 다른 방식으로 비슷하다면, 그 차이점은 부과된 상황에 의해 발생된다고 추론할 수 있다. 이러한 설계유형은 무선화가 가능하지 않을 때 사용된다. 종종 두 집단 간 차이점의 원인이 되는 가정이 이미 일어났기 때문이기도 하다(Carolan, 2001). 때로는 자연실험이라 부르며, 내담자 집단에 일상적이고 자연스럽게 일어난 실제를 통하여 변인은 통제된다.

준실험 설계는 처치의 효과나 변인 간의 특정 관계를 보여주는 데 여전히 유용하다. 하지만 통제집단이나 참여자의 무선 선택에는 취약하다. 연구자의 통제 등 외부 요인에 쉽게 영향을 받기 때문이다. 만약 연구자가 시작하는 집단의 형성을 통제할 의도가 없다면, 이 설계의 가장 큰 문제는 정확하게 두 집단 간 균형을 이루는 것이다. 또 다른 잘 알려지지 않은 요인 역시 다른 집단에서보다 한 집단에서 흔히 일어날 수 있다. 무선할당의 결여는 이질 통제집단 설계와 구별된다(그림 3.7).

이질 통제집단 설계

무선할당	사전검사	개입	사후검사
아님	O	X	O
아님	O		O

▌ **그림 3.7** 이질 통제집단 설계

　예를 들어 Kunkle-Miller(1982)는 미술치료 집단과 통제집단에 청각장애와 정서장애가 있는 아동과 청소년을 무선으로 할당할 수가 없었다. 그 대신에 학생들의 IQ 지수, 연령, 청각장애의 심각성으로 양쪽 집단을 맞추었다. 연구자는 미술이 청각장애 아동에 미치는 치료적 효과를 입증하길 원했으며, 두 집단 아동의 창의성, 자기개념, 행동을 검사하였다. 미술치료 집단의 아동과 청소년은 자유선택 활동에서의 창의성과 Rubin-Kunkle-Miller 행동 목록에 의해 측정된 행동이 유의하게 향상되었다.

사후 혹은 자연실험

어떤 사건이나 처치가 자연스럽게 일어난 후 분석하는 사후실험 분석에서, 때때로 단절적 시계열 실험(interrupted time series experiment)이라 불리는데, 연구자는 단일 실험집단에서 자연스럽게 발생하는 사건이나 처치 전후의 다각적인 관찰로부터 자료를 수집한다. 이러한 종류의 연구는 허리케인이나 시민 소동

표현치료를 통해 약물 의존 환자의 신념 한 단계 향상시키기 ◀

Julliard는 성인 5명을 대상으로 중독에 대한 처치로 미술치료의 개입 효과를 측정하기 위해 단일 대상 다각측정 AB 설계를 사용했다. 연구는 연구대상이 자신의 중독과 약물의 매력 정도에 대해 생각하는 시간의 양에 대해서 Julliard에 의해 설계된 개입의 효과를 보는 것이다. 개입은 멀티미디어 콜라주와 역할놀이가 섞여 있었다. 사전사후검사 측정은 12단계 프로그램 중 첫 3단계의 연구대상의 진행과 관련이 있었다. 결과는 연구대상 대부분의 강렬한 정서가 감소하고 약물에 대한 생각이 다소 감소했음을 제시하였다.

– Julliard, 1994

처럼 사건 후에 이루어질 수 있다. 사건의 발생 전후에 수집된 자료를 확인하고 비교함으로써 그리고 변화의 원인으로 사건을 귀착시킴으로써 연구한다.

연구 프로토콜

만약 실험연구나 준실험 연구를 계획하고 연구문제에 과학적 방법의 논리를 적용하게 된다면, 설계가 앞서 언급한 X-O 표기법을 사용한 것처럼 보이기 위해서 종속변인의 도형과 독립변인을 확인하게 된다. 연구가 고전적 실험이나 후속 사후검사 실험, 생략된 사전검사, 솔로몬 4집단 설계 등일 수 있다. 만약 준실험이라면, 무선할당의 결여나 통제의 결여, 적은 수의 참여자, 후속 사후검사나 다각적인 사전검사 등을 고려해야 한다. 그리고 다음 단계는 연구의 특정변인, 참여자, 도구, 절차의 기본 설계로 채워진 연구 프로토콜을 발달시킴으로써 설계

미술치료 연구의 프로토콜 예

- **대상자 선택 준거** : 성인(18세 이상) 여성과 남성, 만성적 고통(5년 이상의 의료 차트), 다른 진단 없음(차트 상), 외래환자
- **선택 방법** : 참여자는 선택 준거를 충족시키는 만성적 고통 프로그램에서 외래환자의 두 하위전집으로부터 무선으로 선택되고, 실험집단이나 통제집단 중 하나에 무선으로 할당된다.
- **가설** : 미술치료 처치는 만성적 고통을 지닌 성인의 스트레스 반응을 낮추고 삶의 질을 증가시킬 것이다.
- **종속변인** : 스트레스 반응과 삶의 질
- **독립변인** : 미술치료 처치
- **처치 절차** : 12주 매주 한 시간 동안 실험집단의 모든 참가자들이 이완 반응을 하도록 유도하는 활동이 강조된 계획된 미술치료 프로그램을 실시한다. 프로그램은 처치 과정 동안 같은 공간에서 발생하며 공인된 미술치료사와 의료 간호사에 의해 상호촉진될 것이다. 통제집단은 실험집단과 마찬가지로 같은 동료 치료사와 언어적 토론에 초점을 둔 고통 통제 지원집단에 참석한다.
- **관찰 절차** : 사전검사-실험집단과 통제집단의 개별적인 참여자는 표준화된 고통 목록과 생활의 질 질문지를 완성하게 된다. 검사자는 참여자가 모르는 사람이고 만성고통 프로그램에는 관여하지 않을 것이다. 사후검사-실험집단과 통제집단의 개별적인 참여자는 사전검사와 같은 절차를 반복하고, 같은 검사자가 같은 측정량을 수집한다.

를 조작할 수 있게 된다.

프로토콜을 기안하고 용어와 처치를 정의하면, 연구에 필요한 경계를 짓는 로드맵을 시작할 수 있다. 제8장에 자세히 설명된 연구 프로토콜은 선택 규준의 이론적 배경을 제공하고 연구범위를 제한하는 것처럼 조작적 설계 요구를 확인한다. 무엇보다도 효과적인 연구 프로토콜은 정밀하다. 다른 연구자가 같은 프로토콜을 사용할 때 에러나 잘못된 해석을 할 여지를 주지 않기 위해서, 모든 용어는 정의되고 관찰 가능한 행동이나 측정에 연결시켜야 한다. 조작은 절차뿐 아니라 개념에 대해서도 정의를 내려야 한다. 위의 예에서, '이완 반응을 유도하는 미술치료 활동'과 '만성적 고통 프로그램'은 정의와 특수성을 필요로 한다. 이완 반응이란 무엇인가? 이완을 유도하기에 유용하다고 추정된 미술 활동이란 무엇인가? '생활의 질'이란 무엇이며 어떻게 측정하는가?

사고의 같은 방향을 따라, 연구 프로토콜을 기초로 한 어떠한 가설이라도 조사해야 한다. 미술이 치유나 안녕에 공헌한다는 생각이나 간호사보다 공인된 미술치료사가 미술치료 연구 프로토콜을 실행하기에 훨씬 효과적일 것 같다는 생각 등 가설은 흔히 증명하기 힘든 신념이나 가치에 기초한다. 절차적 이념적 가설은 실험연구 진행방법에 영향을 줄 수도 있다. 내담자 중심의 미술치료는 만성적 고통집단 연구에 행동주의 치료사나 의학적 실무자와는 매우 다르게 접근한다. 미술치료사는 다른 연구자가 가장 적절할 것이라 가정하는 행동주의적 체크리스트와 비교하여 미술평가처럼 처치의 효과를 측정하기 위하여 특정 도구를 확인할지도 모른다.

연구의 가설을 확인할 때, 미술치료 연구자는 측정을 벗어던질 수 있는 모든 가능성에 앞서 충분히 생각하고자 한다. 예를 들어, 한 연구에서 미술치료사는 미술치료를 시작하기 전에 아동이 단순한 그래프로 자신의 감정을 도표로 만들 수 있음을 가정할 수 있다. 하지만 실제는 아동이 기저선 측정에서 자신을 100% 행복하다고 평가했던 계획된 활동에 의해 그렇게 흥분한 것이다.

요약하면 연구 프로토콜은 실험 혹은 준실험 연구에 대한 다음의 요소를 명시해야 한다.

1. 연구 참여자는 전집을 대표
2. 참여자를 선택하고 집단을 할당하는(무선화 혹은 짝짓기) 방법에 대해 준거 선택
3. 참여자를 실험집단과 통제집단에 할당
4. 연구의 종속변인인 측정의 빈도와 방법
5. 독립변인이나 처치상황, 정의하고 조작하는 방법
6. 측정도구와 선택 이유, 타당도, 신뢰도, 적절한 수행
7. 자료수집에 대한 정밀한 절차
8. 사용된 통계 검증법과 자료 분석에 대한 정확한 절차
9. 내적 외적 타당도를 위협하는 것

실험연구의 측정과 통계분석

제2장에 언급했듯이, 미술치료사는 어떻게 이러한 비표준화된 측정으로부터 얻은 자료가 분석될 수 있는지 충분한 고려 없이 때때로 자신의 연구에서 비형식적이거나 자기가 만든 평가를 사용한다. 더 나은 해결 방법은 창조적인 미술평가나 개입, 활동 외에 연구설계에 적어도 하나는 표준화된 측정을 포함하는 것이다. 표준화된 검사는 주요 검사 회사로부터 얻을 수 있고, 검사의 규준이 성립된 방법, 타당도와 신뢰도의 정도, 설계된 검사의 참여자나 대상 유형을 기술한 매뉴얼을 포함한다.

타당한 검사는 측정해야 할 바를 측정하고, 신뢰성 있는 검사는 시간이 지나도(검사재검사 신뢰도) 혹은 다른 평가자가 하더라도(평가자간 신뢰도) 같은 결과가 나오리라 기대할 수 있다. 만약 한 사람 이상이 자료를 기록하거나 관찰한다면, 각 관찰자는 시간이나 집단, 특징을 초월하여 평가에서 반드시 일관성이 있어야 한다. 각 관찰자는 다른 평가자와 비교하여 일관성이 있어야 한다. 모든 경우에, 평가자는 의도되었던 방식으로 정확하게 검사를 시행하는 방법을 배워야만 한다. 그러므로 심리 검사를 훈련받은 건강 전문가나 심리학자와 함께 작

업하는 것은 매우 유용하다.

다음 단계는 대부분의 미술치료사들이 그토록 싫어하는 것 중 하나이다. 피하고자 하는 양적 연구 혹은 실험연구 분야이다. 그렇다. 통계다. 하지만 나는 수덩어리에서 발견할 수 있는 패턴을 찾아내는 매력이 있는 친절하고 멋진 몇몇 통계학자들을 알고 있다. 만약 통계를 두려워한다면, 단순한 해결책으로는 수학적 세계관을 빌려줄 통계학자와 만나는 것이다. 특히 당신 연구의 설계 부문에서 통계학자와 컨설팅하는 것은 이점이 있다. 통계학자는 객관적인 비교를 위해 자료를 어떻게 수집하는지, 데이터베이스나 스프레드시트에 자료를 가장 효과적으로 기입하는 방법, 그리고 어떤 통계적 검증이 당신의 자료 분석에 꼭 맞는 것인지 조언해 줄 것이다.

완성된 통계 기술은 이 글의 범위를 넘지만 기본 해석은 당신의 과거 통계장애를 구해 줄 수 있다. 양적 연구에서 자료는 수로 전환되며 **명목**(nominal), 서**열**(ordinal), **등간**(interval), **비율**(ratio) 네 가지 방식으로 측정된다. 색이나 반응 유형 같은 비수리적인 변인에 수를 할당할 때(1 = 파랑, 2 = 초록; 1 = 예, 2 = 아니요) **명목자료**(nominal data)를 사용하고 척도로 기록할 수 있다. 이 자료 유형은 비모수적이다. 그 자료는 수적인 가치가 없다는 뜻이다. 범주 간 순서적인 관계도 없다. 명목자료를 사용한다는 것은 대상을 분류하고 범주를 나눈다는 것이다. **서열자료**(ordinal data)는 리커트 척도(1 = 매우 동의, 2 = 동의, 3 = 보통)나 순위처럼 의미 있는 순서에 번호를 부여함으로써 크기의 차이를 측정한다. 서열자료의 한계는 점수 간 간격이 같지 않다는 것이다. 예를 들어, 미술 장학금 경쟁에서 7위를 한 미술 포트폴리오가 8위를 한 포트폴리오보다는 낮지만, 둘 간의 실제 차이는 측정되지 않았다. 그 차이는 매우 적거나 혹은 클 것이다.

등간 척도(internal scale)는 차이와 순서, 같은 간격의 속성을 나타내기 때문에 명목과 서열자료보다 강하다. 이는 모수적이며, 지능지수나 색의 농도 같은 실제 양과 간격으로 자료를 배열한다. 실제적인 차이를 측정하기 때문에, 비교나 예언을 하기에 유용하다. 하지만 등간 척도의 특징을 정의하면 0점이 없다는 것이다. IQ 지수에서 0점이란 의미가 없다. 지능이 아예 없음을 반영하지 않는다. 비율자료(ratio data)는 네 가지 측정 척도 유형 중 가장 복잡하며, 의미 있는 참조점으로 0점을 포함한 간격을 사용한다.

이러한 자료의 서로 다른 유형들을 구분해야 하는 중요한 이유는 그것들을 분석할 때 사용하는 통계의 종류를 알기 위해서이다. 통계의 두 가지 기본 범주 중하나인 기술통계(descriptive statistics)는 당신의 측정이 어떠한 군집과 형태의 패턴을 보이는지 나타낼 수 있다. 그래서 사전사후검사 관찰과 측정을 계산하여 사용한다(Creswell, 2003). 이러한 통계는 각 집단 내 점수의 범위나 변화, 중앙치 근처에 밀집해 있는 자료(중앙 경향치), 그리고 표준편차를 제공하기 위해 사용될 수 있다. 표준편차(SD)는 점수가 평균과 어떻게 관련 있는지 보여준다(만약 점수군이 평균점수 가까이 있으면 SD는 낮고, 전 범위에 걸쳐 분포되어 있으면 SD는 높다.). 많은 양적 자료는 기술통계를 사용하여 분석된다. 특히 소규모 연구나 추리나 비교를 하는 데 통제집단이 없는 경우에 그러하다.

추리통계(inferential statistics)는 한 집단의 자료가 다른 집단과 어떻게 관련되는지 추리하는 데 사용된다. 연구자는 실험변인의 실제 효과에 대비한 변화의 정도와 연구가 반복되면 다시 일어날 변화의 가능성을 측정한다. 추리통계 검증의 유형으로는 t검증, F검증 등이 있으며, 연구자가 확률을 결정하도록 하고 집단 간 관계나 차이에 관해 결론을 내도록 하는 r에 대한 검증도 포함한다. 예를 들어, $p < .05$ 수준은 확률에 기초해 일어날 변화가 5%이거나 그 이하임을 나타내는 추리통계이다. $p < .01$은 우연에 의한 차이의 가능성이 100 중에서 1보다 작기 때문에 더 높은 통계적 유의성을 나타낸다. 연구자가 한 연구에서 두 변인보다 더 많은 것을 비교하기 원할 때, 변량분석(ANOVA)은 셋이나 그 이상의 집단의 평균점수를 비교하는 기법이다. 공변량분석(ANCOVA)은 집단 간 처음의 차이를 통제한다. 이처럼 특정 모수 검증은 실험변인이 대상 전집의 정상분포 내 떨어질 때 사용되며, 등간 혹은 비율자료로 된 방식으로 측정될 수 있다.

참여자의 수가 적을 때, 변인이 명목이나 서열자료로만 생기는 방식으로 측정될 때, 표본의 대표성이 고려되지 않을 때, 변인이 정상적으로 분포되지 않을 때, 그때 무선 선택은 일어나지 않고 대신 비모수 통계가 사용된다. Bailey(1991)에 따르면, 이 상황은 건강 과학연구에서 꽤 자주 발생한다. 병리의 변화나 다른 처치 상황이 대상 전집에서 정상 분포를 보이지 않고 또 연구에서의 처치 상황으로 대집단의 사람들을 찾기는 어렵기 때문이다. 추론은 무선추출과 통제규준을 충족시킬 수 없기 때문에 어렵다.

실험연구에서의 타당도 고찰

내적 타당도(internal validity)란 연구결과가 다른 것에 의한 것이 아니라 조작된 변인의 결과인지를 의미한다. 내적으로 타당한 연구는 인과관계에 관해 상대적으로 확고한 상태이다. 내적으로 타당하다는 증거는 사전검사나 성숙 효과(성숙이나 다른 자연적 영향 등 시간이 지나면서 기대될 수 있는 일상적인 변화)가 없어도 사후검사에서 보다 높은 점수를 얻는 것이다. 성과 측정의 다양성, 결과의 다양성, 그리고 신뢰할 수 없거나 일관성이 없는 검사도구로부터 오염을 없애는 것 역시 타당도를 높인다. 준실험은 실험자의 직접적인 통제하에 있지 않기 때문에 내적 타당도가 다소 낮다.

외적 타당도(external validity)란 연구결과나 성립된 인과관계가 다른 집단이나 다른 상황, 다른 시간대에서도 일반화할 수 있는지를 의미한다. 원래 연구의 조건과 같은 조건 내에서 말이다. 사전검사 상호작용(참여자는 사전검사를 받았다는 것을 알기 때문에 다르게 반응한다.), 플라시보 효과, 신기성 효과 등이 없다는 것을 나타낼 수 있을 때 외적 타당도가 향상된다. 외적 타당도를 감소시키는 또 다른 측면은 나중에 한 처치를 측정하기 어려울 만큼 먼저 한 처치로부터 이월 효과가 있는 다중 처치 간섭이다.

비실험 연구

어떤 미술치료는 비실험적이지만 양적인 방법론을 사용한다. 원인과 효과 간 관계를 위해 측정하고자 조작된 독립변인이 없다. 이는 상관연구와 조사연구에 해당한다.

상관연구

상관연구는 둘 혹은 그 이상의 변인의 선형적인 관계를 연구한다. 실험연구에서는 연구자가 가설을 형성하고 검증하지만 인과관계를 자극하지는 않는다. 독립변인의 조작은 없다. 가설은 하나나 그 이상의 변인 간의 차이를 측정하고 상관관계를 찾음으로써 검증된다. 잘 알려진 예로 흡연과 암과의 관계를 규정한 상관연구가 있다.

> 연구자는 둘 간의 관계가 있는지, 만약 그렇다면 관계의 방향—정적 혹은 부적—을 알고자 한다. 1950년대와 1960년대 초 연구는 흡연과 폐암 발생률 간 높은 정적인 관계를 발견했다. 담배를 많이 피울수록 폐암 발생률이 높았다. 이러한 관계에 대한 지식은 예언을 가능하게 한다. 얼마나 많은 사람이 흡연을 하는지 아는 것은 그 사람이 폐암에 걸릴 확률이 얼마나 높은지를 예언한다. 예언은 완벽하지는 않다. 왜냐하면 모든 흡연자가 폐암에 걸리지는 않으며, 폐암에 걸린 모든 사람이 담배를 피우는 것은 아니기 때문이다. 그럼에도 불구하고 예언은 유용하며, 1964년 Surgeon General 보고서에서 흡연은 건강에 해롭다는 상관연구 증거에 기반하여 결론을 내렸다(Elmes, Kantowitz, Roediger, 1999, p. 85).

이상의 예에서 관계의 방향은 정적인 상관을 보였다. 한 변인(흡연)의 증가는 다른 한 변인(폐암)의 증가와 관련이 있다. 부적 상관은 한 변인의 증가가 다른 변인의 감소와 상관이 있는 반대 관계이다. 이러한 관계의 강도는 -1과 $+1$ 사이의 상관계수를 가지는 특정 통계적 검증으로 분석된다. 0은 아무런 상관이 없음을, 두 극단 중 $+1$은 완벽한 긍정 혹은 직접적 관계를 가리키며, 역으로 -1

정서 평가 : 증상 체크리스트로 선구조화된 이미지 평정 비교

Vick과 Strauss는 Psychiatric Symptom Index(PSI) 점수, 그림 평정, 자기평정 간의 관계를 측정하여 상관연구를 하였다. 40명의 성인 환자, 45명의 직원에게 다양한 정서를 그린 사람들의 20가지 그림에서 네 가지 표적 정서 중 하나를 동일시하라고 하였다. 결과, 그림과 자기평정 간 분노와 우울 정서에 대하여 통계적으로 유의한 긍정적 상관관계를 보였다. 다른 두 정서를 측정한 도구 간에는 상관관계가 없었다.

– Vick & Strauss, 1997

은 완벽한 부적 관계를 말한다.

Carolan(2001)은 상관자료가 나이와 진단 같은 특성 간 관계를 측정할 수 있고, 그림에서 형식적인 요소를 측정할 수 있는 Gantt와 Tabone(1998)에 의해 개발된 Formal Elements Art Therapy Scale과 같은 평가에서는 특히 중요하다고 하였다. "미술치료에서 상관연구의 발달은 정확한 진단에 기여하는 평가도구의 발달과 처치 계획의 수단으로 사용되는 등 긍정적인 효과가 광범위하다."(p. 196) Carolan은 이미지 창조와 관련된 패턴을 찾거나, 다른 미술재료를 사용하면서 미술을 창조하는 과정에서 나오는 행동 패턴을 찾을 때 미술치료사가 각 연구문제에 대한 상관연구 설계를 해야 한다고 제시하였다.

조사연구

조사는 전집의 정보를 수집하는 연구의 형태이다. 그 전집에 관한 일련의 가설을 기술한다. 조사는 전집에 대한 표본을 연구함으로써 전집의 견해나 태도, 경향을 수적으로 설명할 수 있다(Creswell, 2003). '왜' 보다는 지금 한 지점에서 특정 집단에 관한 'what'을 질문한다. 이 점에서 기술연구, 횡단연구로 범주화될 수 있다. 연구자가 기간을 확장하여 같은 대상 집단을 조사할 때, 종단연구를 수행하게 된다. 조사연구로부터 수집된 정보는 폭넓은 영역을 커버하는데 가치, 견해, 사건이나 상황의 지각, 동기, 태도 등의 반응자의 자기보고처럼 그러한 주제나 항목을 포함할 수 있다. 연령, 집단 성격, 직업적 자료 등 인구학적 배경을

> ### 조사연구에 언급된 질문 실례 ◀
>
> - 일상적인 예 : 내 이웃 중 얼마나 많은 사람이 우리 지역사회에서의 재산세가 너무 높다고 생각할까?
> - 예술기반의 예 : 예술 사진작가들 사이에서 디지털 카메라가 어느 정도 필름을 대신할까? 동기요인은 무엇일까?
> - 미술치료의 예 : 미술치료 직업의 감소 이유는 무엇인가?

기술하기 위하여 특정 정보를 수집할 수 있다. 조사는 사람이나 전화, 유인물, 우편, 인터넷 등을 통하여 수행된다.

조사는 현대생활에서 일상적인 양상이지만 모든 조사가 연구로서 질적인 것은 아니다. 최악은 연구자가 정보를 모아서 빈약하게 설계된 조사를 사용하거나 연구자의 바이어스를 단순히 확인해 주는 것이다. 타당성을 위해 조사연구는 이론적 배경을 기반으로 구체적인 연구목적이 잘 정의되어야 하며 현장연구에서 명확한 관련성과 중요성처럼 다른 조건을 충족시켜야 한다. Leedy(1997)의 좋은 조사연구에 필수적인 네 가지 특징은 다음과 같다. (a) 연구의 질문(question)은 자료를 모으는 원칙적인 수단으로 관찰의 기술이 요구되는 유형이어야 한다. (b) 전집(population)은 정밀한 수치 내에서 명확히 규정되고 주의 깊게 선택된다. (c) 바이어스(bias)의 영향으로부터 자료를 보호하도록 주의한다. (d) 타당하고 정확한 결론을 끌어낼 수 있도록 자료는 체계적(systematically)으로 조직화되고 제시된다. 좋은 조사연구는 표본이 적절히 다양한 특성으로 구성되도록 한다.

일찍이 연구설계는 충분히 발달되어 왔으며, 조사 질문지는 자료를 수집하기 위하여 만들어졌다. 좋은 조사 발달은 복잡하기 때문에, 인정된 규준에 따라 조사 설계와 자료 처치에 관한 전문화된 교재를 참고하는 것이 최고이다. 일반적으로 다음의 과정을 통해 생각할 필요가 있다.

1. 조사의 목적 분명히 하기 : 조사 방법을 선택한 이유와 목적이 무엇인가? 홍

미가 있는 전집과 대상자 측면은 무엇인가?

2. **표본 선택하기** : 목적과 관련된 인구 분포는? 사람들이 반응하는 방법을 변경할 만한 어떤 변인이 있는가? 얼마나 많은 사람이 표본이 될 것이며, 어떠한 근거로 선택될 것인가?

3. **표집, 접근, 배달 방법 규정하기** : 표본이 될 참여자에게 어떻게 접근할 것인가? 무선절차를 사용할 것인가 혹은 비무선화 절차를 사용할 것인가? 조사는 어떻게 구성할 것인가? 어떠한 내용을 쓸 것인가? 가장 유용한 정보를 얻기 위해 어떻게 질문을 조직화할 것인가? 조사를 실행하는 스케줄은 무엇인가?

4. **통제의 질 평가하기** : 무선화와 바이어스의 최소화를 어떻게 보장할 것인가? 타당한 결과를 보장하는 표본 크기와 질문지 회수율은 얼마인가?

5. **자료 분석의 방법 결정하기** : 회수물을 분석하고 응답에서 바이어스를 확인하는 구체적인 절차는 무엇인가? 자료를 조직하는 데 사용되는 척도와 절차는 무엇인가? 결과를 얻기 위해 기술통계(소표본)나 추리통계(대표본)를 실행시킬 필요가 있는 단계는?

조사연구의 결과는 특히 조사 바이어스나 면접자로부터의 왜곡에 민감하기 때문에, 타당한 질문지 제작은 결정적으로 중요하다. 빈약하게 설계된 질문지는 늘 자료의 질을 떨어뜨린다. 이 장에 앞서 언급한 대로, 체계적으로 각 조사의 질문을 연구하는 것은 매우 중요하며, 참여자 반응을 드러낼 수 있는 명쾌함이 없는 것이나 어떤 숨겨진 가정, 편견을 찾아내는 것도 매우 중요하다. 타당도는 각 항목이 명확하고, 객관적이며, 연구문제와 관련이 있고, 호의적으로 반응할 수 있도록 예비 응답자 집단에 질문하는 사전검사에 의해 향상될 수 있다. 이러한 이유에서 조사연구는 '예/아니요' 응답, 강제 선택형, 5점 리커트 척도, 단답형 등을 제한하는 경향이 있다. 질문지가 충분히 많이 회수되기 위해서는 간단해야 하고 읽기 쉬워야 하고 완성하는 데 오랜 시간이 걸려도 안 되며 반응에 너무 많은 에너지를 쏟게 해서도 안 된다.

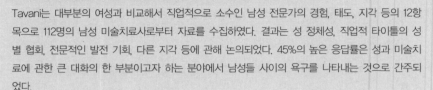

남성 우편물 수집 : 미술치료 현장에서 남성 조사

Tavani는 대부분의 여성과 비교해서 직업적으로 소수인 남성 전문가의 경험, 태도, 지각 등의 12항목으로 112명의 남성 미술치료사로부터 자료를 수집하였다. 결과는 성 정체성, 직업적 타이틀의 성별 협회, 전문적인 발전 기회, 다른 지각 등에 관해 논의되었다. 45%의 높은 응답률은 성과 미술치료에 관한 큰 대화의 한 부분이고자 하는 분야에서 남성들 사이의 욕구를 나타내는 것으로 간주되었다.

– Tavani, 2007

Carolan(2001)은 조사연구란 미술치료와 관련하여 신념과 견해, 경향을 밝히는 것뿐만 아니라 실제 분야에서 확인할 수 있는 미술치료 직업의 범위를 인식하도록 돕는 적절한 것이라 여겼다. 조직화된 조사연구는 미술치료사와 내담자의 실재를 명백히 하는 다른 영역, 경향, 인구 등을 확인하도록 돕는다.

요약

1. 과학적 방법은 양적 연구든 비실험적이든 질적이든 예술을 기반으로 하는 모든 미술치료 연구를 안내하는 체계적인 연역적, 귀납적 추론의 기본 과정이다.

2. 전통적인 과학적 연구는 흔히 인과관계를 예언하고 설명하는 것이 목표인 접근으로 특징지어질 수 있다. 양적 연구에서 네 가지 주요 개념은 (a) 조작 (b) 통제 (c) 무선화 (d) 체계적인 선계획된 구조이다.

3. 실험연구는 변인을 실험하지 않는 통제집단과 비교하여 무선화된 집단의 사람들에게 실험변인이 미치는 효과를 연구하는 것에서 인과관계를 추론한다. 준실험 연구에서 조정은 연구자의 통제하에 있지 않는 변인을 고려하여 만든 것이다.

4. 양적 설계는 특정 변인, 참가자, 도구, 절차에 대한 설명을 엄밀히 규정한 기본 설계로 가득 찬 연구 프로토콜로 경계 짓고 조작된다.

5. 타당도 검사는 측정해야 할 것을 측정하는 것이고 신뢰도 검사는 시간이 지나거나 다른 평가자에 의해서도 같은 결과일 것이라고 기대되는 것이다. 양적 연구에서 자료는 수로 전환되며 명목, 서열, 등간, 비율 네 가지 방법으로 측정될 수 있다.

6. 기술통계는 자료에서 패턴을 보여주며 사전사후검사의 관찰이나 측정을 계산하는 데 사용된다. 추리통계는 한 집단에서 다른 집단과 어떻게 자료가 관련 있는지, 실험변인의 실제 효과에 대비한 우연의 정도, 만약 연구가 반복되면 다시 일어날 확률 등을 추리한다.

7. 미술치료에서 단일대상 연구는 처치의 끝에서 반복되는 기저선 평가 결과와 비교하고 자신을 통제하는 역할을 하는 단일 내담자나 집단에 미치는 처치의 효과를 연구하는 것이다.

8. 비실험 기술 연구는 기본적으로 현존하는 문제나 상황에서의 자료를 측정하고 수집하며, 상관연구와 조사연구 등이 있다.

9. 상관연구는 둘 혹은 그 이상의 변인 간 선형적인 관계를 연구한다. 인과관계 대신에 관계의 방향은 한 변인의 증가가 다른 변인의 증가 혹은 감소와 관련 있는지 보여준다.

10. 조사연구는 어느 한 시점에서 특정 집단에 대한 일련의 가설을 설명하기 위해서 전집에 대한 정보를 모으는 기술연구이다.

 참고문헌

Bailey, D. M. (1991). *Research for the health professional: A practical guide*. Philadelphia, PA: Davis.

Beck, P. V. (1991). Wild trout. *Parabola, 16*(2), 26–29.

Campbell, D. T., & Stanley, J. C. (1969). *Experimental and non-experimental designs for research*. Chicago, IL: Rand McNally.

Carolan, R. (2001). Models and paradigms of art therapy. *Art Therapy: Journal of the American Art Therapy Association, 18*(4), 190–206.

Creswell, J. W. (1994). *Research design: Qualitative and quantitative approaches*. Thousand Oaks, CA: Sage.

Creswell, J. W. (2003). *Research design: Qualitative, quantitative, and mixed methods approaches*

(2nd ed.). Thousand Oaks, CA: Sage.

Diamond, P. (1992). The single-case study. In H. Wadeson (Ed.), *A guide to conducting art therapy research* (pp. 97–116). Mundelein, IL: American Art Therapy Association.

Elmes, D. G., Kantowitz, B. H., & Roediger III, H. L. (1999). *Research methods in psychology* (6th ed.). Pacific Grove, CA: Brooks/Cole.

Gantt, L., & Tabone, C. (1998). *The Formal Elements Art Therapy Scale: The rating manual.* Morgantown, WV: Gargoyle Press.

Gilroy, A. (2006). *Art therapy, research, and evidence-based practice.* Thousand Oaks, CA: Sage.

Julliard, K. (1994). Increasing chemically dependent patients' belief in step one through expressive therapy. *American Journal of Art Therapy, 33*(4), 110–119.

Kunkle-Miller, C. (1982). The effects of individual art therapy upon emotionally disturbed deaf children and adolescents. In A. DiMaria, E. S. Kramer, & E. A. Roth (Eds.), *Art therapy: Still growing. Proceedings of the 13th Annual Conference of the American Art Therapy Association* (pp. 137–142). Alexandria, VA: American Art Therapy Association.

Leedy, P. L. (1997). *Practical research: Planning and design* (3rd ed.). Upper Saddle River, NJ: Prentice Hall.

McLeod, J. (1994). *Doing counseling research.* Thousand Oaks, CA: Sage.

Morgan, C. A., & Johnson, D. R. (1995). Use of a drawing task in the treatment of nightmares in combat-related post-traumatic stress disorder. *Art Therapy: Journal of the American Art Therapy Association, 12*(4), 244–247.

Salkind, N. J. (1997). *Exploring research* (3rd ed.). Upper Saddle River, NJ: Prentice Hall.

Tavani, R. (2007). Male mail: A survey of men in the field of art therapy. *Art Therapy: Journal of the American Art Therapy Association, 24*(1), 22–28.

Vick, R. M., & Strauss, B. S. (1997). Assessment of affects: Comparison of ratings of prestructured images with symptom checklist. *Art Therapy: Journal of the American Art Therapy Association, 14*(2), 95–101.

제4장_
증거기반 성과연구

첫 번째 자취는 어떤 연속선의 한쪽 끝이다. 반대쪽 끝에서는 한 생물이 움직이고 있다. 알 수 없는 어떤 것이 걸음걸음마다 자신에 관한 이야깃거리를 떨어뜨리고 있는 것이다. 그리하여 우리가 그 실물을 맞닥뜨리기 전에 이미 그것을 거의 알 수 있을 정도로 자신에 관한 많은 것들을 알려준다. 신비가 드러나기 시작하는 것이다. 서서히, 자취를 따라서. 그것은 우리를 꾀어 들이기 위해 이미 자신의 발자국을 우리에게 주었다. 더 나아가면 그것은 자신의 생활에 관해 내밀하고 세세한 것까지 일러줄 것이다.

마침내 우리가 그 자취를 남긴 주인을 오랜 친구처럼 알게 될 때까지. 난 일곱 살에 추적하는 일을 시작한 이래로 이제껏 자세히 조사해 볼 만한 가치가 없는 발자국은 본 일이 없었다. 발자국 하나를 조사할 때마다 그때까지 내가 수집할 수 있었던 정보에 다시 약간의 정보를 보태곤 했다.

나는 조금씩 그 신비를 보다 더 완벽하게 추적하는 법을 배워갔다.

– Tom Brown

오늘날 건강과 교육과 관련된 분야에서 사람들이 지불한 서비스가 효과적이고 비용면에서 효율적이고 필요에 적합하기를 기대하는 것이 보편화되어 가고 있다. 노동자의 알코올 중독을 치료하거나 혹은 미술치료 학위 같은 경우에도 그러하다. 그러나 1990년대 이전 즉 관리가 이루어진 치료가 시작되기 전에 훈련받은 미술치료사에게는, 이는 곧 사고에서의 패러다임의 전환이다. 대부분 건강과 관련된 결정은 실무 전문가에게 신뢰받을 때가 있었다. 치료를 받기 위해 돈을 지불한 사람은 치료사에게서 신뢰를 찾고자 한다. 예를 들어 치료사의 교육, 졸업증서, 경력 등의 '입력'의 측면에서 말이다. 그러나 건강 비용이 폭발적으로 통제할 수 없을 만큼 증가하기 시작하면서, 건강과 관련된 결정을 하는 데 있어 내담자의 권리가 늘어나게 되었고, 효과성의 증거로서 치료의 성과로 초점이 옮겨갔다. 미술치료사는 자신의 내담자에게 생색내는 위계적 구조가 무너지는 것을 반기면서도 자신들의 실제 치료를 침범할 이 변화를 느꼈다.

'전문가로서의 치료사'는 최근의 건강과 관련된 분야에서 약해진 반면(Spaniol, 2000), 어떤 미술치료사는 미술치료의 효과성을 설명하는 과정에서 검토되지 않은 신뢰로 대체하였다. '과정을 믿는다'(McNiff, 1998a, p. 37)는 것은 가치 있는 훈련과정에서의 원칙으로 미술치료사가 내담자에게 힘을 부여하여 미술과 미술이 지닌 잠재성을 그들과의 관계 속에서 불변성을 발달시키기 위해 활용하는 것이다. 그러나 이것은 내담자에 대한 미술치료가 지닌 가치의 효과적인 주장이 아니다. 미술치료에 대한 믿음과 열정을 넘어서 우리가 질문해야 할 여러 가지가 있다. 어떻게 미술치료가 이루어지는지, 창조적 과정과 미술 매체가 내담자의 관심과 상호작용할 때 무엇이 일어나는지 등의 질문이다. 무엇을 하는 것이 이익이 되는지 그리고 어느 것이 효과적인지에 대해 어떻게 아는가? 무엇을 그리고 어떻게 내담자의 삶에 최소한의 분열로 가능한 최고의 처치를 할 수 있는지 앎으로써 그들을 도와야만 하는가? 윤리적인 실천이 필요한 것 같다.

증거기반 실제의 새로운 패러다임은 전통적인 치료자의 입장에 도전한다. 그들은 직관과 일화적인 설명이나 멘토의 '수용된 지혜'에 가치를 두고 있으며, 그리고 훈련, 전문성, 경험이 진단과 처치 결정을 내려야 하는 데 결정적인 유일한 근거라고 여기는 사람들이다(Gilroy, 2006). 그러나 개입방법으로서 미술치료의 효율성을 인정한 연구는 거의 없기 때문에, 미술치료사는 심각한 불이익 상황에 있거나 Fink가 '낙인찍히고, 반복되고, 반심리치료적 비판'(Sperry et al., 1996에서 재인용)이라고 말한 것과 계속적으로 투쟁해야 한다. 이런 비판은 미술치료가 무엇인지 거의 알지 못하는 일반 대중, 노동자나 보험 회사의 입장이다. 미술치료는 성과 측정의 용어로 전환되기 어렵다. 성과기반 연구의 부재는 지식의 부재와 같은 것은 아니며, 개입의 비효과성을 의미하는 바도 아니다(Richardson, 2001). 이는 미술치료가 환자를 돕는 것이라는 임상경험을 갖고 있는 개인 미술치료사에게는 어려운 현실이다. Fink는 다음과 같이 말하였다(Sperry, 1996에서 재인용).

> 그들은 꺾이고 불행하고 불안하고 우울한 상태에 있는 환자를 만나며, 정신적으로 건강한 상태, 즉 자신감 있고 낙관적이며 위기를 기꺼이 받아들인 상태에서 치료를 끝내는 환자를 본다. 사실 치료를 잘 받은 성공적 환자로부터 얻었던 일시적인 고백을 통해서 또 일화적인 것 외에 이를 증명할 수 있는 방법은 없다(p. x).

그것이 쌓여갈수록, 그러한 일화적 증거는 개인 미술치료사의 확신을 강화한다. 대중이 측정 수단을 통해 책임을 요구할 때 미술치료가 잘 작용하고 좌절을 추가한다고 말이다. McNiff(Hervey, 2000에서 재인용)는 '우리가 누구인지와 관련해 공명되지 않는 그들의 지배력 아래' 미술치료사를 둔 '행동과학이나 사회과학 연구방법론을 통해 자신이 하고자 하는 것을 정당화하는' 요구를 비난하였다(p. viii). 그러나 만약 통계나 평가 매뉴얼 같은 특수화된 연구도구가 총 프로젝트(Leedy, 1997)의 특징인 방법론과 구별되어야 한다는 전제를 반환한다면, 미술치료는 자신만의 독특한 특징을 드러내지 않고 성과 효과성을 증명할 수 있어야 한다. Gilroy(2006)가 썼듯이, 미술치료는 '전체로서 법칙을 의미하는 다원론적 증거기반을 발달' 시켜야 한다(p. 10). 아마도 그 다음에 미술치료의 가치는 증명되기 시작할 것이다.

처치-성과연구를 확장시키기 위해서는 미술치료사가 자신의 내담자뿐만 아니라 미술치료사의 다른 모든 현장에서의 모든 내담자를 돕기 바라기 때문에 그들의 일은 '상승효과'로 인해 매우 중요한 효과를 나타낼 수 있다. 예를 들어 모집단의 명백한 성공은 다른 처치 모집단과 미술치료의 제공과 필요를 위해 상호 관련된 자금을 모금하고 제공하는 모든 연결고리에 대해 새로운 인식을 만들어 낼 수 있다(Kapitan, 2006b). 심지어 상대적으로 작은 규모의 연구는 정확히 명백한 이익과 관련되어 존재하는 필요에 관련될 때, 다른 지역에서 미술치료 서비스를 위한 상호작용하는 요구의 모든 활동을 크게 시작할 수 있다.

치료자는 자신의 업무 결과를 알고 언제나 보고 있다. 만약 개입의 목적이 기분이 좋아지는 것이라면, 그것이 실제 일어났는지 기분이 좋아진 것을 어떻게 볼 수 있는가? 미술치료사가 숙달된 것은 창의적인 개입을 만드는 것이고, 같은 기술은 내담자의 반응을 측정하는 간단한 도구를 만드는 데에도 적용할 수 있다(Kapitan, 2006b). 수많은 상황 전반에 걸쳐서, 미술치료사는 자신의 작업 결과를 보여주고 표현하는 치료팀의 다른 구성원과 파트너가 된다.

목적 : 과정의 결과

성과에 대한 연구는 과정의 결과와 우리가 미술치료를 통해 얻고자 하는 목적의 종류에 초점을 맞춘다. 우리가 묻기를 "우리는 정말로 우리가 여기서 하고 있다고 말하는 것을 하고 있나? 여기에 무엇이 작동하고 무엇이 작동하지 않는지 그에 대한 증거가 있는가? 치료의 이득과 목적을 위한 필요를 충족시키고 있다는 증거가 있는가?"

Julliard(1998)는 성과연구를 치료의 장·단기적 성과를 측정하는 체계적 접근이라고 정의하였다. 여기에는 내담자와 치료사 모두의 객관적이고 주관적인 특성이 포함된다. 성과는 양적, 질적 혹은 그 두 가지 방법이 어우러져 자료를

> ### 성과와 관련된 질문의 예
>
> - 사냥꾼은 "사냥이 성공적이었나? 지역사회를 먹일 것인가?"라고 묻는다.
> - 교사는 "내가 가르치고자 하는 것을 내 학생이 배웠는지 어떻게 알 수 있나?"라고 묻는다.
> - 아티스트는 "나의 무대가 성공적이고 내 작품이 갤러리를 찾아온 관람객과 내가 의도한 바대로 연결되어 있는가?"라고 묻는다.
> - 에이전시는 "미술치료 프로그램이 효과적이고 계속할 만한 가치가 있는가?"라고 묻는다.
> - 미술치료사는 "개입이 성공적이었나? 미술치료 프로그램이 나의 내담자를 안정되게 돕고, 병원이 일상생활에서 더 잘 작동하게 하는가?"라고 묻는다.

모으고 이를 분석하는 과정일 수 있다. 1990년대 성과연구의 첫 세대는 각각의 치료 프로그램의 질과 비용, 생산성을 연구했다. 이런 방법은 헬스 케어 분야의 주요한 이해당사자들 예를 들어 제공자, 내담자, 내담자의 가족, 근로자, 보험 회사, 행정가, 혹은 정부의 주된 시각을 반영한 것이었다. 오늘날의 기대는 다른 건강 실무자들과 더불어, 미술치료사가 치료실제에 기반한 근거를 알고 있고 이를 통해 치료를 발전시키고 있다. Julliard(1998)는 좋은 성과는 대부분 내담자의 기능과 삶의 질을 향상시키고, 증상을 완화하며, 내담자의 만족을 성취하며, 치료의 비용을 최소화하는 것으로 관찰했다. 이런 측정치가 치료하는 매우 많은 내담자의 목적을 성취하게 할 것이다(Sperry et al., 1996).

효율성 대 효과성

미술치료사가 개인이나 집단 혹은 프로그램의 치료 성과 평가에 관심을 보일 때, 두 가지 중요한 질문을 구분할 필요가 있다.

- **효율성**(efficacy) : 치료가 역할을 할 수 있는가?
- **효과성**(effectiveness) : 치료가 역할을 하는가?

Sperry와 동료들(1996)에 따르면, 연구자는 첫 번째 질문 "이 개입을 통해서 보다 나은 결과(성과)를 이전의 통제 상황에 비해 거둘 수 있는가?"에 관심을 기울이는 경향이 있다. 이 질문에 답할 수 있는 연구방법은 이전 장에서 언급했듯이, randomized clinical trial(RCT)이거나 사전사후 통제집단 실험(아래 상자글 참조)이다. 사실 처치의 효율성에 대한 측정할 수 있는 증거를 찾고자 하는 요구는 굉장히 많아서, 하나의 연구방법으로 얻은 결과로는 다른 실제, 서비스, 현장에 더 적합한 모든 다른 종류의 증거에 대해 특권을 가지는 경우가 있다 (Gilroy, 2006).

미국 국립보건원(NIH)에서 지원받아, Monti 등(2005)은 암환자 부모를 위한 집단 개입으로 마음챙김 기반의(mind-fulness-based) 미술치료의 효율성을 연구하였다. RCT는 나이에 따라 암 진단을 받은 111명의 여성을 8주 미술치료를 받은 집단과 통제집단으로 배열하여 연구를 수행하였다. 통제집단에 비해, 미술치료 집단은 고통의 증상은 눈에 띄게 완화되었고, 사람의 질과 관련된 주요 부분들은 상승한 것으로 나타났다.

RCT는 종종 통제된 임상 실험 상황이 된다. 이 상황은 눈에 띄는 건강 규준에 맞는 많은 수의 연구대상을 가지고 있고, 무선적으로 개입집단이나 통제집단에 배치된다. 그래서 위약을 주거나 개입을 하지 않거나, 혹은 표준적인 치료를 하는·등 실험 상황을 다르게 만들 수 있다(Gilroy, 2006). RCT는 흔히 그들이 한 분야(약물)를 위해 만들어진 연구 패러다임의 전환이 필요

하기 때문에 비판받는다(p. 83). RCT는 미술치료에 실제적 적용이나 적합성에 있어 뚜렷한 한계가 있다. 에이전시나 클리닉에서 미술치료사의 실제는 두 개의 완벽하게 무선적이고 매치된 집단 ― 실행과 통제 ― 으로 형성되고 충분한 기간 내내 체계적인 프로토콜로 이루어질 정도로 많은 수의 사람에게 접근하는 것이 가능하지 않을 것이다. 그러나 무선 배정 없이는 주어진 상황에서 사례들의 혼재를 통제할 수 있는 방법은 없다. 실제 내담자들은 다른 치료를 받은 사람들보다 같은 치료를 받은 사람들의 차이가 더 크다. 치료사의 유능함, 훈련 정도, 주어진 치료 규약 간의 상호작용은 매우 다르다. 더 큰 문제는 치료가 끝난 후에만 증거를 얻을 수 있기 때문에, 통제된 임상 상황은 일반적 체계를 바꾸거나 케어 프로토콜을 변화시킬 때만 유용하다(Sperry et al., 1996). 실제 치료를 일반화시키기 위해서는 내담자와 치료사 그리고 치료 환경이 일반적이고, 성과 측정

이 임상적으로 관련지어져야만 한다.

그러므로 서비스 지향적인 연구자는 효율성에 관심을 덜 가지며, 미술치료사는 처음부터 **효과성**(effectiveness)에 관심을 갖는 경우가 많다. "어떤 개입이 실제 내담자의 일반적인 임상 환경에서도 이득을 주는 방법일까 하는 것이다." 이 질문을 제기하기 위해서는 전형적인 미술치료사의 평균적인 업무 환경에서 내담자의 치료의 효과성을 보여주는 자연주의적 연구가 선호된다. 이 맥락에서 자연주의적이란 의미는 연구가 실제 상황에서 이뤄져야 하며, 일반적이고 매일매일의 치료 환경에서 이뤄져야 한다. 연구가 실용적인 치료 문제와 관련되어서 조직되기 때문에, Creswell(2003)은 폐쇄적 측정방식에 개방된 관찰을 혼합한 혼합방법 연구설계를 주장하였다. 이러한 접근방법의 장점은 치료에 대한 반응 패턴을 확인하는 것과 더불어, 각 사례의 상황과 진행에 대해 임상적 피드백 체계를 발달시키는 것이다(Sperry et al., 1996). 이러한 방식으로 좋은 연구와 좋은 임상적 실제는 떨어질 수 없는 관계에 있다. 연구의 임상적 관련성은 일반적 이해를 실제적 적용으로 바꿀 수 있게 해준다.

훌륭한 임상실제의 확장으로서의 방법론

Juliard(1998)은 성과연구의 기본적인 방법에 대해 다음과 같이 말하였다.

1. 환자 모집단을 밝히고 제기된 문제를 찾아낸다.
2. 측정된 성과를 선택한다.
3. 육하원칙에 따라 자료를 모은다.
4. 모아진 자료를 측정한다.
5. 치료의 효과를 확인하고 평가한다.

미술치료사는 이 방법이 임상실제를 따라오게 하고, 사례연구 방법의 성장을 가져온다는 사실을 알고 있다. 사실, 훌륭한 임상실제는 때때로 두 활동이 매우 유사한 것처럼 보이게 하므로 단일대상에 대한 실험처럼 보인다(Hayes, 1998).

미술치료의 잠재적인 과학적 가치를 높이기 위해서는, 미술치료사가 단지 체계적이고 반복된 측정을 뽑아내는 것이다. 그리고 실제에서 이미 사용하는 전략을 깨달아야 하며, 임상에서의 결정을 향상시키기 위해서는 그런 전략을 실제에서 더 체계적으로 사용하는 것에 집중해야 한다. 마지막으로 미술치료사는 측정할 수 있는 효과의 분석을 찾아야 한다. 예를 들어 행동이나 자세, 생각, 느낌, 혹은 기술의 변화를 보는 것이다. 연구적인 면에서부터 미술치료의 효과를 보기 위해, 성과에 영향을 미치는 다른 요인을 통제함으로써, 미술치료가 주어진 상황에서 가장 적합한 결과를 도출해낼 수 있을 것이다.

이전에 제기된 문제를 생각해 보면, "내 쇼가 성공했나?"라고 묻는 아티스트는 '성공'을 다음과 같이 정의하고 측정하였을 것이다. (a) 양적 측면에서 얼마나 많은 사람들이 쇼의 처음부터 끝까지 있었는지, 질적 측면에서 갤러리 방명록이나 피드백 일지에서 볼 수 있는 관객들의 이야기 수집 (b) 기대되는 전문가나 예술적 목적이 충족되었는지 여부를 명시 (c) 그 크기에 대한 측정될 수 있는 효과의 증거를 찾는 것. 예를 들어, 지역 신문에 나오는 리뷰를 보고 더 많은 사람들이 참석했는지, 어떤 사람이 얼마나 좋아하는지, 싫어하는지, 혹은 도전을 받았는지 논평하는 정도 등이다. 참석자는 자신의 의견이나 가치, 그 작업에 대한 정서적 반응, 관객의 주요 특징을 드러내는 인구통계학적 정보를 남기도록 요구될 것이다. 마찬가지로 미술치료사는 다음과 같은 것을 묻고자 한다. "개입이 성공적이었나? 미술치료 프로그램이 내담자를 안정시키고, 일상생활에서 편안하게 기능했는가?" 이런 질문들은 성공이 무엇을 의미하는지 정의하고자 하며, 이 행동 변화를 기대한 미술치료의 효과(효과성)를 보여주는 측정자료를 모으고자 한다.

성과연구를 시작하기 전에, 연구자 혹은 임상 연구팀은 관심의 성과나 가장 관련 있는 요인의 개념적 모형을 개발한다. (제1장의 연구설계나 제8장의 제안서 작성 참조). 어떤 요인은 직접적인 역할을 하는 반면 다른 요인은 치료에 보다 간접적인 영향을 미칠 것이다. 각각 포착되고 그 역할이 정의될 필요가 있다. 그러한 모형은 이론적일 필요가 없고, 대신 미술치료사가 믿었던 것이 일어나는지를 단순하게 설명해야 한다. 이는 직접적인 임상적 경험과 이전 활동을 고찰해 보는데서 이루어진다. 그 모형을 통한 사고는 가장 중요한 요인을 확인하는 방법이다.

일단 이러한 요소가 확인되면, 하나나 그 이상의 측정에서 포착될 수 있는 특정 변인으로 조작할 수 있다. 예를 들어 Reynolds, Nabors, Quinlan(2000)의 미술치료 선행연구를 고찰해 보면, 몇몇 미술치료 연구에서 단지 미술치료의 효율성에 대한 지원이 혼재된 것을 발견했을 뿐 환자 상태의 향상에서 미술치료 개입이 다른 치료 양식과 함께 이루어지기 때문에 미술치료에 대한 특정한 기여를 찾아낼 수 없었다. Bell과 Robbins(2007)는 이에 대한 반응으로 통제된 연구에서 여전히 경험적으로 지원된 특정 주장에 기반하여 개념적 모형을 만들었다. 이 통제연구에서는 연구 미술작품은 스트레스를 감소시키거나 이완시키는 효과가 있다. 그들은 주어진 특정 기간 동안 그림을 그리는 한 집단과 같은 기간 동안 완성된 미술품을 보고 상호작용하는 다른 한 집단으로 무선할당된 연구를 설계하였다. 그들의 주장은 치료효과를 만들어내는 가장 현저한 요인이 미술에 노출되거나 단순히 감상하는 것이 아니라 미술작품이라는 것이다. Bell과 Robbins (2007)는 다음과 같이 설명하였다.

> 미술치료의 과거 연구는 이러한 효과를 분리시키려 하지 않았다. 결과적으로 상태의 향상은 그 작품이라기보다 완성된 미술품을 보는 효과에서 나올 수 있었다. 더구나 미술을 감상하는 상황의 활용은 통제집단을 만들어내고자 했다. 이 통제집단은 사람들이 일반적으로 미술품을 보면서 이완과 스트레스 경감을 느끼는 향상된 기분을 기대하는 실험 상황 그리고 미술품을 만드는 것과 반대로 미술을 분류하는 시간 제한적인 과업을 완성하는 경험의 실험 상황과 필적하게 된다. 만약 미술치료가 예술 감상이나 과업 완성, 이완을 느끼려는 단순한 기대에 의해 산출된 것 이상의 효과를 나타낸다면, 미술작품 집단의 참가자는 감상이나 분류 상황에서의 개인보다 부정적인 생각을 대폭 감소시키는 경험을 해야 한다(p. 72).

Peacock(1991)은 성학대를 받은 젊은 여성을 위한 긍정적 단기미술치료의 단일사례 설계를 수행하였다. 열흘 동안 이루어진 매일의 세션은 그녀가 그녀의 일상을 어떻게 보는가에 대한 내담자의 개인 구인에 대해 기록되었다. 처치 후 측정결과 불안과 우울이 줄어들었고 자신감이 향상되었다.

마지막으로 이전 장에서 말한 것처럼 성과연구 설계에서 중요한 요소는 자료 분석 계획이다. 최소한 양적 연구에서 이 계획은 통계학자와 논의를 통해 이루어진다. 본질적으로 주요 질문은 어떠한 가장 큰 관심의 독립변인(흔히 미술치료 처치)이 다른 요인의 효과가 제거된 후에 관찰 결과나 성과와 같은 종속변인과 관련되는지이다.

선행연구 고찰은 미술치료사가 처치의 효과성을 평가하는 다양한 연구설계를 사용했음을 보여준다. Rosal(1992)은 성과를 연구하는 일반적인 방법론인 실험 혹은 준실험 집단 비교 처치 설계를 확인하였다. 또한 위에 제시된 상자글과 같이 실제 치료 상황에서 단일사례 연구의 실제적 가치를 강조하였다. 그러나 효과성을 증명하는 부담이 단일사례에 좌우될 때, 미술치료사는 개입을 신중하게 지정해야 하며, 반복되는 측정이나 평가를 해야 한다. 시간에 따른 내담자의 추이에 대한 자세한 측정 기록은 만약 일어날지도 모를 내담자의 변화의 차이를 설명하는 요인에 대해 조사하고 기록해야 한다. 논리적인 연속 상황에서 기저선과 반복된 평가 역시 바람직한 임상실제와 부합된다.

어떻게 미술치료가 학교에 다니는 청소년을 도왔는지를 보여주는 단일사례는 우리에게 많은 것을 말하지 않는다. 그러나 같은 미술치료 처치가 많은 청소년에게 계속 반복해서 이루어질 때 믿을 만한 증거의 패턴이 나타난다. 그래서 성과연구로서 단일대상 연구설계의 외적 타당도는 많은 내담자의 체계적 모사에 달려 있다. 효과적인 미술치료사는 무엇이 이루어지고, 왜 오랜 시간 동안 개입을 반복실험하는 실제를 통해서인지, 왜 많은 내담자와 함께하는지에 대해 알게 된다. 같은 시간 임상학자는 내담자가 실험 대상과 같이 행동하기를 기대해서는 안 된다. Hayes(1998)가 관찰한 바와 같이 단일사례 연구는 동적이고, "중요한 질문이 그 과정에서 생겨난다면, 변화에 대한 오직 잠정 가설과 준비로 상호작용한다. 그 자료는 형태가 나타날 수 있도록 자주 다양한 형태의 그래프로 표현되어야 한다."(p. x) 좋은 임상실제로서 연구자는 내담자의 자료나 요구 혹은 치료 목표를 이끌 준비가 되어야 한다.

처치와 그 효과가 의미하는 것은

처치는 개인의 건강 상태를 향상시킬 목적으로 개인의 건강 환경을 변화시키는 것으로 넓게 정의해 볼 수 있을 것이다. 처치 성과를 연구하기 위해 모형을 만들 때, 연구자는 측정할 수 있는 올바른 성과를 선택하고 그게 내담자에게 기능하고 있는지 고려할 필요가 있다. 치료는 내담자에게 직접적 혹은 이미 가정된 효과를 가진 두 구성요소로 구성된다.

- 무엇이 행해졌고, 혹은 행해지고 있는가?
- 얼마나 잘 완성되었고, 기술이 포함되어 있는가?

두 구성요소는 내담자의 처치 결과에 영향을 미친다. 모든 종류의 현상이 그들의 필수적 양적 증거를 가진 도구에 의해 번역되고 측정될 수 있다는 원칙을 다시 생각해 본다면, 치료에서의 미술품은 치료 개입의 측정치가 될 수 있다.

무엇이 행해졌는지 혹은 처치가 얼마나 잘 이루어졌는지를 비교하는 근거로 다양한 요인이 사용될 수 있다. 성과연구에서 사용되는 처치의 전형적인 측면이 표 4.1에 정리되어 있다.

처치의 영향을 평가하는 일은 미술치료 연구에서 특별한 방법론적 문제를 제기한다. 성과연구의 하나의 문제는 **처치의 무결성**(treatment integrity)이다. 이는 치료가 집중적으로 제공되는 정도를 말한다(Kazdin, 1998). 이는 얼마나 정확하고 유능하게 이루어졌는지 혹은 어떤 과정이 포함되었는지 확인해 보지 않고는 처치 개입을 '미술치료'라고 부르기에 충분하지 않다. 이 타당도를 교정하기 위해서 미술치료사는 개입의 중요한 구성요소를 확인하고 작동할 처치 프로토콜이나 매뉴얼을 만들어야 한다.

Kazdin(1998)은 '충실도 측정치'의 단순한 체크리스트를 제안했다. 이는 다

표 4.1	처치-성과 설계 전략
전략	**처치 효과에서 연구되는 예시**
A 처치 대 처치 없음	불안은 미술치료를 하지 않은 내원자에 비해 미술치료를 받는 집단의 내원자에게서 어느 정도 줄어들었는가?
A 처치 대 B 처치	어떤 처치가 내방한 심리학적 케어에서 불안을 줄이는 데 더 효과적이었는가? : 미술치료와 인지 행동적 치료
A+B 결합된 처지 대 B 처치만	미술치료가 인지 행동적 치료와 결합될 때 인지 행동적 치료를 단독으로 사용할 때보다 내방한 심리학적 케어에서 불안을 낮추는 데 도움이 되겠는가?
치료의 집중도(시간 단위별 혹은 내방 횟수별 치료의 정도), 치료 시간, 지속도	• 한 주에 두 번씩 이루어진 미술치료가 한 주에 한 번 내방하는 경우와 비교해서 노인성 장기 치료시설에서 내담자의 사회적 기능을 의미 있게 향상시키는가? • 장기간의 미술치료 프로그램이 심리치료 처치의 개인의 성과를 향상시키는가? • 폭력적인 어머니를 둔 아동에게 미술치료를 통해 조기에 개입하는 것이 국내 폭력 보호시설에서의 적응도를 높이는가?
치료 상황(어디서 어떤 조건에서 처치가 제공되는지)	미술치료가 학교 정규교육과정으로 제공될 때와 방과후 프로그램으로 제공될 때 학습 실패의 위험에 있는 아동에게 더 효과적인 것은 무엇인가?
처치 제공자들을 둘러싼 차이(훈련 정도, 경험, 개인적 특성)	• 위원회에서 공인받은 미술치료사에 의해 제공받는 미술치료 프로그램이 미술치료 훈련을 받지 않은 정신 건강 전문가에 의해 제공받은 것보다 더 좋은 성과를 가지는가? • 미술치료에서 심리역동적인 처치가 감정장애를 가진 개인에게 열린 스튜디오에서 접근하는 것보다 더 효과적인가? • 형무소의 남성 범죄자는 여성 미술치료사에 의해 제공되는 미술치료에 더 혹은 덜 반응하는가?

른 치료사가 효과를 보여줄 것 같은 개입을 수행할 때, 성과연구가 처치의 완전한 상태를 서술하고 유지할 수 있게 한다. 다른 처치를 비교할 수 있는 성과연구가 개발되면, 미술치료사는 다음의 리스트를 찾음으로써 매우 정확하게 미술치료의 두드러진 특성을 확인할 수 있다는 점에서 매우 유용할 것이다.

• 미술치료에서 **독특하거나 필수적인** 치료사의 행위를 목록화하라.(만약 미술치료가 적절히 행해진다면, 그 다음에는 다른 접근방식에서는 발견되지 않

는 어떤 측면들이 나타날 것이다.)

- 미술치료에는 필수적이지만 독특하지도 않은 치료사의 행위를 목록화하라.(미술치료가 연구의 처치일 때 어떤 측면이 나타나길 기대한다. 그러나 이러한 것들은 다른 처치에서도 역시 발견될 수 있다.)
- 미술치료와 양립할 수는 있지만 꼭 필요하지도 독특하지도 않는 행위를 목록화하라.(이것들은 미술치료에 부정적인 영향을 미치지 않거나 미술치료를 정의하는 데도 필요로 하지 않는 것이다.)
- 처치에서 배척되거나 허락되지 않는 행위를 목록화하라.(두 처치를 비교할 때 미술치료에서 독특하거나 필수적인 것 모두 반대로 다른 치료에서는 배척될 것이다.)

두 번째 이슈는 개입의 의도한 효과가 환자에게 임상적으로 중요한가 하는 것이다. 왜냐하면 하나 혹은 다수의 측정치에서 통계적으로 의미 있는 변화가 일상생활에서 내담자가 기능하는 중요한 차이를 반드시 반영하지는 않는다(Kazdin, 1998). 임상적 유의를 위한 몇몇 측정들이 임상 실제에서 관찰되는 것과 동일한지에 대해서도 확인해 봐야 한다. 예를 들어 현재 하고 있는 문제가 개선되었는지, 내담자가 치료 후에 일반적인 기능으로 돌아갈 수 있을지, 내담자의 증상에서 향상의 정도가 처치 이전과 이후에 측정되었는지, 내담자가 처치의 시작점에서 제시된 진단 규준을 더 이상 충족하지 않는지, 그리고 혹은 내담자와 접촉한 사람들이 내담자를 눈에 띄게 향상되었다고 보고하는지 등이다(Kazdin, 1998).

정신 건강 케어와 관련된 증거기반 실제가 발전되면서, 성과연구는 자주 양적 자료와 질적 자료를 포함한다. 이 질적 자료는 다른 방법으로 측정되기 어려운 임상적으로 유의한 효과를 밝히는 데 활용된다. 처치 효과는 종종 측정이나 척도보다는 서술에 필요로 하는 질적 측면을 갖는다. 매우 개인화된 처치에 관해서는 다른 내담자에 대해 질적으로 다른 성과일 것이라는 가정이다. 이러한 조건하에 미술치료사는 모든 내담자에게 표준화된 측정할 수 있는 성과보다는 개별 내담자의 독특한 성과를 문서화하기를 주장할 것이다.

증거기반 실제를 위한 연구모형

앞서 논의한 바와 같이, 성과연구는 인과관계의 임상적 모형의 핵심에 있는 임상적 과제이다(Kane, 1997), 현장에서의 성과의 증거에 기여하고 싶지만 어디에서부터 시작할지 모르는 미술치료사는 사례연구나 단일대상실험에서 특정 임상적 관찰에 대한 정보를 체계적으로 묘사하거나 기록함으로써 시작할 수 있다. Gilroy(2006)에 따르면, 다음 단계는 임상학자의 혁신적 접근을 탐색하고 발달시키는 소규모 연구 프로젝트로 이러한 연구를 수행하는 것이다. 이 귀납적인 연구는 그때 RCT로 검사될 수 있으며, 결국 증거기반 모형의 구성을 가능하게 하는 비교 RCT로 수행될 수 있다. 일단 이러한 결과가 나오면, 동료들의 리뷰 연구물을 통해 평가되며, 실제에 대한 정보를 주는 가이드라인이나 감사 과정을 통해 모니터되는 내담자 케어의 기준 속에 체계적으로 녹아 있다(Gilroy, 2006). Gilroy는 증거기반 실제를 세 가지 요소로 잡는데, 연구와 축적된 연구 결과에 기반한 '최선의 실제'를 위한 가이드라인, 그리고 이들의 수행을 보장하는 감사나 프로그램 평가가 그것이다. 영국의 정부 지원 헬스 케어 시스템에서는 아래 Gilroy가 정리한 것처럼, 치료 개입의 선택과 적용이 연구로부터 나온 증거의 위계적 평가와 명시적으로 관련되어 있다.

증거의 미술치료 수준

1. 적어도 하나의 RCT나 적어도 하나의 통제된 실험 혹은 준실험 연구에서의 증거
2. 사례연구나 질적 연구 혹은 미술기반 탐구와 같은 다른 연구로부터의 증거
3. 학문적으로 의미 있는 글로부터의 증거
4. 전문가 협의회의 보고서나 권위 있는 임상 경험으로부터의 증거
5. 지역의 임상적 합의나 사용자를 대표하는 곳에서의 증거

– Gilroy, 2006

증거기반 미술치료 실제의 Gilroy 모형을 따르는 한 가지 사례로 트라우마에 중점을 둔 미술치료의 장이 미국에서 일어나고 있다. 트라우마 증상을 줄이는 미술치료 활용에 대한 사례연구(예 : Backos & Pagon, 1999; Pifalo, 2002; Sweig, 2000)가 늘어났는데, 이 연구들은 어떤 처치 과정을 확인하다가 나타났다. 예를 들어 Pifalo는 8주간 1시간씩 41명의 성학대 아동에게 인지행동 치료를 적용하였다. Chapman과 Morabito, Ladakakos, Schreier, Knudson (2001)는 트라우마를 가진 아동을 위한 미술치료의 효율성을 점검하기 위해 RCT를 적용하였다. Lyshak－Stelzer와 Singer, St. John, Chemtob(2007)는 외상후 스트레스 증상에 대한 통계적으로 의미 있는 감소를 보여주는 RCT 탐색 연구를 통해 위의 연구를 이어갔다. 최고의 실제를 순화하거나 외상후 스트레스 장애(PTSD)를 위한 미술치료의 임상 가이드라인을 추천하는 문헌에 대한 고찰은 Colie와 Backos, Malchiodi, Spiegel(2006)에 의해 이루어졌다. 명백하게 조직된 팀의 노력과 시간은 많은 연구를 축적하였고, 이 사례에서는 사례연구부터 처치 프로토콜에 유포된 가이드라인을 위한 연구로의 완벽한 순환과정이 여전히 생겨나고 있다. 바라던 대로 연구의 기초가 만들어진 후에 미술치료는 이러한 연구의 반복실험이 이루어질 것이며, 더 많은 평가와 정제를 할 수 있는 증거기반 실제의 시작을 볼 것이다.

Gilroy(2006)는 증거기반 실제는 임상적 가이드라인에 기반해 있다고 하였다. 이 가이드라인은 연구의 발견과 임상적 동의, 계속된 직업적 개발을 포함한다. 이 가이드라인은 가장 효과적인 성과로 이끄는 최선의 미술치료 실제에 적용되는 데 사용된다. 효과성의 증거는 연구의 엄격함, 잘 알려진 전문가, 그리고 임상적 동의 정도에 따라 가장 높은 수준의 RCT부터 가장 낮은 수준까지 순위가 매겨질 수 있다. 정신 건강 분야의 임상적 가이드라인은 **조건에 기반**(condition based)하거나 **문제에 기반**(problem based)해 사용된다. 조건에 기반한다는 것은 특정한 내담자 집단과 관련된 특별한 문제에 기반한다는 것이고, 문제에 기반한다는 것은 특정한 상황이 어떻게 다뤄지느냐를 진술하는 것을 의미한다(Parry, Gilroy, 2006, p. 45에서 재인용).

앞에서 언급한 Colie와 동료들의 연구(2006)에 따르면, 저자는 미술치료와 관련해 PTSD의 치료에서 '무엇이 작동하고 왜 그러는지'에 대한 증거를 위한 선행 연구를 샅샅이 뒤졌다. 그들의 목적은 트라우마 치료 분야에서 미술치료사들에 의해 꾸준히 이용되는 PTSD가 임상적 성과와 미래의 연구에 사용될 수 있다는 생각을 제거하는 것이었다. Colie와 동료들의 논문은 다음과 같은 면에서 가이드라인을 개발하는 데 쓰이는 PTSD의 특정 모수들에 기여하는 전문가 패널을 알게 해준다는 점에서 주목할 만한다. (a) 주제에 제시된 미술치료 분야의 연구들을 완벽히 알게 해준다. (b) 어떤 연구가 질적 증거의 측면에서 어떻게 비교될 수 있는지 측정해 봄으로써 연구를 비판적으로 평가하고 있다. (c) 그 활동에 기반한 동의의 정도를 식별할 수 있는 현업에 있는 사람들의 증거를 연결시킨다. 미술치료의 분야는 미술치료의 효과성의 임상적 가이드라인을 개발하는 다른 실제의 장에서의 활동가, 연구자, 정책 전문가의 간학문적 전문가 모임을 조직함으로써 증거기반 활동을 늘려나갈 수 있다.

프로그램 평가연구

성과연구가 점점 규준이 되고 있는 또 다른 장은 미술치료 일을 하는 대규모 에이전시나 프로그램 혹은 비교적 소규모의 처치 프로토콜이든 그러한 것의 감사나 평가이다. 헬스 케어에서 '감사'는 '향상시킬 수 있도록 부족함을 확인하고 서비스를 다시 조사하는 문제해결 절차'의 의미로 사용된다. Julliard(1998)에 의한 정의에 따르면, 그러한 질적 보장 활동은 주요 책임자의 입장(소비자나 내담자, 공급자, 행정가, 대중)에서 포괄적이고 총체적인 평가를 뜻한다. 결과는 처치나 프로그램의 향상과 모니터를 위해 사용되며, 그것의 지속이나 미래의 개발에 관해 결정하기 위해 사용된다.

Gilroy(2006)는 프로그램 감사를 대규모 프로그램 평가와 구별하였다. 둘 다 성과를 향상시키기 위한 활동임에도 불구하고, 프로그램 감사가 연구만큼 방법론적으로 확고하지 않다고 믿었다. 프로그램 평가는 두 가지 고전적이고 별개의

미술치료 훈련에서 미술기반 슈퍼비전에 대한 형성평가 연구

Fish는 미술기반 슈퍼비전에 대한 학생의 반응을 조사하기 위해 형성평가 연구를 사용하였다. 어떤 반응 미술이 기본적인 교수와 학습 방법으로 사용되었는지 본다. 세 학기 연속으로 19명의 학생은 11 항목의 질문지를 5점 리커트 척도로 경험을 평가하였다. 양적 측정과 질적 해설은 슈퍼비전의 목적을 지지하는 도구로서 반응 미술에 의해 전체 학생의 만족도와 효과성을 보였던 성과를 확인하기 위해 분석되었다.

– Fish, 2008

목적이 있다.

- **총괄평가**(summative evaluation)는 비교적 대표본에서 얻은 통제된 비교와 표준화된 성과에 기반한 프로그램이 효과가 있는지 없는지에 주목한다 (Patton, 2002). 이러한 유형의 프로그램 평가는 전형적으로 미술치료와 같은 서비스가 제공되고 표준화 처치가 사용된 다각적인 장소로 이월된다.
- **형성평가**(formative evaluation)는 미술치료사가 특정 프로그램을 향상시키는 데에만 관심이 있다면 보다 나은 선택이다. 이러한 유형의 평가 목적은 평가된 특정 프로그램의 미래를 조성하거나 '형성하도록' 돕는 것이다 (Patton, 2002). 평가가 일어난 장소를 넘어 결과를 일반화하려고 시도하지는 않는다.

본질적으로 형성 프로그램 평가는 다음과 같은 질문을 한다. "보다 낫고 효과적이려면 우리는 무엇을 하고 어떻게 할 수 있는가?" 형성평가는 프로그램의 효과성을 측정하기 위해 종종 양적 질적 자료를 겸한다. 조사, 집단 중심, 설명적인 사례의 재료, 과정 연구, 개인적인 성과와 질적인 이슈의 예 등과 같은 체제를 사용한다. 평가연구는 프로그램뿐 아니라 특정 정책이나 조직, 결과물, 개인, 직원 단위에 적용된다.

Gilroy(2006)는 평가될 수 있는 미술치료의 세 가지 계층, 즉 (a) 구조 : 물리적 환경과 개인적 자원, 장비 등, (b) 과정 : 인구통계, 추천, 처치, 평가, 의사소통 등, (c) **결과** : 환자와 소개받은 사람의 만족, 인구학적 배경이나 간접측정, 증상 관리, 다른 성과를 제시하였다. 이러한 측면은 연구에 포함된 '분석의 단위' (Patton, 2002)로 확인되고 분리될 수 있다. 예를 들면, 프로그램에 참여하는 특정 집단에 주목하든지 분석의 단위로서 특정 개인에 주목하든지 할 것이다. 평가는 특정 프로젝트나 활동, 혹은 조작, 전송 서비스에서 사용된 다른 형태처럼 프로그램 구조에 초점을 맞춘다. 혹은 분석의 단위는 상대적인 세계관이나 성격이 프로그램의 효과성에 대해 중요한 시사점을 지닌 사람들의 하나나 그 이상의 집단이다. 예를 들어, 평가는 시설에서 입원환자와 외래환자 단위로 연구하거나 나아가 초점을 넓혀서 같은 프로그램이 다른 이웃이나 도시, 종교 혹은 지역에서 제공될 때 일어나는 변화를 연구할 수 있다.

특별한 활동이나 행사, 사건은 평가의 초점이 될 것이다. 주거치료센터의 미술치료 프로그램으로 미술치료사나 연구팀은 일어났던 특정 위기의 영향을 연구할 수도 있고 가출소년의 증가처럼 인구배경을 조사할 수도 있다. 총인원의 변화가 프로그램의 내담자에게 미치는 효과는 확인된 것이다. 자신의 성과를 연구하는 프로그램 구성원은 조직이나 프로그램 그 자체를 위해 중요한 통찰을 일으킨다. 그러므로 Patton(2002)에 의하면 분석의 적절한 단위를 선택하는 주요 이슈는 연구에 의해 생겨난 정보가 어떻게 사용될 것인가를 묻는 것이다.

그러한 전략이 정보가 풍부한 양적 자료의 절차에서 사용했기 때문에, 무선 선택이나 대표집은 형성평가에서는 요구되지 않는다. 프로그램 평가자는 특히 연구범위 내에서 가장 잘 학습할 수 있는 그러한 '사례'를 찾는 것에 관심이 있다. 미술치료에서 다른 측면과 성과를 평가하기 위해 Patton(2002)의 표 4.2 '목적에 맞는 사례표집'을 적용할 수 있다.

처치 성과연구로 프로그램 평가는 연구를 이끌 주의 깊은 계획과 개념적인 모형을 필요로 한다. 독학 프로그램의 경우, 흔히 두 가지 분명한 과정이 요구된다. 먼저 미술치료사나 연구팀은 프로그램의 자원과 구성 목록에 필요한 서류를 모은다. 이것이 인공물이며, 증거의 질적인 패턴을 위해 연구된다. 두 번째 과정은 형식적인 평가가 실행된다. 종종 프로그램이나 대행사의 임무와 목적, 프로

표 4.2	목적에 맞는 사례표집	

표집유형	목적	예
무선화 사례	대표성을 위해 선택	효과성 검증처럼, 관리자가 무선으로 선택된 미술치료 내담자를 면접하도록 요구
의도적 사례	풍부한 정보를 창출하고 심층 연구를 위해	프로그램의 질을 최상의 가치로 올려줄 좋은 예가 되는 내담자 사례를 의도적으로 선택, '최상의 실행'으로 빛나게 할 사례 선택
극단적 사례	전형적인 것과 대비되는 흔치 않거나 특별한 방법으로 두드러진 특징을 식별하기 위해	목적을 성취하는 데 있어 프로그램의 드라마틱한 실패나 눈에 띄는 성공을 선택, 기대된 바의 모순되는 사례 선택
집중 사례	대단히 특별한 예는 아니지만 우수한 예를 보이기 위해	프로그램에서 뛰어난 학생 대비 열등한 학생의 사례를 선택, 혹은 프로그램이 잘 수행된 뛰어난 지역 대비 잘 안 되는 지역 선택
'전형적인' 내담자 표본	일상적이고 평범하고 평균적인 것을 설명하기 위해	특정 시간의 틀에서 모든 내담자의 특성을 연구하고, 일상적으로 공유하는 전형적인 특징이나 성격의 프로파일을 만든다. 그리고 심층연구를 위해 프로파일에 맞는 사례 선택
하위집단 표본	비교를 쉽게 하기 위해	대학원 프로그램의 사례에서 다른 슈퍼비전 집단의 결과 비교, 혹은 임상 프로그램의 사례에서 미술치료 집단의 결과 비교
광범위한 변화	매년 집단 프로파일 연구를 보기 위해	매년 혹은 집단별 자료에서 변화를 연구함으로써 결과에 영향을 미치는 패턴이 나타날 수 있다. 예를 들어, 다수의 내담자 중 탈락은 열악한 서비스나 다른 어떤 요인과 관계가 있는가?
준거 표본	모든 개개인이 같은 성격을 지닌다는 점을 사용하기 위해	특정 출처로부터 의뢰된 모든 미술치료 내담자처럼 특정 결과와 연결된 성격을 선택
주요 역할자	프로그램의 특정한 양상을 강조하기 위해	특정 결과를 존중하는 치료팀의 다른 구성원과 미술치료사 간 관계를 심층연구
정치적으로 예민한 사례	특정하고 예민한 영역에서 프로그램 구성이나 치료를 향상시키기 위해	프로그램이 소수 학생을 모집하는 데 얼마나 효과적인지, 혹은 호스피스 내담자의 가족의 요구를 얼마나 효과적으로 다루는지 등

그램의 강함과 약함의 지각, 사례표집 자료(위에서 언급한), 프로그램의 미래의 효과성을 이끌어줄 새로운 정보가 있는 곳에 초점을 맞추어 시작한다. 각 목적이나 기대되는 결과를 위해 연구자는 그 목적에 도달했음을 증명하는 '성공의 지표'를 확인한다. 일단 이러한 지표가 확인되면, 지표는 하나나 그 이상의 측정으로 특정 변인으로 조작화될 수 있다. 질적/양적 자료는 내담자의 만족조사처럼 그러한 측정에서 얻은 이 증거를 산출한다. 에이전시 대표와의 인터뷰, 초점집단 인터뷰, 치료계획, 프로그램 재료와 활용 등, 이는 프로그램이 향상할 수 있는 곳과 비교함으로써 프로그램의 성공을 가리키는 변인을 확인하는 데 필요한 자원이다.

예를 들어, 대학원 미술치료 프로그램은 학생의 교육에 대한 만족과 성취를 측정하는 조사에서 지속적으로 좋은 결과를 지닌다. 만족스러움에도 불구하고, 프로그램 디렉터는 이 성공의 그림이 제한적이라고 느꼈다. '부정적인 사례'의 연구에서는 보다 유용한 맥락에 자료를 넣을 것이다. 프로그램에 매우 만족하는 모든 이에 의해 공유된 하나의 변인이 바로 성공적인 졸업이라는 사실이었다. 부정적인 사례에 프로그램 디렉터는 성공하지 못했던 학생의 프로파일을 연구하였다. 이러한 자료의 패턴은 프로그램이 가장 취약한 학생에게 보다 효과적일 수 있는 방법에 대해 통찰을 제공한다. 몇 년 후 행해진 후속연구에서, 프로그램은 비교될 수 있는 두 가지 자료 형태를 보였다. 학생유치는 향상되었다. 흥미롭게도 자료 역시, 아무런 인과관계도 없어 보이는데도 불구하고, 고용을 위한 안정된 시장이 대학원 프로그램에 대한 좋은 인상과 상관이 있는 것으로 나타났다.

보조금과 기금을 얻기 위한 프로그램 평가

미술치료사는 종종 미술치료 프로그램의 자금이나 새로운 고용기회를 만들어내기 위해 보조금을 구한다. 이것이 성과와 프로그램 평가연구가 특별히 유용한 이유이다. 평가연구를 통해 현재 혹은 추후 프로그램의 성과를 증명해 보임으로써 미술치료사는 임무와 성과가 맞아떨어지는 재단으로부터 잠재적인 자금력을 상승시킬 수 있다. Arrington과 Anderson(1992)은 성공적인 보조금 받기 글의 열쇠는 적절한 시간에 적절한 자금 출처에 걸맞은 아이디어를 제시하는 것이라고 썼다. 불행히 많은 연구계획서가 막연하거나 빈약하게 초점을 맞춘다. 전체 기획(사업)이 체계적으로 미리 숙고되지 않았기 때문이다. 성과연구는 소비자에게 실제적이고 효과적인 결과로서 미술치료의 틀을 잡도록 도와주고, 또 왜 어떤 사람이 지속적인 성공을 위해 기금 마련에 관심을 가져야만 하는지 주요 이유를 확인하도록 도와준다.

대부분의 보조금 신청은 간결하고 꼭 맞게 초점을 맞추며, 제8장에 논의될 온라인 연구계획서와 유사하다. Arrington과 Anderson(1992)은 모형으로서 성공적인 보조금이나 프로그램을 사용하여 성공을 높일 수 있으며, 미술치료 프로그램에 지형학적으로 가까운 자금 출처를 찾도록 충고하였다. 비록 보조금 문서는 이 책의 범위를 넘는 것이긴 해도, Arrington과 Anderson에 의한 보조금 신청에 나오는 다음의 요소는 포함되어야 할 일반적인 아이디어를 제공한다.

1. **서론/초록** : 이는 흔히 다음의 진술문을 구성한다. [기관명]은 [특정 기간]동안 [특정 프로그램]을 활용하여 [재단명]으로부터 [총액]을 얻으려고 한다. 매칭펀드는 [기관이나 법인명]으로부터 나올 것이다. 이 프로젝트는 [기관명]에서 성공적인 프로그래밍의 [연수]에 따른다.

2. **문제 진술/이론적 배경** : 때때로 평가의 요구라 불리며 특정한 요구를 설명하고, 프로그램이 존재하기 위해 필요성을 확립하는 연구나 필요성을 설명하는 프로그램을 위한 이론적 배경을 제공하는 진술에 주목한다.

3. **목적/목표** : 이들은 양적이고 측정할 만한 용어로 진술된다.

4. **능력 진술** : 이 섹션의 신용은 성과와 프로그램 평가연구에 의해 강화된다. 치료 성공과 비용 효과성에 대한 증거는 실무자의 경험과 기술을 포함하여, 프로그램 설계를 수행하는 효과적이고 조직화된 구조의 증거를 제공하는 것만큼 중요하다.

5. **자세한 프로그램 설명** : 프로그램 평가연구 역시 자금을 끌어당기는 보다 효
   과적인 연구계획서가 나오게 할 수 있다. 전형적인 보조금에서 이 부분은
   활동계획, 처치계획, 시간표 등을 제공한다. 구체적인 세부항목은 보조금
   을 받기 전에 진행되는 프로그램이 언제 평가되고 향상되는지 더욱 쉽게
   제공된다.

6. **평가** : 프로그램이 성과를 위해 평가되었을 때, 어떤 보조금 신청에서나 필
   요한 것처럼 미래의 평가에 같은 논리를 쉽게 적용할 수 있다. 미술치료 근
   거의 친숙함이 고려되어야만 하고, 측정할 만한 결과에 대한 요구가 가정
   되어야만 한다. Arrington과 Anderson(1992)은 지금 대행기관에서는 기
   금을 받아 행해진 프로그램이나 연구로부터 명백한 성과를 보기 원할 것이
   며, 또 그 결과를 어떻게 확산시키고 활성화시킬지 명백한 계획을 보기 원
   할 것이라고 지적했다.

7. **미래 기금** : 미래 기금에 대한 계획 기대, 여기에 내담자 수수료와 다른 기
   관이나 법인으로부터의 보조금 등이 포함된다.

8. **예산** : 모든 지출의 자세한 회계가 필요하고 직원 지원, 장비, 공간의 준비
   처럼 비금전적 기부와 공급품, 서비스 비용 대한 정확한 지식에 근거해야
   만 한다.

9. **재정 상태와 승인 편지** : 만약 미술치료가 비영리 기관을 대표한다면 이 섹
   션은 중요하다. 기관 승인과 그 기관의 재정 능력 둘 다 성립시킬 필요가
   있다.

10. **참고문헌** : 계획서 설명은 전문적인 문서이므로 적절하게 참고해야 한다.

11. **홍보자료** : 이는 미술치료사가 표현하는 기관의 공적인 발표와 신용, 전문
    성을 확립하는 데 유용하다.

12. **지지 편지** : 이해관계가 없는 중립자와 이름 있는 알 만한 사람의 추천장은
    유용하다. 정부 프로그램은 미술치료사 집회의 대표자에게 온 편지를 가
    치 있게 여긴다. 주 예술협의회, 미국 미술치료협회(AATA), 비영리 단체
    는 개별 지원에 적절할 수 있다.

보조금 문서는 여러 가지 연구 이익을 포함할 수 있는 과정이며 미술치료사에게는 취약한 기술을 발달시킬 수 있는 과정이다. Anderson(2001)은 청소년 보호 센터(소년원)에서 미술치료 프로그램의 효능에 대한 조사에 자금이 제공된 작은 연구 보조금에 대해 설명하였는데, 미술을 기반으로 한 평가가 프로그램의 결과로서 변화를 보이지 않았다 할지라도, 내담자는 유의한 스트레스의 감소를 보고했다. 또한 프로그램 과정 동안 위험한 사건도 덜했으며, 직원은 미술치료가 소년범을 도울 수 있는 방법을 더 잘 이해하게 되었다. Anderson이 제시한 또 다른 보조금은 성학대를 받아온 아동을 치료하는 데 있어 미술치료의 효과를 자세히 보도한 후속연구였는데, 이는 장기간의 대규모 연구를 위한 자금을 얻었다(Anderson, 2001). Anderson(2001)은 보조금은 연구결과와 미술치료 프로그램 발달 둘 다에 자금을 제공하기 때문에, 미술치료사가 보조금 신청서를 잘 쓰는 방법을 배웠을 때, 마찬가지로 다른 보조금에도 쉽게 맞춰 수정될 수 있음을 지적하였다.

Gilroy(2006)는 어떻게 근거기반 실행이 미술치료 프로그램의 기금을 구하는 영국 미술치료의 규준이 되는지에 관해 설명했다. 성공에 대한 책임에 따라 보조금과 다른 사적 공적 형태의 기금이 결정된다고 해서 미술치료사는 위축당해서는 안 된다. 미술치료사는 자신의 작업이 보조금을 받을 수 있다는 기대에 부응하는 상태라는 확신을 가져야 한다. 왜냐하면 Gilroy에 의하면, 다음의 것들을 증명해야 하기 때문이다.

- 규준 실행을 위한 임상적 가이드라인 적용
- 연구나 중대한 프로그램 평가에 의해 알려진 가이드라인 보장
- 가장 적절한 서비스를 위한 내담자 집단 명시
- 혁신적인 처치의 성과에 대한 모니터
- 실제의 주요 요소 감사(p. 41)

헬스 케어의 많은 학문 분야에 걸쳐 행해지는 오늘날의 성과연구는 '주요 청중, 즉 정책가와 매니저 — 이들의 관심은 효과성이다 — 의 주의를 잡는 것'을

목표로 삼는다(Gilroy, 2006, p. 36). 2005년 미국 미술치료협회에 의한 첫 번째 주된 임상 성과연구를 위한 기초작업 창조에 사용된 한 전략은 다른 분야의 알려진 연구자와 전문가의 관계와 정부 업무의 분야에서의 비연구자 간의 의도적인 협력이었다. 단순한 지식 세대뿐 아니라 입법자와 펀딩자원, 대중의 네트워크를 통한 보급은 미술치료 연구를 내담자에 대한 서비스로 바꾸는 것이다. 미술치료는 그것의 가장 강력한 옹호자가 미술치료 비전문가이며 또 미술치료에서 직접적으로 이익을 받는 귀중한 선거권자일 때 '매력'과 신뢰성을 얻는다(Kapitan, 2006b).

만약 당신이 실행 중에 당신의 내담자만이 아니라 다른 치료사의 실제마다 모든 미술치료 내담자를 진정으로 돕고 싶다면 어떻게 할 것인가? 만약 이러한 잠재적 아이디어를 장려했다면, 당신의 작업이 얼마나 광범위했을지 상상해 보라. 성과연구는 실용적이며 실제 생활의 실천과 관련되어 주목했으며, 세상에 미술치료의 가치에 대한 사례를 만들었다. 질문하기를 "나의 발견을 알 필요가 있는 사람이 누가 또 있는가?"라고 하라. 상대적인 고립으로 지식을 생성하기를 멈추는 것이 아니라, 다각적인 방법으로 유용한 실천이 되도록 지식을 확장한다.

요약

1. 오늘날 윤리 실천의 문제에서, 미술치료사는 내담자의 생활에 최소한의 혼란으로 최상의 가능한 처치를 발달시키는 기술을 갖추도록, 또 성과라는 용어에 정통하도록 기대된다.

2. 성과연구는 과정의 결과에 초점을 맞춘다. "우리가 말한 것을 정말로 행하고 있는가? 이러한 상황에서 미술치료의 요구와 이익을 지지해 줄 근거는 있는가?"

3. 효율성은 처치가 통제 상황의 결과보다 더 나은 결과를 일으킬 수 있는지의 문제이다. 효과성은 개입이 실제 내담자의 일상적인 상황에서 유익한 결과를 초래하는지를 보는 것이다.

4. 성과연구의 목적은 처치가 적절한지 주어진 상황에서 최상의 결과인지를 결정하는 다른 요인으로부터 처치의 효과를 분리시키는 것이다.

5. 증거기반 실제에 기여하는 연구자는 사례연구로 시작한다. 단일대상 실험은 무선화되고 통제된 임상 실험으로 검사될 수 있는 소규모 연구 프로젝트에 의해 따른다. 결과는 감사 과정을 통해 모니터되는 케어 규준과 임상적 가이드라인으로 체계적으로 순화된다.

6. 프로그램 평가는 전반적인 미술치료 프로그램의 효과성을 보는 성과연구의 한 형태이다. 특별한 단위, 활동, 프로그램, 사건, 세팅 등이 연구의 초점이 된다.

7. 프로그램 평가는 효과적인 미술치료 프로그램을 위한 자금 확보에 특히 유용하다.

8. 내담자 케어에 초점을 둔 성과연구는 정책 입안자, 기금과 보조금 자원, 대중의 네트워크를 통해서 지식을 생성할 뿐만 아니라 퍼뜨린다. 미술치료 연구는 곧 내담자를 위한 서비스가 된다.

 참고문헌

Anderson, F. E. (2001). Benefits of conducting research. *Art Therapy: Journal of the American Art Therapy Association, 18*(3), 134–141.

Arrington, D., & Anderson, F. (1992). Grants: A structure for research. In H. Wadeson (Ed.), *A guide to conducting art therapy research* (pp. 193–198). Mundelein, IL: American Art Therapy Association.

Backos, A. Y., & Pagon, B. E. (1999). Finding a voice: Art therapy with female adolescent sexual abuse survivors. *Art Therapy: Journal of the American Art Therapy Association, 16*(3), 126–132.

Bell, C. E., & Robbins, S. J. (2007). Effect of art production on negative mood: A randomized, controlled trial. *Art Therapy: Journal of the American Art Therapy Association, 24*(2), 71–75.

Brown, T. (1991). The tracker. *Parabola, 16*(2), 70–72.

Chapman, L., Morabito, D., Ladakakos, C., Schreier, H., & Knudson, M. M. (2001). Effectiveness of art therapy interventions in reducing post traumatic stress disorder (PTSD) symptoms in pediatric trauma patients. *Art Therapy: Journal of the American Art Therapy Association, 18*(2), 100–104.

Collie, K., Backos, A., Malchiodi, C., & Spiegel, D. (2006). Art therapy for combat related PTSD: Recommendations for research and practice. *Art Therapy: Journal of the American Art Therapy Association, 23*(4), 157–164.

Creswell, J. W. (2003). *Research designs: Qualitative, quantitative, and mixed methods approaches*

(2nd ed.). Thousand Oaks, CA: Sage.

Fish, B. (2008). Formative evaluation research of art-based supervision in art therapy training. *Art Therapy: Journal of the American Art Therapy Association, 25*(2), 70–77.

Gilroy, A. (2006). *Art therapy, research, and evidence-based practice.* Thousand Oaks, CA: Sage.

Hayes, S. C. (1998). Single case experimental design and empirical clinical study. In A. E. Kazdin (Ed.), *Methodological issues and strategies in clinical research* (pp. 419–450). Washington, DC: American Psychological Association.

Hebert, P. (1997). Treatment. In R. L. Kane (Ed.), *Understanding health care outcomes research* (pp. 93–126). Gaithersburg, MD: Aspen.

Hervey, L. W. (2000). *Artistic inquiry in dance/movement therapy.* Springfield, IL: Charles C Thomas.

Julliard, K. P. (1998). Outcomes research in health care: Implications for art therapy. *Art Therapy: Journal of the American Art Therapy Association, 15*(1), 13–21.

Kane, R. L. (Ed.). (1997). *Understanding health care outcomes research.* Gaithersburg, MD: Aspen.

Kapitan, L. (2006b). The multiplier effect: Art therapy research that benefits all. *Art Therapy: Journal of the American Art Therapy Association, 23*(4), 154–155.

Kazdin, A. E. (Ed.). (1998). *Methodological issues and strategies in clinical research* (2nd ed.). Washington, DC: American Psychological Association.

Leedy, P. D. (1997). *Practical research: Planning and design* (3rd ed.). Upper Saddle River, NJ: Merrill Prentice Hall.

Lyshak-Stelzer, F., Singer, P., St. John, P., & Chemtob, C. M. (2007). Art therapy for adolescents with posttraumatic stress disorder symptoms: A pilot study. *Art Therapy: Journal of the American Art Therapy Association, 24*(4), 163–169.

McNiff, S. (1998a). *Art-based research.* Philadelphia, PA: Jessica Kingsley.

Monti, D. A., Peterson, C., Shakin Kunkel, E. J., Hauck, W.W., Pequignot, E., Rhodes, L., & Brainard, G. C. (2005). A randomized, controlled trial of mindfulness-based art therapy (MBAT) for women with cancer. *Psycho-Oncology, 15*(5), 363–373.

Patton, M. Q. (2002). *Qualitative research and evaluation methods* (3rd ed.). Thousand Oaks, CA: Sage.

Peacock, M. (1991). A personal construct approach to art therapy in the treatment of post sexual abuse trauma. *American Journal of Art Therapy, 29*, 100–109.

Pifalo, T. (2002). Pulling out the thorns: Art therapy with sexually abused children and adolescents. *Art Therapy: Journal of the American Art Therapy Association, 19*(1), 12–22.

Reynolds, M. W., Nabors, L., & Quinlan, A. (2000). The effectiveness of art therapy: Does it work? *Art Therapy: Journal of the American Art Therapy Association, 17*(3), 207–213.

Richardson, P. (2001). Evidence-based practice and the psychodynamic psychotherapies. In C. Mase, S. Moorey, & B. Roberts (Eds.), *Evidence in the psychological therapies* (pp. 157–173). New York, NY: Brunner-Routledge.

Rosal, M. (1992). Illustrations of art therapy research. In H. Wadeson (Ed.), *A guide to conducting art therapy research* (pp. 57–65). Mundelein, IL: American Art Therapy Association.

Spaniol, S. (2000). "The withering of the expert": Recovery through art. *Art Therapy: Journal of the American Art Therapy Association, 17*(2), 78–79.

Sperry, L., Brill, P. L., Howard, K. I., & Grissom, G. R. (1996). *Treatment outcomes in psychotherapy and psychiatric interventions.* New York, NY: Bunner/Mazel.

Sweig, T. (2000). Women healing women: Time-limited, psychoeducational group therapy for childhood sexual abuse survivors. *Art Therapy: Journal of the American Art Therapy Association, 17*(4), 255–264.

제 5 장

현장 중심 연구 : 참여관찰

붉은 여우가 사냥개에게 쫓길 때 원을 그리며 뛰어다닌다. 원의 중심에 굴을 두고, 대략 일마일 정도, 경우에 따라서는 그 이상 크기의 원을 그리며 뛰기 시작한다. 뛰는 동시에 되돌아오기, 물속으로 뛰기, 거짓 흔적 만들기 등 속임수를 사용할 것이다.

그러나 여우는 원 그리기를 고수한다. 점차 지쳐가면서 굴 속으로 후퇴하기까지 원은 점점 작아진다. 여우가 '굴 속으로 들어가고' 사냥개들은 짖는다. 여우가 굴 속으로 들어가면 우리 할아버지는 항상 사냥개를 철수시킨다. 사방이 조용해지면 여우는 다시 오두막 가장자리의 빈터에 와서 자리를 잡기까지 했다. 할아버지와 사냥개가 자신을 다시 쫓도록……

– F. Carter

젊은 남자가 동요되고 멍한 상태로 방에 들어온다. 미술치료사는 조용하고 부드러운 목소리로 그를 맞이하고, 이미 시작된 집단세션에 그를 소개한다. 7명의 사람들이 캔버스에 아크릴 물감으로 그림을 그리고 있다. 치료사는 젊은 남자와 병에 든 붉은 물감이 준비되어 있는 보드 앞에 서 있다. 젊은 남자는 물감으로 두 번의 붓질을 하고 갑자기 자리에서 일어나 옆에 있는 사람을 공격하고선 방을 나가버린다. 무슨 일이 일어났는가? 왜 일어났는가?

임상가로서나 연구자로서, 또는 둘 다로서 궁금한 사항에 따라 몇 가지 대답이 가능하다. 당신이 생각할 수 있고 검증할 수 있는 수많은 가설들이 있을지라도, 그 대답을 듣기 위해 실험연구로 방향을 돌릴 것 같지는 않다. 당신은 젊은 남자의 불안해하는 행동과 붉은 물감병이라는 두 가지 변인들 간에 어떤 관계가 있을까에 대해 궁금할 수 있다. 그러나 다른 변인들 또한 있을 수 있다. 젊은 남자는 집단에 처음 온 것인가? 치료사와 첫 번째 만남인가? 이전에는 전혀 그림을 그리지 않았는가? 그가 보인 불안해하는 행동의 특성은 무엇인가? 분명한 것은 좀 더 많은 정보들이 필요하다는 것이다. 치료사로서 당신은 젊은 남자의 욕구를 다루기 위해 임상적으로 유용한 정보를 얻으려 할 것이다. 연구자―임상가로서 당신은 젊은 남자의 중요한 성격 특성을 밝히기 위해 전체 이야기를 이해하는 데 관심을 가질 수도 있다. 이 사례로부터 도출한 이론이나 가설들은 현장에서의 실제 관찰에 기반하고 있을 것이다.

이 장에서 나는 행동 지향적이고 자연스러운 현장연구로 수행된 질적 연구의 여러 형식을 제시하고 있다. 이 패러다임은 임상실제에서의 문제에 대한 실제적인 해결책에 관심을 둔 실용주의에 기초하고 있다. 참여관찰은 자연스러운 현장연구에 대한 기본 관점을 설명하기 위해 사용한 용어이다. 이 연구는 듣고 보고, 관찰하고 물어보는 작업이 혼합되어 있다. 이것은 공식적, 비공식적 관찰, 심도 깊은 면접, 소규모나 대규모 프로젝트, 이미지 작업을 수반한다. 미술치료를 직접 체험하여 지식을 습득한 참여자들은 자연스러운 현장연구를 좋아한다. 현장연구와 일반적인 미술치료 활동의 차이점은 고조된 알아차림의 함양을 이끄는 의도적으로 알려진 행동이다. 일반적으로 참여―관찰은 다음의 사항들을 포함하고 있다.

- 이중의 목적, 즉 연구자는 현장을 관찰하는 동시에 참여한다.

- 현장에서 당연한 일로 생각되는 행동, 에이전시, 힘, 참여 행동, 느낌, 지각에 대한 알아차림을 설명한다.

- 숨겨진 역동과 양상을 드러내기 위해 바로 초점화시켜 집중하는 것을 넘어서 '광각렌즈'로 넓게 본다.

- 관찰, 경험, 반영의 사이클을 반복한다.

- 가능하면 연구 참여자들을 공동 연구자들로 보는 포괄적이고 협력적인 방법들을 사용한다.

- 변화를 위한 실용적이고 직접적인 문제해결 전략을 강조한다.

참여 현장연구에서, 연구자들과 참여자들은 자신들에게 영향을 주는 심각한 주제를 다룸으로써 각기 다른 형태의 지식을 만들어낸다. Heron과 Reason (2001)은 그런 종류의 지식이 경험에 근거하고, 이야기와 이미지를 통해 표현되었으며, 의미 있는 모델이나 이론을 통해 이해되었을 때 타당하고 유용하다고 주장한다. 행위-지향의 현장연구는 "연구자, 맥락, 아이디어 간의 상호작용에서 나온 구체적 실제로 분명하게 드러난다."(Reason & Bradbury, 2001, p. xxv). 이 장에서는 참여-관찰 현장연구에서의 세 가지 주요 방향을 보여주고 있다.

- 일인칭 *AR*(Action Research)[3] : 변화에 영향을 주기 위한 목적으로 미술치

---

3) 역주 : Action Research는 현장연구에서의 변화를 가져오거나 실무를 향상시키기 위한 목적으로 행동을 취하는 것이고, 이에 대한 효과를 체계적으로 연구하는 것이다. 이 책에서 Action Research에 대한 용어를 AR로 표기하고 있다. 이는 첫째, 개념에 대한 적절한 한국어 표현을 찾기가 어렵고 둘째, 기존에 실행연구라고 번역되어 사용되고 있지만 정확한 의미 전달의 어려움으로 원어를 그대로 사용하였다. AR은 사회심리학자인 레윈(Kurt Lewin, 1890~1947)이 용어를 처음 만들어낸 후 교육자, 관리자, 지역사회개발 실무자, 보건의료전문가 등의 지지를 받아 오는데, 이들의 전문영역에서 AR은 실행탐구(action inquiry), 실행과학(action science), 참여연구(participatory inquiry), 공동연구(collaborative inquiry), 협동연구(cooperative inquiry), 참여활동연구(participatory action research) 등의 다양한 이름으로 사용되고 있다(질적연구용어사전, 2004. p. 238 인용)

료사가 자신의 임상실제에 대해 탐색하는 형태이다.

- **이인칭 사례연구** : 미술치료 실제를 증진시킬 목적으로 상호 관심사에 대해 타인과 면대면 또는 대인 관계적으로 탐색하는 형태이다.
- **삼인칭 탐구** : 광범위한 조직체에서 수행되며, **문화기술지 연구**(ethnographic inquiry)와 **변형된 PAR**(Participant Action Research)을 포함한 형태이다.

현대의 현장연구에서 가장 중요한 원리는 인간의 잠재성을 극대화하는 데 초점을 두는 비판적 자세이다. 이 패러다임의 보다 넓은 목적은 사회변화에 대한 법률제정이다(Sullivan, 2005). 이런 생각은 수많은 미술이론과 실제에 특징적 영향을 주며, 더 나아가 미술치료에서 환영받는다. 미술치료 연구자의 비판적 의식은 권위로 사람들에게 특권을 부여하는 사회구조를 파괴하도록 도와주는 도구로, 그리고 인종, 성, 경제, 민족, 압박의 상황과 연관된 수많은 정신질환의 특성들로 인해 자신들을 하찮은 존재로 생각하는 개인과 집단의 상황을 조사하는 도구로 사용된다. 개인들에게는 자신의 현재 상황에 대해 통찰하고 행동하도록 자극함으로써 변화를 촉진시킨다(Guba & Lincoln, 1998).

AR(Action Research)

제2차 세계대전 이후 사회변화가 일어나던 시대의 전통적 과학탐구에 근거한 교수방법에 만족하지 못하던 교사는 미국에서 AR을 시작하였다. 1950년대와 60년대에 넓게 퍼진 교육정책은 교사들로 하여금 실험상황하에서 개발한 방법을 사용하게 하였다. 그 결과 회의론적인 교사들은 확률 연구들에 기반한 교육실제는 유용하지 않다고 논쟁하였다. 그 이유는 그런 실제가 어떻게 교실이나 여러 상황에 있는 특별한 아동들에 영향을 주는지 설명할 수 없다는 것이다. 오늘날 AR은 교육뿐만 아니라 건강이나, 조직화된 지역사회발달 영역에서 일반적이다. 미술치료사들도 유사하게 계속적으로 변화하는 환경이나 내담자의 욕구, 현장에서의 치료실제에 창의적으로 적응해야 하기 때문에, AR은 치료사—

연구자의 계속되는 전문적 발달에 매우 효과적인 도구가 될 수 있다. 이것은 미술작품을 만드는 과정을 새롭게 이해하게 하며, 미술작업방법과 화합할 수 있게 한다(Collie & Cubranic, 1999).

AR의 목적은 변화이다. 전략들은 변화에 영향을 줄 것이고 결국 실제를 향상시킬 것이라는 새로운 통찰을 발달시키려는 의도를 가지고 신중하게 확인되고 사용된다. 예를 들면, Collie와 Cubranic(1999)은 컴퓨터를 사용하는 미술치료 연구에서 지원자 집단을 대상으로 미술치료 방법을 현장검증하기 위해 AR을 사용했다. 이들은 AR이 미술치료 실제에서 나온 집단 상호작용을 향상시키기 위한 실용적인 지침을 지원자 집단에게 제공한다는 것을 발견했다. 그들은 집단 상호작용을 지원하는 데 사용할 만한 연구가 없어서 효과적인 개입방법을 개발하는 것이 어렵다는 것을 알았다. 그러나 치료사의 현실은 연구가 나올 때까지 기다릴 수 없다는 것이다. 그들은 내담자에게 서비스를 제공해야 한다. Collie와 Cubranic(1999)은 '모의세팅에서 문제를 탐색하고 동시에 방법과 기술을 개발하는 행위를 통해 무언가를 학습하는 것'은 '계속 진전되는 데 있어 논리적이고 합리적인 방법(p. 187)'이라고 하였다.

오늘날 작업환경에서 대다수의 미술치료사들은 내담자의 욕구에 대응하기 보다는 반응하는 자신을 종종 발견한다. 시간 압박, 분열, 스트레스하에서 좀 더

AR에 대한 질문들

- 사냥의 예 : 어떻게 하면 더 나은 사냥꾼이 될 수 있을까? 목표나 방향감각을 어떻게 하면 향상시킬 수 있을까?
- 일상의 예 : 왜 나는 그렇게 많은 속도위반 호출장을 받을까? 경찰의 문제인가, 아니면 내가 운전하는 방식이 뭔가 잘못된 것인가?
- 미술의 예 : 왜 내 사진이 그렇게 재미없어 보이는가? 대상의 빛과 관계있는가? 초점의 심도와 관련 있는가?
- 미술치료의 예 : 두려움이 방해하는 것처럼 보이지만 나는 치료적 관계가 좀 더 효과적이길 원한다. 내가 두려워하는 것은 무엇인가? 두려움은 언제 엄습해 오는가? 그 결과 어떤 일이 일어나는가?

효과적인 전략을 사용하는 것이 어렵다. 특히 어떤 사건이 일어났을 때 안 좋은 변화가 생기는 것처럼 보이는 상황하에서는 더욱 그렇다. AR은 치료사가 지각한 현실, 그들의 목표, 전략에 따라 자신의 전술을 선택할 수 있도록 도와준다(Friedman, 2001, p. 160). 전략적 행위와 반영은 미술치료사가 자신의 실제적 지식, 기술, 행위적 지식, 이해 등을 증진시키는 데 매우 가치 있는 연구도구들이다.

AR 사이클

실행 → 반영 → 실행

다른 형태의 질적 연구처럼 AR은 순환적이다. 반영적 비평(reflexive critique)이라 알려진 주요방법을 사용함으로써 AR 사이클은 전략적 변화를 통해 해결할 수 있는 문제를 확인하는 것부터 시작한다. 문제에 대해 생각할 때, 첫 번째 단계는 현재 어떤 일이 일어났는지, 왜 일어났는지에 대해 가설을 세운다. 그리고 그 가설은 당신이 기대하는 행위가 문제를 해결할 것이라는 입장을 취하면서 검증된다. 연구자로서 당신은 이 행위의 결과를 신중하게 관찰하고 구체적으로 기록하며, 비판적으로 반영한다. 예를 들어 당신은 미술치료 집단에서 청소년들이 세션 동안 미술작품 만들기를 거부하는 것을 관찰했다. 당신은 그들이 거부하는 이유가 자신의 고통스러운 경험에 대해 말하도록 하는 압박 때문이라고 생각한다. 가설을 검증하기 위해 당신은 다음 세션에서는 질문하는 것을 멈춘다. 당신은 지시를 변화시켜 나타난 양상에 대해 신중하게 관찰하고 비평한다. AR에서 반영의 목적은 주어진 상황에서 당신의 행위가 주는 영향의 깊이를 연구하기 위한 것이다. 자신의 행동패턴에 대한 엄격하고 체계적인 비평은 좀 더 효과적이고 다양한 전략들을 사용할 수 있도록 새로운 통찰을 가져다준다. 새로운 통찰과 이해를 하게 되면, 의도적으로 당신의 행위에 적용하고, 새로운 가설과 전략들을 만들며, 반영적 비평이 뒤따르는 또 다른 행위 사이클을 통해 가설과 전략들을 검증한다.

일인칭 AR은 일반적으로 전문가의 작업이라 볼 수 있는 임상적 평가, 사려 깊은 의사결정, 치료적 적용과 별반 다르지 않다. AR과 미술치료의 일상 업무가 다른 점은 다음과 같다.

- 알아차리고 나서 행동으로 옮기는 의식에 집중한다.
- 변화를 가져오기 위해 치료사의 의도에 신중하게 집중한다.
- 이전에 방임되었던 전략이나 가능성에서 새로운 통찰을 한다.
- 기존의 지식이나 행동을 확인하기 보다는, 새로운 방향을 산출하기 위해 그 것들을 능동적으로 변화시킨다.

AR의 한 가지 중요한 결과는 미술치료사가 실제에 근거한 이론들을 변화시킬 수 있다는 점이다. Friedman(2001)에 따르면, 연구자와 치료사 간의 주요 차이점은 연구자는 '명시적' 이론가인 반면, 치료사는 '암묵적' 이론가이다. 치료사들은 자신의 작업을 공식적으로 이론화하지 않지만, '실행에서 나온 이론들'을 형성하게 한 절대적인 가정, 가치, 신념, 태도, 경험에 따라 작업한다. 따라서 AR의 목표는 필요에 따라 이론들이 비평적으로 조사되고, 변화될 수 있도록 이런 이론들을 명백하게 표현하는 것이다.

AR 계획

방법론적 엄격함을 지키면서 일상의 작업 수준 이상으로 AR을 수행하게끔 열정을 갖게 하기 위해, 미술치료사인 AR 연구자는 실행 계획을 세우고 작업한다. 몇 가지 사전 질문들에 가능한 한 구체적으로 생각하고 대답한다.

이 질문들이나 이와 유사한 질문들을 통해 일반적인 문제가 명확해진다. 그 다음, 당신의 가설들이 나온 상황에 대해 구체적이고 사실적으로 묘사하라. 모든 후속 행위나 반영이 이런 묘사에 근거하기 때문에 가능하면 객관적이고 반영적으로 상황을 묘사해야 한다. 반영(refexivity)이란 자신의 경험을 신중하게 연구하기 위한 가장 기본적인 실제로, 어떤 신념이나 실제 또는 이해에 도달하기 위해 사용했던 해석을 설명함으로써 이루어진다.

실행 계획 세우기 : 사전 질문들

- 이미 무엇이 일어나고 있는가?
- 내가 생각한 것이 계속되고 있는가?
- 이 상황에 대해 나는 그리고 다른 사람들은 어떻게 인식하는가?
- 합리적인 것은 무엇인가? 다른 가능성들은?
- 상황의 영향을 받는 사람은 누구인가?
- 변화하길 원하는 것은 무엇이며, 그 이유는 무엇인가?
- 내가 성취하길 원하는 결과는 어떤 것인가?

그 다음 실행 연구자는 암묵적인 '실행 이론'에 대해 이해하기 위해 기존상황에 대한 반영적 기초 — 전형적이거나 알아차림 없는 행위를 어떻게 이끄는지 — 를 연구한다. 이론을 검증하는 과정에서 당신은 항상 생각했던 것이 실제를 다루는 이론들과 같지 않다는 것을 배우면서 놀라게 될지도 모른다. '드러난 이론'(Argyris & Schon, 1974)은 미술치료사가 자신이 '사용 중인 이론'을 반영한 실제 행동과 자신의 행위를 비교함으로써 이것에 대해 어떻게 생각하는가이다. 그림 5.1에서 보는 바와 같이 AR의 문제를 설명함으로써 '사용 중인 이론'을 이해할 수 있다(Argyris & Schon, 1974).

AR은 치료의 효과에 대해 구성주의자적 관점을 취하는데, 구성주의적 관점은 실행에 대한 최적의 경로를 결정하기 위해 단 하나의 객관적 현실만이 존재하는 것은 아니라고 본다. 임상현실은 여러 가지 다른 관점들과 우리가 그것들

실행 계획 세우기 : 문제 발전시키기

1. 당신이 변화하길 원하는 상황에 대해 반영적이고 객관적인 묘사를 하라.
2. 알아차림이 없는 상황에서 작동하고 있는 '암묵적 이론들'을 형성하게 한 잠재된 가정과 판단에 대해 반영(reflect)하라.
3. 변증법적 관계, 모순, 작업수행에 저항하는 힘에 대해 고찰하라.
4. 대안적 설명과 관점을 고려하라.
5. 변화를 가져올 행위와 가설을 개발하라.

'x'와 같은 상황에서	'y'를 얻기 위해	보통 'z'를 사용한다.
상황들을 기술함	목적을 기술함	전략을 기술함

▌ **그림 5.1** '사용 중인 이론'을 공식화하는 전략

에 첨부한 가치들로 구성되어 있다. AR에서 반영적 비평은 진실이라고 가정된 것이나 당연한 것으로 여겨지는 것에 대해 격렬하게 질문함으로써 미술치료사의 기존 이해를 재구성하는 데 사용되었다. 변화를 위한 또 다른 전략은 **변증법적 비평**(dialectic critique)이다(Winter, 1989). 변증법적 원리는 내적 변화란 모순되고 상호독립적인 요소들의 상호작용에서 나온다고 주장한다. 연구자는 문제의 다양한 요소들이 어떻게 원인과 결과의 체계에 부합되는지를 본다. 그러고 나서 모순을 실제로 시험해 본다.

예를 들어, 미술치료사는 스태프와의 대화에 근거해 미술치료의 가치를 사람들이 잘 인식하지 못하기 때문에 학교 미술치료 프로그램이 기금을 받지 못한다고 가설을 세운다. 그러나 좀 더 철저하게 조사한 바에 따르면, 특수 교육 스태프는 미술치료에 대해 꽤 긍정적이며 행정가로서 미술치료의 지원에 대해 거침없이 얘기한다는 것을 발견한다. 따라서 주요 핵심인물들 간에 지각과 실제 행동 간에 간극이 존재한다는 것을 발견한다. 아마도 또 다른 세력이 그 문제에 기여하고 있을 것이다. 변증법적 비평은 상황을 만든 반대세력의 패턴에 집중한다(Winter, 1989). 변증법적 분석을 하지 않는다면, 눈으로 보이는 상황을 취할 가능성이 높아

자격 있는 미술치료사들의 자격신청을 거부하는 위스콘신 자격위원회의 문제를 해결하기 위해 Kapitan은 AR을 사용했다. Kapitan은 갈등을 일으키는 두 개의 가설을 확인했다. 첫 번째는 위원회는 미술치료사들을 못 들어오게 하는 적대적인 기득권층으로 구성되어 있다는 것이고, 두 번째는 위원회는 합리적이고 대화에 개방되어 있지만 미술치료에 대한 정보가 충분하지 않다는 것이다. 첫 번째 가설이 틀렸다는 것을 확인하기 위해 연구자는 두 번째 가설을 검증했다. 성과 없이 반영적 비평 후에 이해타산적인 위원회의 지각이 공공을 보호하려는 그들의 역할과 갈등을 일으키는 원인이라는 표면적 통찰이 나왔다. 수정된 실행계획을 통해 미술치료사가 아닌 위원회 사람들이 사례에 대해 훌륭하게 논의하게 되었다.

실행 계획 수행하기 : 가설검증하기

- 나의 의도된 행동과 비교하여, 나는 어떤 전략들에 따라 행동했는가?
- 이런 전략들의 결과는 어떠한가?
- 이런 결과들이 의도되지 않았다면 불일치들에 대해 어떻게 설명할 것인가?

진다. 사람들은 균형을 유지하기 위해 자신의 행동에서 불일치하는 부분들을 보길 원치 않는다. AR은 치료에서의 '어려운 문제'를 확인하고 치료사가 자신의 이성과 행동에 있어서의 격차, 모순, 실수에 대해 좀 더 잘 알아차리게 함으로써 의식적인 변화를 자극한다(Friedman, 2001, p. 162).

실행과 반영의 첫 번째 사이클이 돌고 난 후, AR은 새로운 가설을 형성하고 문제해결을 위한 여러 가지 전략들을 고려하는 단계들을 반복한다. 실행계획을 수정하고, 또 다른 실행과 반영적 비평을 반복한다. 만약 실행이 원하는 결과를 가져오지 못한다면 다른 실행들은 가능한가?

미술치료에서 AR의 가치

성과연구의 질적 형식인 AR은 치료사들에게 매우 실제적이며, 미술치료 전문성에 필요한 몇 가지 중요한 욕구를 충족시키는 데 도움이 된다. 첫째, 실행에 대한 질문은 근거이론을 만들어낸다. 근거이론이란 현장에서 실제 관찰에 근거해 체계적인 비교 분석을 통해 나온 이론을 의미한다(Patton, 2002). 최근에 많은 미술치료들이 '드러난 이론'을 따르거나 경험적으로 검증되지 않은 신념, 편견, 역사, 해석을 따른다. AR은 경험적이고 신중하게 실제를 관찰하고 그것에 근거하여 현장에서 검증한 결과를 도출해낸다. AR로부터 널리 퍼진 '사용 중인 이론들'은 개인치료사들로부터 나온 보고서와 대규모 성과연구의 결합을 통해 검증될 수 있으며, 이것은 증거에 기반한 실제를 강력하게 형성하도록 해준다.

둘째, 개인치료 수준의 AR에서 대규모 성과연구를 이끄는 질문들과 동일한 질문들을 사용할 수 있다. 어느 현장에서든 어느 치료사에게서든 AR이 수행될 수 있기 때문에, 그리고 전통적인 과학적 연구에서 일반적으로 요구하는 자료들을 요구하지 않기 때문에, 연구자와 치료사 사이의 간격이 별로 없을 수 있다. AR은 지식요구와 전문기술 간의 관계에 대한 비평적 알아차림을 활성화시킨다. AR은 성과연구의 효과성에 근거한 연구 및 실제에 대해 비평적이고 반영적인 사고를 하도록 가르친다는 점에서 전문성에 대한 의미가 있다.

셋째, 이 장의 후반부에 다룰 문화기술지 연구와 대규모 PAR에서처럼, AR은 어느 정도 있을 수 있는 편견과 선입견의 세계관에 도전하면서 미술치료사의 독특한 세계관에 근거한 임상실제의 모델을 제공한다. 반영적 실제는 계속해서 치료사와 내담자 간의 권력관계에 대한 가정들, 포함과 특권, 치료적 기획의 특성, 체계적 변화가 일어날 수 있는 또 다른 질문들에 대해 인식하도록 해준다.

사회사업 교육에서 실제 지식을 만들어내기 : 홍콩에서의 교사경험

여기서의 예는 실제 지식을 만들기 위해 경험적 학습이론을 가지고 체계적으로 실험을 했던 사회사업 교육자인 Pauline Sung-Chan이 수행한 일인칭 AR이다. 그녀의 논문은 저자의 AR 중 하나의 결과를 발표한 것인데, 이 연구는 교사와 학습자가 교수-학습경험을 가져오고, 좋은 학습자들이 후속지식을 어떻게 얻게 되는지를 결정하는 명확한 틀을 제시하고 있다.

– Sung-Chan, 2007

원격 건강 지원문제에 대한 미술치료 해결방안

저자는 컴퓨터 과학자들과 협력 작업을 하고 있는 미술치료사로, 사람들이 자신의 집에서 원격 건강 지원 서비스를 받고자 하는 욕구를 어떻게 만족시킬 수 있는지에 대해 얘기하고 있다. 연구의 첫 번째 단계는 원거리에서 미술치료를 받기 위해 컴퓨터 시스템을 만들고 시험해 보는 것이다. 이 시스템을 경험해 보고 경험에 대해 심도 깊게 논의하기 위해 10명의 공동 연구자 팀을 초대했다. 연구자들이 회기 동안 변화를 경험하도록 고안된 AR의 참여설계는 참여자의 상호작용에서 나온 조언과 통찰에 기반을 두었다. 그러고 나서 공동 연구자들은 제시된 변화를 경험했고, 시스템을 향상시키기 위해 피드백을 제공했다. 사람-컴퓨터 간의 접촉과 컴퓨터 지원의 미술치료의 표현적 가능성에 대해 새롭고 때로는 놀라운 지식이 만들어졌다.

– Collie & Cubranic, 1999

사례연구[4]

자신의 행동과 실행에 대한 경청과 반영이 1인칭 현장연구의 핵심이라면, '타인들과 말하고 듣는 것'은 본질적인 2인칭 연구 실제이다(Torbert, 2001, p. 253). 이런 대인간 탐색은 보통 3개의 일반적인 방법들 중 하나를 통해 이루어지는 데 (a) 단일 또는 '고유한' 사례연구(Stake, 1994), (b) 함께 수행되는 몇 개의 사례들, (c) 다양한 사례를 대상으로 거기서 일어나는 과정에 대한 조사가 바로 그것이다. 타당한 사례연구는 구체적이고 심도 깊은 자료수집과 치료기록, 인터뷰 자료, 관찰, 서류들, 글이나 미술작품, 규준화된 양적 자료와 같은 다양한 자료원에 대한 체계적 분석을 통해 이루어진다. 궁극적으로 연구자는 미술치료 실제와 관련 있는 현장에서 만나는 특별한 사람이나 사람들로부터 배우게 된 것들을 발견하는 데 관심이 있다.

사례연구가 별로 알려지지 않아 어떤 미술치료사들은 연구의 엄격함에 대해 격렬한 공격을 받을 수 있다. 너무나 자주 사례연구가 연구가 아니라, 체계적이고 타당한 탐색과정이 포함되지 않는 치료사의 관찰이라 말하기도 하는데, 이것도 사실이다. 그 결과 주관적 편견과 가정이 사례기록과 결론에 과도하게 포함된다. 그러나 사례연구는 그 결과를 일반화할 수 없기 때문에 취약하다고 주장하는 사람들은 이것과 실험연구의 목표에 대해 혼란스러워한다. 잘 조직화되어 있고 체계적인 탐색에 근거한, 일반화될 수 있는 사례연구는 변인들보다 연구의 초점인 **사람**(person)들을 제공한다(Gordon & Shontz, 1990b). 비록 사례연구가 큰 집단에 일반화하기에는 효과적이지 않지만, 이론적 전제나 경험의 공통점을 나누는 사람들에게는 일반화할 수 있다.

사례연구는 개인뿐 아니라 경계가 있는 시스템을 조사하는 데 사용될 수 있다. Patton(2002)은 사례에 대해 개인, 집단, 가족, 문화, 또는 공동의 경험이나

---

4) 역주 : 한국의 미술치료 분야에서는 사례연구가 거의 이루어지지 않고 있으며, 한국질적연구학회에서 발간되는 '질적연구' 저널에서도 사례연구 방법을 사용한 논문이 별로 없다.

관점을 공유하는 사람들과 같이 단일체(unit)나 단일체들에 대한 연구라고 광범위하게 정의했다. 사례들은 도시, 학교, 이웃, 마을, 지역, 또는 나라와 같이 지리학적으로도 정의될 수 있다. 사례들은 조직체, 프로젝트, 또는 특별한 치료팀이나 개입 프로그램을 갖고 있는 단체, 그리고 비평적 사건, 축하행사, 위기, 시간이나 사건 등과 같은 조직화된 활동일 수 있다(Patton, 2002).

각기 다른 연구자들이 각기 다른 목적을 가지고 사례연구를 수행한다. **고유한 사례연구**(intrinsic case study)(Stake, 1995)에서 사례는 미리 선택된다. 그리고 그 목적은 어떤 일반적인 문제를 설명하는 것이 아니라 특별한 사례에서 중요한 무언가를 배우기 위해서이다. **본질적 사례연구**(instrumental case study)의 경우, 연구자는 심도 깊게 사례나 사례들을 조사함으로써 좀 더 분명하게 이해될 수 있는 질문이나 문제를 가지고 시작한다(Stake, 1995). Gordon과 Shontz (1990b)가 설명한 또 다른 형태는 협력적 또는 **참여적 사례연구**(participatory case research)로, 이것은 신중하게 선택된 사람들이 삶에서 독특하거나 중요한 상황이나 사건을 어떻게 경험하고 관리하는가를 연구하는 것이다. 참여자들은 자신들이 직접 경험한 주제를 알고 있기 때문에 전문적 정보원으로서 활동하며 '공동 연구자'로 간주된다. 예를 들어 실어증을 앓고 있는 사람과 작업하는 미술치료 연구에서, 그 사람을 실어증과 함께하는 것이 어떤 것인지에 대한 '전문가'로 생각하고 다가간다.

모든 사례연구에 적절한 안내지침으로, 연구문제는 다음과 같은 형태를 취한다.

> **나는 …… 때문에 …… 어떤 사람을 연구하길 원한다.**

"나는 …… 어떤 사람을 연구하길 원한다."는 고유의 조건, 경험, 상황에 대해 묘사하는 것이고, 연구자의 구체적 의도와 연구에 대한 이유는 "…… 때문에 ……"로 진술한다.

물론 당신은 '치료팀', '이웃', '초등학교 교실', '문화적 행사' 등을 "…… 한 사람"으로 대체하여 어떤 한계가 있는 체계에 대해서도 똑같은 질문을 적용한다.

표 5.1	주제로 재편성된 사례연구 질문의 예
1. 사냥의 예 : 낚시가 잘되는 장소와 그 이유에 대해 삼촌들이 알고 있고, 나는 그것을 배우길 원하기 때문에 삼촌들과 함께 낚시하길 원한다.	어떤 환경조건하에서 전문가가 낚시하는 데 사용하는 전략은 무엇인가? 성공적인 낚시를 위해 물고기에 대해 어떤 지식이 필요한가?
2. 일상의 예 : 할아버지는 몇 세대에 걸쳐 가족상황에 영향을 주고 있는 독특한 이민경험을 하셨기 때문에 나는 할아버지의 삶을 연구하길 원한다.	이민경험은 시간의 흐름에 따라 어떻게 가족의 심리적, 사회적, 경제적 행동에 영향을 주었는가?
3. 미술의 예 : 전문가가 진행하는 단계의 과정들을 가까이서 관찰하는 것은 정체된 내 능력을 넘어설 있도록 도와줄 수 있기 때문에 나는 숙련된 금속세공사를 연구하길 원한다.	성공적인 금속세공사가 되기 위해 어떤 기술들, 지식들, 그리고 훈련된 행동들이 요구되나?
4. 미술치료의 예 : 나는 좀 더 효과적인 치료관계를 형성하기 위한 지식이 필요하기 때문에 실어증을 갖고 사는 삶의 현실과 소통하기 위해 미술을 사용하는 사람을 연구하길 원한다.	의사소통의 형태로 미술이 어떻게 사용될 수 있는가?

Stake(1995)는 연구의 개념적 구조틀을 이루는 특별한 주제를 확인하는 것이 중요하다고 강조했다. '주제'로 주요 연구질문의 틀을 만드는 것은 큰 맥락 아래 사례를 배치하게 할 것이며, 연구자가 개인적인 일상의 내용에 휘말리는 것을 막아줄 것이다(표 5.1 참조). "나는 …… 때문에 …… 어떤 사람을 연구하길 원한다."라는 말은 두 번째 단계에서도 반복된다. 이제 사례에서 보여주고 있는 잠재되어 있는 주제를 알아내려 애써야 한다. 그런 주제질문들은 역동적이고 변화 가능하다. 즉, 주제가 나타나고 성장하고, 새로운 것이 관찰되면 소멸될 것이다.

사례연구 수행하기

사례연구를 수행하는 것은 탐정이 되는 것과 매우 비슷하다. 때때로 사례연구자는 범죄 현장에 도착해서 무슨 일이 일어났나를 추론하기 위해 단서들을 모아 조각들을 맞추는 탐정처럼, '조사관'이라 불린다. 회상연구나 역사적 연구에서 연구자는 과거의 증거와 사례기록을 살펴보고, 그것의 의미에 대해 해석하기 위해 새로운 통찰에 주의를 기울인다. 최근 연구나 진행 중인 연구에 참여한 사례 참여자들은 사건의 의미를 종합해 나간다. 또는 사례의 초점은 연구자와 공유한 삶의 경험에 대해 지금-여기에서 묘사하는 것이다.

문제 정의하기　보통 사례연구의 문제는 질문을 통해 어떤 사람이나 집단이 독특한 또는 비평적인 인간의 결정과 경험을 어떻게 다루는가를 고려하고, 이런 조건들, 경험들 또는 관심상황에 대해 얼마나 상세하게 묘사를 하는가에 따라 정의된다. 시간, 장소, 전집이 제한되어 있지만 분명하게 확인할 수 있는 사례들에 접근할 수 있고, 심도 깊은 이해나 비교에 관심이 있다면, 사례연구는 독특한 사건이나 사람들을 연구하기 위한 이상적 선택이다(Stake, 1995).

사례나 사례들 선택하기　다음으로 연구자는 사례나 사례들을 확인할 필요가 있다. 선택은 문제, 과정, 활동, 상황 또는 사건에 대해 다양한 관점으로 살펴볼 수 있는가에 달려 있다. Creswell(1998)은 다양한 관점을 설명하며 결국 얻을 수 있는 지식의 가치를 증가시키기 위해 '최대한의 변화'를 확인할 수 있는 사례들을 선택하도록 추천했다. 적합한 사례들과 주제 간을 연결시킬 목적으로 연구질문을 구체화시킬 수 있는 선택 기준(인구통계학적이나 구체적으로 증명할 수 있는 사람들)을 만든다. 예를 들면, "나는 기꺼이 인터뷰에 응해 주는 입원환자 병동의 미술치료 내담자를 연구하길 원한다."라고 질문을 재구성하는 대신, 연구자는 "나는 50세 이상으로 장기간 알코올중독을 앓고 있는 입원환자 병동의 미술치료 내담자를 연구하길 원한다."라고 진술한다. 선택기준은 단일 현장에서 나온 한 사례나 다중 현장 사례들보다는 단일사례에 적용될 수 있다.

역할 정의하기　연구를 수행하는 사례 연구자로서의 당신은 연관된 특성에 대해 이름 붙이기와 묘사를 잘해야 한다. 자료에 영향을 주는 사례결과에 대한 개인적 편견이나 기대 또한 잘 설계해야 한다. 특히 참여자가 치료사의 현재 치료진행사례 중 하나인지 아닌지에 따라 연구자와 치료사례 간의 정확한 특성이 확인되어야 한다(Gordon & Shontz, 1990b). 치료를 촉진시키는 역할과 연구자의 역할 사이에 불협화음이 의심된다면, 이런 점은 매우 중요하게 고려되어야 한다. 미술치료사들은 연구와 치료적 관계의 통합성을 보호하기 위해 다양한 방식으로 이런 고려점들을 잘 다뤄야 한다. 예를 들어 당신은 연구자라는 새로운 관점으로 치료 초기의 미술치료 사례를 연구할 수 있다. 연구에 참여하지 않는 치료사에게 의뢰되어야 하는 어떤 치료적 주제가 발생할지 모르기 때문에 당신은 경계가 있는 연구집단을 형성해야 한다. 경우에 따라 어떤 미술치료사는 치료를 진행하며 치료관계의 맥락 내에서 자료를 수집할 것이며, 치료가 끝난 후에 연구자의 역할로 돌아와서 자료 분석을 진행할 수 있다. Stake(1995, p. 103)는 아래 사항들을 고려하여 역할 선택을 분명히 하도록 연구자에게 조언했다.

- 개인적으로 사례에 얼마만큼 참여하는가?
- 전문가로서의 입장을 얼마만큼 취하는가?
- 중립적인 관찰자인가, 비평적인 분석가인가?
- 사례연구 독자의 욕구를 충족시키기 위해 얼마만큼 노력하는가?
- 얼마만큼의 해석을 제공하는가?
- 옹호자의 입장을 얼마만큼 취하는가?
- 사례를 단지 이야기로만 말하는가, 혹은 그렇지 않은가?

관리감독자나 또 다른 도우미 확인하기   진행 사항을 모니터하고, 사례기록을 검토하며, 연구자와 사례 참여자 간의 관계를 조언하기 위해 관리감독자는 연구자와 규칙적으로 만나야 한다. 탐색의 진행 사항과 관계를 명확하게 유지하기 위해 연구고문이나 지지집단, 또는 또래 감독집단 등과 같은 사례 조언자를 요청할 수 있다.

프로젝트에 연구장소와 참여자 소개하기   연구장소와 연관된 과정은 자료수집 계획의 일부로 장소나 사례를 의뢰해 주는 공급원에 대한 접근권한 얻기, 연구를 지속하는 동안 장소 접근허가에 대한 원칙과 공식적 동의, 연구의 각 단계에 드는 시간 배당, 최종 사례보고에 초청될 청중들을 확인해야 한다. 관련 있는 과정과 결과의 잠재적 사용 또한 연구 참여자들과 논의해야 한다. 인간을 대상으로 하는 모든 연구에서처럼 연구자는 모든 과정에 대한 동의와 참여자의 비밀보장과 익명성을 확인해 주는 서면화된 동의서를 받아야 한다(제8장 연구윤리 부분 참조).

초기 정보제공자의 자료를 수집하고 문서화하기   초기 인터뷰에서는 사례 참여자의 개인적 발달사에 대해 물어보고, 참여자들이 연구문제나 주제를 어떻게 인식하는지를 평가하며, 연구문제나 주제에 대한 선입견에 대해 조사하고, 연구 참여의 동기에 대해 논의한다(Gordon & Shontz, 1990b). 초기 인터뷰를 통해 참여자가 사례연구에 적합한지 아닌지, 어떻게 자료수집을 진행할 것인지에 대한 예비결과를 관리감독자와 논의해야 한다.

성공적인 사이클을 통한 자료수집   자료수집은 사례연구에서 대규모로 이루어지

사례자료의 출처

- 개인이나 포커스 집단의 인터뷰자료(개방형 및 비구조화된 인터뷰자료 또는 반구조화된 인터뷰자료), 서면화된 노트, 오디오테이프나 비디오테이프로 이루어진 인터뷰자료, 전사본, 추후 세션이 포함된 예비인터뷰 자료들
- 대상자에 대한 관찰(외부나 내부 세팅에서의 관찰자나 참여자의 현장노트나 수집된 일지)자료뿐 아니라 오랜 동안 보고 느끼고 경험한 맥락에서 저장된 메모
- 코드화된 자료와 그 의미에 대한 인상을 적어 놓은 메모들, 범주화된 자료와 이론적 발달의 가능성이 있는 관계에 대한 생각들을 적어 놓은 개념적 메모들
- 연구자의 노트나 저널에 대한 문서자료들, 임상기록, 공식자료(회의노트, 보고서 등), 편지, 저널이나 일기, 사진, 비디오, 미술품, 녹음된 것, 이메일, 개인적 소지품이나 중요한 물건 등과 같은 것들
- 다른 관찰자나 참여 관찰자가 얘기한 인상이나 진술
- 발달사와 프로파일, 자서전적 정보
- 검사결과와 평가
- 자료의 의미를 이해하면서 통찰하고 느낀 것들에 대한 알아차림과 자기 관찰을 적어 놓은 반영적 메모들

며, 다중의 정보 공급원에 의지한다. 한 가지 선택 해야 할 사항은 직접관찰에 얼마만큼이나 의존할 것인가, 코드화된 자료에 얼마만큼 의존할 것인가이다 (Stake, 1995). 자료는 어떤 주제의 여러 측면을 비춰 주기 위해 종종 '코드화' 되고 범주화된다. 예를 들면, 주제가 '계약' 이라면 범주는 '능동적이냐 수동적이냐', '열정적인가', '중간 정도의 열정인가', '관심이 없는가' 로 나뉜다. 연구자는 색깔 코드나 해치마크(hatch mark)로 전사본에 표시하면서 범주에 맞는 기록된 자료의 각 예를 확인한다. 전사하고 코드화하는 데 시간이 걸리기 때문에, 그런 정보가 관리감독자로나 협력적 탐색을 하는 공동 연구자에게서 코멘트와 확신을 받아 되돌아오기 이전에도 자료수집에만 몇 세션이 소요된다. 사례연구를 통해 연구자는 고유한 사건에 대해 계속해서 묘사하며 이전 세션들에서 나온 통찰에 반응하여 만들어진 그리기, 칠하기, 스토리텔링, 미술품들과 같은 창의적인 활동으로 나아간다.

사례에 대해 '생생하게 묘사하기'　　원자료가 모두 수집되면 Patton(2002)은 사례기록에서 모든 것을 끄집어내라고 조언한다. 중요한 모든 정보는 연대기순이나 주제순으로 부분들을 정리하며 중복되는 것들은 지운다. 자료가 복잡하고 양

에이즈 바이러스와 살기 : 대표사례

Gordon과 Shontz(1990a)는 에이즈 바이러스 양성 판정을 받은 21살의 남성(공동 연구자)에 대해 참여사례연구를 하였다. 관리감독하에 그들은 연구 참여자의 행동, 감정, 꿈보고, 미술작품에 대한 자료를 수집했다. 연구설계는 미래 미술치료 연구에 유용할 두 가지 사이클의 자료수집과 확인으로 이루어졌다.

첫 번째 사이클/탐구 : 인터뷰, 관찰, 공식적 평가와 같은 구체적 형태의 자료와, 감각, 행동을 통한 결정적 증거들과 개인사, 두드러진 주제, 대처기제 등을 수집하고 조사한다. 후속 인터뷰를 위해 간략하게 이것들을 요약하고, 좀 더 분명하게 하며, 공동 연구자와 정확성을 체크한다.

두 번째 사이클/표현 : 질문 부분은 꿈, 미술에 근거한(art-based) 평가, 미술작품 등과 같이 은유적이며, 상징적이고 직관적인 형태의 자료를 통해 자발적이고 개방된 창의적 활동들로 이루어진다. 주제와 모티브가 확인되면, 상호간에 동의가 이루어질 때까지 계속해서 다양하고 가능한 해석들을 한다.

－ Gordon & Shontz, 1990A

이 많은 연구의 경우, 이런 사례기록들은 사례연구의 최종 내러티브를 만드는 데 사용된다. 최종 내러티브는 사례에서 설명한 모든 주요 주제들을 정확하고 통합적으로 반영하여 읽을 수 있도록 만든 묘사적인 그림이나 이야기이다. Hoffmann Davis(2003)는 '연구 초상화가[5]'의 작업은 맥락의 요소들, 주제적 구조, 관계, 심미적 전체로의 표현 간에 균형을 잡는 패션 예술가와 유사하다고 했다. 일관성에 대한 예술가의 탐구는 연구자의 관심과 그 궤를 함께하는데, 사례의 중심이야기를 진실되고 심미적으로 표현하는 내러티브를 구성한다.

이차 자료분석   사례연구를 글로 작성할 때, 사례간 주제들, 패턴들, 결과들을 산출할 목적으로 몇 개의 사례들을 더 분석하고 비교하며 해석하기 위해 분석 전략들을 사용할 수 있다(Patton, 2002, p. 452). 패턴이나 다시 되풀이되는 단어들, 이미지들, 주제들에 대한 탐색이 이루어지는데, 이는 여러 사례에 걸쳐져 있는 핵심적이고 일관된 것들을 찾아내기 위해서이다. 그러나 자료분석에서 나타나는 일반적인 문제는 심도 깊은 주제들을 발견하는 데서 어려움을 겪기보다는 주요 범주를 발견하는 데서 어려움을 겪는다. 이에 대응하기 위해 스스로 질문을 던져 본다. "여기서 무엇이 계속되고 있는가?" "사람들이 행동하고 말하는 것에서 모순점이 있는가?" "내가 보거나 듣지 못한 것은 무엇인가?" "내가 당연하게 받아들이고 있는 것은 무엇인가?" "여기서 일어나는 것에 어떤 맥락(사회적, 문화적, 정치적, 심리적, 가족적, 조직체 등)들이 영향을 주는가?"

또한 연구자들은 '연관성'라고 알려진 어떤 상황 내에서의 일관성과 연결성을 찾는다(Stake, 1995). 예를 들어, 연구자는 자료에서 어떤 패턴들을 발견하게 되었는데, 자발적 미술치료 집단에서 참여자의 탈락은 심리적 안정감과 연관되어 있다는 것과 감정에 대한 표현이 성역할로 패턴화되어 있다는 것을 알았다. 분석의 마지막 단계는 사례에서 발견한 개념 간에 존재하는 관계를 추론하

---

5) 역주 : 연구 초상화가(research portraitist)란 연구자를 은유적으로 초상화가에 비유하여 표현한 것으로, 꼼꼼하고 세부적으로 자료들을 살펴보고 분석하여 섬세하고 생동감 있게 내러티브를 써내려 가야 한다는 의미이다.

사례연구방법론으로서 생생한 묘사법

예술가-연구자는 상호신뢰의 관계로 대상자 앞에 선다. 예술가의 관점에서 보면 주요 형태가 보이고, 연구라는 캔버스 위에 해석된 이 인물이 중심이 된다. 예술가는 드러난 주제를 전체의 중심으로 어떻게 구조화할 것인지 모든 것이 잘 맞는지 괜찮아 보이는지에 대해 살펴보아야 한다. 예술가와 대상자는 함께 작업에 대해 생각한다. 배경을 바탕으로 주요 형태가 놓여 있는 전체 구조에서, 대상자는 초상화에 관심을 기울이고 놀란 모습으로 고개를 끄덕이며 "그래요, 저것은 나라고 볼 수 있어요."라고 말한다.

예술가의 초상화를 평가하는데, 이미지를 어떤 전문적이고 특별한 특징으로 바꾼 것에 대해 평가하기보다는 대상자를 보고, 그것을 그리고, 관계를 형성하면서 알게 된 그 사람의 특성들을 좀 더 집중해서 묘사하고 평가한다. "이 이미지는 당신의 것이에요.", "그렇지만 이것은 당신에 대한 나의 시각이고, 그래서 당신의 부분이 있고, 나의 부분이 있어요."라고 예술가는 자신이 묘사한 대상자와 초상화를 공유하려 한다. 대상자는 예술가-연구자의 표현이 잘못된 것이 아니라는 것을 알기 때문에 예술가-연구자가 본 것을 인정한다.

인터뷰 전사본, 미술작품, 현장노트, 그리고 여러 자료들을 몇 주 동안 신중하게 검토한 후, 여러 가지 것들이 나오기 시작하고 주요 주제가 드러나는데, 이것은 진정성을 가지고 사례에 대해 연구자가 해석을 한 것이다. 예술가-연구자는 특별한 대상에 대한 이해와 광범위한 지식으로 형성된 렌즈를 통해 묘사된 형태와 선택을 비판하고 수정한다. 그들은 주제들을 연관된 차원들로 테스트하고, 마치 근접 사례연구에서 선택된 자료를 캔버스 위의 초상화로 바꾸듯이 배경을 만든다. 캔버스 위의 음화(陰畵) 공간이 반대편의 양화(陽畵) 공간을 좀 더 선명하게 만들듯이 이런 배경은 사례 묘사를 좀 더 확실하고 분명히 한다.

예술가로 참여하는 것은 은유, 생생한 묘사, 일관된 이해와 같은 심미적 세부묘사를 행하게 하는 반면, 연구자는 엄격함에 입각하지만 아직은 여지가 있는 균형 잡힌 전체를 만든다. 다른 연구들처럼 묘사의 시작은 질문에서 나오며, 그런 질문을 통해 작업이 진행된다. 신중하게 구성된 사례를 묘사하는 데 있어, 과정과 결과 간의 변증법적 대화는 예술가의 스튜디오와 연구자의 현장 간의 거리를 연결시켜 준다.

– Lawrence-Lightfoot & Hoffmann Davis, 1997; Hoffmann Davis, 2003

고 진정성을 가지고 검증하여 자료분석에서 나온 패턴, 주제, 범주를 확정하는 것이다.

연구 결론내리기　결론내리기 단계에서는 연구자가 연구자료를 통합하거나 다른 관점, 해석, 질문을 드러내는지의 일관성을 확인하기 위해 관리감독자와 사례를 검토한다(Gordon & Shontz, 1990b). 이 단계는 함께 탐색하는 단계로,

최상의 효과를 보기 위한 사례보고서 작성방법

- 독자를 사례와 연결시킬 수 있도록 하기 위해 삽화사용을 **허용하라.**
- 사례선택 이유를 독자가 이해할 수 있도록 연구의 주제, 목적, 방법을 **확인하라.**
- 독자가 사례와 그 맥락 속에 담긴 감정을 충분히 이해할 수 있도록 구체적인 묘사로 **기술하라.**
- 독자가 사례의 복잡성을 이해하며, 또한 사례에 포함된 사람들에 대해 고정관념을 갖고 진단적 라벨을 붙이거나 단순 처리로 재미없어 하지 않도록 핵심 주제를 발전시켜 **표현하라.**
- 사례는 주요 주제와 후속적 해석에 대해 철저히 조사함으로써 확인해 주는 증거 및 확인해 주지 못하는 증거를 **제출하라.**
- 사례가 새로운 증거를 통해 어떻게 변하는지, 또한 지배적인 생각들에 도전하는지를 조사하여 사례를 **요약하라.**
- 직면한 사례의 풍부함과 복잡함에 대해 독자가 기억하도록 현실적 시나리오로 **완결하라.**

– Stake, 1995

사례요약은 드러난 주제들을 사용 가능한 언어로 압축하는 것이며, 이 언어는 최종 인터뷰에서 공동 연구자이자 참여자와 공유한다. 공동 연구자가 반응하고 코멘트 하며 요약을 잘할 수 있도록 격려하며, 정확성을 위해 사례요약을 확인하는 과정을 거친다. Stake(1995)의 연구자가 사례를 출판물로 내기 위해 글 쓰는 데 도움이 될 만한 제안을 상단의 상자글에서 확인할 수 있다.

사례연구를 향상시키기 위한 타당성과 전략

사례연구는 양적 접근에서 볼 수 없는 묘사적 풍부성을 갖고 있지만, 관찰 가능하고 체계적인 측정을 주장하는 양적 접근에 비해 객관성이 부족하다. 통계적 검증의 측면에서 보면 관찰이나 패턴이 의미가 있든 없든 간에 연구자가 말하는 것은, 사례연구에서 나온 질적 결과들은 **실질적인 중요성**(substantive significance)을 가지고 있다는 점이다(Patton, 2002, p. 467). Patton은 첫째, 연구자는 결과가 타인의 관점에 기반하고 있으며, 균형 잡혀 있다는 것을 보장하기 위해 직접 경험과 지적 엄격성을 사용한다고 설명했다. 둘째, 연구자는 연구 참여자들의 반응의 진정성을 고려한다. 셋째, 연구자는 결과를 검토해 주는 타인이나 관리감독자의 반응을 고려한다. 이 세 가지 조건에 충족될 때, 연구자는 연구의 실질적인 중요성인 합의에 의한 타당성에 도달하였다고 가정한다. 예를 들어, 소통의 수단으로 미술을 사용하는 실어증 환자의 사례연구에서 미술치료사는 공동 연구자가 직접 경험한 것으로 결과의 진정성을 조사하며, 공동 연구자의 실어증 경험에 대한 그림의 진실여부를 확인하기 위해 공동 연구자에게 사례의 검토를 요청한다. 사례 관리감독자는 그대로 계속 유지할지, 모순된 점이나 편견이 있는지를 확인하고, 연구가 본질적 관심에 대한 관리감독자의 전문적 읽기와 얼마만큼 조화되었는지의 정도를 확인하기 위해 연구를 검토한다.

이런 전략들에도 불구하고, 사례연구에서 종종 주관적 편견은 문제가 되며, 타당성을 위협한다. 연구자의 관점은 다른 중요한 정보를 관찰하거나 회상하지 못하고 억제, 왜곡, 생략하는 동안 어떤 정보가 어떻게 선택되었는가에 영향을 준다. 편견을 감소시키기 위해 두 개의 중요한 전략이 사용되는데, 하나는 삼각기법이고, 다른 하나는 구성원 검토이다. 삼각기법은 일반적으로 의미를 분명히

삼각기법

삼각기법은 적어도 두 가지 종류의 자료, 즉 오랜 시간에 걸쳐 여러 가지 방법을 사용하여 자료를 수집하거나 두 명 이상의 참여자들이 같은 사건에 대해 서로 다르게 보고한 것들을 수집하여 수렴하는 방식으로 자료를 수집한다는 의미이다. 기존의 자료에 반대되는 자료를 검증하는 것은 부적절한 대안적 설명을 제거하는 데 도움이 된다. Stake(1995)는 네 가지의 삼각기법 프로토콜을 확인했다.

자료출처 삼각기법 : 다른 시간에, 다른 맥락에서, 사람들이 서로 다르게 상호작용할 때도 사례결과들이 똑같을까? 관찰과 보고는 다른 상황하에서 발견되었을 때 같은 의미를 가져야 한다.

조사자 삼각기법 : 같은 장면이나 현상에 다른 조사자들이 포함될 수 있다. 예를 들면 두 명의 관찰자가 같은 미술치료 세션에서 현장노트를 작성하고 두 명 이상의 미술치료사에게 내담자의 미술작업이나 다른 해석들에 대해 물어볼 수 있다.

이론 삼각기법 : 여러 다른 이론가들은 유사하고 구체적인 전략으로 같은 현상을 기술하는데, 전략은 대안적 설명이나 불확실한 가정을 드러내도록 도와준다.

방법론적 삼각기법 : 기록 검토를 직접관찰과 대조하여 삼각측정을 한다. 인터뷰에서 사례 참여자가 말한 것을 세션에서 만든 미술작품과 대조하여 검토한다. 단일사례에 대한 다면적 접근은 외부에서 발생한 몇 가지 영향을 조명하거나 무효화한다. 예를 들면, 연구자의 관찰과 관리감독자의 관찰을 비교하는 것은 사례에서 연구자가 보지 못했던 작용하고 있는 완전히 다른 가능성을 보게 해준다.

하고 관찰과 해석의 반복 가능성을 확인하기 위해 다양한 지각을 사용한다는 의미이다(Stake, 1994). 구성원 검토는 연구 참여자에게 연구보고서 초안을 검토해 보라고 요구하는 전략이다. 때때로 구성원 검토와 삼각기법이 주관적 편견을 감소시킨다기보다 더 강화시켜 연구자가 주의를 기울여야 하지만, 두 가지 전략 모두 연구자의 관점을 개방하기 위해 사용된다.

결과적으로 Janesick(2004)은 연구자들은 엄격성의 기준에 맞춰 자신의 작업을 평가하고 향상시키기 위해 대표적 사례연구의 특성을 따르라고 한다.

- 사례는 의미 있다 : 다른 사람들이 이전에는 연구할 수 없었던 실생활의 비일상적인 면을 반영하고 있으며, 연구자와 전문가 둘 다의 지식을 향상시키는 중요한 주제들이 분명해진다.
- 사례는 완전하다 : 의미의 해석은 흥미를 끌며, 연관되어 있고, 철저한 증거에서 나온다.
- 사례연구는 독자의 마음을 끈다 : 독자는 풍부하고 묘사적인 언어, 이미지, 생생한 예시의 사용을 통해 일어나는 것들을 쉽게 상상할 수 있다.
- 사례는 기술한다 : 참여자가 누구인지, 왜 그들이 선택되었는지, 어떤 상황에서 어떤 이론을 사용하여 연구를 진행했는지, 자료수집에 어떤 질문을 했는지, 결과가 어떻게 해석되었는지를 기술한다.

가정 찾기 : 호주 서부의 보스니아 난민 경험을 이해하는 데 있어 미술치료의 역할

이 사례연구는 개인 인터뷰를 통해 보스니아 여성의 난민경험을 조사했으며, 4주에 걸친 집단미술치료 세션은 인터뷰에서 나온 주요 주제에 대한 반응을 발전시켰다. '시각적 생명선'을 포함한 단순한 미술치료 활동들은 가정, 여행, 상실, 과거와 현재를 연결시키는 도전과 관련된 주제들을 탐색하게 해주었다. 저자는 "무에서 유를 만드는 정확하고 상징적인 행위는 내적 변화와 회복을 활성화시키고 유지하는 데 중요하다."고 주장했다(p. 157). 연구는 미술치료가 트라우마 경험을 기억하고 애도하며, 재구성하기 위한 강력한 수단을 제공한다고 결론 내렸다.

– Fitzpatrick, 2002

> **적에게 이름 붙이기 : 양극성 장애와 중복장애가 함께 있는 아동들을 위한 미술치료 개입**
>
> 양극성 장애의 소아발병형의 치료와 진단은 성인과는 다르고, 표현되는 양상과 전개과정이 복잡하고 다양한 중복 발병의 형태를 띤 임상적 도전이다. 이 논문은 양극성 장애의 초기발병의 특징에 대해 논의하고 있으며, 병력이 2년 6개월 이상 지속되고 있는 16명의 아동들을 대상으로 184번의 연구세션에 사용된 의미 있는 미술치료 개입방법에 대해 얘기하고 있다. 네 가지 형태의 양극성 장애를 설명해 주기 위해 32회 정도 미술치료 개입을 받은 9~15세 아동 중 대표적인 16명의 사례에서 도구적 사례 삽화를 제시하였다. 임상적 평가, 개입, 예술적/행동적 결과는 정신역동적 접근과 대상관계접근으로 분석되었다.
>
> – Henley, 2007

- **연구설계는 논리적이다 :** 자료는 연구를 이끄는 어떤 명제(질문, 목표, 분석이나 연구의 단위, 사례가 본질적인 이유에 대한 이론)와 연결되어 있으며, 자료를 해석하는 기준은 긴장상태나 주제의 출현 지점을 찾는 것이다.
- **자료는 생생하다 :** 자료는 다양한 출처로부터 수집된다. 다양한 관점으로 분석되며, 해석은 텍스트와 일치하고 인용된 자료에 의해 지지된다.

문화기술지

문화기술지는 사람들이 자신들의 문화적 맥락 내에서 어떻게 행동하는가를 연구하는 것이다. 문화는 사람들이 보고, 해석하고, 변화하며, 현실에서 이해한 것과 의사소통하는 방식이다. 현장연구에서 문화기술지는 사람들과의 면대면 만남에 참여하는 '2인칭' 탐색이 될 수 있고, 중심 요소로 문화를 둘러싼 조직체와 지역사회 기반의 '3인칭' 탐색이 될 수도 있다. 역사적으로, 문화기술지적 인류학자들은 서구 식민지주의와 밀접히 연관되어 '타인'의 관점을 통해 이국적이고 먼 지역의 문화를 연구했다. 이 장의 후반에 설명한 포스트모던, 여성주의자, 반인종주의자, 다른 비판이론들의 수정된 영향력은 문화기술지 연구를 영속되는 내재하는 힘의 불균형, 특권, 정치적 영향력에 초점을 기울이도록 문화기술지 연구자들의 관점을 이동시켰다.

문화기술지 연구의 목적은 **문화** 이해(cultural understanding)이다. 문화기술지 연구자들은 전문가로서의 연구자의 전통적 역할을 피하고, 자신의 문화에 대해 가르쳐 줄 수 있는 전문가를 찾는 데 개방적이다(Bogdan & Biklen, 1982). 전형적으로 연구는 문화집단의 매일매일의 행동, 관습과 규준, 삶의 관심을 조사한다. 문화기술지는 세계화, 환경 악화, 소비자 중심주의, 또는 컴퓨터 게임하기와 같은 문화 안에서의 특별한 사회적 문제와 발달의 영향에 대해 연구한다. 문화기술지적 접근을 취한 미술치료사들은 치료방법, 치료전달체계, 건강과 질병에 대한 가정, 미술 이미지가 주는 의미 등의 문화적 함축에 대해 연구하길 원한다. 문화, 특히 모든 종류의 변화와 연관된 영향을 이해하는 것은 현대의 응용된 문화기술지 연구에서 중요한 토대가 된다(Chambers, 2000).

미술치료사인 Spaniol(1998)에 따르면, 문화기술지를 지향하는 연구자들은 인간의 삶에서의 긍정적 변화의 영향에 관심을 갖는다고 보았다. 그들은 이전에 알지 못했던 것을 알게 해주기 때문에 지식을 얻기 위한 행위가 변화를 만들 수 있다는 것을 이해한다. 알 수 있다는 것은 사회에서 배제된 집단에 특히 중요하다. 힘을 실어줄 수 있고, 자유롭게 만들 수 있다. 문화 속의 사람들에 대한 새로운 지식은 개인 미술치료사들은 물론 대체적으로 그들이 일하고 경력을 쌓아나가고 있는 기관들을 위해 변화에 대한 권한을 갖게 된다(Spaniol, 1998).

문화기술지 연구에서의 기본 질문은 다음과 같다.

- 이 집단의 문화는 무엇인가?
- 사람들에게 질문을 했을 때 보이는 문화적 특성은 무엇인가?
- 주어진 상황에 대해 어떻게 반응하고, 적응하며, 동화되는가?

전형적으로 문화기술지 연구자들은 문화적 흥미에 조심성 있게 몰입하면서 이런 질문들을 한다.

문화기술지 연구는 이미 설명한 참여관찰의 모든 주요 요소들을 다 담고 있다. 연구자는 연장된 시간 동안 흥미 있는 문화에 몰입한다. 그 지역에서 매일 사용

문화기술지적 질문의 예

• 사냥의 예 : 사냥 전통을 계속 이어가고 부모에게서 자식에게로 사냥지식을 전달하는 가족들이 표현하는 문화적 가치는 무엇인가?
• 일상의 예 : 10대 딸이 살고 있는 '행성'은 어떤 곳인가? 딸의 세상은 나에게 친숙하지 않으며, 내가 그 나이였을 때와 같지 않다. 내가 내 딸과 그 연령의 또래 문화를 어떻게 하면 좀 더 잘 이해할 수 있을까?
• 미술의 예 : 내 그림에서 나 자신의 것이 아닌 문화에서 나온 이미지를 사용할 때의 윤리적 지침은 어떤 것인가?
• 미술치료의 예 : 노숙자들이 미술작업을 하기 위해 모이는 장소에 내가 몰입하게 된다면 무엇을 배우게 될 것인가? 미술치료사들이 무언가 중요한 것을 이해하도록 도와주는 것이 나에게 어떻게 보이는가?

하는 언어를 배우고 활용한다. 문화를 규정하는 매일의 일상적인 활동들이나 색다른 활동들을 관찰하는 것뿐만 아니라 참여한다. 종종 공식적으로나 공개적으로 관찰한다. 현장노트에 관찰한 것을 기록한다. 글쓰기와 분석에 암묵적 정보뿐만 아니라 명시적 정보도 사용한다(DeWalt & DeWalt, 2002, p. 4). 이런 활동들을 통해 연구자는 풍부한 층의 사회문화적 실제를 드러내려 하며, 행동들과 가치들이 어떻게 나타나는지를 핵심적으로 이해하게 해준다(Finkelstein, 2005). 자신이 우선시되지 않은 문화에 들어가 실제를 다루는 미술치료사들은 자신의 연구와 실제 질문들을 통해 문화기술지적 접근을 수행한다.

주요 정보제공자

문화기술지 연구를 수행하는 미술치료사는 연구자로서 가치 있는 정보에 접근하게 할 뿐만 아니라 유용한 통찰을 할 수 있게 도와주는 문화집단의 구성원을 찾게 된다. Spaniol(1998)은 연구 참여자의 선정방법으로 '눈덩이' 접근에 대해 설명했다. 이것은 한 명의 주요 정보제공자를 찾아서 인터뷰를 하고, 이 사람은 참여하는 데 흥미를 보이는 또 다른 집단 구성원을 추천하여 가치 있는 정보를 덧붙일 수 있게 한다. 그러나 보통 이런 정보제공자는 연구자가 수행하는 주요

치료의 내담자는 아니다. 왜냐하면 문화기준과 행동을 설명하는 것이 연구의 목적이라면 치료관계에서 내담자의 욕구를 잠재적으로 침범하게 되기 때문이다. 연구자들은 이에 대해 주의해야 하며, 문화기술지 연구를 수행하기 전에 그 문화 환경에서 상당한 시간 동안 관계 형성을 해야 한다. 문화기술지 연구자들은 문화적 흥미를 공유하는 사람들과의 관계에서 신뢰와 라포를 형성하며 비밀 유지에 주의해야 한다.

현장주제

문화기술지 연구자는 정보를 어떻게 수집하고 공유하는지에 대해, 정보제공자의 목소리와 이야기를 존중하면서 얼마나 협력하는지에 대해, 정보제공자 보호에 대한 암묵적 기대나 상호호혜의 약속에 대해 민감하다. 예를 들어 인터뷰 과정에서 미술치료사는 연구의 결과로 미술작품의 전시를 제안할지도 모른다. 그러나 이것은 현실적 기대인가, 또는 단순히 정보제공자의 협조를 얻어내기 위한 제안인가? 연구자는 역할에 대해 분명히 해야 한다. 사람이나 환경에 대한 미술치료사의 영향력은 계속되는 관계를 방해하지 말아야 하며, 상처 또는 속임수나 앙심을 갖지 않게 해야 한다. 문화기술지 원리로서의 상호호혜는 참여자들을 착취하지 않을 것이며, 참여에 대한 보상으로 무언가 가치 있는 것을 얻을 것이라는 점이다.

문화기술지 및 모든 참여관찰연구에서의 중요한 주제는 에믹(emic)한 관점과 에틱(etic)한 관점 간의 균형감을 유지하는 것이다. 에틱한 관점이란 문화 밖에서 보는 관점이며, 에믹한 관점이란 내부자의 관점을 의미한다. 어떤 사람들의 경우, 문화기술지 연구는 문화 밖의 사람에 의해 수행되는 것이 최적이라고 얘기한다. 왜냐하면 그들의 관점은 문화에 속해 있는 구성원들이 스스로 볼 수 없는 것을 보게 해주기 때문이다. 그러나 에틱한 관점은 문화적 내러티브나 텍스트를 만드는 데 있어 문화에 속한 구성원들을 넘어서 연구자의 목소리와 권력에 힘을 실어준다는 비판을 받는다. 절충안은 양쪽의 관점을 모두 취하는 것인데, 사회과학 연구의 에틱한 도구를 사용하면서 우선 내부자의 시각으로 경험한다.

문화기술지 인터뷰

현장관찰 및 인터뷰를 통한 자료와 연구하고 있는 문화적 맥락에 대한 자료들을 수집한다. 방법론적 주요 도구는 반구조화되고 개방된 문화기술지 인터뷰이다. 문화기술지 인터뷰는 다른 유형의 인터뷰나 조사와는 구별되는데, 질문이 사회 과학자들의 언어에서 나온다기보다는 정보제공자의 문화에서 나온다는 점 때문이다(Spradley, 1979). Spradley(1980)는 관찰하고, 인터뷰를 조직하며, 수집된 자료의 분석을 용이하게 하기 위해 초기 프레임웍을 만들었다.

- 공간과 시간 : 문화 현장에서 신체적, 정서적, 본능적, 심리적 경험에 대해 사건이 어떻게, 어디에서 일어나는지, 어떤 순서로 일어나는지에 주의를 기울이며 관찰한다. 공간이나 시간(과거, 현재, 미래)의 독특한 특성이 있을지 모른다. 신념이나 행동에 대한 어떤 문화적 표현들은 시간에 따라 또는 세대에 따라 변할 수도 있다.
- 인물 : 좀 더 큰 문화적 체계에서 어떻게 상호작용하는지 드러내 주는 사람들, 즉 개인이나 집단 또는 가족 구성원이 포함된다. 세대 간 영향, 규준, 그리고 여러 다른 맥락(교육, 종교, 사회, 조직 등)에서의 임상실제는 문화적 행동을 형성하게 해준다. 사건들과 활동들에서 문화적으로 주요 역할을 하는 주인공들을 관찰한다.
- 행위와 활동 : 문화적으로 의미 있는 임상실제나 연관된 행위, 또는 행동하는 사람들을 관찰하고 설명한다.
- 대상 : 문화 맥락 내에서 보이는 물리적인 것들은 독특하거나 특별한 의미를 전해 준다. 또한 중요한 역할을 하기도 한다.
- 사건 : 사람들이 수행하는 사회적 활동들, 즉 축하자리, 조직체 만남이나 재회장면, 의식과 관습, 또는 기대치 않았던 사건들은 특히 중요하며 문화적 표현을 보여주는 '창문'으로서의 기능을 한다. 결혼, 장례식, 집을 떠나는 것, 새로운 구성원을 받아들이는 것, 또는 이별, 사고, 질병처럼 어려운 전환점을 맞이하는 것 등과 같은 사건들은 가족이나 집단생활에 중요한 변화

의 흔적을 남긴다.

- **목표** : 사람들이 성취하려고 하는 것들은 행동에 대한 문화적 규준과 다양한 기대 패턴이 드러나도록 기술한다.
- **감정** : 위에서 기술한 모든 것들이 표현하고 있는 감정은 그들의 문화적 신념, 가치와 세계관과의 관계를 이해하게 해준다.

Spaniol(1998)은 연구자가 사람들의 사고, 감정, 경험과 행위에 다가가서 그

문화기술지 접근으로 본 미술치료 연구 : 협력자로서의 정신질환자

Spaniol이 발표한 문화기술지 예비 연구는 정신질환을 갖고 살아가는 사람들은 '장애문화'를 갖고 있는 문화구성원으로 간주된다는 가정에 근거하고 있다. 미술치료사 — 연구자는 전문적 편견을 가능한 한 많이 무시하고 존경과 겸손을 가지고 기꺼이 받아들이려는 마음으로 또 다른 문화에 들어가는 인류학자가 되어 미술치료 프로그램에 참여할 것을 요구한다. 저자는 예비 연구를 통해 문화기술지 접근의 원리를 발전시키고 분명하게 하였으며, 연구의 전개와 완성 또한 논의하였다. 현장 관찰과 인터뷰의 주제분석을 통해 나온 연구결과는 이 방법을 사용하는 추후 연구의 방향을 제안하고 있다. 이 논문은 이 연구접근을 사용길 원하는 미술치료사를 위한 구체적 조언으로 마무리하고 있다.

– Spaniol, 1998

제2차 세계대전 수용소에서 생존한 재미 일본인의 이미지 만들기와 개인 내러티브

이 연구가 문화기술지 연구라고 명백하게 기술되지는 않았지만, 문화기술지의 주요 특징들을 많이 담고 있다. 심층인터뷰와 미술작품을 통해 저자는 제2차 세계대전 동안 수용소에 감금되어 있던 6명의 재미 일본인들이 회상한 기억 속에서 문화적 주제들을 탐색했다. 수용소에서의 매일의 생활을 묘사했을 뿐만 아니라 수용민들이 어떻게 트라우마를 다루었는지에 대해 기술하였다. 저자들은 (a) 수용소에서의 스트레스로 가득 찬 생활조건, (b) 생존을 위한 예술과 창의성, (c) 상실과 박탈, (d) 가족 및 공동체 유대와의 분리, (e) 정체성의 붕괴, (f) 가치의 재확인과 탄력성, (g) 사회정의와 유산에 대한 요구라는 중요한 일곱 가지 주제를 확인했다. '전쟁 중 상대국에 거주하는 외국인'이라고 이름 붙여진 것에 대한 참여자의 내면화된 수치심은 전쟁에서 소외된 소수집단의 차별에 대한 외현화된 관심으로 진전되었다.

– Yates, Kuwada, Potter, Cameron, & Hoshino, 2007

들의 현실을 탐색하고 묘사하려 할 것이라고 했다. 구성원들이 자신의 삶을 어떻게 생각하고 느끼며 이해하는지가 사람들의 삶에 대한 생생한 묘사로 표현된다. 오랜 기간 동안의 깊은 몰입과 수집된 자료와 친밀해지면 의미가 나오게 된다. 모아진 많은 자료들과 이 장 앞부분의 AR과 사례연구에서 설명한 분석방법은 문화기술지 접근에서도 사용된다. Patton(2002)은 자세하고 정보가 풍부한 사례기록을 만드는 방법을 알려주었는데, 이것은 '분석의 단위'가 가치, 규준, 태도, 전통, 산물을 공유하는 집단이나 문화일 때 유용하다.

문화기술지 조사 단계

조사 단계는 문화 정보제공자와 집단과의 상호작용에 적용하는 것으로, 사례연구에서의 단계를 따른다. 장소나 문화에 접근하는 것을 시작으로 문화기술지 연구의 민주적 가치와 일치하게 권력관계와 역할을 정의하고, 문화 정보제공자에게 연구를 소개한다. 참여를 통한 자료수집 활동들과 정확도를 검토하기 위해 정보제공자에게 다시 전사된 내러티브를 보여주는 순환 방법은 문화기술지 방법론의 중요한 구성요소이다.

자료분석은 "여기서 무엇이 계속되고 있는가?"라는 질문에 대한 대답으로 문화 집단, 환경과 사건에 대해 솔직하고 사실적으로 기술하는 것으로 시작한다(Wolcott, 1994). 다음으로 이런 기술은 연대순이나 진전에 초점을 두고 개인이나 집단의 일상을 기술하여 살을 붙인다. 이런 자료들과 기술들을 수집하고 정리하여, Morse와 Field(1995)는 자료분석 과정의 기본 단계를 제안하고 있다.

1. 이해하기 : 연구자는 인터뷰의 내용을 재검토하고 반복되는 단어 이미지와 행위, 구, 아이디어를 강조하는 등 자료를 분류하고 주요주제를 확인하며 잠재되어 있는 이야기를 드러내기 위해 자료들을 코드화한다.
2. 종합하기 또는 평균내기 : 연구자는 텍스트를 연구하고 작업함으로써 개인 이야기를 사람들의 체험에 대한 종합기술로 수집하기 시작한다.

3. **이론화하기 또는 자료를 모형화하기** : 어떤 주제나 이야기 또는 임시의 설명이 나오면, 연구자는 자료를 가지고 추론을 하며, 자료에 꼭 맞는 다양한 가설들을 탐색한다. 또한 연구자는 해석이 연구자 자신의 것임을 인정한다 ("이것은 내가 그것을 이해한 방식이다." 또는 "이것은 연구경험이 어떻게 나에게 영향을 주었나이다.")(Creswell, 1998).

4. **재맥락화 또는 이론 전개하기** : 결과적으로 연구자는 여러 현장, 상황, 사람들과 그곳에서의 두드러진 측면들을 연관시켜 나오게 된 이론을 일반화하려 시도한다. 연구자는 이야기쓰기, 창의적 소설, 미술작품 또는 퍼포먼스를 통해 표현적 해석을 한다.

Creswell(1998, p. 183)은 Emerson, Fretz, Shaw(1995)가 개발한 주제적 내러티브의 구조를 제안했다. Emerson 등(1995)은 문화기술지 최종 보고서 글쓰기를 위해서는 (a) 우선 독자의 관심을 끌고 연구에 초점을 맞추도록 소개한 뒤, 연구를 미술치료의 더 넓은 주제와 연결시킨다. (b) 그 이후 연구자는 현장과 그것에 대해 알아가는 방법을 소개한다. 즉, 정보를 얻기 위해 어떻게 접근하는지, 연구자가 문화현장에서 어떻게 자신의 역할을 해나가는지 등에 대해 소개한다. (c) 배경정보에 대해 각각 분석하여 요점을 제시하며, 주요 정보제공자의 이야기에서 발췌하거나 직접적인 인용문을 제공하고 나서 큰 맥락에서 중요한 해석적 논평을 제시한다. (d) 결론에서는 연구에 대해 반영하고, 이것을 연구의 가정에 대한 메타 논평이나 최근의 주제, 일반이론과 연관시킨다.

문화기술지 연구자들은 문화에 대해 공감적이고 전체적인 그림을 그릴 수 있도록 묘사하는 언어 사용에 관심이 있다. 그들은 은유, 삽화, 예, 사례, 짧은 장면, 발췌된 인용문, 내러티브 등을 사용한다. 마치 독자가 주인공이나 연구자가 경험한 것을 목격한 것처럼 생생하게 경험하게끔 연구자는 문화 집단을 '상세하게 기술' 하여 생생한 묘사, 맥락, 정서를 얻으려고 노력한다.

문화기술지 연구에서 타당도 문제와 확인 전략

사례연구자들처럼 과거의 문화기술지 연구자들은 지식에 대한 자신의 주장을 입증하고 강화시키는 데 도움이 되는 과정을 따르지 않았다. 사례연구에서처럼, 문화기술지의 타당도를 높이기 위한 가장 공통적인 과정은 자료출처에 대한 삼각기법이다. 예를 들면, 한 명의 주요 정보제공자(이중언어 학교의 교사와 같은 사람)의 관점을 다른 역할과 기능 또는 문화 내에서의 다른 경험을 하는 사람(학생, 부모, 또는 조부모와 같은 사람들)에게서 얻은 다른 관점과 비교한다. 초반에 언급했던 현대 참여관찰의 협력 원칙에 따르면, 문화기술지 연구자들은 그들이 기술한 것과 결과보고서의 진정성과 정확성을 모니터하기 위해 공동연구자 및 문화 정보제공자와 구성원 검토를 한다. 결과적으로 문화기술지 연구의 전반적 질은 평가기준으로 체크해 볼 수 있다(Spindler & Spindler, 1987).

미술치료의 문화적 측면에 대한 관심이 증가함에도 불구하고 미술치료 문헌으로 출판된 문화기술지 연구물은 거의 없다. 문화를 수반한 연구들은 소수집단의 구성원들을 치료하는 '전문가'인 미술치료사의 관점으로 쓰인 것들이다. 문화적 통찰에 대한 문헌은 드물며, 미술치료 프로그램에 대한 묘사나 참여자가 만든 미술품의 분석에 대한 연구문헌이 대다수를 차지한다. 문화기술지 연구에 도전을 할 때 고려해야 할 점으로, 미술치료사들이 일반적으로 문화인류학이나

문화기술지 연구의 평가기준

1. 관찰은 맥락에 따른다.
2. 가설은 연구가 계속되는 상황에서 나온다.
3. 관찰은 지속적이고 반복적이다.
4. 인터뷰, 관찰 및 다른 도출 과정을 통해, 현실에 대해서는 원주민(에믹) 관점을 취한다.
5. 지식은 체계적인 방식으로 정보제공자-참여자에게서 나온 것이다.
6. 도구들, 코드, 스케줄, 질문지, 인터뷰 지침서와 기타 등은 탐색의 결과로 그 상황에서 나온다.
7. 2개 이상의 문화에 걸친 비교 문화적 관점은 자주 설명되지 않은 가정이다.
8. 연구자는 정보원에게서 모든 암묵적 정보를 명시적 정보로 만드는 것이다.
9. 문화기술지 인터뷰어는 물어볼 질문에 대한 반응을 미리 결정하지 않는다.

– Spindler & Spindler, 1987, p. 18

사회문화 체계적 사고와 친밀하지 않다는 점이다. 문화기술지 연구들은 광대한 양의 자료수집과 현장에서의 시간이 요구되며, 이것은 치료사들이나 대학원 학생들이 문화기술지 연구를 수행하기 어렵게 한다. 다른 한편, 문화기술지 연구에서 보여주는 '이야기하기' 접근은 미술치료사들의 창의적 민감성을 자극한다. 사진, 비디오테이프 및 새로운 미디어 매체와 같은 시각적-내러티브 방법들을 통해 자료수집의 범위를 확대시키면, 문화기술지는 미술치료 전문가의 문화적 지식에 기여하는 주요 방법이 될 수 있다. 그러므로 미술치료사들이 미술치료에 적용하는 문화기술지 연구는 다른 질적 방법과 결합하여 자료를 수집하거나 해석하는데 '문화기술지 렌즈'를 사용하는 소규모 연구가 될 수 있다.

문화기술지 연구의 집중적인 특성은 연구자를 일상과 친숙하지 않은 문화의 패턴에 몰입하게 하는 결과를 가져온다(Gilroy, 2006). Gilroy(2006)는 연구자는 경험에 휘둘리지 않고, 경험의 가장자리에 머물 필요가 있으며, 연구자 자신의 문화가 연구하는 문화에 대한 지각과 관찰에 영향을 준다는 것을 받아들이는 것과 같은 반영성(reflexivity)은 다루기 어려운 문제일 수 있다. 따라서 문화기술지 연구의 결과는 연구자의 경험에 대한 해석과 그것의 의미에 기반한 구성물이라는 점에서 제한점을 갖고 이해되어야 한다.

문화기술지 연구에 대한 비평-지향적 관점

미술치료사인 Susan Spaniol은 미술치료 문헌에 몇 가지 기여를 했는데, 문헌은 문화기술지 연구의 참여적 의미와 실제에 도전한 연구들이다. 1998년 논문에서 Spaniol은 미술치료에 대한 관점을 재설정하게 되었는데, 이 논문에서 그녀는 정신질환자들에 대해 개인 중심적 접근의 미술치료를 전개했다. 그녀는 치유의 욕구로 환자를 도우려하기보단 환자의 상황에 대해 공감하면서 내담자를 전문적 기술을 가지고 있는 미시-문화의 구성원으로 보기 시작했다. 그녀는 "각각의 미술치료 세션은 각 개인들이 가족, 종교, 직업, 연령, 성, 그리고 계층과 같은 다양한 미시-문화에 속해 있기 때문에 문화를 넘어서는 만남이었다."

(p. 29)고 기록하고 있다. 미술치료 실제에 적용된 문화기술지 렌즈는 미술치료 사에게 선입견을 옆으로 치워두고, 내담자의 삶의 실제에 민감하게 반응하며, 존경과 겸손을 가지고 내담자를 다루기를 요청했다. 전문가의 '도움을 주는' 역할은 평등주의 원칙과 치료현장을 넘어서 실제에 대한 좀 더 폭넓은 개념이라는 측면에서 재개념화해야 할 필요가 있다.

또한 나는 다문화 미술치료의 실제에서 어떻게 하면 임상실제에 대한 기존의 많은 가정들을 제쳐둘 수 있는지, 강력한 다문화 만남이 가능한지에 대한 생각들을 기술했다(Kapitan, 2006a). 어떻게 연구가 권력, 기관, 발언을 지향하는가에 대해 질문함으로써, 연구자의 권력과 연구되는 연구과정 그 자체, 그리고 글을 쓰고 연구를 발표할 때 권위를 가진 사람들의 권력 사이에서의 차이를 알아간다. 누가 연구를 수행하는가, 누가 어떤 언어로 자료를 분석하는가, 어디에서 분석하느냐가 결과에서의 차이를 만들어낸다(p. 51).

이런 종류의 통찰들은 연구지식을 만든 특별한 시각에 대한 질문을 통해 '지향적' 또는 '관점적' 시각에서 나올 수 있다. 관점은 '위에서 바라보거나' 또는 '어느 한 관점으로 치우치지 않은' 시각으로 문화에 접근하는 연구자의 당연한 가정에 도전한다는 개념이다(Naples, 2003, p. 85). 즉, 타인을 바라보는 그들의 문화적 렌즈를 '의심하는' 연구자는 최적으로는 진실에 대해 착각하게 하며, 최악으로는 인종적 압박이나 영원한 문화적 제국주의를 만들어낸다. 관점이론들은 사회정의 문제를 고려하지 않는 연구가정에 도전하고자 개혁에 대한 정치적 옹호 및 정치적 의제와 연구를 뒤섞는다.

오늘날 이런 가정을 드러내는 가장 영향력 있는 이론들 가운데 **동성애 이론**(queer theory)이 있는데, 이 이론은 성의 견해와 성은 정체성과의 계속되는 협상에 의해 구성된다고 인식하기보단 생득적인 조건이라고 당연하게 인식하는 가정 및 성에 대한 관점에 도전을 한다. **흑인해방이론**(black liberation theory)은 인종, 계층, 성이 서로 어떻게 맞물려 있는지를 폭로하여 통제의 지식과 압력의 힘에 대해 재구성하여 보여주고 있다(Bell, 2001). **여성주의**(feminist) 관점은 여성의 다양한 상황과 그런 상황을 만들어내는 제도에 중점을 두고 있다(Oleson,

1994). **비평이론**(critical theory)은 인종, 계층, 성으로 사람들을 제한하는 권한 부여에 관심을 두고 있다(Fay, 1987). 여기서는 제한된 지면으로 인해 자세한 논의를 할 수 없지만, 비평-지향적 이론들은 모두 참여관찰 현장연구의 틀이 되는 정치적 관점이나 함축적 이데올로기를 노출시키려는 시도로 가치 있는 연구작업이다. 그런 비평적 탐색은 주류개념, 구조, 이미지를 통해 통제로부터 사람들을 자유롭게 하는 데 초점을 두고 있다.

미술치료 문헌에서 Spaniol(1998)은 연구자로서의 자신과 공동 연구자인 참여자 간에 이루려고 한 연결성과 평등에 대한 기술을 여성주의 탐색의 주요 원리 중 하나로 묘사하고 있다. Spaniol이 자신의 설명에서 암시하듯, 문화기술지적 미술치료사의 어려움은 "그녀가 아무리 '원주민'으로 보인다 할지라도, 현장작업은 관계체계로의 침투이고 개입이다. 연구자는 연구되는 것보다 훨씬 멀리 떨어져 있다."(Stacey, 1991, p. 115). 여성주의 관점은 정보제공자와 평등하지 않은 상호호혜성을 인식하고 권력, 특권, 연구자의 반영성과 관련된 변화 지향적이고 의식향상 활동들을 지지한다(Guerrero, 1990, pp. 16~17). 다음 섹션에서 논의하겠지만, 오늘날 가장 촉망받는 연구는 지속적이고 민주적으로 조직된 프로젝트를 통해 타인들과 집단을 결성하고 문화적으로 다양한 활동가 집단의 협력을 바탕으로 이루어지는 연구이다.

권한 부여를 지향하는 연구가치에 대한 질문

1. 공동체의 관심에서 나온 연구문제인가?
2. 연구수행에 어떤 사람들이 참여하는가? 질적 시간이 요구되는 연구접근인가?
3. 참여자의 윤리적 관심을 고려한 설계인가?
4. 차별 및 억압과 연관 있는 참여자들인가? 그들은 어떻게 이름 붙여졌는가?
5. 전통적인 주류에서 벗어난 집단들의 참여를 증가시키기 위한 표집을 할 수 있는가?
6. 연구과정과 결과가 연구되는 공동체에 이익을 줄 것인가?
7. 결과가 그 공동체에 대한 것이라 신뢰할 수 있는가? 그 공동체와 어떻게 효과적으로 소통할 것인가?

— Metens : Creswell의 2003년 문헌에서 언급함

연구가 현장에서 수행되기 전에 어떤 연구에든 비평적 렌즈가 적용되면, 미술치료 연구는 잘 진행된다. 결국 지식이 힘이다. 우리가 인식론의 틀을 넓히면, 현실을 객관화하고 통제하는 전통적 인지에 기반한 지식을 뛰어넘는 또 다른 유형의 힘에 대해 생각할 수 있게 된다. Park(2001)는 반영적이고 합리적인 지식을 가지고, "사람들은 자신이 혼자가 아니라 연관된 사회적 존재로 더 큰 전체의 부분이라 느끼게 된다. 그것이 결속의 힘이다."라고 썼다(p. 87).

PAR(Participatory Action Research)

왜 우리는 연구를 하는가? 연구를 통해 얻은 지식으로 누가 도움을 받는가? 지식이 어떻게 사용되는가? PAR로 알려진 '사람들의 연구'의 주요 아이디어를 파악하기 위해, 어떻게 연구가 이루어지고, 수행되었으며, 널리 퍼졌는가에 도전하는 질문으로 시작한다. 전통적으로 연구는 연구를 만들고 피험자인 사람을 '주축'으로 진행되는 질문을 생각해내는 전문가에 의해 시작된다. 피험자들은 연구자가 분석하고 논문이나 출판을 위해 쓰일 자료를 만들어내는 다양한 양적 또는 질적 과정의 '대상이 된다.' 심지어 연구자가 민감하여, 피험자에 대한 관심이나 전문성에 대한 관심으로 연구가 이루어진다고 믿는 배려심 많은 미술치료사의 경우, 그런 관심들은 피험자가 아니라 연구자에 의해 규정된다. 학술지의 시니어 편집자로서 승인된 연구보고서에서 이런 과정의 불행한 결과를 목격한다. 즉, 자기 선택적인 집단에 대한 연구자의 편향된 조사부터 단일 개인의 단일 세션에서 나온 미술작업의 상세한 분석을 진단, 문화, 성격, 구조, 뇌기능, 심리적 이론의 전체 범주로 일반화시키는 것까지 볼 수 있다. 이것들은 잘 설계된 많은 연구들에 의해 상쇄되기는 하지만, 내가 얘기하고자 하는 점은 자연스럽게 사고의 방향이 연구되는 사람들을 배제하고 그 사람들을 지식 생산적이고 지식 소비적인 엘리트들이 사용하는 대상으로 바꿔 놓는다.

PAR은 이런 상황을 바꿔 버린다. 전통적으로 연구의 피험자인 사람들은 문제를 자신의 것으로 만들고, 조사할 가치가 있는 문제를 결정하며, 자신의 상황을

비평의식의 세 가지 발단단계로부터 나온 PAR 질문

이름붙이기 : 우리의 삶에서 가장 비인간적인 문제는 무엇인가? 그것들은 이런 방식으로 있어야 하는가? 그것들을 어떻게 해야 할 것인가?

반영하기 : 이런 문제들은 왜 존재하는가? 누구를 또는 무엇을 비난해야 하는가? 이 상황에서 우리의 역할은 무엇인가?

행위하기 : 이 상황에서 변화하기 위해 할 수 있는 것은 무엇인가? 행해졌어야 하는 것은 무엇인가? 우리는 무엇을 할 것인가?

— Freire, 1997

어떻게 분석해야 할지, 해결책을 어떻게 찾아야 할지 결정한다. PAR은 특히 비전문가로 행동하는 역할이라는 측면에서 다른 AR과는 구분된다.

참여연구에서, "중요한 것은 단지 연구자의 호기심에서 시작하는 것이 아니라 탐구의 주체는 세상 사건들의 잠재적 원인을 밝히는 것이다."(Gaventa, 1993, Fine과 동료들의 2003, p. 175에서 인용함).

다른 AR처럼 변화의 과정은 PAR의 주요 동력이다. PAR는 조작화된 AR로, 일반 사람들의 일상생활에서 일어나는 자연적인 욕구를 알려주며, 그 과정에서 지식을 산출하는 것이다(Park, 2001, p. 81). 역사적으로 PAR은 브라질의 유명한 교육자인 Paulo Friere의 작업에 기반하고 있다. 그는 "사람들은 지식생산에 참여할 보편적인 권리가 있으며, 이것은 개인적이고 사회적인 체계화된 변형과정이다."(1997, p. xi)라는 신념을 만들어냈다. 비정부기관은 물론 권리박탈된 사람들이나 주류에서 밀려난 사람들로 조직된 집단들은 이 연구 패러다임에서 지도자의 역할을 한다. 그들의 사회에서 밀려난 사람들은 종종 기존의 가장 큰 사회문제에 대해 알고 있으며, 그것들이 어떻게 사람들의 삶에 영향을 주는지를 안다. Friere는 장기간의 사회변화는 현지 사람들이 장기간의 비평의식 향상과정에 활동적으로 참여할 때 가능하다는 것을 발견했다.

PAR은 보통 공동체 기반의 사회 행위 프로젝트를 통해 조직되는데, 이 프로젝트는 사회적 이슈나 지역사회 문제에 대한 영향력을 이해하거나 평가하는 데 기여한다. 지역사회 상담, 의료연구, 폭력예방, 비영리조직, 공공정책, 반인종주의 교육, 성인교양교육 캠페인, 지역발전, 세상에 존재하는 무수한 프로젝트에서 PAR을 진행할 수 있다. 질문지와 인터뷰 같은 표준화된 사회과학 연구의 도구와 더불어, PAR 방법은 길거리 극장, 상점 앞 전시, 집단대화, 시청 모임, 정치적 조직화, 교육캠프나 수행, 다문화간 교환 프로그램, 미시-경제 연구보조금, 여성의 협동, 다세대간 보육센터, 비디오나 사진 기록물들의 형태를 취한다. 사회변화 연구에 관심 있는 미술치료사들은 이런 민주적이고 다문화적이며 다면적인 AR 집단에 참여할지 모른다. Golub(2005)은 사회행위 미술치료에서 치료사는 '지역사회의 이름으로 그들의 현실을 이해하고, 그들의 욕구와 강점을 확인하며, 개인 및 집단의 안녕과 사회정의에 기여하는 방식으로 자신의 삶을 변형하여' 작품 만드는 과정을 촉진시킬 수 있다는 것을 관찰했다(p. 17).

PAR의 광범위한 다양성을 통합하여 공통성을 뽑아내기 위한 목적으로, Hall(1981)은 세 가지 특성 범주를 요약했다. (a) PAR은 전통적으로 착취했거나 억압했던 공동체에 초점을 맞춘다. (b) PAR은 모든 참여자들이 자신의 기술과 지식을 가지고 연구에 기여하여 새롭게 배우고 변화하는 연구, 교육, 행위의 과정이다. (c) PAR은 공동체의 구체적 관심 및 긍정적 사회변화를 성취하려는 목표를 억압하는 근본적 원인, 이 둘 다를 알기 위해 작업한다.

이것과 더불어 Patton(2002, p. 185)은 참여연구의 기본원리를 기술했다.

- 연구 프로젝트는 연구기술을 학습하고, 우선권을 얻으며, 질문에 초점을 두고, 자료를 해석하며, 자료에 근거한 결정을 내리는데, 과정과 결과를 연결시키는 데 참여자를 포함시킨다.
- 참여자들은 탐색질문을 자신의 것으로 한다. 공동체 구성원들은 결과를 자신의 것으로 하며, 정보가 어떻게 그들의 관심을 다루는 데 사용될 것인지를 결정한다.
- 참여자들은 집단응집력과 집단탐색을 지지하는 촉진자를 가진 집단으로 함께 작업한다.

PAR 설계방법의 예

PAR에서 연구설계 결정은 공동체나 집단과정에 참여하여 이루어진다. 캐나다 원주민 공통체와의 Chataway의 PAR에서, 다음에 나오는 보편적인 단계는 3년에 걸쳐 일어난 것이다.

1. 정보수집(공동체에 몰입)
2. 문제정의(연구질문 만들어내기)
3. 도구설계(인터뷰 계획, 대화집단 일정)
4. 자료수집(인터뷰, 질문지, 포커스 집단, 집단대화)
5. 결과의 집단적 해석(구문으로 요약하기, 집단토론, 출판을 위해 보고서로 피드백받기)
6. 2단계로 되돌아가서 다시 순환(연구질문을 재정의하고 다시 전개하기, 도구설계를 조정하기, 자료수집과 집단적 해석으로 되돌아가기)
7. 실행단계(개인은 새로운 기술, 언어, 집단대화를 사용함)
8. 이전단계로 되돌아가서 다시 순환(실행단계의 결과나 목표에 근거함)

— Chataway, 2001

- 프로젝트의 모든 측면은 의미 있고, 참여자를 이해하는 방식으로 진행된다.
- 연구자는 촉진자, 협력자, 학습자원으로 행동하며, 참여자도 동등하다.
- 연구자는 참여자의 관점과 전문성에 가치를 두며, 서로가 서로의 관점과 전문성을 이해하도록 참여자들을 도와준다.

미술치료에서의 PAR 방법론

단일의 PAR 방법론은 없지만, Maguire(1987)와 Dickinson(2003)의 연구에 기초한 PAR의 공동체 발달 모델은 니카라과의 비영리건강공통체와 교육조직체인 Cantera(Centro de Comunicación y Educación Popular)에서 PAR 촉진자이자 미술치료사로 일한 나의 경험을 통해 설명될 수 있다. Cantera의 임무는 사람들의 다양성을 결합하여 '사람들을 능력 있게', 좀 더 인간적이며 평등주의적이고 지속할 수 있는 사회를 건설하는 주역으로 만드는 것이다(Cantera, 2007, para. 6).

관계에 접근하고 관계 형성하기 PAR는 연구자와 공동체 구성원 간의 관계를 형성하는 것부터 시작한다. 경험을 통해 연구에 모든 참여자들이 성공적으로 강한 라포, 상호신뢰, 지속적인 참여를 할 것이라는 것을 안다. Dickinson(2003)은 성, 민족, 계층, 서양집단과 동양집단이 서로 중첩되어 구성원들끼리 경계를 넘어서 학습과 연구에 참여할 때 이점을 갖게 된다는 것을 믿었으며, 나의 경험 또한 이것을 확신한다. 그러나 어떤 연구자든 PAR 참여의 부분으로 공동체에 장기간 참여하는 것이 얼마나 중요한지를 아무리 강조하더라도 선진국의 구성원들에게 특권을 줌으로써 경제적·사회적 불평등이 일어난다. 연구자의 문화적 능력은 윤리적 원칙의 문제로 PAR 프로젝트를 수행하기 전에 이미 잘 발달되어 있어야 한다. Golub(2005)은 집중적인 언어연구를 포함한 PAR 참여의 준비사항, 즉 지역 공동체, 참여자들 간의 관계, 후원하는 기관에 대해 가능한 한 많이 학습하기, 연구의 사회정치적 맥락, 미술과 치유의 전통적 역할과 현재의 역할, 미술표현의 잠재적인 문화적 위험, 문화외부인의 개입으로 지역 참여자들에게 미치는 영향에 대해 기술했다.

역사적으로 많은 연구들은 지배집단에서 나왔으며, 지배집단만큼 서비스가 충분하지 않은 지역으로 수출되었다. 그러나 그런 개입의 발달과 소유권은 공동체 구성원들 간의 개방된 대화에서 나온 것이다. Cantera 사례에서 보면, 공동체 발전 프로젝트는 내가 연구에 미술치료를 통합하려는 조직자로 접근하기 전에 이미 잘 형성되어 있었다. 다른 PAR 프로젝트에서 보면, 연구자는 집단의 '내부' 구성원으로서나 공동체에 대한 통제이양과 권력이양을 시작하고 작업하는 '외부인'으로서 접촉을 시도하는 사람이 된다.

PAR의 또 다른 주요 요소인 지식생산과 권력 간의 관계는 다문화적으로 협력할 때 특히 두드러진다. 나의 경우 미술치료사로서 나의 전문성이 수용되었을 뿐만 아니라, 교육수준, 인종, 문화 등 나의 태생이 덧붙여지고, 자원, 기술에 접근할 수 있는 특권을 가진 공동체의 외부인으로서 인식되었다. 예상된 착취나 유기, 또 그와 연관된 주제는 관계를 통해 반향을 불러일으킨다. 그러므로 신뢰성과 소통할 수 있는 방법은 문화적 능력을 발전시키고, 계속되는 공동체 행위와 과정계획에 참여하기 위해 매년 계속해서 Cantera로 돌아와 그곳에서

장기간 연구에 참여하는 것이다. Cantera 구성원들과의 작업관계가 10년 동안 깊어졌기 때문에 나는 기꺼이 따뜻하게 받아들여졌으며, 이것은 어느 정도 나의 외부지위를 변하게 했다. 그러나 외부인과 내부인은 고정되거나 정지된 위치가 아니다. 그것들은 매일의 상호작용을 통해 계속해서 협상되고 재협상된다(Naples, 2003).

조직의 가치와 연구협력의 원리 확인하기   이 모델에서 PAR은 지역사회 발전, 사회적 행위, 보통교육을 결합한다. Freire(1970)는 자신이 속한 공동체의 강점에 대해 사람들이 인식하게끔 하는 형태의 교육을 보통교육('대중'이라는 단어에 뿌리를 두고 있음)이라고 정의했다. Cantera는 지역발전 프로젝트, 특히 개인과 문화정체성을 강조하고, 위험군에 있는 아동들과 청소년들의 욕구를 돌보며, 성 분석과 소규모의 경제발전을 지원하는 프로젝트에 투자하는 등 공동체에 기반한 연구를 지원한다.

대화와 집단과정   프로젝트 초기에, PAR을 구성하는 모든 활동들 사이에서 두 개의 주요 방법론적 연관성은 집단과정과 대화의 촉진이다. 대화는 사람들이 함께하는 것이며, 부분의 합보다 더 큰 공동의 전체를 형성한다(Friere, 1970). Spaniol(2005)과 Lark(2005)은 불평등한 권력을 갖고 있는 집단의 사람들을 위해 의사소통의 장벽을 줄이고자 미술치료의 구조로 참여대화 포맷을 넣었다. 예를 들면, Cantera PAR 프로젝트 중 하나로 이웃의 폭력증가의 원인을 얘기하고 변화를 위한 추진력을 생산하기 위해 다양한 지역사회 참여자들이 함께했다. 구조화된 대화에는 경험과 정보를 공유하고 집단 행위를 구축하기 위해 청소년, 성인, 경험 많은 리더, 농장 노동자, 고도로 숙련된 행정가, 남성과 여성의 집단을 혼합시킨다(Park, 2001, p. 81).

미술치료를 통한 AR   Cantera의 PAR을 촉진하는 미술치료 구성요소는 대화과정에 미술과 미술치료 기법을 가져와, 개인, 집단, 그들 경험의 사회적 수준에 대한 공동체 반영을 활성화시킨다. 미술치료는 PAR과 일치하는데, 정의에 따르면 행위 지향적이며, 종종 주제와 해결을 확인하는 데 사용되기 때문이다 (Spaniol, 2005). 미술에 기반한 반영은 통찰하게 하고, 새로운 인식을 자극함으로써 행위과학방법(행위－반영－행위)을 따르고, 변화를 위한 후속적 반영, 지각, 실제를 가져온다. 어떤 바람직한 결과를 기대하기보다는 외부인/촉진자로서 나는 문화와 Cantera의 사회정치적 맥락에 적합하게 미술치료 작업과정을 유연하게 다뤄야 한다는 것을 발견했다. 예를 들면, 미술재료의 부족은 니카라과에서 문화적으로 의미 있는 시쓰기에 대한 풍부한 경험을 나에게 제공해 주었으며, 공동체 구성원들이 특별한 문제를 어떻게 인식하는지의 차이를 확인할 수 있게 되었다. 다른 예로는 어느 시골의 공동체는 용수권(用水權) 상실의 위협에 대항해 공중벽화를 세울 계획을 했다. 미술치료사로서의 나의 PAR 역할은 지령이나 대답을 제공하기보다는 행위와 반영에 대한 집단과정으로 질문과 대답을 촉진시키는 것이다. 브라질의 사회행위 프로젝트에 대한 기술로 Golub(2005)은 이런 맥락에서 미술치료는 '사람들이 서로 이야기하고, 공유된 문제를 해결하기 위한 방법을 찾는 포럼'이나 수레를 제공하는 거라고 했다(p. 19).

연구보급과 '권력이양 평가' 마지막으로 참여자들은 공동체의 모든 구성원들과 함께 새로운 학습, 실제, 기술, 자신들의 반성을 널리 알린다. 이것은 '상승효과(multiplier effect)'로 알려져 있으며, PAR의 열매를 참여자들이 가지고 가고 그것들을 개인의 이익을 넘어서 공동의 선(善)을 행하는, 즉 가장 좋은 것을 행할 수 있는 다른 사람들과 현장에 번식시키는 것이다(Kapitan, 2006b). 이런 방식으로 연구와 사회적 변형의 결과를 자신의 것으로 만드는 것이다. Cantera 스태프는 협력으로 만들어낸 많은 재료를 모으고 공동체 발전 프로젝트의 공식적 평가를 수행한다. 과테말라에서 수행된 미술에 기반한 PAR 프로젝트에 따르면, Lykes(2001)는 PAR 방법의 적합성을 평가하기 위한 준거를 만들었다(p. 179 상자글 'PAR 방법과 결과를 평가하기 위한 준거' 참조).

앞에서의 논의가 사회행위 미술치료에서의 PAR 모델을 따라갔다면, 그 원칙

PAR 방법과 결과를 평가하기 위한 준거

1. 지역 공동체에 존재하는 극도로 제한된 자원들과의 공존가능성, 이는 프로젝트의 지속성에 영향을 미침
2. 사회적 변화 매개체로 참여자의 잠재성과 기존의 사회문제를 반영하고 이해하는 방법을 통한 참여의 용이함
3. 활동가, 정책 입안자, 기금 제공자, 다른 잠재적 협력자의 잠재적 관중에게 사회적 현실을 다시 보여주는 자원으로서 생존능력
4. 복합적이며 지역 고유의 임상실제를 가능하게 하고 공유하게 해주는 잠재력
5. PAR의 반응에서 나온 문화적 실제에 대해 생각할 때 행위/반영 변증법을 촉진시키는 능력
6. 참여자에 대한 위험을 최소화하기

— Lykes, 2001

은 현장을 통해 다방면에 걸쳐 재인지되며(Spaniol, 2005; Carolan, 2001; Deaver, 2002), 미술치료 실제에 깊이 간직되었다. Golub(2005)은 브라질, 중국, 덴마크의 지역사회 기관에서 미술치료에서의 PAR 원칙을 언급했다. 그리고 자신과 작업했던 사람들과 공동체 및 억압체재의 생존자 참여과정의 몇 가지 세부사항을 논의했다. Spaniol(2005)은 미술치료사들과 정신적 질환을 갖고 있는 미술치료 소비자들 간의 협의회 형태를 취하고, 평등한 관계 및 파트너십을 갖고 협력의 기회를 만든 PAR 프로젝트에 대해 기술했다. PAR은 다양한 다문화 현장과 여러 다른 실제 현장에서 치료사—내담자 만남의 상호참여에 대한 깊

'학습된 희망감' : 미술에 기반한 PAR 접근방법

Spaniol의 논문은 미술치료를 경험하거나 자기표현을 위해 미술을 사용한 정신질환자들과 미술치료사들을 위한 이틀짜리 협의회에서 발표한 것이다. '참여 대화'로 설계되었으며, 협의회는 정신건강 전문가와 소비자들 간의 협력을 조성하기 위해 워싱턴 D.C.의 Center for Mental Health Service를 통해 PAR을 수행했다. 이 연구는 이질적인 집단을 돕고, 파트너십 형성을 위해 미술작업을 사용한 협의회의 첫 번째 연구로 기록되었다. PAR의 미술에 기반한 접근은 다양한 참여자들이 신뢰와 상호이해를 형성하게 해주었으며, 그 결과 미술치료사들은 새로운 관점을 전문적 태도 및 실제에 통합하기 시작했다.

— Spaniol, 2005

활동가 PAR와 마야 여성과 함께한 미술

'아동을 위한 창의성 워크숍'은 지역사회 건강 증진자, 아동-양육 관리자, 교육자들이 함께 과테말라 지방에서 개발한 프로그램으로 PAR의 핵심이 되었다. 전쟁의 아동 생존자들을 돕기 위해 고안된 PAR 프로젝트는 개인적 비극에서 계획된 폭행의 영향에도 불구하고 진실을 추구하는 사람들과의 경험을 공유하는 방향으로 이동한다. 극장 공연, 춤/움직임, 시각적 미술, 음악, 말 등이 아동들의 회복을 돕기 위해 사용되었다. 초기 프로젝트는 16~65세의 참여자들이 60세 이상의 여성집단에 영감을 주었다. 2개의 사진연구방법은 참여자들의 토착문화와 농업, 전쟁과 그 영향, 빈곤, 외상을 극복하는 데서 오는 복합적 도전 등 삶의 이야기를 기록했다.

– Lykes, 2001

PAR : 수감소 창살의 안과 밖

연구자들은 뉴욕에 있는 여성 수감소에서 PAR 프로젝트를 수행했는데, 수감소에 있는 여성에게 있어 전문학교의 영향, 수감소 환경, 퇴소결과를 문서로 만들어 기술했다. 수감자 집단과 대학기반 연구자들 집단의 감시하에서 PAR 연구를 수행했는데, 진행과정에서 딜레마가 나타났다. 수감소 내에서 글을 쓰는 수감 여성 연구자들의 관심은 지식 구성에서 내부인과 외부인의 목소리로 비판적 주제에 대해 작업하는 윤리적 지식인 공동체 내에 이 연구를 위치하게 했다.

– Fine et al., 2003

은 이해를 위해 일차적으로 돌봄을 사용하였다(Marincowitz, 2003). 상담에 참여한 낙인찍힌 집단이나 소수집단의 구성원들 사이에서 고단수의 조기폐쇄를 감행할 때, 미술치료 실제를 평가하고 개선하기 위한 PAR의 이점은 매우 중요해진다. 게다가 PAR은 미술치료사들과 작업하는 사람들의 현실 이해와 지식에 기여할 뿐만 아니라 자기-권력이양에 대한 PAR의 강조는 참여자의 회복과정에 직접적으로 기여할 수 있다.

미술치료에서 PAR에 대한 몇 가지 윤리적 도전

PAR이 정서적으로나 지적으로 미술치료사의 이타적인 욕구를 만족시키는 방식으로 진행될 것이라 기대할 수 없다. PAR 연구자들은 복잡한 윤리적 딜레마를 꽤 빨리 발견하게 되는데, 이 딜레마는 권력, 기관, 통제의 수많은 가정에 도전하게 한다. Fine과 동료들(2003)은 여성 수감자들과의 PAR 프로젝트에서 이런 몇 가지 도전들에 대해 훌륭하게 반영하고 있다.

> 우리는 우리들 사이에서 여성지식인 팀을 만들었다. 그러나 …… 우리 중 반은 밤에 집에 갔고, 나머지 반은 수용소에서 살았……. 우리들 사이에서 확실한 것은 자유와 수감 차이를 구분하는 것이다. 그러나 작업, 걱정, 글쓰기, 여러 공동체들을 통해 우리의 영혼에 또 다른 문신과 상처가 새겨졌다. 보통 이런 차이들은 우리를 풍성하게 한다. 때때로 그것들은 우리를 구분하고 그 순간 우리를 분리시킨다(pp. 87~88).

PAR은 이런 연구자의 질문, 방법, 분석 및 글쓰기를 예기치 않은 방식으로 풀어간다. 공유된 기술, 존중, 신뢰, 공동의 언어를 사용하는 공동체를 만드는 것이 프로젝트 성공에 결정적이다. 그러나 공동체 형성이 곧 교감을 의미하는 것은 아니다. 프로젝트를 유지하기 위해 그들은 외부 연구자들이 종종 오해하고 있는 내부자 지식과 반대의견에 대한 공간을 만들 필요가 있었다. 외부연구자들은 연구의 제한점을 자기검열과 억압적 환경에서 지속되는 생존에 대한 내부인의 딜레마로 이해하게 되었다. PAR 속에서 사회적 현실과 권력의 문제는 지속적인 도전으로 역할의 점차적인 확산을 가져온다. 프로젝트의 정서적 부담은 종종 관리를 어렵게 만들며, "과연 우리가 떠날 수 있을까?"라는 질문은 프로젝트가 완료되었을 때 깊은 상실감으로 작용한다.

그럼에도 불구하고 많은 PAR 연구자들은 권력공유에 사회 활동의 가치를 두고 있으며, 참여과정을 통해 다른 방식으로는 얻을 수 없는 지식을 만들어내는 형태의 작업에 매우 헌신한다.

미시문화의 수준에서든, 더 큰 문화집단 및 공동체 수준에서든 행위기반의 참여관찰은 사회적 개선과 경험과학을 연결한다. 미술치료는 유사한 기회에 직면한다. 미술치료는 변화에 효과적인 개인의 창의적 자원과 접촉하며, 그렇게 함으로써 심리적 자유와 안정감을 갖게 된다. 이런 점에서 미술치료는 사회변화를 이미지화하기 위한 실제이며 해방의 방법이다.

요약

1. 대다수의 임상실제와 관련된 주제, 관심, 문제는 현장에서의 즉각적 경험과 비평적 인식의 증진을 끌어내는 참여관찰연구를 통해 미술치료사가 다룰 수 있다.

2. 현대의 현장연구에서 무엇보다 소중한 원칙은 자유와 평등에 대한 인간의 잠재성을 최대화하는 데 관심이 있는 비판적 자세이다. 비판적 형태의 탐색을 하는 이유는 사회적 변화의 실행이라는 목적을 이루기 위해서이다(Sullivan, 2005).

3. AR은 변화를 목적으로 치료사 자신의 치료실제의 질을 탐색하기 위한 체계적이고 즉각적인 방법이다.

4. 사례연구는 사람의 모든 복잡성을 배우고 이해하거나, 연구자에게 흥미 있는 환경이나 본질적인 조건을 갖고 있는 사람을 배우고 이해하려 한다. 사례집단은 사례 간 패턴이나 비교를 위해 분석된다.

5. 좋은 사례연구는 종합적 이해를 위한 체계적 순환, 함목적적 사례수집 및 분석, 공동 연구자나 다른 조언자로부터의 피드백을 통한 정확성 확인, 결과에 대한 합의된 타당도를 포함한다.

6. 문화기술지 연구는 문화에 대한 몰입과 문화기술지 인터뷰를 통해 미술치료 프로그램과 실제의 문화적 의미를 탐색함으로써 문화 이해를 증진한다.

7. 관점이론들은 참여관찰연구의 당연한 가정에 대해 비평을 하며, 자신들의 연구가 어떻게 연구에 참여하는 사람들의 목소리, 권력, 기관을 지향하는지를 미술치료사들이 의식하도록 도와주는 데 사용된다.

8. PAR은 자신의 경험에 대해 조사하고, 문제를 정의하며, 사회변화의 목표를 갖고 해결책을 만들 수 있도록 공동체를 통해 집단적으로 조직된다. 이상적으로 PAR은 변화 지향적이고, 포괄적이며, 방법론에 있어 평등지향적이다.

참고문헌

Argyris, C., & Schon, D. A. (1974). *Theories in practice: Increasing professional effectiveness.* San Francisco, CA: Jossey-Bass.

Argyris, C., & Schon, D. A. (1978). *Organizational learning: A theory of action perspective.* Reading, MA: Addison Wesley.

Bell, E. E. (2001). Infusing race into the US discourse on action research. In P. Reason & H. Bradbury (Eds.), *Handbook of action research* (pp. 48–58). Thousand Oaks, CA: Sage.

Bogdan, R., & Biklen, S. (1982). *Qualitative research for education: An introduction to theory and methods.* Boston, MA: Allyn and Bacon.

Cantera (Center for Communication and Popular Education of Nicaragua). (2007). Who are we? Retrieved February 15, 2010, from http://www.canteranicaragua.org/en_cantera.html

Carolan, R. (2001). Models and paradigms of art therapy research. *Art Therapy: Journal of the American Art Therapy Association, 18*(4), 190–206.

Carter, F. (1991). Fox and hounds. *Parabola, 16*(2), 30–34.

Chambers, E. (2000). Applied ethnography. In N. K. Denzin & Y. S. Lincoln (Eds.), *Handbook of qualitative inquiry* (2nd ed.; pp. 51–69). Thousand Oaks, CA: Sage.

Chataway, C. J. (2001). Negotiating the observer-observed relationship: Participatory action research. In D. L. Tolman and M. Brydon-Miller (Eds.), *From subjects to subjectivities: A handbook of interpretive and participatory methods* (pp. 239–255). New York: New York University Press.

Collie, K., & Cubranic, D. (1999). An art therapy solution to a telehealth problem. *Art Therapy: Journal of the American Art Therapy Association, 16*(4), 186–193.

Creswell, J. W. (1998). *Qualitative inquiry and research design: Choosing among five traditions.* Thousand Oaks, CA: Sage.

Creswell, J. W. (2003). *Research designs: Qualitative, quantitative, and mixed methods approaches* (2nd ed.). Thousand Oaks, CA: Sage.

Deaver, S. P. (2002). What constitutes art therapy research? *Art Therapy: Journal of the American Art Therapy Association, 19*(1), 23–37.

DeWalt, K. M., & DeWalt, B. R. (2002). *Participant observation: A guide for fieldworkers.* Walnut Creek, CA: AltaMira Press.

Dickinson, T. D. (Ed.). (2003). *Community and the world: Participating in social change.* Hauppauge, NY: Nova Science.

Emerson, R. M., Fretz, R. I., & Shaw, L. L. (1995). *Writing ethnographic field notes.* Chicago, IL: University of Chicago Press.

Fay, B. (1987). *Critical social science.* Ithaca, NY: Cornell University Press.

Fine, M., Torre, M. E., Boudin, K., Bowen, I., Clark, J., Hylton, D., … Upegui, D. (2003). Participatory action research: From within and beyond prison bars. In P. M. Camic, J. E. Rhodes, & L. Yardley (Eds.), *Qualitative research in psychology: Expanding perspectives in methodology and design* (pp. 173–197). Washington, DC: American Psychological Association.

Finkelstein, M. (2005). *With no direction home: Homeless youth on the road and in the streets.* Belmont, CA: Thomson Wadsworth.

Fitzpatrick, F. (2002). A search for home: The role of art therapy in understanding the experiences of Bosnian refugees in Western Australia. *Art Therapy: Journal of the American Art Therapy Association, 19*(4), 151–158.

Friedman, V. J. (2001). Action science: Creating communities of inquiry in communities of practice. In P. Reason & H. Bradbury (Eds.), *Handbook of action research* (pp. 159–170). Thousand Oaks, CA: Sage.

Friere, P. (1970). *Pedagogy of the oppressed.* New York, NY: Plenum Press.

Friere, P. (1997). Foreward. In S. E. Smith & N. A. Johnson (Eds.), *Nurtured by knowledge: Learning to do participatory action-research* (pp. xi–xii). New York, NY: Apex Press.

Golub, D. (2005). Social action art therapy. *Art Therapy: Journal of the American Art Therapy Association, 22*(1), 17–23.

Gordon, J., & Shontz, F. (1990a). Living with the AIDs virus: A representative case study. *Journal of Counseling and Development, 68,* 287–292.

Gordon, J., & Shontz, F. (1990b). Representative case research: A way of knowing. *Journal of Counseling and Development, 69,* 62–69.

Guba, E. G., & Lincoln, Y. S. (1998). Competing paradigms in qualitative research. In N. K. Denzin & Y. S. Lincoln (Eds.). *The landscape of qualitative research: Theories and issues* (pp. 195–220). Thousand Oaks, CA: Sage.

Guerrero, S. H. (1999). *Gender-sensitive and feminist methodologies: A handbook for health and social researchers.* Quezon City: University of the Philippines Center for Women's Studies.

Hall, B. (1981). Participatory research, popular knowledge, and power: A personal reflection. *Convergence, 14*(3), 6–17.

Henley, D. (2007). Naming the enemy: An art therapy intervention for children with bipolar and comorbid disorders. *Art Therapy: Journal of the American Art Therapy Association, 23*(3), 104–110.

Heron, J., & Reason, P. (2001). The practice of co-operative inquiry: Research 'with' rather than 'on' people. In P. Reason & H. Bradbury (Eds.), *Handbook of action research* (pp. 179–188). Thousand Oaks, CA: Sage.

Hoffmann Davis, J. (2003). Balancing the whole: Portraiture as methodology. In P. M. Camic, J. E. Rhodes, & L. Yardley (Eds.), *Qualitative research in psychology: Expanding perspectives in methodology and design* (pp. 199–218). Washington, DC: American Psychological Association.

Janesick, V. J. (2004). *"Stretching" exercises for qualitative researchers* (2nd ed.). Thousand Oaks, CA: Sage.

Kapitan, L. (2006a). Global perspectives of practice. *Art Therapy: Journal of the American Art Therapy Association, 23*(2), 50–51.

Kapitan, L. (2006b). The "multiplier effect": Art therapy research that benefits all. *Art Therapy: Journal of the American Art Therapy Association, 23*(4), 154–155.

Lark, C. V. (2005). Using art as language in large group dialogues: The TREC™ model. *Art Therapy: Journal of the American Art Therapy Association, 22*(1), 24–31.

Lawrence-Lightfoot, S., & Hoffman Davis, S. (1997). *The art and science of portraiture.* San Francisco, CA: Jossey Bass.

Lykes, M. B. (2001). Activist participatory research and the arts with rural Mayan women: Interculturality and situated meaning making. In D. L. Tolman & M. Brydon-Miller (Eds.), *From subjects to subjectivities: A handbook of interpretive and participatory methods* (pp. 183–199). New York: New York University Press.

Maguire, P. (1987). *Doing participatory research: A feminist approach.* Amherst: The Center for International Education, University of Massachusetts.

Marincowitz, G. J. O. (2003). How to use participatory action research in primary care. *Family Practice, 20*(5), 595–600.

Morse, J. M., & Field, P. A. (1995). *Qualitative research methods for health professionals* (2nd ed.). Thousand Oaks, CA: Sage.

Naples, N. N. (2003). *Feminism and method: Ethnography, discourse analysis, and activist research.* New York, NY: Routledge.

Oleson, V. (1994). Feminism and models of qualitative research. In N. K. Denzin & Y. S. Lincoln (Eds.), *Handbook of qualitative research* (pp. 158–174). Thousand Oaks, CA: Sage.

Park, P. (2001). Knowledge and participatory research. In P. Reason & H. Bradbury (Eds.), *Handbook of action research* (pp. 81–90). Thousand Oaks, CA: Sage.

Patton. M. Q. (2002). *Qualitative research and evaluation methods* (3rd ed.). Thousand Oaks, CA: Sage.

Reason, P., & Bradbury, H. (Eds.). (2001). *Handbook of action research.* Thousand Oaks, CA: Sage.

Spaniol, S. (1998). Towards an ethnographic approach to art therapy research: People with psychiatric disability as collaborators. *Art Therapy: Journal of the American Art Therapy Association, 15*(1), 29–37.

Spaniol, S. (2005). "Learned hopefulness": An arts-based approach to participatory action research. *Art Therapy: Journal of the American Art Therapy Association, 22*(2), 86–91.

Spindler, G., & Spindler, L. (1987). *Interpretive ethnography of education: At home and abroad.* Hillsdale, NJ: Lawrence-Erlbaum.

Spradley, J. P. (1979). *The ethnographic interview.* Fort Worth, TX: Holt, Rinehart and Winston.

Spradley, J. P. (1980). *Participant-observation.* Fort Worth, TX: Holt, Rinehart and Winston.

Stacy, J. (1991). Can there be a feminist ethnography? In S. B. Gluck & D. Patai (Eds.), *Women's words* (pp. 111–119). New York, NY: Routledge.

Stake, R. E. (1994). Case studies. In N. K. Denzin & Y. S. Lincoln (Eds.), *Handbook of qualitative research* (pp. 236–247). Thousand Oaks, CA: Sage.

Stake, R. E. (1995). *The art of case study research.* Thousand Oaks, CA: Sage.

Sullivan, G. (2005). *Art practice as research: Inquiry in the visual arts.* Thousand Oaks, CA: Sage.

Sung-Chan, P. (2007). Generating practice knowledge for social work education: A teacher's experience in Hong Kong. *Social Work Education, 26*(6), 601–615.

Torbert, W. R. (2001). The practice of action inquiry. In P. Reason & H. Bradbury (Eds.), *Handbook of action research* (pp. 250–260). Thousand Oaks, CA: Sage.

Winter, R. (1989). *Learning from experience: Principles and practices in action research.* Philadelphia, PA: Falmer Press.

Wolcott, H. F. (1994). *Transforming qualitative data: Description, analysis, and interpretation.* Thousand Oaks, CA: Sage.

Yates, C., Kuwada, K., Potter, P., Cameron, D., & Hoshino, J. (2007). Image making and personal narratives with Japanese-American survivors of World War II internment camp. *Art Therapy: Journal of the American Art Therapy Association, 23*(3), 111–118.

제6장

현상학 및 해석학적 접근

나는 대지, 태양, 농부
또는 모든 특정한 형태와 색깔의 것들,
매일 특정한 종류의 자양분이 저장되는 것들에 대한
양심의 가책이나 감사함조차 없이 당근을 깨물었다.
이것을 느끼는 것은 격렬하게 살아 있다는 것이며,
매일의 식탁에서 사랑처럼 열렬한 종교처럼
경험하는 것이지만,
이것은 저절로 일어나지 않을 것이다.
내가 많이 노력해야 하는 문제도 아닐 만큼
나는 느낄 수 없다.
그러나 나는 할 수 있다.
내가 주의 집중하고
스스로 그것에 대해 질문하는 것을 기억한다면……

– Martha Heyneman

미술치료사 Sandy Sheller는 학령기 아동의 불안전 애착에 관한 자신의 연구(2007)에서, 4명의 아동에게 새둥지 그림과 조각을 만들도록 하였다. 새둥지 그림은 Kaiser(1996)가 개발한 투사적 미술 평가로 개인의 안전 애착과 불안전 애착 표상에 대한 그래픽 특성을 보여주고 측정하는 것이다. Sheller는 새둥지 그림에도 관심을 보였지만, 이 연구에서는 새둥지의 이미지가 상태를 평가하는 기능이 아니라 부모나 양육자에 대한 불안전 애착 아동들이 세상을 어떻게 느끼는가를 볼 수 있는 창이었다. Sheller는 불안전 애착에 관한 자료를 수집하고 비교하기보다는, 그 경험이 아동 자신의 시각과 닮았는지를 알고자 했다. 그녀는 어떻게 이 아동들이 불안전 애착의 경험을 하는지 생생하게 보고, 느끼고, 듣고, 이해하기를 원했다. 한 아동은 자신의 그림에 그려진 커다란 태양을 가리키며, "이건 뜨거워요! 내 생각엔 오즈의 마법사에 나오는…… 녹는…… 마법사가 녹는 것처럼…… (엄마) 새가 녹아요……."라고 소리치면서 자신의 안전감을 설명하였다(Sheller, 2007, p. 124).

미술치료 문헌을 통해 보면, 내담자에 관한 많은 이야기들이 있다. 그뿐 아니라 내담자 자신의 관점으로부터 나온 이야기는 물론 그들 자신의 단어 또는 미술치료사의 해석적 구성을 통한 이야기들이 많다. 이런 이야기들이 축적됨으로써, 우리는 미술치료에서 무엇이 일어나고 있고 그것이 어떻게 경험되는가에 관해 좀 더 학습하게 된다. 이 장에서 기본적인 연구모형은 연구 참여자들의 실제적인 생생한 체험들에 대한 반성이다. 가장 기본 형태의 '생생한 체험'은 개인이 그 경험의 의미에 관해 생각하기 이전에, 그것이 직접적으로 체험되는 즉각적인 경험이 포함된다. 연구의 구성과 관련된 세 가지 핵심은 사람들이 자신의 생생한 삶을 어떻게 지향하는가를 기술하는 현상학, 생생한 경험으로부터 새로운 의미와 실현을 이끌어내는 개인의 발견 과정에 초점을 맞추는 발견학, 그리고 치료적 내러티브가 포함된 삶의 경험에 대한 '텍스트'를 어떻게 해석하는가를 기술하는 해석학이다.

연구에 대한 현상학적 접근

현상학은 해석이나 이론으로 정교화하기 전에 무엇이 '실제'인가의 본질을 묻는다. 사람들은 자신의 경험에 대해 어떻게 의미를 부여하는가, 그리고 의미 있는 경험을 어떻게 의식으로 변형시키는가? 현상학적 연구는 이런 질문들에 역점을 둔다.

- 이 특별한 경험과 같은 것은 무엇인가?
- 이 경험은 사람들에게 어떤 의미가 있는가?
- …… x ……의 특성은 무엇인가? …… x ……의 본질은 무엇인가?

'현상'은 하나의 느낌, 심리학적 또는 지적인 구성, 사건, 관계, 인식에 대한 유의한 경험, 또는 미술치료 프로그램과 같은 실체가 될 수 있다. 예를 들어, 미술치료사는 "식욕부진 내담자의 본질적인 감정이 어떤 경험일까?" "식욕부진의 특성은 무엇이고, 10대 소녀들에게 어떻게 경험되는가?" "식욕부진에 대한 인식은 무엇이고, 개인의 정체성에 어떤 영향을 주는가?"를 질문할 수 있다. 현상학적 연구는 이론화하기 전에 이런 현상들과 만나는 방식을 강조한다는 점에서 다른 방법론과 구별된다. 연구자들은 즉각적으로 경험되는 세상에 존재하는 사건, 대상, 사물에 관심을 가진다. 그들은 개념화하고, 분류화하고, 반영하기 전에 무언가를 선 반영적으로 경험한다는 것을 매우 흥미로워 한다. 은유적으로 그것은 무언가를 좀 더 명확하게 보기 위해 주변의 것들을 솔로 깨끗이 치우는 것과 유사하다. 예를 들어, 치료회기에서 만들어진 미술에 적용해 보면, 현상학적 연구자는 때때로 미술평가에 수반되는 분석적 또는 범주화된 틀을 빼고 모든 감각을 통해서 가능한 한 직접적으로 이미지를 경험하려고 시도할 것이다. 그들은 Heidegger(1962)가 연구 대상자에게 주의 깊고 양육적인 조율이라고 불렀던 세심함을 가지고 조심스럽고 훈련된 연구 실재를 유지한다.

현상학적 연구는 일반적인 경험에 관한 본질 또는 핵심 의미에 대한 연구이다. 그것은 의미의 내적 구조를 체계적으로 밝히고 기술하는 과정이다(Van Manen,

현상학적 질문의 예

- 사냥의 예 : 어둠 속에서 잡고자 했던 것이 무엇인가? 야간 사냥의 본질은 무엇인가?
- 일상의 예 : 성인으로서 학교로 돌아가고자 하는 경험은 무엇인가? 성인은 그것을 '실제로' 어떻게 경험하는가?
- 미술의 예 : 콜라주의 본질은 무엇인가?
- 미술치료의 예 : 새로운 과정 또는 치료적 관계에서 경험되는 알츠하이머의 특성은 무엇인가? 이런 특정 내담자는 미술치료를 어떻게 경험하는가?

1990). 예를 들어, 연구자는 "새둥지 그림에서 불안전 애착 패턴이 어떻게 표현되었는가?"를 묻는 대신, "새둥지 그림에서 보이는 아동의 애착 경험의 본질적인 특성은 무엇인가?"라는 좀 더 철학적인 자세를 갖는다.

이런 종류의 질문은 경험 자체에 대해 '왜' 또는 '어떻게'라는 것에 초점을 둔 질문 또는 가정, 설명, 예측이 조직화되기 전에 일어나는 '무엇'에 초점을 둔 질문이다. 떠오르는 통찰은 직접적으로 세상과 접촉하는 새로운 시각을 제공한다. 위에 제시된 질문 중 하나로 예를 제시해 보면, 미술치료사는 자신의 경험과 관찰, 치료목표, 이론적 배경에 기초하여 내담자나 집단에게 콜라주를 사용할 수 있다. 우리는 전형적으로 콜라주는 치료적 기법으로 생각한다. 그러나 우리가 콜라주를 '현상'으로 접근할 때 우리의 시각은 미묘하게 변화된다. 우리가 정말로 콜라주에 관해 무엇을 알고 있는가? 우리는 얼마나 밀접하게 이 현상을 관찰하는가? 사람들은 실제로 콜라주를 만들 때 무엇을 경험하는가? 어떤 본질적인 부분이 콜라주를 그것이 무엇이다 또는 그밖에 것이 아니다로 만드는가? 콜라주 작업이 완성되었을 때 지속적으로 남아 있는 그들의 심리적 경험은 무엇인가? 우리가 어떤 치료과정이나 중재를 체계적으로 연구할 때 사람들이 경험하는 시각으로부터 무엇을 배울 수 있는가?

현상학은 인간의 경험을 설명하거나 예측하는 데는 관심 없지만 세계를 직접 접촉함으로써 갖게 되는 실제적인 통찰에 관심이 있다(Van Manen, 1990). 이런 차이의 측면에서 볼 때, 이것은 미술치료에 대해 현상학적 접근을 하는 미술치료사와 밀접한 태도를 취하고 있는 것이다. 비록 이런 방향이 연구방법론으로서 생소해 보일 수 있지만, 내담자들이 자신들의 생생한 경험과 접촉할 수 있도록 그들 자신의 행동, 사고, 감정, 반응, 통찰, 그리고 창조된 의미 있는 미술적 표현을 살피도록 내담자를 안내하는 미술치료에서는 보편적인 실재이다. 미술 치료사들은 개인 경험의 본질이나 특성이 심미적이거나 구체적인 용어로 적절하게 기술될 때, 그 경험의 질과 의미가 좀 더 풍부하게 보인다는 것을 이해한다. 미술가들은 생생한 경험에 형태를 부여하기 때문에 미술작품은 생생한 경험이 변형된 것이다(Van Manen, 1990).

현상학적 연구는 의미를 해석하기 위해 언어를 신뢰하지만 좀 더 직접적으로 현상을 보여주는 특정 형태의 언어를 개척하는 것은 아니다. 현상학적 탐구는 경험 '의' 또는 경험에 '관해' 추상적으로 이야기하는 대신 감정이나 기억을 불러일으키거나 마음으로부터 우러나온 내러티브를 신중하게 창조하는 시적(poetic) 활동으로 기술되어 왔다(Merleau-Ponty, 1973). 현상학은 철학으로 시작되었지만 연구자들은 아래와 같이 과학적 연구질문을 만족시키기 위한 방법론의 과학적인 전제로 발전시켰다. 현상학적 연구는

- 질문하고 반성하고, 초점화하는 숙련된 양식을 독특하게 사용한다는 점에서 체계적이다.
- 생생한 경험에 새겨진 의미 구조의 내용과 형태를 통해 명확히 표현하고자 시도한다는 점에서 명백하다.

Service Learning과 실제를 통한 미술치료 전문가의 정체성 구성

질적 연구 프로젝트는 전문성에 대한 집단적인 정체성과 개인 자신의 전문가 역할감을 연구하기 위해 수행되었다. 혼합된 service learning과 실제가 사이트로 사용되었고 한 학기 과정 이상인 11학년의 미술치료 학생들이 참여하였다. 각 참여자들의 기초선, 중간과정, 마지막 상태에 대한 평가가 다양한 도구를 통해 수집되었고, 현상학적 분석이 이루어졌다. 결과들 중, service learning은 전문성의 가치를 반영하는 환경을 제공해 주기 때문에 전문가의 정체성을 높인다는 것이 발견되었다.

– Feen-Calligan, 2005

미술치료에서 내담자 경험에 대한 현상학적 연구

이 연구에서 연구문제는 "내담자의 미술치료 경험은 무엇인가?" "내담자는 미술치료를 어떻게 경험하는가?"였다. 16주 동안 미술치료 집단에 참여하여 미술작품을 창조한 한 명의 참여자를 인터뷰하였다. 연구자는 5번 동안 1~2시간 인터뷰를 수행하였다. 참여자는 미술치료에서 생생한 미술작업의 경험을 묘사하였다. 어떻게 그것들이 치료 안에서 창조되고 토론되었는지, 인터뷰 상황에서 보이는 것이 어떻게 경험되는지에 대해, 참여자로부터 해석이나 설명보다는 기술이 이루어졌다.

연구의 유의한 제한점은 한 명만이 참여했다는 점이다. 결과가 좀 더 강력해지려면 참여자의 범위가 넓어져야 한다.

— Quail & Peavy, 1994

- 결과의 강점과 약점을 받아들이려고 그 자체의 목적과 방법들을 지속적으로 조사한다는 점에서 타인에 의해 타당화되기보다는 자기 비판적이다(Van Manen, 1990).

현상학적 연구의 방법과 핵심과정

현상학적 연구에 대한 Moustakas(1994)의 서술과 Giorgi와 Giorgi(2003)의 최근 저서물에서는 이런 종류의 연구를 구조화하고 수행하는 데 유용한 방법을 제시하고 있다. 이런 또 다른 연구방법에 의하면, 연구자는 문헌을 고찰하고 연구의 원래 특성을 결정하였으며, 참여자 선택의 기준을 만들고, 현상학적 인터뷰와 생생한 경험(연구 참여자의 단어, 그림, 비디오, '텍스트')의 기록을 얻기 위해 안내 질문과 절차를 만든다.

질문 이것은 연구자가 개방형 질문(question)을 통해 이끄는 주된 도구로 사용되기 때문에, 질문이 어떻게 구성되느냐가 결정적으로 중요하다. 정확한 표현을 발견하는 것은 민감한 과정이 될 수 있는데, 한 단어의 배치나 선택의 변화가 전체적으로 전혀 다른 초점과 결과를 만들 수 있다. 이런 질문들을 고찰하고 비교하라. 암에 걸린다는 것은 무엇과 같은가? 완치된 암환자의 그림에서 표현된 암의 본질은 무엇인가? 암을 이겨낸 사람의 그림과 삶에서 암의 의미는 무엇인가? 이런 질문들은 서로 다른 질의 경험을 만들 수 있는 조금씩 다른 강조점을 지닌다.

판단중지   이 방법의 중심적인 원칙이면서 첫 번째 단계는 **판단중지**(epoche)이다. 이것은 원래 판단으로부터 '중단하거나 그만두다'라는 것을 의미하는 단어이다. 연구자는 개인의 편견, 가정, 선개념으로부터 멀어지도록 내면을 살피고, 어떤 주제에 관한 개인의 개입을 없애거나 적어도 명확함을 얻기 시작하는 특별한 사고방식을 채택한다. 판단중지는 연구 대상이 명확하게 보이기 위해서 스스로 내면의 공간을 깨끗하게 하기 위해 적극적으로 판단을 의심하는 과정이다. 미리 예상한 선입관, 편견, 소질은 중지하고 사물, 사건, 사람을 의식으로 새로 들어가게 함으로써, 연구자는 태도의 변화를 얻을 수 있다. 인식에서의 이 같은 변화는 '마음챙김' 또는 명상의 실제에서 발견된다. 숙련되게 실행되는 명상은 완전한 자각과 깊은 고요의 상태를 만든다. 시공간의 정지감과 더불어 '나'에 대한 작아짐이나 부재감이 있다. 이것이 연구자가 현상을 이해하려고 시도하는 인식의 새로운 명확성을 갖게 만드는 자아결여이다. 그러므로 현상학적 방법의 타당성은 일반적인 사고과정을 넘어선 주의 깊은 관찰로부터 자각 수준을 얻기 위해 연구자의 기술을 쉽게 하는 것이다.

현상에 대한 기술   연구자는 보통 심층 인터뷰를 통해 얻은 심리학적으로 이해된 경험을 묘사하기 시작한다(Giorgi & Giorgi, 2003). 연구자는 참여자의 설명이나 그것에 관한 이론화보다는 좀 더 생생한 경험의 기술에 관심을 가진다. 일반적으로 현상학적 연구 참여자의 수는 적고, 모두 그 현상을 경험하였다. 이런 인터뷰의 전사자료는 미술작업, 미술작품, 시, 무용, 그리고 역사적, 전기적 또는 그외의 텍스트들에서 발견된 묘사들과 함께 연구의 원자료가 된다. 현상학적 연구를 수행한 미술치료사들은 인터뷰하고 자료를 수집하는 과정에서 언어적이고 비언어적 또는 미술적 방법을 혼합할 수 있다(Kapitan, 2004; Linesch, 1995; Quail & Peavey, 1994; Sheller, 2007 참조).

괄호치기 또는 현상학적 환원 방법의 또 다른 단계는 '현상학적 환원(phenome-
nological reduction)'이라고 부르는 마음상태로 들어가는 것이다. 연구자는 연
구의 현상에 관해 보편적인 사고를 '괄호치기' 하고 옆에 놓아둔다. 연구자가
보편적 사고를 없애고 가능한 한 많이 연구자의 편견을 줄이기 위한 노력을 하
면서 초연하게 심사숙고하면 현상은 무언가로 나타나게 된다. Giorgi와 Giorgi
(2003)는 다음과 같이 설명하였다

> 환원한다는 것이 그 자체로 존재하는 모든 것을 정확하게 그 자체로 존재하
> 도록 신중하게 고려하는 것이라고 말한다면 그것은 과거 경험의 영향을 편
> 견으로 쓰지 않도록 고안한 전략이다. 우리는 친숙한 대상을 만났을 때, 그
> 것을 익숙한 눈으로 보는 경향이 있어서 때로는 친숙한 상황의 새로운 특성
> 들을 놓치게 된다. 그러므로 친숙한 '항상 거기에 있는 대상'이기보다는 단
> 지 표상적인 무언가로 보이는 것으로 이해함으로써 전체 경험의 새로운 차
> 원이 쉽게 나타난다(p. 249).

현상학적 환원에서 연구자는 본질을 밝히고 정의내리기 위해 현상을 해체한
다. 이 과정에서 도움이 되는 설명은, 당신이 외부공간으로부터 온 손님이고 그
현상을 처음 보는 것이라고 상상하는 것이다. 당신은 그 자료에 의미를 부여할
수 있는 참조틀을 가지고 있지 않다. 당신은 이런 이로운 개방된 자각으로부터
괄호친 현상을 인식하고, 그것을 그것의 전체로 기술한다. 이것은 그것의 본질
적인 질과 경험을 구성하는 다양한 지각, 사고, 느낌, 색, 형태 등에 대해 풍부하
게 묘사하게 해준다. 이런 체계적인 방법은 원래의 원천으로 돌아가도록 할 때
그것의 본질을 발견하기 위한 목적인 선반영, 반영, 환원, 그리고 초점화된 기술
의 하나이다. 그 과정은 다음의 단계들을 포함한다.

1. **판단중지** : 주제나 문제를 괄호치기 하라.
2. **수평화** : 괄호치기된 자료를 펼치고 모든 진술과 관점에 똑같은 가치를 주
   어라.

3. **군집 또는 의미 단위 정하기** : 현상학적 환원의 시각 내에서 그리고 연구되는 현상에 대해 주의 깊은 심리학적 태도를 가지고 자료를 다시 읽어라 (Giorgi & Giorgi, 2003, p. 252). 연구자가 기술된 것을 읽으면서 의미로 옮기는 것을 경험할 때는 언제든지, 전사한 것에 '의미 단위'로 표시한다. 무관하거나 반복되거나 겹쳐지는 자료는 없애고, 두드러진 범위는 경험의 변함 없는(본질적인) 질로 확인한다.

4. **의미 단위를 심리학적 용어로 변형** : 참여자의 언어로 된 원래의 의미 단위들은 이제 높은 민감성을 가지고 연구되는 현상으로 표현된다. 반복되지 않고 중복되지 않는 진술들은 주제로 묶는다.

5. **개별원문 기술** : 다음은 각 연구 참여자별대로 변형되지 않은 주제를 찾고 그것을 요약 기술문으로 통합시키면서 군집들을 함께 묶는다.

6. **원문 기술 통합** : 모든 개별원문 기술들을 통합하여 집단 기술로 구성한다.

7. **상상적 변형** : 연구자는 이제 상상적 변형으로 알려진 방법을 가슴에 새겨야 한다. 연구자는 현상에 대한 양극, 반전, 반대의 시각을 시험해 보면서 참조틀을 변화시킨다. Giorgi와 Giorgi(2003)가 기술한 것처럼, 연구자는 통합된 기술의 주된 차원이 제거되거나 변형될 때 무엇이 일어나는가에 초점을 기울여야 한다. 만약 주된 차원을 변화시킨 결과로 '붕괴'라는 의미라면 그 차원은 전체로 보이는 현상의 의미인 본질적인 것으로 본다(그림 6.1). 그 의미가 조금 수정되었지만 차원을 변화시킴에도 불구하고 아직 알아볼 수 있다면 그것은 본질적인 것이 아닌 것으로 고려한다. 이런 방법을 통해 현상을 설명하는 주제의 구조를 확인하고 그것을 예시화하는 생생한 예를 찾아낼 수 있다.

8. **의미와 본질의 종합** : 마지막 단계로, 연구자는 현상에 속하는 가장 불변적이거나 본질적인 의미를 주의 깊게 기술한다. 결과를 제시할 때 연구자는 문헌고찰과 잠재적인 후속연구에서 발견된 것에 대한 관련 연구를 요약하고 관련짓는다.

Giorgi와 Giorgi(2003)는 상상적 변형의 수단으로 컵의 본질에 대해 기술했다. 어떤 컵은 검은색이고 팔각형이며 도자기로 만들어졌다. 그러나 색이 컵으로 하여금 컵이 될 수 있는 본질적인 것인가? 아니다. 다른 색깔을 상상하는 것은 색깔 차원에 변화를 줄 수 있지만 그것이 '컵의 성질'은 아니다. 구멍이 없는 한 재료 또한 다양할 수 있다. 구멍이 없는 재료는 컵의 본질에 속한다. 같은 과정이 크기, 강점, 기능 또는 미학에도 추측될 수 있다. 컵의 변화를 줄 수 없는 측면, 즉 컵의 본질은 손으로 다루기 쉽도록 액체를 담는 용기이다.

| 그림 6.1 상상적 변형

미술치료의 현상학적 분석의 예

B. Moon은 자신의 연구인 '실존적 미술치료에서의 꿈과의 대화'에서 Moustakas(1994)의 현상학적 환원의 방법을 미술치료에 적용시켰다. 원래 내담자와 그들의 꿈에 대한 효과적인 미술치료 개입으로 기술되었던 이 기본적인 과정은 어떤 생생한 이미지가 포함된 미술치료 현상학적 연구라는 연구목적을 제공할 수 있다. 현상학적 분석에서 '참여자' 역할은 분석에 참여하는 연구자이든, 공동 연구자이든, 연구 참여자이든, 누구나 될 수 있다.

1. 참여자는 꿈이나 관심 있는 현상의 이미지를 만든다.
2. 참여자는 미술 이미지로 나타낸 꿈 또는 현상에 대한 서면기록이나 '스크립트'를 만든다.
3. 참여자는 날카로운 연상이 자각되도록 스크립트를 큰소리로 읽는다. 그러고 나서 더 깊은 반영을 위해 다른 목소리로 그것을 듣도록 대화 파트너에게 그 스크립트를 크게(천천히 그리고 명상적으로) 읽도록 한다.
4. 참여자는 시각적 이미지의 범위 또는 주요소 그리고 스크립트의 중요한 구절을 확인한다.
5. 그들 사이에 놓인 이미지를 가지고, 참여자는 대화 파트너가 그것에 대해 기록하는 동안 범위에 대한 연상을 공유한다. 그러고 나서 대화 파트너는 시각적 이미지의 범위를 크게 읽고 확인한다.
6. 범위들을 군집화한다. 참여자는 범위들 간의 연결과 그것들을 집단으로 하는 것을 기대한다.
7. 관계에 대한 존재론적 진술을 만든다. 참여자는 존재론적 관계로서 각각의 군집들을 요약하는 문장을 만든다. 이것은 하나의 요약 진술 또는 '존재론적 메시지'로 통합된다.

— B. Moon, 2007

현상학적 연구의 타당성

현상학적 연구는 미술치료 실제의 설명적 특성에 적절하게 맞지만 고려해야만 하는 제한점이 있다. 그 방법은 연구자의 숙련된 주의 깊은 사용과 연구의 대상에 대한 빈틈없는 집중이 요구되고, 연구자 주관성이 연구물을 특징짓는다. 이 타당성에 대한 관심은 현상학적 환원의 논리를 비판하는 독립적인 비평가에 의해 설명될 수 있다. 연구 참여자는 마지막 보고서를 고찰하고 그것이 그들의 경험과 어느 정도 조화되는가 또는 의미에 대한 인식을 어느 정도 불러일으키는가를 확인할 수 있다. Moustakas(1994)는 이것을 '상호주관성 타당도'라고 불렀고, 연구물은 정보제공자의 피드백을 통해 검증되고 개선되어야 한다고 하였다.

Creswell(1998)은 연구자들이 스스로 자신의 현상학적 연구의 타당도를 평가하기 위해 질문할 수 있는 기본적인 질문들을 제시하였다.

- 마지막 보고서는 자료에서 찾아낸 보편적인 특성과 구조적 연결이 정확한 묘사인가?
- 면접자는 참여자의 묘사 내용에 어떤 방식으로든 영향을 주었는가? 그들은 실제적인 경험을 제대로 반영하였는가?
- 다른 결론이 그 자료로부터 나올 수 있는가? 연구자가 다른 대안을 확인하였는가?
- 마지막 기술에서 다시 변형으로 돌아가서 원래의 경험에 대한 기술과 특정 연결을 만드는 설명이 가능한가?

현상학에 대한 일반적인 비판은 연구자와 참여자들에 대한 '순간' 그 자체로서 현상의 본질에 초점이 되어, 그 경험을 일으킨 것이 무엇인가 또는 그것과 관련된 다른 요인들은 무엇인가 하는 중요한 맥락적 정보를 놓칠 수 있다는 것이다(Braud & Anderson, 1998). 매우 개별화되어 있고 지나치게 상세한 현상학적 연구는 축적된 지식이 거의 제공되지 않았기 때문에 복제하여 빌려주지 못한다(Gilroy, 2006). 이에 대해 Giorgi와 Giorgi(2003)는 연구로부터 얻어진 마지

미술가의 환멸과 공동 목격자 프로젝트

Kapitan은 유해 작업환경에 대해 환멸을 느끼는 전문가를 연구하였다. 그녀는 미술치료사가 예술적으로 자신의 환멸 현상을 탐색할 때 미술작업의 본질적 특성과의 연결이 활성화될 것이라고 가정하였다. 그녀의 상호작용적 방법에서, 참여자와의 심층적인 현상학적 인터뷰로부터 만들어진 참여자와 연구자는 각자의 이미지에 대해 상호교환하고 반응하였다. 현상학적 환원은 인터뷰의 특성이 기본적인 구조적 의미를 증폭시키기 위해 신화적 이미지와 이야기들로 변화된 상상적 변형이 포함되었다. 참여자들은 이야기를 읽고 자신의 생생한 경험을 반영하는 것이 정확한 것인가를 확인함으로써 연구물을 확인하였다.

— Kapitan, 2004

막 의미는 참여자의 특별 경험에 관한 본질적인 것을 전달하는 데 의의가 있다고 강조하였다. 이것이 현상의 전형적이거나 또는 일반적인 본질을 나타내지만, 그런 경험을 가진 모든 사람에게 보편적으로 적용될 수 없다. 이런 저자들의 첫 번째 관심은 하나의 경험에 관해 가능한 한 정확한 지식을 얻는 것이고, 이것이 과학의 최고 수준이기 때문에 이 방법에 대해 확신한다.

발견적 탐구

질적 연구의 맥락에서 발견적 학습이란 연구자의 개인 통찰을 포함하는 현상학적 질문의 유형을 정의하기 위해 사용되는 용어이다(Patton, 2002). '발견적'이란 'eureka'라는 단어와 관련이 있다. 둘 다 '발견하다' 또는 '찾아내다'라는 의미이다. 발견적 질문을 정의하는 주된 요소는 경험에 대해 새로운 것을 발견하고 심층적 의미를 찾아내기 위해 자기자각을 사용하는 것이다. 발견법은 창조적인 과정과 자기반성을 포함한다.

발견적 탐구의 전형적인 질문은 연구자의 개인적 도전 또는 자신과 세계에 대해 이해하고자 하는 호기심을 가진 것들이다(Moustakas, 1990).

- ······ x ······의 본질은 무엇인가? ······ x ······의 의미는 무엇인가?

발견적 연구문제의 예

- 사냥의 예 : 이 사냥에 참여한 사람들은 매년 서로에게 원하는 것이 무엇인가?
- 일상의 예 : 내가 어젯밤에 꾸었던 꿈의 의미는 무엇인가? 그것으로부터 나는 무엇을 배울 수 있는가?
- 미술의 예 : 자연스런 상황에서 그림그리기 경험에 몰두한다면 나는 무엇을 발견할 수 있는가?
- 미술치료의 예 : 미술치료에서 이웃과 사진 찍는 경험은 청소년 집단에게 어떤 영향을 주는가? 그 경험에 대한 그들의 개인적인 의미는 무엇인가?

- …… x ……의 경험에 관해 그 사람은 무엇을 발견할 수 있는가?
- 미술치료사로서의 나의 경험에서 …… x ……의 영향은 무엇인가?

내적 참조틀이 발견적 연구를 안내한다. 자기탐구는 심층적 의미와 지식이 개인의 감각, 지각, 신념, 판단, 존재감 내에서 또는 그것을 통해서만 일어날 수 있다는 것을 받아들인다. 자기탐구를 위한 미술작업(인생의 관심을 탐색하고 그것을 보기 위해 아이디어를 쫓는 강한 경험의 과정)을 하는 미술치료사와 그들의 내담자는 발견적 탐구의 기초 과정을 사용하고 있다. 미술치료 문헌에는 개인적이고 전문적인 질문에 대해 미술을 통해 이루어진 발견적 반영의 예들이 풍부하게 제시되어 있다. 미술치료사의 체계적인 자기탐색의 한 예는 Milligan(1996)의 연구이다. 그녀는 딸의 성 전환을 받아들이기 위해 고군분투하는 것을, 어둠에서 밝음으로 서서히 나아가는 나선형 계단으로 기술한 '수용의 여행'을 2년 이상 만든 13개의 미술작업을 연대순으로 기록하였다. 연구방법으로서의, 발견적 과정은 의도적이고 체계적인 관찰과 공동 연구자와의 깊은 상호작용을 통해 엄격함을 갖게 된다(Patton, 2002). 그 힘은 주관적인 경험과 점진적으로 발달하는 하나의 이론에 대한 체계적인 기술로 시작될 수 있는 전반적인 지식을 얻는 어떤 진실을 밝히기 위한 잠재성에 있다(Douglass & Moustakas, 1985, p. 40).

발견적 탐구의 주된 요소는 연구자의 강도 높은 관심과 그 현상에 대한 개인적인 경험이다(Moustakas, 1990). 연구를 통해 연구자가 끊임없이 "이 질문과 관련된 나의 경험은 무엇인가?"를 묻는다(Bloomgarten & Metzer, 1998). 그러나 발견적 학습은 연구자 자신만의 자기탐구에 관한 것은 아니다. 오히려 그 것은 내담자와 같이 '타인의 경험과 연결된 연구자의 경험으로 대변되는 인간 경험의 본질'과 관련된다(Gilroy, 2006, p. 102). Giorgi와 Giorgi(2003)는 어떤 현상학적 연구의 과학적인 통합은 타인의 경험을 분석함으로써만 보장된다고 주장하였다. 발견적 탐구가 문제에 관한 단순한 자기반영이란 실수를 저지른다는 것에 대해 이 저자들은 자기 경험의 단독 연구수행에 대한 근본적인 문제를 지적하고 있다.

> 나의 이론적 해석이 옳다는 것을 입증하기 위해 나의 구체적인 기술이 무의식적으로 선택되고 해석되지 않았다는 것을 내가 어떻게 입증할 수 있는가? 이 질문에 대한 하나의 답은 현상학적 시각에서 철학적이고 이론적으로 얻을 수 있지만 그것이 경험적 과학자의 입장에서 반드시 효과적이라고는 하기 어렵다(p. 247).

Moustakas(1990)는 그것이 새로운 발견과 본질적 이해를 만드는 개인 경험과 강도에 대한 공유된 반영의 복합체라고 명료화했다. 전형적으로, 자료는 현상에 높은 관심을 공유하고 있는 적은 수의 참여자로부터 얻는다. 그 자료에 대한 주의 깊은 조사는 연구자 자신의 경험에 대한 묘사뿐 아니라 연구자에 의해 창조된 일련의 개인적 묘사의 결과이다. 때로 의미의 발견을 위한 질문으로 상호 자기탐색을 하기 때문에 연구자와 연구 참여자 간에 발달되는 연결성이 있다.

발견적 탐구의 핵심 개념과 과정

발견적 탐구를 수행한 기본 저서들은 그것을 처음으로 수행한 Clark Moustakas (1990)에 의해 저술되었다. 발견적 탐구는 철저하게 밝혀질 때까지 강도 높고 지속적으로 문제를 조사하려는 열정이 있어야 하는 특성을 가지고 있다. 그것은 미술치료사들이 창조적 과정의 단계를 따르는 다음의 체계적인 6단계로 수행된다.

1. 초기 개입 : 중요한 사회적 의미와 개인적 시사가 있어 연구하고 싶게 만드는 높은 흥미나 열정적 관심을 발견하는 것이 탐구의 시작이다. 이때 연구자는 연구문제나 주된 관심으로 발전시키는 자기대화로 초대하는 느낌을 가질 수 있다. 연구 초기 내내, 탐구는 연구자와 참여자 간의 비구조화된 인터뷰 또는 대화, 미술치료사와 내담자의 미술작업이나 표현, 창조된 작품과의 적극적인 상상, 또는 상상적인 글과 시각적 탐구에 참여하는 것이 될 수 있다(Gilroy, 2006). 초기 개입(initial engagement) 동안 연구자는 내면으로 돌아가 부지불식간에 또는 **무언의 자각**(tacit awareness)에 도달한다. 미술치료사가 잘 이해하고 있다고 해서 누군가의 경험에 관해 아는 것이 결코 즉각적인 자각을 제한하지는 않는다. 오히려 이런 차원들이 개인의 경험과 상호작용될 때 숨겨진 측면으로 전체 의미에 기여할 수 있다.

2. 몰입 : 선개념과 분리되거나 선개념을 치우는 현상학과는 달리, 발견학은 연결성과 관계성을 강조한다. 내적 **전념**(indwelling)은 연구 참여자가 확고한 집중력을 가지고 내부로 들어가서 좀 더 깊고 확대된 이해를 얻기 위해 경험의 어떤 측면에 초점을 맞추는 발견적 과정이다. 예를 들어, 가족 구성원의 상실은 미술치료사로 하여금 상실감을 아우르는 전체 속으로 집중하게 하여 내면으로 들어가게 하고, 근본적인 통찰이 명확한 정서로 표면에 떠오를 때까지 미술 표현을 통해 그것의 의미와 연상을 확대시킨다. 연구문제를 밝히기 위해 창조된 미술작품은 대화와 관계에 유용한 하나의 분리된 독립체로 상상될 수 있다. 예를 들어, McNiff(1992)는 자신이 만들어낸 미술 이미지의 의미를 발견하는 발견적 과정에 참여할 때의 대화 기법을 기술하였다. 걷고, 자고, 심지어 꿈꾸는 속에서 이루어지는 '문제와 함께 살기(living the question)'의 이 과정은 생활 속의 모든 것이 문제와 그

자체로 구조화되는 것처럼 보이고 친숙한 용어로 알게 되는 것처럼 보일 때로서 연구의 몰입(immersion)단계라고 할 수 있다.

3. 잠복기 : 포화점에 이르면 문제는 제쳐둔다. 이것은 강도 높고 집중화되었던 초점이 최고점에 다다르고, 확고했던 집중으로부터 일시적인 후퇴가 필요한 계기가 되는 자연적인 이동이다. 은유적으로 말해 이것은 마치 연구자의 마음이 잠시 동안 '작동하지 않는(off line)' 오프라인 상태가 되는 것과 같다. 그렇더라도 연구자는 의식적인 매일의 관심에 재초점을 두면서, 암묵적인 차원이 의식적 자각의 좀 더 깊은 수준으로 문제를 밀어 넣는다.

4. 조명 : 갑자기 마음이 이완된 집중 상태가 될 때 '아하!'의 순간이 의식 속으로 분출된다. 통찰은 고속도로를 달리거나 아이의 축구 경기를 관람할 때 일어날 수 있다. 조명(illumination)은 문제에 내재하는 본질에 대한 의식적인 자각으로의 실제적인 돌파구이다. 연구자는 새롭거나 숨겨진 의미를 이해할 때 갑자기 수정될 필요가 있는 왜곡들이 보이기 시작한다. 조명을 획득하기 위해서 연구자는 의식적인 노력 없이 수용적인 마음상태가 되어야만 한다. Gendlin(1962)은 자각에서 이런 변화를 만들기 위해 필요한 '신체 이동(body shift)'을 확인하였다. Fenner(1996)는 자신의 발견적 연구에서, 이미지에 집중하다 갑자기 통찰을 조명하도록 만드는 의식으로의 변화를 알게 하는 다른 순간을 찾았다고 기술하였다.

5. 설명 : 연구문제에 대한 중심주제, 특성, 요소들이 조명되면, 연구자는 그것의 의미를 이해하기 위해 산출해낸 것들을 연구하고 완전히 조사하기 위해 비평적 사고를 낳는 설명 또는 '훈습(working through)'의 과정을 시작한다. 이제 발견을 위한 설명(explication)단계에서, 연구자는 타인들과 의사소통할 수 있는 비판적인 맥락으로 들어가서 결과물들을 얻어내야 한다. 이 단계에서 이루어지는 집중적인 전념은 좀 더 복잡한 주된 발견을 하게 해줄 것이고, 그것은 단순한 상상이 아닌 좀 더 강도 높은 분석을 통해 드러나는 자료에서 일반적인 패턴을 파악하기 위한 탐구와 관련된 논리를 가

져다준다(Gilroy, 2006). 경험에 대한 개인적인 묘사를 통해, 연구자는 연구의 결과가 되는 좀 더 깊은 의미에 대한 핵심주제와 전체적이고 복합적인 묘사를 발달시킨다(Bloomgarten & Netzer, 1998).

6. **창조적 통합** : 마지막으로 핵심주제나 자료와 매우 유사한 것들이 발달되면서, 연구자는 연구문제로 조명된 것들에 숙련되었다는 느낌을 갖는다. 이 때 이런 전체적인 이해를 외현화하고 표현하고 싶은 마음이 끊임없이 생기게 된다. 이런 욕구를 표현할 때, 연구자는 발견된 의미를 명확히 만들기 위해 새로운 형태를 창조함으로써 연구결과를 통합할 수 있다. 예를 들어, 창조능력에 있어 폭력의 영향에 대한 발견적 연구(Kapitan, 1997)에서, 그 주제문제는 연구논문 인쇄 과정에 호기심을 갖게 되었던 마지막 단계까지 연구자에게 미술에 전반적인 무관심을 갖게 만들었다. 이런 직관의 결과로 나는 연구를 하나의 전체로 통합시킨 미술작품 시리즈를 만들게 되었다.

발견적 탐구는 연구과정 동안 몇 번이든 첫 개입부터 설명까지의 순환이 지속된다. 참여자는 공동 연구자로서 연구에 참여하므로, 연구자와 이런 과정의 전부 또는 대부분을 함께한다. 어떤 연구에서는 연구자가 참여자의 자기탐구로부터 자료를 수집하고 자료분석의 한 형태로서 발견적 방법을 적용하기도 한다. 예를 들어, 자신의 이웃과 사진을 찍는 미술치료 프로그램에 참여한 청소년 집단에게 개인적인 의미에 대한 발견적 연구에서, 연구자의 자기자각 또는 참여자

경험적으로 자각하고 있는 것 연구하기

Lett는 내적 초점에서 외현화까지의 순간의 과정을 기록하는 발견적 탐구를 위한 자극으로서 엽서 크기의 꽃그림을 사용하였다. 5명의 공동 연구자는 모두 미술치료사들이었고 오디오로 기록하는 대화에 참여하였다. 주된 연구방법은 녹음기에 크게 이야기하고 나서 이미지를 살피면서 녹음된 내용을 들어보는 것이었고, 그 후 의미의 반영과 발견이 뒤따랐다.

– Lett, 1998

상자 속 미술 : 의미의 표현

Kaufman은 담는 용기의 의미와 미술치료에서의 상자 활용의 치료적 시사점에 대해 체계적으로 연구하기 위해 발견적 모형을 따랐다. 그녀는 조각을 만들고 자신의 감정, 사고, 연상을 기록하는 과정의 저널을 만들었다. 그리고 나서 자신의 저널 저서와 관련된 끝낸 조각에 대한 세 가지 다른 시각에서 주제들을 확인하였다. 그녀는 주제와 조각 자체 간의 관계를 이해하려고 시도하였다. 연구결과 변형을 위한 수단으로서의 모험적인 저널과 미술을 만드는 것과 은유적으로 관련된 용기 형태에 대한 매우 중요한 주제를 확인하였다.

– Kaufman, 1996

의 자각이 주된 도구가 될 수 있다. 청소년들에게 사진을 찍는 것뿐 아니라 그 경험에 대한 개인적 반영 또한 기록하여 시각적 저널들을 만들도록 하였다. 집단의 요구에 따라 창조적인 통합이 이루어질 때까지 청소년들에게 그들의 저널과 경험의 의미를 전반적으로 조사하도록 하였다. 대안적으로 미술치료사는 자신의 체계적 반영 과정을 통해 그들의 시각적 저널에 대한 발견적 분석을 수행할 수 있었다.

발견적 탐구의 타당성과 비판

현상학의 한 형태인 발견적 학습은 수량화할 수 있는 탐구 방법이 아니다. 타당성의 문제는 결과로 나온 의미에 대한 질적 견지에서 다루어져야 한다. 경험에 대한 궁극적인 서술은 자기 자신의 철저한 자기탐색으로부터 나오는가? 포괄적이고 생생하고 정확하게 경험의 의미와 본질을 그리는가? 다른 질적 접근에서와 같이, 타당도는 경험에 대한 정확하고 충분한 의미를 묘사하기 위해 반복적으로 원자료로 돌아가서 살핌으로써 향상된다. 연구결과는 연구자가 설명과 창의적 통합이 실제적으로 나타날 수 있다는 것을 확인할 수 있어야 한다. 타당도 점검은 때로 연구 참여자에게 돌아가서, 결과를 공유하고 결과의 이해와 정확성을 평가하도록 요청하는 것이 포함된다.

McNiff(1998a)는 미술치료사들에게 자기몰두로 나아가는 발견적 경향은 피하도록 또는 미술작품을 '개인의 감정과 생각의 조각들의 미로로 나선형'이 되기 쉬운 유아론적 자기 반영으로 사용하는 것을 피하도록 경고하였다(McMiff, 1998a, p. 55). 끝이 없는 자기참조의 '발견적 늪'에 빠지는 것을 피하기 위해, 나는 다음과 같은 안내서를 제시하였다.

- **명확한 목적 세우기** : 시작하기 전에 정확하게 초점화된 질문으로 연구의 목적을 명확히 하라. 발견적 학습에서 요구되는 개방성과 마주칠 때 타당한 연구를 설계하는 것은 어렵다. 명확하게 초점화된 질문은 내면의 참조를 변화시킴으로써 많은 연구자를 안내하는 데 도움을 준다.

- **신중하게 주제 선택하기** : 주제를 조심스럽게 선택하고 제한적이고 합리적인 범위 내에서 적용하라. 때때로 연구자는 단순한 연구에 흥미를 느끼지 못할 수 있기 때문에 개인적인 유의성이 있는 주제를 선택하라. 예를 들어, "나의 인생에서 어머니의 죽음은 무슨 의미일까?"라는 일생 동안의 질문을 해결하기 위한 결정은 연구에서 너무 크고 기본적으로 답이 될 수 없는 문제일 수 있다.

- **구체적이고 타당성 있는 설계하기** : 개방적인 개인의 발견 과정에 기반을 두기 위한 구체적이고 타당성 있는 설계를 만들어라. 축소되고 간단한 문제는 타당한 탐구를 안내하기에는 충분하지 않다. 질문에 유도된 어떤 연구자들은 외부의 체계적 구조나 다른 참조틀로 처음에 제작된 것 없이 발견적 몰두를 당장 시작한다. 이것은 의미를 설명하려 할 때 문제가 생기거나 연구자 자신이 의미에 대한 자각을 일으킬 구조가 없다. 이 문제는 연구자의 좀 더 강도 높은 개인적 과정에서 수행되는 트라이앵귤레이션, 구성원 검토, 타인의 시각을 포함시킴으로써 피할 수 있다.

발견적 탐구는 주관적이고 직접적인 생생한 경험에 기초한다. 자기학습, 공유된 공동연구, 창의적 탐구에서 만들어지는 텍스트나 예술작품에 대한 비평과 같은 전략은 전통적인 연구방법에서는 발견될 수 없는 중요한 통찰을 가져올 수 있다(Sullivan, 2005). 방법에서 나타나는 결정적 통찰은 다른 도구로 검증된 다른 연구나 가설을 세우는 기초로 사용될 수 있다. Bloomgarten과 Netzer

발견적 연구 : 단순한 이미지 만들기 경험을 통한 자기치료

Fenner는 2개월 동안 일상에서 만들어진 45개 미술 이미지 시리즈를 가지고 개인의 의미를 발견하기 위해 체계적인 발견적 탐구를 수행하였다. 그녀는 75분 동안 45개의 이미지를 내적으로 탐구하는 4번의 회기를 실시하였고, 새로운 이미지에 창조적인 반응을 하게끔 녹음기에 '생각을 입 밖으로 크게 얘기'하여 언어적 반영을 하였다. 그녀는 내적 탐구 환원과정에서 앵커로서 녹음-기록 기법을 기술하였다. Fenner는 후에 자신의 반영을 전사하였고 내적 활동에서 사용한 자신의 창조성 그리고 의미의 과정과 관련된 주제들을 확인하였다.

— Fenner, 1996

(1998)는 '필수불가결한 개인 지식의 확장과 발달'로 이런 결과의 가치를 기술하였다.

> 발견을 이끌기 위한 과정에는 연구자의 자기반영적 탐구와 공동 연구자의 경험에 대한 발견이 포함된다. 이런 개인적인 개입에서 미술치료사는 자신의 치료적 미술작업의 경험을 살펴보고 직관과 암묵적 지식으로서의 자신의 경험을 신뢰할 필요가 있다. 연구대상은 미술의 치유적 힘에 관해 배우는 공동 연구자가 된다. 전문가로서 우리는 타인에 대해 귀 기울이고 그들의 내적 앎을 존중하는 치료실제의 경험이 필요하다. 이런 내담자의 자기지식과 타인의 치유에 참여하는 능력에 대한 신뢰는 내담자에게 권한부여가 될 뿐 아니라 연구자로 하여금 인간관계에서 알려지지 않은 미스터리에 관해 배울 수 있게 해준다(p. 54).

해석학

해석학은 해석에 대한 이론과 실제이다. 이 단어는 그리스 왕 헤르메스에서 파생된 것으로, 그는 신과 인간 간의 메시지를 의사소통하는 역할을 하였다. 해석학적 과학은 '보이는 것 뒤의 의도와 의미가 완전히 이해되어야 하기 때문에 텍스트를 읽는 것'이 포함된다(Moustakas, 1994. p. 9). 생생한 경험에 대한 직접적인 기술과 그 경험을 설명하는 의미 구조 간의 해석된 관계성은 해석적 방

법의 핵심이다. 비록 생생한 경험에 관심은 있지만, 우리가 접하는 모든 것의 의미는 항상 맥락적(문화적 · 역사적 · 학문적인 맥락에 따라 해석하고 참조하는)이라는 전제에 있어서는 현상학이나 발견학과는 유의한 차이가 있다(Patton, 2002). 해석학에서는 연구자가 인간 경험이 일어나는 조건이나 맥락을 이해하거나 또는 흥미 있는 것이 일어났기 때문에 나타나는 상황들을 알아내는 것에 관심을 갖는다(Bloomgarten & Netzer, 1998).

연구를 통해 공식화된 해석학적 접근은 특히 텍스트를 잘못 해석하거나 이미지에 대해 부정확한 의미를 투사할 가능성이 있는 미술치료와 같은 분야에서 유용하다. 하나의 미술작품을 창조한 사람의 원래 의도를 알아내는 것을 강조하는 미술치료사는 해석학적 원칙을 사용하고 있다. 해석학적 연구문제는 다음과 같은 것들이다.

- 'x'를 만드는 조건은 무엇이며 그것의 의미를 해석하는 것이 가능한가?
- 'x'를 만든 사람은 어떤 의미를 의사소통하고자 했으며 그것의 의미를 문화, 역사, 또는 다른 맥락 속에서 어떻게 받아들일 수 있는가?

해석학에서는 하나의 맥락에서 창조된 텍스트(글로 쓰였든 보이는 것이든)는 다른 맥락에서 서로 간의 상호작용적 과정을 통해 해석된다. Dilthey(1985)는 해석학적 연구의 공식은 세 가지 주요 요소 간의 상호작용이라고 제시하였다.

해석학적 연구문제의 예

- 사냥의 예 : 이 지역에서 누군가 사냥을 한다는 것은 우리에게 사슴의 존재에 대해 무엇을 말해주는가?
- 일상의 예 : 오늘 아침 내가 처음으로 볼 수 있도록 커피메이커 옆에 비밀 노트를 놓아둔 남편의 의도는 무엇인가?
- 미술의 예 : 우리는 반 고흐가 마지막 초상화를 그린 시기에 일어났던 인생 상황을 어떻게 이해하고 해석하는가?
- 미술치료의 예 : 내담자는 오늘 아침 자신의 미술작품과 어떤 의사소통을 시도하려 했는가? 어떤 집단 회기의 역동이 그녀가 그 그림을 그리는 데 영향을 주었는가?

표 6.1	해석학적 연구의 공식화	
생생한 경험	**표현**	**이해**
→	↔	←
생생한 경험은 탐구의 시작점과 초점이 된다.	경험을 구체화한 텍스트, 작품 또는 이미지 속의 생생한 경험에 대한 표현	텍스트 또는 이미지로 표현된 가능성을 파악하는 이해

- 탐구의 시작점과 초점이 되는 **생생한 경험**
- 경험을 구체화한 텍스트, 작품, 또는 이미지(이야기, 시, 그림, 춤, 영화, 인터뷰 내러티브, 또는 생생한 경험을 표현한 모든 것들)에서의 생생한 경험에 대한 **표현**
- 인지적 활동으로서가 아닌 텍스트로 표현되는 가능성의 파악으로서의 **이해** (표 6.1)

미술치료사들은 독특한 치료적 관계 또는 환경 조건에서 만들어진 미술작업을 해석하는 것과 관련된 이슈에 민감하다. 전문적 문헌에는 내담자가 창조한 미술 이미지들을 치료사의 이론적 배경에 따라 해석된 많은 사례연구들이 제시되어 있다. 어떻게 미술 이미지가 내담자의 성격이나 심리적 자기를 반영하는가에 대한 많은 연구들이 이루어졌지만 미술치료의 독특한 맥락이 어떻게 미술을 만들고 의미를 창조하는지에 대한 연구는 거의 없다. 해석학은 이론의 가정 너머의 이미지 해석에 관심이 있고, 이미지를 떠올리고 해석하는 것을 통해 맥락을 연구하려는 연구자에게 풍부한 영역을 제공한다.

정신분석이 해석학적 이해의 과정에서 필수적이라고 주장한 Ricoeur(1981)는 연구자의 관심을 어떤 인간 행동이나 상황에 적용될 수 있는 '텍스트'로 넓혔다. 사회적 상황을 해석하는 것은 그 상황을 '텍스트'로서 다루고, 그 텍스트의 의미에 대한 은유나 구조를 찾기 위해 어떤 시각, 견지, 또는 상황적 맥락으로 바라보는 것이다. 유사하게, 미술작품을 해석하는 것은 미술가로서의 자신을 미술 이미지와 분리시키고 그것을 맥락 속의 텍스트나 대상으로 다루는 것이다.

미술가와 미술 이미지 간의 관계, 연구자와 미술가로서 만든 미술 이미지 간의 관계, 그리고 연구자와 미술가로서의 관계는 이런 서로 다른 입장에서 나온 의미를 연구하는 것이 될 수 있다.

방법 : 해석학적 순환

해석학적 연구의 주된 도구는 '해석학적 순환(원형)' 이다(Gadamer, 1976). 해석학적 접근은 '이해하는 사람과 이해되는 것' ─ 치료사와 내담자이든, 미술가와 미술작품이든, 연구자와 참여자이든 ─ 이 기본적으로 서로 밀접한 관계가 있다는 것을 전제로 하기 때문에 순환(원형) 또는 나선형으로 언급된다. 그러므로 어떤 해석은 해석자의 견해가 처음에는 그의 해석에 영향을 주지만 현상과의 지속적인 상호작용을 통해 교정과 정교화가 시작되고, 해석자의 편견과 시각은 끊임없이 재평가된다.

유사한 아이디어가 두 사람 간의 타고난 관계에도 존재한다. 하나의 차원은 그의 경험의 진실을 평가하기 위해 타인의 눈으로 세상을 보려는 소망이고 다른 한 차원은 자신의 경험을 그 관계로 가져오고, 자신의 견해를 공유하며, 자신의 삶을 타인과 연결시키려는 노력을 통해 타인에게 반응하려는 소망이다(Tappan, 2001, p. 53). 대화의 교환을 통해 서로 타인의 경험을 이해하려고 시도하는 두 사람의 이런 아이디어는 '해석적 순환' 이라고 했던 것과 같다. 미술가와 미술작품 같이, 그것은 이해하고 반응하고 관계하기를 강요하는 것으로 구성되어 있다. 해석의 과정은 합리적이다. 미술치료는 그 자체로 내담자와 치료사, 내담자와 미술작품, 그리고 내담자, 미술작품, 치료사 간의 합리적인 활동이다. 치료사가 그들 자신의 너무 서두른 해석을 중지하고 내담자의 의사소통을 진실로 듣고 감정이입하여 이해하도록 노력해야만 하는 것처럼, 해석학적 연구에서 연구자의 편견은 '텍스트가 우리에게 말하는 것을 듣기' 위해 끊임없이 대화 속에서 포기되어야 한다(Gadamer, 1976, p. xviii).

미술치료사 Linesch(1994)는 이미지와 대화하는 McNiff의 현상학적 방법을 치료적 대화의 실제에 대한 해석학적 탐구모형과 관련시켜 은유적으로 설명하였다. 그의 연구방법은 다음의 단계들을 거친다.

1. 개시자(치료사, 연구자, 미술가)는 반응자(내담자, 텍스트, 이미지)와의 관계를 시작한다.
2. 대화는 개시자가 반응자로부터 시각적이고 언어적인 반응을 일으키는 개방형 질문으로 시작한다.
3. 개시자는 좀 더 깊은 질문과 그에 따르는 반응을 살피고 이런 반응들에 대한 자신의 내적 작용을 반영한다.
4. 경험의 의미에 대한 공동구성이 나선형 대화 속에서 일어난다.

연구에 참여한 5명의 미술치료사의 경험에 대한 Linesch(1995)의 연구에서, 각 참여자와의 상호작용적 인터뷰를 수행하기 위해 해석학적 나선형 대화가 사용되었는데, 반응자의 대답을 주의 깊게 인터뷰하고 듣기 시작하며, 연구자 자신의 내적 반응에 주의를 기울이고, 반응자에게 다이어그램과 해석적이고 공유된 은유를 만들기 위해 논의된 재료를 그리도록 요청하였다. 인터뷰가 전사된 후 자료는 의미를 확대하기 위한 패턴과 은유를 확인하는 현상학적-해석적 과정으로 해석되었다. Linesch의 연구는 "심리치료적 사건의 핵심은 대화의 현상이고 해석은 그 대화의 구성요소이다."라는 그녀의 믿음을 철저히 따랐다(1994, p. 185).

Linesch(1994)는 미술치료사가 해석학적인 해석의 과정과 원칙을 체계적으로 수용함으로써 임상적 접근과 조화될 수 있는 연구방법을 발달시킬 수 있다는 소망을 표현하였다. 해석학적 나선형은 현상학적 탐구 또는 발견적 탐구와 같이 또 다른 방법론 내에서 하나의 도구로 사용되거나 또는 해석이 필요한 곳을 이해하려는 연구자가 어떤 경험에 대해 초점을 두고 단독으로 사용할 수 있다.

내러티브 분석과 치료적 인터뷰 연구

해석학은 글로 쓰인 문자에 대한 연구에서 시작되었다. 내러티브 분석은 이런 아이디어를 심층 인터뷰 전사, 생애사 내러티브, 역사적 기억, 집필된 논픽션을 포함하도록 확대시키는 연구방법이다(Patton, 2002). "개인의 내러티브, 가족 이야기, 자살 노트, 그래피티, 문학적 논픽션, 그리고 생애사는 개인적 경험 렌즈를 통해 문화적이고 사회적인 패턴을 드러낸다."(Patton, 2002, p. 115). 여기에 미술치료나 다른 형태의 표현으로 만들어진 미술작업을 첨가할 수 있다. 미술치료 연구에 포함된 내러티브는 생생한 경험가치의 기록으로 사람들의 이야기를 전적으로 존중하고, 특별한 심리적 · 역사적 또는 문화적 맥락과 의미를 갖는다.

내러티브 연구자는 참여자에게 다른 사례연구 또는 자연스런 현장 연구와 일치하는 방식으로 접근하고, 이미 이전 장과 이 장에서 기술했던 많은 전략들을 사용한다. '이야기'나 내러티브에 대한 아이디어가 이 텍스트에서 이런 방법론적 토론과 교차하는 동안, 언어를 사용한 내러티브 분석이 또 다른 시사점을 준다. 다른 해석학자 접근에서처럼, 내러티브 연구자는 임상 사례자료들이 전형적인 방식이 아닌 혁신적인 형태로 의미를 확대하고 전달하려 시도한다. 내러티브 분석의 중심 아이디어는 "이야기와 내러티브가 특히 문화적이고 사회적인 의미에 대한 반투명한 창문을 제공한다."는 것이다(Patton, 2002, p. 116). 미술치료사 Michael Barbee(2002)는 자신의 내러티브 연구에서 시각적인 방법과 내러티브 방법을 혼합한 연구를 설명하였다.

> …… 이런 입장에서 경험은 사람들이 살아가는 이야기들이다. 그들의 말 속에서, 이야기들은 재확인되고 수정되며 새로운 것이 창조된다. 이야기는 가능한 이해와 의미를 만드는 부분들(줄거리, 주제, 전후관계, 감정)을 제공한

내러티브 분석을 위한 연구문제

이 내러티브나 이야기는 그 사람과 그 세계에 관해 무엇을 나타내는가? 이 내러티브는 그것이 만들어진 삶과 문화에 대한 이해를 설명하고 제공하기 위해서 어떻게 해석될 수 있는가?

– Patton, 2002

다(Carr, 1986). 많은 부분적인 이야기들은 인생 이야기를 포함하고 첨가한다. 그리고 이것들은 더 큰 이야기의 주제와 연결되며 그것들과 모순되지 않아야 한다. 이런 새로운 장들은 획기적인 사건들을 포함하는데, 이것은 개인적인 사건들이다. 이 과정은 자기에 대한 응집감을 가져다준다. 이런 응집성은 외적인 사회적 요구와 내적인 심리적 요구를 모두 말하는 것이다(p. 55).

내러티브 분석은 전통적으로 삶의 이야기에 초점을 둔다. 미술치료에서 이미지 작업을 통해 가능해진 내담자의 '인생 고찰'을 말하는 임상적 이야기는 형식적인 내러티브 연구를 수행하기 위한 많은 잠재성을 가진 영역이다. 내러티브 연구는 또한 인생의 조직화는 지각에 좌우되는 여러 가지 해석이 가능한 '만들어지는 이야기'로서 개념화될 수 있다고 시사하는 지각의 조직화 연구에 대한 특별한 접근으로 제시되고 있다. Riley(2000)는 이런 시각에서 미술치료의 전문성에 관해 논의하였고, 미술치료의 가치와 잠재성을 자리 잡게 하기 위한 좀 더 자유로운 구성을 채택하도록 전문성의 내러티브에 대해 '재구성 이야기(re-storying)'를 제안하였다.

인간관계 내에서 밝혀진 의미보다는 구성된 해석학적 내러티브나 다른 방법이 현상학과 사회 구성주의의 관계적 접근에 좀 더 가깝다. 미술치료사들은 연구를 수행하는 데 적용될 수 있는 이런 영역에 독특한 대인간 전문지식을 가지고 있다. 그들은 지식을 형성하기 위해 치료적 과정의 잠재성을 건드리는 언어적, 비언어적인 방식으로 치료를 하지만 연구의 효율성은 의심된다. Kvale(2003)은 질적 인터뷰로 얻은 임상 지식은 실제로 만들어진 치료적 인터뷰 방법이 일반적으로 비과학적이므로 거부당하는 모순을 관찰하였다. 예를 들어, Kaplan(2000)은 임상적 이론에 대한 것은 아니지만 최근의 뇌 연구에 의해 반박된 정신분석에 대한 '초심리학 주장'을 비평하였다. 임상적 이론은 치료적 인터뷰의 수단으로 얻은 직접적인 임상 관찰에 기초한다. Kvale은 연구방법으로서의 정신분석적 인터뷰는 소비자 행동의 예측과 통제에 주된 역할을 하는 연구

성전환의 정체성을 이해하기 위한 시각적 내러티브 접근

Barbee는 성전환자로 확인된 개인의 소집단에 대한 시각적이고 언어적인 '성(gender) 이야기'를 이끌어내기 위해 질적 연구를 수행하였다. 다양한 민족의 자원자들로부터 6명의 참여자들이 선정되어 그들의 성 이야기를 찍어달라고 요구하였다. 이 사진들은 참여자의 생생한 경험에 대한 내러티브 묘사를 이끄는 개방적 인터뷰의 기초가 되었다. 전사는 일반적인 주제를 조사하였고 문헌과 비교되었다. 연구결과는 성전환 경험의 개인적인 의미를 고찰하는 것에 대한 중요성을 나타내었다. 그리고 사진은 이런 의미를 이끌어내는 가치 있는 자극을 제공하였다. Barbee는 성전환 경험의 이론에 대한 시각적 내러티브 접근을 분명하게 표현하였다. 그리고 그들의 경험이 병리화되지 않는 치료적 틀을 제공하는 임상적 시사점도 제시하였다.

– Barbee, 2002

방법으로 비과학적이지 않다는 것을 보여주기 위한 포커스 그룹 마켓 연구에 대한 임상적 인터뷰의 영향을 추적하였다.

내적 언어화와 표현적 활동이 주어진 치료는 우선적으로 의미의 해석과 행동 변화와 관련된 해석학적 원칙이 고찰될 수 있다. Kvale(2003)은 치료적 인터뷰의 중요한 점은 "객관적인 사실 탐구 시 오류의 원천을 찾기보다는 인간 상황에 대한 통찰력 있는 지식을 얻는 것이 중요하다."고 설명하였다. 연구방법으로서의 치료적 인터뷰는 대화가 주된 지식의 원천으로 발견적이고 실용적인 초점이 된다.

치료적 인터뷰에서 제공될 수 있는 지식의 중요성에도 불구하고, 연구방법으로서 타당성을 위협하는 많은 방법론적 함정이 있다. 여기에는 치료의 사적인 특성, 체계적인 문서화, 선택된 사례로부터의 지나친 일반화의 경향성과 관련된 윤리적 문제가 포함된다(Kvale, 2003). 미술치료사들은 항상 연구목적 이전에 내담자의 욕구를 우선순위에 놓는다. 사례연구의 한계점과 관련하여 오늘날의 치료적 탐구는 종종 내러티브 사례작업과 저널링, 질문지, 내담자와의 연구 인터뷰를 혼합한다. 또한 문헌에서 찾아낸 문화적 자료, 대중문화, 영화, 미술도 사용된다. 이런 다양한 전략의 사용은 치료적 사례연구 이전의 부족한 부분을 정확히 하는 데 도움이 된다.

　　Kvale(2003)은 연구방법 못지않게 치료적 인터뷰의 효용성에 중심이 되는 것이 치료사가 내담자와 개방적이고 비구조화된 인터뷰로 상호작용하기 위해 강도 높은 훈련을 받는 것이라고 고찰하였다. 질적 인터뷰가 어떻게 수행되었는지에 대한 다양한 사회과학 연구 텍스트에 대한 고찰들은 많은 질적 연구자들이 경험 많은 치료사들에 비해 연구 참여자와 관계하는 데 있어 초심자들이라는 사실을 보여준다. Kvale은 경험 많은 연구자에 비해 맥락적인 민감성과 직관적 판단이 없는 초심자의 행동을 어느 정도 특징지워 주기 위해 '축어록 전사와 형식화된 분석 방법'을 제안하였다. 연구자가 연구 참여자와 라포를 형성하고, 문화 실제에 민감해지며, 비언어적 정보에 참여하고, 전개되는 인터뷰 특성에 유연하게 적응하며, 다양한 수준의 의미를 반영하고 해석하는 능력처럼 미술치료사도 비슷한 가치를 지닌다. 이것은 해석과 지식이 과학적인 시도로서 문서화되고 논의될 필요가 없다는 주장을 제안한 것이 아니라, 치료적 인터뷰에서 산출된 지식의 질은 자격 있는 치료사-연구자의 숙련도로 인해 더욱 좋아질 것이라는 주장을 제안하는 것이다(Kvale, 2003).

　　내담자의 생생한 경험에서 이론을 만드는 치료적 인터뷰와 가장 일치하는 적용 중 하나는 Arthur Robbins의 미술치료 연구에서 찾아볼 수 있다. 많은 미술치료사들이 그들의 사례를 기술하는 것과는 달리 Robbins는 내담자, 그들의 미술작품, 치료적 과정을 모니터하고, 그에 대한 해석을 조직화하는 치료사 자신의 내적 반응들 간에 발생하는 상호작용에 대한 해석학적 나선형에 관해 자세하게 문서 기록화하였다. McNiff(1998a)는 미술치료 경험 내에서 합리적이고 심리적인 공간을 만드는 Robbins의 연구에 대해 존중을 표현하였다. 그는 Robbins가 "미술치료 문헌으로 새로운 많은 요소들, 즉 사람으로서의 치료사, 치료적 관계, 치료적 공간 등을 '보여주는 것'을 소개했다."고 말했다. 치료적 관계는 Robins에 의해 심리적 반영의 대상으로 지각되므로, 미술과 치료는 통합되고 두 가지의 전문성 측면이 만나게 된다.

　　치료적 인터뷰는 주관적이기 때문에 비판을 받아 왔지만, 이 책에 기술한 것처럼, 잘 조화된 주관성은 어떤 연구문제를 밝히기 위해서는 요구되는 것이다.

적으로 명명하기 : 양극성 장애와 공병장애 아동들과의 미술치료 개입

Henley의 연구논문은 질적 연구에 기초한 미술치료 개입을 논하고 있다. 이 연구에는 16명의 아동
들과의 2년 반의 과정 동안 184개의 미술치료적 인터뷰 세션이 포함되어 있다. 4개의 사례에 대한
짤막한 글이 제공되었고 9~15세 아동의 16개 사례가 32번의 미술치료 개입을 받았다. 임상적 평
가, 개입, 그리고 미술적/행동적 결과는 주로 미술치료에 대한 정신역동적이고 대상관계적 접근 내
에서 분석되었다.

– Henley, 2007

Kvale(2003)은 치료적 인터뷰가 연구의 시각으로 만족되기 위한 네 가지의 '주
관성 유형'을 분명하게 제시하였다.

1. 편견의 감소 : 체계적인 교차−검증과 확인을 통해 이루어지는데, 치료사
   가 내담자에 대한 개인적인 영향을 자각하도록 강도 높은 훈련을 받아야
   한다.
2. 상호주관적 동의, 또는 '구성원 검토' : 치료사가 자신의 해석을 인터뷰 참여
   자의 해석과 비교한다. 또한 슈퍼바이저나 동료로부터 인터뷰 기록내용을
   평가받는 '동료 검토'를 한다.
3. 연구된 대상의 특성에 대한 민감성 : 이것은 대상을 그 자체로 이야기하게
   한다.
4. 대상에게 반대를 허용하는 태도 : 참여자가 그들 자신의 관심을 이야기하고
   떠올리며, 연구자의 해석에 저항하도록 허용하는 치료적 상황에서의 개방
   성이다.

마지막으로 Kvale(2003)은 똑같은 인터뷰 상황에서 치료적 관심과 연구 관심
을 혼합하는 데 있어서의 딜레마가 일어나는 몇 가지 윤리적 강조점을 확인하였
다. 치료의 주된 목적은 내담자의 변화이고, 연구에서는 치료적 진전을 방해하
지 않는 수준에서의 지식의 향상이다. 유사하게 비치료적 연구 인터뷰에서, 연
구자−치료사는 치료에서 정서적 변화를 요구하거나 부추기지 않는 새로운 해

석에 참여자를 직면시키고자 하는 충동을 중단해야만 한다. 연구지식을 제공하는 참여자의 방어를 얻으려는 간접적인 인터뷰는 사전 동의 윤리를 침해하는 것이다. 이에 대한 논의 및 다른 윤리적 고려에 대한 내용은 제8장에서 다룰 것이다.

결론

Dilthey(1976)는 우리가 자연과학 방법으로 반영할 때, 자연을 설명할 수는 있지만 인간의 삶은 이해해야만 가능하다고 말했다. 전통적인 연구방법의 불균형을 수정하기 위해, 질적 연구는 주제를 이해하기 위한 다양한 계보의 방법, 자연주의적 접근, 해석적 접근을 따라 발달하였다. 질적 연구의 방법론들 가운데, 경험의 의미를 찾으려는 시도에는 생생한 연구의 맥락 속으로 연구자가 직접 경험한 몰입이 요구되는 것이 있다. 이런 방법들은 연구 참여자에게 침범적이거나 모욕적인 것으로 인식되어 어떤 문화적 맥락에서는 사용하기 적절하지 않을 수 있다는 것을 알아야만 한다. 유사하게 의식적인 경험으로의 탐구가 매우 약하거나 인식으로의 새로운 통찰이 위협적이라고 느낄 수 있는 내담자에게는 치료적으로 부적절할 수 있다. 심층적인 의미를 발견하기 위해 찾는 모든 형태의 탐구는 그런 탐구가 참여자에게 미치는 잠재적인 심리적, 사회적, 행정적, 문화적 영향을 고려하면서 윤리적인 고려가 요구된다.

이런 모든 방법들에서 연구자는 탐구의 주된 도구로 기능한다. 연구자의 주관성은 그것이 통제된 실험으로 들어가게 되면 과정 편견이나 결과를 무효화시킬 수 있다. 그러나 하나의 또 다른 논리가 여기에 작용하고 있다. 한 사람의 특별한 의미를 좀 더 깊게 발견하기 위한 질문들은 인간 존재와 상호작용하는 경험이 요구되는 능숙한 경험으로부터 나온다. 전통적인 과학적 연구에서처럼, 타당도는 도구의 정밀함과 정확성을 연마하는 큰 부분으로 남는다. 타당한 결과를 만들기 위해서 연구자는 체계적으로 자기점검적이고, 적응적이며, 타인에 의해 검토된 매우 질적으로 높은 자각이 이루어져야 한다.

최근 사설에서(Kapitan, 2007), 나는 미술치료사의 매일의 작업에 스며드는 질적 사고에 대해 반영하였다. 매 회기는 다양하고 반복적인 행동의 관찰과 해석에 대한 통제, 발견과 의미부여의 귀납적 과정, 상호이해를 측정하기 위한 내담자와의 자료검토 등이 포함되어 좋은 질적 연구자로서의 품질보증마크가 제공되어야 한다. 창의적인 상상, 신체적이고 공감적 지식, 사회문화적 동기에 대한 민감성은 미술치료사가 사회과학자들의 실제 연구행동과 공유하는 예술적 방식의 사고이다(Kvale, 2003). 사람들의 의미 있는 경험에 대한 예리한 관찰자와 해석자로서의 미술치료사는 연구에 대한 해석학자 무대 안에서 많은 것을 제공해야 한다.

요약

1. 경험의 심층적인 의미에 대한 반영은 현상학적, 발견적, 해석학적 탐구가 포함된다. 미술치료사들은 보통 경험에서 나오는 내담자의 특별한 의미를 발견하려는 반영적 과정을 사용한다. 이 과정은 인간 이해의 연구문제에 대한 논의를 공식화할 수 있다.

2. 현상학은 경험에 대한 선 가정을 최소화하면서 본질에 관한 통찰을 찾는다. 보통의 경험 현상에 대한 괄호치기와 의미의 본질적 구조를 발견하기 위한 환원적 과정은 현상학의 독특한 방법이다.

3. 발견적 탐구는 새로운 의미와 통찰을 이끄는 개인의 발견 과정에 초점을 두고, 연구자의 자기반영적 탐구와 공동 연구자의 말 속에서의 경험에 대한 발견이 포함된다.

4. 비록 생생한 경험에 관심이 있지만, 해석학적 탐구는 우리가 무언가에 부여한 의미는 맥락적이고, 원래 창조되고 해석된 문화적, 역사적, 학문적 맥락에 좌우된다는 전제에 있어서는 현상학과 발견학에서 벗어나 있다.

5. 내러티브 분석은 심층 인터뷰 전사, 생애사 내러티브, 역사적 기억, 가족 이야기, 미술작업, 그리고 개인적 경험의 렌즈를 통해 이루어진 문화와 사회적

패턴이 나타나 있는 창조적 표현들이 포함된 텍스트에 대한 해석학적 아이디어 연구방법이다.

6. 치료는 의미와 행동에 대한 해석에 일차적인 관심이 있거나 결과로 나타난 행동의 변화에 관심이 있기 때문에 해석학적 원칙으로 보일 수 있다. 연구의 양식으로서 치료적 인터뷰는 지식의 장소로서 대화에 초점을 두고 있어 해석학과 일치한다.

7. 이런 모든 접근들에 있어, 연구자는 탐구의 주된 도구로 기능한다. 주관성이 탐구를 이끌기 때문에 타당성은 하나의 지각, 해석, 자료원천에 의존하는 것을 최소화하는 절차를 통해 이루어진 자각의 질에 따라 좌우된다.

 참고문헌

Barbee, M. (2002). A visual-narrative approach to understanding transsexual identity. *Art Therapy: Journal of the American Art Therapy Association, 19*(2), 53–62.

Bloomgarten, J., & Netzer, D. (1998). Validating art therapists' tacit knowing: The heuristic experience. *Art Therapy: Journal of the American Art Therapy Association, 15*(1), 51–54.

Braud, W., & Anderson, R. (1998). *Transpersonal research methods for the social sciences: Honoring human experience.* Thousand Oaks, CA: Sage.

Carr, D. (1986). *Time, narrative, and history.* Bloomington, IN: Indiana University Press.

Creswell, J. W. (1998). *Qualitative inquiry and research design: Choosing among five traditions.* Thousand Oaks, CA: Sage.

Dilthey, W. (1976). *Selected writings.* (H. P. Rickman, Ed. & Trans.). Cambridge, MA: Cambridge University Press.

Dilthey, W. (1985). *Poetry and experience. Selected works, vol. 5.* Princeton, NJ: Princeton University Press.

Douglass, B., & Moustakas, C. (1985). Heuristic inquiry: The internal search to know. *Journal of Humanistic Psychology, 25*(3), 39–55.

Feen-Calligan, H. R. (2005). Constructing professional identity in art therapy through service-learning and practica. *Art Therapy: Journal of the American Art Therapy Association, 22*(3), 122–131.

Fenner, P. (1996). Heuristic research study: Self-therapy using the brief image making experience. *The Arts in Psychotherapy, 23*, 37–51.

Gadamer, H.-G. (1976). *Philosophical hermeneutics.* Berkeley: University of California Press.

Gendlin, E. (1962). *Experiencing and the creation of meaning.* Chicago, IL: Free Press.

Gilroy, A. (2006). *Art therapy, research, and evidence-based practice.* Thousand Oaks, CA: Sage.

Giorgi, A. P., & Giorgi, B. M. (2003). The descriptive phenomenological psychological method. In P. M. Camic, J. E. Rhodes, & L. Yardley (Eds.), *Qualitative research in psychology: Expanding perspectives in methodology and design* (pp. 243–274). Washington, DC: American Psychological Association.

Heidegger, M. (1962). *Being and time*. New York, NY: Harper and Row.

Henley, D. (2007). Naming the enemy: An art therapy intervention for children with bi-polar and comorbid disorders. *Art Therapy: Journal of the American Art Therapy Association, 24*(3), 104–110.

Heyneman, M. (1991). The never-ceasing dance. *Parabola, 16*(2), 4–13.

Kaiser, D. H. (1996). Indications of attachment security in a drawing task. *The Arts in Psychotherapy, 23*(4), 333–340.

Kapitan, L. (1997). Making or breaking: Art therapy in a violent culture. *Art Therapy: Journal of the American Art Therapy Association, 14*(4), 255–260.

Kapitan, L. (2004). Artist disenchantment and collaborative witness project. *The Journal of Pedagogy, Pluralism and Practice, 9*. Retrived from: http://www.lesley.edu/journals/jppp/9/index.html

Kapitan, L. (2007). The power of n=1: An art therapist's qualities of mind. *Art Therapy: Journal of the American Art Therapy Association, 24*(3), 101–102.

Kaplan, F. (2000). *Art, science, and art therapy: Repainting the picture*. Philadelphia, PA: Jessica Kingsley.

Kaufman, A. B. (1996). Art in boxes: An exploration of meanings. *The Arts in Psychotherapy, 23*(30), 237–247.

Kvale, S. (2003). The psychoanalytic interview as inspiration for qualitative research. In P. M. Camic, J. E. Rhodes, & L. Yardley (Eds.), *Qualitative research in psychology: Expanding perspectives in methodology and design* (pp. 275–297). Washington, DC: American Psychological Association.

Lett, W. R. (1998). Researching experiential self-knowing. *The Arts in Psychotherapy, 25*(5), 331–342.

Linesch, D. (1994). Interpretation in art therapy research and practice: The hermeneutic circle. *The Arts in Psychotherapy, 21*(3), 185–194.

Linesch, D. (1995). Art therapy research: Learning from experience. *Art Therapy: Journal of the American Art Therapy Association, 12*(4), 261–265.

McNiff, S. (1992). *Art as medicine: Creating a therapy of the imagination*. Boston, MA: Shambhala.

McNiff, S. (1998a). *Art-based research*. Philadelphia, PA: Jessica Kingsley.

Merleau-Ponty, M. (1973). *The prose of the world*. Evanston, IL: Northwestern University Press.

Milligan, L. (1996). A mother's journey of healing: When a child changes gender. *Art Therapy: Journal of the American Art Therapy Association, 13*(4), 282–284.

Moon, B. L. (2007). Dialoguing with dreams in existential art therapy. *Art Therapy: Journal of the American Art Therapy Association, 24*(3), 128–133.

Moustakas, C. (1990). *Heuristic research: Design, methodology, and applications*. Newbury Park, CA: Sage.

Moustakas, C. (1994). *Phenomenological research methods*. Thousand Oaks, CA: Sage.

Patton, M. Q. (2002). *Qualitative evaluation and research methods* (3rd ed.). Thousand Oaks, CA: Sage.

Quail, J. M., & Peavy, V. (1994). A phenomenological research study of a client's experience in art therapy. *The Arts in Psychotherapy, 21*(1), 45–57.

Ricoeur, P. (1981). *Hermeneutics and the human sciences*. Cambridge, MA: Cambridge University Press.

Riley, S. (2000). Questions to which "not knowing" is the answer: An exploration of an "invented reality" called art therapy and the supporting structure known as the "profession" of art therapy. *Art Therapy: Journal of the American Art Therapy Association, 17*(2), 87–89.

Sheller, S. (2007). Understanding insecure attachment: A study using children's bird nest imagery. *Art Therapy: Journal of the American Art Therapy Association, 24*(3), 119–127.

Sullivan, G. (2005). *Art practice as research: Inquiry in the visual arts*. Thousand Oaks, CA: Sage.

Tappan, M. B. (2001). Interpretive psychology: Stories, circles, and understanding lived experience.

In D. L. Tolman & M. Brydon-Miller (Eds.), *From subject to subjectivities: A handbook of interpretive and participatory methods* (pp. 45–56). New York: New York University Press.

Van Manen, M. (1990). *Researching lived experience*. London, ON: State University of New York Press.

제7장

미술기반 탐구 :
새롭게 출현하고 있는
미술치료 패러다임

내가 스튜디오에서 문제를 더 깊게 탐구함에 따라 내 손은 그 종이를 원 안으로 가져가고 있었다. 신체 윤곽을 부드럽게 만들면서 내 온 주의를 놀이를 통해서 내 마음과 연결하는 데 집중하였다.

나는 손가락과 감각적 표시 사이에서 짙은 회색의 선명하지 않은 감정이 표면에 남겨짐을 느끼면서 회색 종이에 휘갈긴다. 실제로 무언가가 형체가 없는 나의 창조적 참가로 시작되는지를 모르지만, 나는 받아들이기를 기다린다. 외부에서 보면 나는 한 중년 여성이 화판에 파스텔화를 시작하고 있는 것처럼 보인다.

하지만 나 자신과 그 종이 사이 마법의 원 내부에서는, 내가 그 종이에 이끌리어 나의 감각이 살아나고 기민해짐에 따라 미술과 이미지, 자아, 타아의 모든 범주가 사라진다. 나는 사라진다. 나 자신은 가고 없다. 왜냐하면 미술이 나타나고 나는 사라져야만 하니까.

– Kapitan

미술치료 대학원생인 Rob은 지금 막 연구 프로젝트를 설계하였다. 그는 교실에서부터 임상에 이르기까지 미술치료사가 되기 위한 훈련을 했던 다양한 경험에 대해 생각해 왔다. 수렵채집민처럼, Rob은 현장에 나갈 준비를 함에 따라 자신의 전문가적 갈망을 만족시키길 바라는 '연구문제'를 추구하고 있다. 미술치료 연구를 탐구하면 할수록, 그는 최초 문제가 예술적 실제에 대한 이해의 변화과정과 관련이 있음을 더욱 분명히 알게 된다. Rob은 도자기 스튜디오에서 10년간 미술치료를 해왔다. 그는 성공한 스튜디오 아티스트로서 자신의 감각과 정신, 신체가 점토에 대해서 알고 있는 것을 믿는다. 하지만 미술치료사로서 치료현장에서 느낀 인턴경험에 비추어 볼 때, 그는 여전히 이러한 감정들이 물 밖의 고기처럼 비효과적이라고 느낀다. 이러한 통찰이 만약 그가 도자기의 시각-근육-지각 매개를 통하여 미술치료에 대한 생각과 감정, 새로 발견된 인식을 체계적으로 탐구하는 것이라면, 치료 맥락에서 더 효과적인 대리자가 되는 데 예술성을 가져올 수 있었을 것이다. 예술은 홀로 기술되고 표현되는 형식일 뿐만 아니라 새로운 지식을 건설하는 가치 있는 수단이다. Rob은 미술치료에 대한 새로운 지식을 그가 예술에서 창조한 형식에서부터 총체적으로 구성할 것이다.

미술기반 탐구는 연구관점 내에서 시각적 수단을 사용하는 지식 창조로 정의될 수 있다(Sullivan, 2005). 미술치료에 적용하면, 미술에 직접 참가하는 것은 어떤 연구문제와 방법을 조사하는 '현장'이 되는 것이다. 이러한 패러다임의 변화는 모든 연구가 개념 형성의 토대를 둔 것처럼, 미술활동이 사고와 문제해결, 직접적인 지각에 대한 증거 조사의 형식이라는 원리에 근거를 둔다. 미술작업은 과학 이론의 모형을 창조하는 데 관여하는 그러한 복잡한 인지작용의 전부는 아니지만 많은 부분을 필요로 한다(Arnheim, 1969). 불행하게도 이러한 전제는 상당수의 요인들 때문에 과학분야에서 공통적으로 받아들여지지 않고 있다. 최소한 미술 및 과학교육을 독립적 연구 분야로 다루는 경향이 없었고, 이중 미술교육은 미국의 학교에서는 거의 사라졌다. 연구자 중 시각 훈련의 부족은 재료로 제공되는 텍스트와 측정에 특혜를 주는 바이어스를 가져오거나, 드로잉과 페인팅, 다른 매개를 원자료와 방법론의 현장이라기보다 단순한 삽화로 간주함으로써 심상의 영역을 과소평가하는 바이어스를 가져온다.

이 책의 첫 장에 기술했듯이, 미술은 미술치료에서 중심 분야로 자리 잡았고, 또한 미술치료사가 임상정보를 어떻게 해석하고 내담자가 일상의 문제를 해결하는 데 어떻게 도움을 주는가에 가치를 두고 주의를 주는 것에 영향을 미치고 있다. 다른 연구 패러다임처럼, 미술치료사는 내담자에게 제공하는 똑같은 지식과 활동을 그들의 연구문제를 다루는 데 적용할 수 있다. 미술기반 탐구는 미술가의 활동과 관점을 배제하지 않고 오히려 사회과학 연구의 주된 관심 분야에서 그들에게, 즉 미술가와 내담자, 미술가와 치료가, 또는 미술가와 연구자에게 특혜를 주고 있다. 미술기반 탐구의 핵심 목적은 다음과 같다.

- 지식을 확증하거나 공고히 하기보다 자극하고 도전하고 밝히는 것
- 복잡한 전체 내에서 미묘한 관계를 인식하기 위해 지각과 생각, 감정을 넓히는 것
- 신지식을 창출하는 새로운 가능성 또는 혁신을 지각하고 상상하거나 구성된 지식을 변화시키는 것
- 미술과 미술치료의 경험에서 연구성과로서 미술지식의 개인적 · 사회적 변화를 이해하는 것

미술기반 질문의 예

- 사냥의 예 : 열두 갈래의 뿔을 지닌 다 자란 수사슴의 위엄 앞에 직면했을 때 어떻게 내가 경험한 감정의 깊이를 생생한 형식으로 다른 사람에게 보여줄 수 있을까?
- 일상의 예 : 왜 나는 어머니의 수집품인 낡아빠진 식탁보를 계속 가지고 있을까? 내 인생에서 의미를 보존할 수 있고 일상에서 즐거움을 발견할 수 있도록 사용하거나 변화시킬 수 있는 어떤 방법이 있을까?
- 미술의 예 : 라틴 문화유산의 중요성을 표현하는 특정 작품을 어떻게 창조하는가?
- 미술치료의 예 : 심오한 교육적 요구와 함께 학교 미술치료 프로그램이 가치가 있다는 것을 학교 행정가들 가운데 한 청중을 설득하기 위해 미술을 어떻게 사용할 수 있을까?

Rob이 자신의 스튜디오에서 특정 내담자와 관계를 묘사한 일련의 점토 그릇을 만드는 것을 상상해 보라. 이것은 피상적인 행위가 아니라 점토로 만드는 것은 내담자에 대한 그의 지각을 명확히 하는 훈련된 실제이다. 이것은 그의 환경으로부터 직접 축적되었지만 아직 진행된 것은 아니다. Rob이 탐구한 결과인 미학적 지식은, 그의 미술작품으로부터 나온 정보가 그의 정신에 이미 축적된 정보와 상호작용할 때 떠오르게 된다. 이러한 연결의 결과는 최초 연구자로서 Rob과 그가 다른 사람에게 보여주고 창조할 미술작품의 구경꾼에게서 갑작스런 확장이 될 수도 있고, 재배열 또는 이전에 축적된 정보를 정렬하는 것이 될 수도 있다. 이것은 번갈아 다양한 감정과 통찰, 혁신을 생산한다(Csikawnrmihalyi & Robinson, 1990).

매시간 새롭거나 예기치 않은 지시가 그가 점토로 창조하는 순간순간 도달한다. Rob은 재료가 이끄는 대로 따를 것이고 그의 목적을 유연하게 변화시킬 것이다. 그는 점토의 너무 얇은 벽을(그릇의 너무 얇은 두께를) 조정해야겠다고 느낄 수도 있고, 갑작스런 통찰로 내담자가 최근 회기에서 긴장하거나 상처 입은 감정을 얘기했던 것을 공감적으로 이해할지도 모른다. 도자기 작품으로부터 Rob의 경험은 그에게 깊이 있는 신체적 지식을 제공한다. 점토에 대한 그의 민감성은 변화하는 특성을 형성하고, 이러한 변화하는 특성은 번갈아 그에게 그가 창조한 미술작품에 의해 움직여진 재능을 반영하게 한다. 다른 형식의 질적 탐구와 다르지 않게 그의 미술 실제는 내담자에게 중요한 자각을 일깨우는 플랫폼이 되고, 지식을 탈구조화하고 재구조화하는 플랫폼이 되며, 강력한 심리적·문화적 대리인, 즉 미술치료를 이해하는 플랫폼이 된다. 미술치료사가 미술적 탐구의 방법에 참여할 때, 자신들의 미술의 본성과의 심화된 연결에 불을 붙이게 된다. 이는 작품의 원천과 다시 연결되어 미술치료사의 관계를 자기와 그들이 살고 있는 세계로 변화시키는 잠재력을 지닌다(Kapitan, 2003a; McNiff, 1998a).

Rob의 미술기반 탐구는 연구에 대한 Leedy(1997)의 정의의 기준을 만족시킨다. 그것은 탐구를 이끄는 문제나 의문으로 시작되고 명확히 표현될 수 있는 목적을 지니고 있다. 그것은 또한 문제를 해결하기 위한 자료수집 및 해석을 요구하는 특정 계획이나 절차를 따른다. 그것은 특정 가정을 받아들이고, 이 경우 접근방법은 미술작품의 생산과 비평으로부터 체계적 피드백에 관한 설계를 통해 순환하는 과정이다. 이와 같은 방법은 도예가가 내담자에 대한 자신의 지각과 요구를 탐구하기 위해 자신의 미술적 지식을 사용하는 이러한 한 사례에 국한되지는 않는다. 미술기반 접근은 다방면의 프로젝트에 대한 풍부한 잠재력을 지니고 있고, 자폐 아동에 대한 미술치료에서 비디오를 사용한 Evans와 Dubowski(2001)의 연구에서 발견될 수 있거나 자기표상의 반영적인 도구로서 사진을 사용한 Barbee(2002)의 내담자들과의 공동 프로젝트에서 발견될 수 있다. 지지적 연구 또한 비디오나 지역공동체 또는 상호적인 미술 전시, 상호작용하는 훈련 재료의 시각적 형식으로 핵심 청중들에게 제시되고 기록될 수 있다. 미술기반 탐구가 가져온 성과는 사람들이 미술치료에 대한 지식을 구성하기 위해 미술행위를 할 때 무엇이 일어났는가에 대한 직접적 이해를 가져온 것이다.

미술기반 탐구의 주요 특성

미술기반 연구는 미술치료 분야에서 Shaun McNiff(1998a)에 의해서 발전되었지만, 수년 동안 광범위한 미술작품의 개념을 정제하고 형성했던, 뛰어난 미술교육자이며 연구자인 Eiliot Eisner에게서도 흔적을 찾아볼 수 있다. 1981년 Eisner는 미술기반 연구를 전통적인 과학적 접근방법과 차별화하는 몇 가지의 특징으로 요약했다. Eisner(1981, 1991, 2002, 2003)에 의해 고안되고, 연구자인 Sander Weber와 Claudia Mitchell(2004)에 의해 분명히 표현된 미술기반 연구의 핵심 특성은 다음과 같이 요약할 수 있다.

반영　　탐구 형식으로서 미술적 표현은 새로운 관점으로 어떤 것을 보기 위해 자기를 떼어 놓는 동시에 자기에 연결하는 매개를 제공한다. 반영적 행위를 수반하는 중요한 비전은 예술에서 결정짓는 과정이고, 내담자와 미술치료의 활동에서 묘사 과정이다. 탐구방법으로서 그것은 양적 · 질적 연구에서 고안된 과학적 조치 또는 피드백 회로와 직접적으로 유사하다.

동시에 모두　　미술기반 탐구에서 생산된 심상은 언어나 숫자에서 파악하기 힘들지도 모른다는 것을 드러낸다. 미술활동은 행위자의 지식에 대한 형언할 수 없거나 숨겨진 면들을 파악하고 그것들을 전체적으로 이해할 수 있는 형식으로 표현하려 애쓴다. 하나의 아이콘 사진의 힘은 '동시에' 어떤 인지할 수 있는 진실을 전달하는 것이라고 생각해 보자. 이를테면 베트남 촌마을에서 네이팜탄 공격을 피해 달아나고 있는 작은 소녀의 사진 한 장은 미국에서 역사적 시대와 문화적 기억을 대표한다. Hervey(2000)는 미술적 탐구가 "우리가 작품에서 경험하고 우리의 환자의 삶에서 목격한 일종의 패러독스이고 형언할 수 없는 진실을 설명하는 방식과 다른 사람들과 공유될 수 있는 형식을 제공하는 방식을 준다." 고 주장하였다.

감각적 · 정서적 · 지적 주의　　미술은 고조된 경험이고 미술기반 탐구는 "우리가 알고 있지만 모르는 것을 깨닫게 하고, 전에 결코 알아차리지 못했던 것을 이해하게 해준다."(Weber & Mitchell, 2004) 미술기반 탐구는 종종 신체적 반응을 포함하고 유발한다. Eisner(1981)는 창작물이 통상 "형식의 의미가 표현된 형상에서 구체화되는 환기 형식의 창조에서 제공된다."는 것을 관찰했다. 특히 미술치료와 같은 분야에서, 연구표현에서 미술적 방식을 사용하는 것은 발언권에 대한 발견과 다른 사람에게 영향을 주는 가능성을 증가시킨다. 강력한 문화 심리학적 변화 대리인으로서 이미지는 미술기반 탐구에서 이용될지도 모르는 미술치료의 본질이다.

총체적 대화　　미술기반 탐구는 총체적으로 대화하며, 동시에 전체와 부분의 관점을 유지하면서 대화한다. 이러한 원리는 인지가 언어를 매개로 사고하는 것을 제한하지 않는다는 사실을 강조한다. 은유와 상징을 통해 시각 매개는 이론적 진술을 효과적이고 경제적으로 전달하기 위해 지각적이고 문화적인 코드를 사용한다. 예를 들어 복잡한 대화를 한 번에 이해될 수 있는 단일한 이미지로 포장한, 잘 고안된 광고나 빌보드의 창조물을 조사하는 연구자를 고려해 보자. 시각 형식은 복잡한 정보를 현상의 핵심 특성을 나타내는 공간 아날로그로 간결하게 표현한다(Sullivan, 2005).

표준적인 일반화   시각적 항목과 맥락을 통해서 미술기반 탐구는 왜 그리고 어떻게 한 사람의 연구가 많은 사람의 삶에 반향을 불러일으키는지를 보여준다. 과학적 연구와 달리 미술기반 연구에서 일반화의 본질은 시공간에서 독특한 것을 밝혀주고, 동시에 상황의 한계를 넘어서는 통찰을 전달하는 것과 관련이 있다. 이러한 일반화의 형식은 '표준적 사건'이라 불려졌다. 이것은 '발견적 기능'을 수행하는 경험의 감각적 추출로, 얼마나 좋은 경험이었는가를 생생한 용어를 사용하여 우리에게 상기시킴으로써 단일의 사건을 넘어선다(Eisner, 2003). 미술치료 문학은 내담자의 현실을 미술에서 생생하게 전달하는 심상의 사례로 충만하다(Moon, 1999).

어떤 것을 바라보는 새로운 방식   미술기반 탐구는 정서적 평형 또는 저항을 통하여 우리에게 사물을 보는 새로운 방식을 고려하게 함으로써 유발하고 혁신을 일으키며 깨뜨린다. 미술치료사 내담자들에게 영향력을 갖게 하는 이러한 공통 원리는 연구관심으로 변화될 수 있다. 한 미술가가 심적 대화를 구성하고 있는 것에서부터 나온 팔레트는, 주의 깊게 선택되고 균형된 요소로 구성되어 시각 지각을 조직하는 원리를 이용한다.

옹호와 액티비즘   미술적 탐구는 사람들을 사회적으로 만들고, 개인을 공적으로 만들며 그러므로 활동가 입장을 구체화할지도 모른다. 미술의 공통 특성은 청중이나 구경꾼의 자각에 영향을 창출하는 것이다. 미술치료에서 미술기반 탐구의 성과는 특정 내담자나 내담자 집단의 경험을 시각화하거나 발언을 제공하는 서비스에서 설득적 메시지를 창조하는 것일지도 모른다. 미술기반 연구는 주로 사람들이 의미를 발견하는 것과 관련되어 있고, 그들의 관점이 일깨워지고 무시되거나 더 확고하게 만드는 것과 관련되어 있다(Eisner, 1981).

미술치료사 연구자에게 동시대의 난제는 미술치료의 핵심 활동에 연결되는 탐구방법을 발견하는 것이었다. 미술활동은 알고 있는 방식이며 발견의 수단이다(Allen, 1995). 미술적 탐구는 강렬한 심적 반영과 이어서 일어나는 행위에 대한 대상으로 제공되는 작품을 생산한다(Kapitan, 2003a). McNiff(1998a)에 따르면 미술기반 탐구는 '창조적 과정의 지식에 대한 신뢰와 그것으로부터 나온 이미지와의 관계에 대한 욕구'로부터 성장한다. Hervey(2000)는 미술기반 탐구에 대한 정의를 자료를 수집, 분석, 제시하는 예술적인 방법을 사용하는 것, 창조적 과정에 참여하는 것, 연구자의 심미적 가치에 의해서 결정되고 동기화되는 것이라고 조작화하였다.

McNiff(1998a)는 미술기반 연구의 주된 관심으로서 이미지에 대한 미술치료사의 관계를 역설했다. 다른 미술치료사는 '치료적 예술성'의 실제(Robbins, 1973; Kapitan, 2003a)와 치료적 기획에서 사회적으로 반응하는 미술가로서 미술치료사의 개념(Kapitan & Newhouse, 2000), 그리고 '치료 전망에서 독특한 미술의 속성'에 관한 연구(Carolan, 2001)를 포함하기 위해 이러한 역설을 확대했다. Sullivan(2005)은 미술기반 연구자가 '복잡한 인간 활동을 둘러싼 맥락을 조사하기 위한 연구실제로서 창조적 과정을 더 의식적으로 전개하도록' 북돋운다(p. 61). 지속된 경험과 민감성, 기억의 역할이 지식 구성에서 중요한 대리자이다. 또한 자기 연구와 협력, 원문 비평과 같은 전략이 전통적인 연구방법에서 발견되지 않는 중요한 통찰을 드러낼지도 모른다(Sullivan). Cole과 Knowles는 이 접근을 'arts-informed research'로 설명하였다.

> 'arts-informed' 연구는 예술적이고 심상적 특성과 함께 과학적 탐구의 체계적이고 엄격한 특성을 가져온다. 그렇게 함으로써 연구과정이 창조적이며 반응적이 되고, 대화를 위한 표현적 형식이 사진과 영화, 비디오, 음악, 댄스, 다중매체 장치를 포함한 시와 소설, 드라마, 이차원·삼차원의 시각 미술과 같은 다양한 예술 형식의 요소를 구체화한다.

미술기반 연구방법 : 미술적 실제의 체제

'연구'가 주로 일반화할 수 있는 지식을 구성하는 조사를 의미하는 것으로 이해되기 때문에, 여기서는 의도적으로 미술기반 미술치료 지식에 공헌해 온 광범위한 미술적 방법을 의미하는 '탐구'라는 용어를 사용한다. 미술기반 탐구는 다양한 청중에게 효과적으로 전달되는 표현 형식을 표현하는 것과 연구자의 관심에 관한 경험과 마주치는 것 모두 창조적 과정을 사용함으로써 구별된다(Sullivan, 2005). 규정한 행동과 단계에 대한 Hervey(2000)의 관점은 미술기반 연구 프로젝트에 대한 건전한 방법론적 분석틀을 제공하는 미술작품을 창조하는 것을 포함한다.

1. **최초 자각** : 미술작품을 창조할 때, 한 아이디어가 "이것 흥미롭군, 더 탐구하고 싶어."라는 문구에서처럼 미술적 이유로 최초 맥락에서 선별된다. Rob의 탐구사례에서 Rob의 이해가 창조 작품의 의미를 완전히 설명하기에 불충분하고 창조 작품을 필요로 함에도 불구하고 연구문제에서 그릇 형식이 중요하게 인식되었다. 종종 연구가의 주의는 연구문제에 문자적 연결보다 은유적 연결 때문에 최초 이미지에 끌린다. 최초 이미지는 또한 미술의 가장 뚜렷한 특징 중 하나이다(Hervey, 2000).

2. **탈맥락화와 의도적 재창조** : 그 다음 이미지 또는 아이디어는 "나는 지금 의도적으로 단순히 이러한 아이디어로 일할 거야."라는 문구처럼 미술적 매개에서 재창조함으로써 탐구될 수 있다. 여기 체계적으로 집중하는 주의와 창조적 행위, 측정된 반영은 예술가－치료사에게 연구활동 속으로 빠져들게 한다. Rob의 최초 아이디어는 도자기의 최초 매개 내에 머물러 있을지도 모르고 또는 똑같은 감각을 점토에서 페인팅이나 시, 비디오와 같은 새로운 매개로 바꿀지도 모른다. 그가 내담자들이 점토로 작업하는 미술치료를 관찰하는 것은 보다 큰 깨달음과 호기심을 가져올지도 모른다. 왜냐하면 내담자들의 점토 작품이 미술치료에서 최초 기능으로부터 벗어

났고 지금은 Rob의 미술적 경험과 연구문제의 일부분으로 인식되었기 때문이다.

3. **감상과 차별화** : 그 다음 미술가는 재창조된 미술작품을 가치나 효과적 표현에 의해 재평가한다. Rob의 탐구에서 최초 관심은 일련의 도자기 그릇이 얼마나 잘 연구문제를 전달하는가일 것이다. 미술품으로서 "이것이 가치가 있는가?"라는 연구문제나 연구과제와의 은유적 관계를 탐구하는 것과 중첩된다(Hervey, 2000). 이를테면 "이 특별한 점토 용기 창작품이 미술치료에서 특정 내담자와 문제를 해결해 나가려는 노력에 얼마나 큰 반향을 불러일으킬까?"

4. **정제와 변화** : 새로 만들어진 미술작품은 "만족할 때까지 이것을 계속할 거야."라는 문구에서처럼 완성될 때까지 순환 과정에서 차별화된 평가가 계속되는 동안 조정되고 변화된다(Hervey, 2000). 창조적 탐구에서 이번 단계는 문제 또는 일상의 염려에서 조치를 통해 치료적으로 일을 해나가는 과정과 유사하다.

5. **재맥락화** : 완성된 작품은 청중과 가장 효과적으로 대화할 수 있는 적절한 위치에 놓이고, 학교 저널에 연구출판물로 전파될 수 있는 형식으로 자리잡게 된다. Rob의 도자기 그릇은 미술 전시회에서 일반 대중에게 보여질지도 모른다. 예를 들면, 특정 주민이나 지역사회에서 필요로 하는 정신건강에 대한 대중의 이해를 향상시키려는 비영리 조직에 의해서 운영되는 웹사이트에 게시될 수도 있다. Rob의 그릇은 새로운 미술기반 탐구 프로젝트에 추진력을 제공할 수도 있다. 이를테면 미술치료 내담자가 자신들의 미술작품으로 반응하도록 설정된 임상 성격의 전시회에서 활용될 수 있다.

이것으로 인지적이고 기타 다른 과정에 관한 일반적인 분석이 미술작품을 창조하는 데 관여됨에 따라, 어떻게 미술행위 활동이 연구문제를 해결하기 위해 자료를 수집하고 해석하는 데 구조화된 탐구로서 고안되는지를 볼 수 있다

(Hervey, 2000). 다른 연구방법과 차별화된 미술기반 방법은 자료수집과 자료 분석, 창작물의 프레젠테이션을 위한 최초 탐구방법으로서 미술을 사용하여 미 술행위 활동에 초점을 둔다.

자료수집으로서 미술작업

모든 미술에서의 주된 방법은 중요한 비전(critical vision)이나 존재하는 지각을 와해시키려는 의도를 가진 상황에 대한 탐구로 시작한다. 미술기반 탐구에 적용 하면 이러한 자료수집 방법은 연구가나 연구 참여자가 문제를 구조적으로 이끈 창조적 활동(재료, 과정 그리고 사람들이 적극적으로 창조하는 것)에 열정적으 로 참여하게 한다. 창조적 과정의 특징은 이전 장에서 기술했듯이 모두 자료수 집에서 촉진된다는 것이다. 창조적 과정이란 열중, 강렬한 몰입, 선입견 없는 경 험의 개방성을 말한다. 미술기반 탐구를 설계함에 있어서 연구문제는 미술치료 사가 심리적 문제로 내담자를 돕는 방식과 상당 부분 같은 방식으로 창조적 문 제로 개념화될 수 있다. 예를 들어 당신의 연구문제를 미술치료에서 내담자가 당신에게 가져온 어떤 것으로 상상해 보자. 그것을 위해서 당신은 어떤 치료계 획을 고안했는가? 당신의 연구문제를 위한 '창조적 미술기반 치료계획'이 무엇 처럼 보였는가? 이러한 기법은 미술치료 이론과 활동에 일치하기 때문에 효과 적이다. 즉, 미술치료사는 치료에서 창조적 개입을 형성하는 똑같은 원리를 연 구문제로 옮길 수 있다. 예를 들면 다음과 같다.

- 헝겊이나 다른 곳에 색깔을 층층이 입히는 것을 방해하는 데 사용된 밀납 염색, 왁스 납화 과정을 이용하여 미술작품을 창조함으로써 내담자-치료 사의 저항 조사하기
- 내담자와 연구가의 초상화를 통하여 가족 역할 조사하기
- 인형을 꿰매는 과정이나 위안자, 또는 이미지를 전달하는 포토앨범으로 아 름답게 꾸민 다른 전이 대상을 통하여 어린이의 애착 패턴 조사하기

• 귀중한 소속감을 주거나 자존감을 주는 의식을 창조함으로써 죽어가고 있
는 내담자들의 해방되려는 투쟁 조사하기

탐구를 활성화시키는 창조적 방법에 더하여 미술기반 탐구가 일어나는 새로
운 현장이 있다. 여기 미술치료사는 미술사(史)나 미술, 예술교육의 분야로부터
영감을 받을지도 모른다. 그들의 미술실제는 더 이상 갤러리나 학교의 네 벽면
에 국한되지 않는다. 미술가와 미술치료사, 미술의 역할은 모든 방면에서 급격
히 변화하고 확장되고 있다. 오늘날 인간 활동을 포함한 맥락을 충분히 조사한
중요한 연구활동은 스튜디오나 갤러리, 지역공동체 그리고 인터넷상에서 발견
되고 있고(Sullivan, 2005), 마찬가지로 사회과학 연구자에게 관심을 받기 시작
하였다.

한 가지 눈에 띄는 사례는 몬트리올에 있는 Concordia 대학교 교육과 출신의

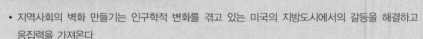
미술기반 탐구의 몇 가지 사례

• 지역사회의 벽화 만들기는 인구학적 변화를 겪고 있는 미국의 지방도시에서의 갈등을 해결하고
응집력을 가져온다.
• 요정 이야기에 관한 미술기반 탐색과 퍼포먼스는 치료적 관계의 최초 긴장을 전달한다.
• 의식의 형식으로 미술작업은 무력감을 경험하는 청소년을 성인기로 갈 수 있도록 도와준다.
• 예술과 꿈 이미지는 마리화나를 남용한 여성 생존자의 치료 순례여행을 제공했다.
• 자택 거주자를 간호하는 세 여성의 삶에서 아름다움에 관한 현상은 행위예술의 매개를 통해 미술
작업과 미술기반 분석을 탐구했다.
• 인생을 명예롭게 하는 것은 미술작업과 심화된 듣기를 통해 초로의 거주자가 진전되는 과정을 검
토한다.
• 미술작품의 형식과 내용에서 변화의 검토는 직업 예술가에서 미술치료사로의 변화에서 창조되
었다.
• 회고적, 내성적 초상화의 연구는 트라우마적인 인생을 변화시킨 사건을 경험한 세 명의 중학생에
관한 연구이다.
• 스케치북 검토는 인생을 변화시킨 경험의 본질을 그린 전시회에서 정점에 이른 범문화적인 미술
치료를 실습하려는 학생에 의해서 창조되었다.
• 효과적인 예술재료에 관한 심층 연구는 맹인이나 시각적으로 손상된 내담자를 위한 연구이다. (맹
인이나 시각적으로 손상된 내담자를 위한 효과적인 예술재료에 관한 심층 연구)

Sander Weber와 몬트리올에 있는 McGill 대학교의 Claudia Mitchall이 고안한 웹사이트인 이미지 및 정체성 연구집단(Image and Identity Research Collective, IIRC)이다. 그들의 관심은 다학문간, 이미지기반 연구방법과 표현의 미술적 형식을 개발하는 것이다. 그들은 다음과 같이 진술한다.

> 개인적이고 집단적인 프로젝트에서 우리는 비디오와 필름, 예술 장치, 사진, 퍼포먼스, 소셜 활동을 성과 나이, 신체, 인기 문화, 정체성과 관련된 연구문제에 다양하게 사용한다. 우리 프로젝트의 상당 부분은 결정적인 자기 연구와 집단 탐구에 관여한다.

이들의 미술기반 연구 프로젝트 가운데 몇 가지 사례에는 기억 학습과 문자 형식, 중요한 문제를 제기하는 인생 퍼포먼스에 사진 사용하기, 연구와 이론 제시하기, 그리고 예술적 장치와 연출을 통해 자아와 정체성을 탐구하기 등이 있다. 그들은 또한 연구를 이론화하고 보고하기 위해 다큐멘터리/예술적인 비디오를 만든다.

지역공동체 전시회나 연구 사이트를 사용하는 미술치료사의 사례로서, Aube와 Meade, Baeuchle(2006)은 캔사스시티에 있는 Avija 대학교에서 미술치료사가 전시했던 35개의 미술작품들을 전시했다고 보고했다. 결과들 가운데 예술적 표현의 다양성은 방문객에게 미술치료의 다양한 차원과 예술 서비스가 창조하는 다양한 사회적 기능을 교육하는 데 도움을 주었다. 90여 명의 방문객이 미

심상의 교환 : 미술가와 미술치료사의 모녀관계에서의 비언어적 대화

2006년 미국 미술치료협회의 연례 컨퍼런스에서, 토론자들은 '이미지 교환'을 통해 모녀 사이의 관계와 상호작용을 탐구하고, 모녀 사이 또는 어머니와 미술치료사 사이의 공조적 미술작업을 탐색하기 위한 미술기반 탐구를 설명했다. 초점은 여성 미술가의 가족과 가족관계에 관한 것이었다. 이러한 작업이 공동설립된 갤러리의 형식에서 대중에게 가져온 공조적 노력은 연구의 또 다른 성과로 요약되었다.

— Malis, Alter-Muri, Young, 2006

술작품에 반응함으로써 전시회에서 상호작용하였다. 인터넷상에서 미술치료사 Nadija Corcos(2006)는 이미지를 창조하고 목격함으로써 퍼지고 있는 테러리즘의 위협에 반응하도록 전 세계인을 초청하였다. 이러한 것들 역시 방문객이 참여하고 응답하도록 허용된 웹사이트에서 전달되었다. 단순히 자료를 수집하고 그것을 보고하는 것보다 체계적으로 구조화된 탐구 사이트로서 이러한 프로젝트를 사용하는 것은 미술치료 분야가 이러한 성과를 설정하고 구축하는 데 도움을 준다.

자료분석으로서 미술작업

창조적 비전은 **반영적 행위**(reflexive action)를 수반한다. 반영적 행위는 미술치료사가 영향을 주거나, 예술작업의 결과인 역동적으로 변화하는 경험에 의해 영향을 받는다. 미술기반 탐구에서의 경험을 객관화하는 형식은 연구자나 연구 참여자의 창조적 활동으로 생긴 미술 결과물이다. 이러한 결과물에는 미술 작품과 미적 감상, 그리고 이야기, 시, 노래, 기타 다른 미술작품의 형식으로 미술작품에 반응하는 것이 있다. 이러한 것들은 자신들의 경험을 유도하고 입증하지만 다른 이의 경험에 내포된 의미와 이해를 설명하기 위해 해석 또한 필요로 한다. 그러한 자료분석은 미적으로 의미를 불러일으키고 강화시키는 다양한 해석적 미술 반응과 분석틀을 사용함으로써 수행될 수 있다.

Sullivan(2005)은 몇 가지 활동을 표 7.1에 요약하였다. 표 7.1은 어떻게 미술치료사가 예술 탐구로 생산된 지식을 조사하기 위해 이러한 활동을 사용할 수 있는가를 보여준다. 연구의 자료수집 단계에서 나온 연구자의 창조적 비전에 관한 이해를 심화시키는 분석적 행위들은 획득된 통찰을 재구성하고, 맞서며 비평하는 데 사용한다. 이러한 '이해의 실제'는(Eisner, 1998) **변화**(transformation, 연구자의 통찰이 심화된 예술행위활동을 통하여 지속적으로 변화를 겪는 곳)와 **구조**(construction, 새로운 자각과 통찰의 결과로서 이론과 활동을 통합하는 것), **개념화**(conceptualization, 예술행위활동에서 나온 지식이 개인적, 인

표 7.1	미술기반 분석의 전략	
이해의 실제	**미적 통찰에 대한 구성, 직면, 비평을 위한 미술자료 분석방법**	
1. 변화	더 많은 미술작품을 만들면서 지속적인 통찰로부터 창조된 지식	예 : 미술치료 실행에서 시작된 변화를 가져오는 하나의 연구문제에 초점을 맞추는 동안 시간에 걸쳐 하나의 캔버스에 그림을 그리는 것
2. 구조	미술작업을 통한 새로운 인식과 통찰의 결과로서 이론과 임상의 통합으로 오는 지식	미술치료 임상과 연구문제의 문헌을 읽는 이로부터 얻은 통찰을 작업하기 위하여 페이지 레이아웃, 일러스트레이션, 글, 챕터, 접는 페이지 등의 구조를 가진 변형된 책을 창조하는 것
3. 개념화	개인적, 인지적, 그리고 문화적 체계로 해석될 미술작업으로부터 얻은 지식	예 : 사랑하던 사람의 죽음에 대하여 미적으로 그 중요성을 전달할 수 있는 다양한 수준의 의미를 표현할 수 있는 제례적인 옷을 만들기
4. 맥락화	미술작업에서 생산된 통찰과 관련 있는 개인적, 교육적, 사회적 그리고 문화적 관점	예 : 연구문제나 중독 세대 간의 순환 같은 치료적 문제에 대한 통찰을 표현하기 위해 다른 이들에게 미술작업에 예술적으로 반응할 것을 부탁하기
반영적 실제	**현상을 새롭게 보기 위한 기존 이론에 반하는 미술자료 분석방법**	
구조를 '통해 보기'	창조적 통찰과 미술치료 지식을 대안적으로 상상적인 방법에 열려 있는 현존하는 자료와 문맥에 적용한다.	예 : 청소년 미술치료 그룹의 사례노트를 영화의 형식으로 쓴다. 미술치료 회기를 갤러리 오프닝의 한 장면으로 관람객이 미술작업에 대해 코멘트를 하는 것으로 꾸미기
전략과 개념에 대한 반영	더 많은 자료와 다른 접근을 고려하기 위한 전략에 반응한다.	예 : 브레인스토밍과 개념 지도를 통하여 연구에서 창조된 전략과 개념들에 반응하는 것
창의적인 대화	연구와 연구의 현상 사이의 변증법을 통하여 의미의 중요도에 반영한다.	예 : 연구를 위해 창조된 미술작업에 노래나 발라드, 또는 가족 저녁 식탁에서 그것들이 무슨 말을 할 것인지 상상하며 목소리를 부여하는 것
내용과 문맥 질문하기	문제가 드러날 때마다 지속적으로 내용과 문맥에 질문하는 이슈가 있는 반영	예 : 부모나 교사에게 단순한 질문을 하는 어린 아이인 것처럼 상상하는 관람객의 관점에서 쓰인 저널에 만들어진 미술작품에 반영하기

지적, 문화적 체계로 변형되는 곳), 그리고 **맥락화**(contextualization, 다양한 개인적, 교육적, 사회적, 문화적 관점을 가지고 통찰을 바라볼 때 예술적 이해가 나오는 곳)에 관여할지도 모른다. 반영적 활동은 새로운 방식으로 자료를 바라보기 위해 존재하거나 당연하다고 여기는 이론들에 대항해서 작동하는 데 사용될지도 모른다. 이 모든 구성들이 비록 탐구 과정으로서 시각 예술에서 공통적으로 인식되지 않을지도 모르지만, 질적인 사회과학 연구에서 받아들여지고 있다는 것을 주목하자.

미술치료사가 미술기반 자료 분석에 사용하는 몇 가지 해석적 분석틀은 해석적 나선(Linesch, 1994)과 McNiff(1992)의 이미지와 대화하는 과정을 포함한다. 이러한 해석적 접근방법들에서 연구가는 미술작품의 요소로 은유적 대화를 주도하고, 해석적 접근방법을 통해 이미지화될지도 모르는 중요한 관점을 반영하기 위해 전체적으로 작업을 주도한다. 그 방법은 이미지의 물리적 특성을 주의 깊게 관찰하는 것에서 시작하여 지속적으로 그것으로 되돌아간다. 즉, "내가 본 것은 무엇인가? 내가 지각을 변화시킬 때 무엇이 일어나는가? 내 눈에 지배적이고 끌리는 것은 무엇인가? 내 눈이 그곳으로부터 가는 곳은 어디인가? 내가 간과했던 것은 무엇인가?" 등이다. 대부분의 아티스트에게 친숙한 미술기반 비평 과정은 같은 원리로 작동한다. 이것은 기본적으로 대인 간 이미지를 지닌 대화 형식이다. 치료과정으로서 비평은 마찬가지로 미술치료에서 발전되어 왔다. 똑같은 구조는 미술기반 자료분석에도 적합하다.

Robbins는 '심리예술적 대화(psychoaesthetic)'를 설명했다(1989, pp. 198~223). 심리예술적 대화란 대화에서 다양한 연결에 도달하기 위해 치료사의 내부 이미지와 감정을 추적하는 동시에 치료과정의 뉘앙스를 반영한다. 공감적 접촉에 관한 Robbins의 설명은 "이 그림 내부에서 무엇이 일어나려고 할까?"라는 상상을 함으로써 예술적 경험의 해석을 제공하고 있다. 유사하게 나는 페인팅으로서 주어진 미술치료 회기를 재이미지화하기 위해 감독하는 미술치료사에게 조언을 해왔다. 또한 어떻게 그 구성과 다른 공적 요소들이 더 일치된 치료적이고 예술적인 전체를 창조하기 위해 조작될 수 있는가를 반영하기 위해 감독하는 미술치료사에게 조언을 해왔다.

　Kidd와 Wix(1996)는 미술 이미지를 반영하는 전형적인 접근방법의 사례를 제공하였다. 미술 이미지는 미술기반 자료분석에 적용될지도 모르는 James Hillman의 논문에 근거한다. 상상 기법은 미술작품에 대한 관찰자의 명상에서 꿈과 같은 특성을 불러일으키곤 한다. 이러한 묵상록은 연구자가 은유적 연결을 확대하고 숙고하게 하고, 이미지의 한 구성요소와 다른 구성요소 간에 새로운 관계를 설정하게 하며, 그리고 미술작품을 바라보는 경험에서 보이고 느껴지는 것을 강화하게 한다. 미술치료사가 의미를 강화하는 추가적인 미술작품들로 한 미술작품에 반응하는 데 있어서, 반응적인 미술작업은(Moor, 1999) 미적 체제를 사용하여 의미를 해석하고 설명하는 또 다른 방식이다. 반영의 형식은 이미지의 내용과 형식으로 구성된 시나 신화, 이야기(Kapitan, 2003a)와 아티스트와 심상에 진정한 목소리를 제공하는 노래(Moon, 1998, pp. 32~49), 그리고 퍼포먼스(McNiff, 1989)를 포함할지도 모른다.

결과를 제시하는 미술작업

미술기반 방법은 전통적, 상호작용적, 또는 시각적 미술 전시, 미술 행위와 출판된 카탈로그나 미술 서적, 블로그, 또는 다른 미술기반 매체, 사이트, 사건을 포함한 탐구의 결과를 제시하곤 한다. 미술기반 탐구의 타당성은 예술 분야의 경우에 항상 그래왔듯이 대중의 비평을 통해 획득된다. Sullivan(2005)이 관찰한 것에 따르면 "예술은 일상적으로 중요한 검토를 통한 경험적 비평을 위해 예술과 활동을 내걸고 있다. 논쟁과 불일치, 합의의 장소는 동료의 검토와 역사적 유산을 통해 얻는다."(p. 48)

미술 전시

시각 예술을 프레젠테이션으로 가장 분명히 규명한 미술실제는 미술 전시이다. 이러한 과정은 아티스트와 큐레이터, 미술 작가, 대학교수, 교육자, 협회, 지역공동체에게 '각자 미술작품에 특정한 반영적 반응'을 함께 가져오게 한다(Sullivan, 2005). 미술치료에서 제작된 미술작품의 전시는 윤리적인 도전이 없지는 않지만 점점 공통적인 대중의 견해를 형성하게 한다. 박물관이나 갤러리, 협회, 문화적 공간에서, 미술작품을 둘러싼 특정 이슈를 탐구하는 다양한 목적을 위해서 일정한 범위의 방식에서 다양한 고객을 함께 데려오는 것이 가능하다. 따라서 미술 전시는 미술기반 연구결과물을 제시하는 현장이며 대중의 비평으로 그것들을 검증하기 위한 현장이다.

전시 구조 주위에서 시작부터 끝까지 연구 프로젝트를 설계하는 것은 미술치료사에게 초점화된 탐구 프로그램을 개발하는 기회를 제공한다. 예를 들어 '여러 가지의 형식을 취할 수 있는 예술적 반응과 분리된 원천으로서 조사될 수 있는 이러한 이미지들을 함께 가져오는' 고안된 주제 주위의 전시를 관장하는 것이다(Sullivan, 2005). 인터넷을 통해 보다 많은 청중들이 전시에 접근할 수 있게 충분히 계획하는 것으로, 전파의 이익을 고려하는 것이 가능하다.

Mount Mary 대학(Milwaukee, WI)의 미술치료 대학원생은 정점에 이른 미술 전시로 연구논문 결과를 제시하는 것을 선택할지도 모른다. 전시 프로젝트는 어떻게 연구 발견물이 학생들이 발전시킨 전문지식 및 정통한 미술치료와 의미있게 상호작용하는지를 제시하는 완전한 미술작품의 선정을 필요로 한다. 비록 학생들이 이러한 텍스트에서 제시된 어느 방법론을 사용하여 연구를 수행하지만 그들은 또한 자료분석과 창조적 통합의 정점에 이른 사이클을 유도하기 위해 전시를 준비한 구조를 이용한다. 전시를 준비하는 구조란 주제와, 미술작품 선정, 새로운 미술작품을 창조하는 것, 전시 설계, 공간의 사용 등을 개발하는 것이다. 예술 전시는 맥락적 에세이의 형식에서 아티스트의 진술과 기술된 연구문서를 필요로 한다. 맥락적 에세이는 역사와 문학, 이론, 미술치료의 실용적 응용에 있어서 미술작품에 기반을 두고 있다. 이는 연구 주장의 근거를 분명히 하는 중요한 분석을 제공할 뿐만 아니라 학교의 연구 수행능력이 성취될 것인가에 대한 판단을 제공한다.

행위 미술

미술기반 탐구의 경계를 더 확장하면 행위 미술은 동시대 예술 실제의 적응물이다. 이는 전시보다 더 큰 범위의 문서적 형식과 내용을 취한다. 행위 미술은 자기와 에이전시, 정보 그리고 실제 책략을 포함한 비평적 관점을 선택할지도 모른다(Sullivan, 2005). 미술치료사가 실제 환경 내에서 지식을 획득하고 자신들의 반영적 경험을 다루는 방법은 행위 미술에 상당한 잠재력을 제공한다. Garoian(1999)은 행위 미술을 '사회적, 역사적으로 구성된 아이디어와 이미지, 신화, 유토피아가 경쟁될 수 있는 미적 차원과, 현실을 변화시키기 위해 아티스트의 현실 경험과 욕구에 속하는 것으로 구성된 새로운 것'을 대표하는 것으로 고찰하였다. 정치적, 문화적 탐구로 텍스트를 만들어내고 수행하는 언어와 방법, 과정은 마찬가지로 행위 미술과 문화기술지 간 갈림길의 흥미 있는 부산물이다. 예를 들어, Denzin(2003)은 기술적 인종학의 전통적 사회과학 원리를 '행위적 문화기술지'의 비평적 교육학과 '행위적 사회과학' 요청으로 확장했다.

이러한 미술기반 연구 옵션을 선택한 Mount Mary 대학의 미술치료 학생은 미술치료에서 중요한 연구 관심에 관한 행위기반의 심화 미술적 탐색을 통해서 정통한 미술치료를 설명했다. 행위 미술은 학생들의 연구 발견물에 대한 내포된 이해를 운동감각적으로 활성화하고, 미술치료 지식과 통합된 임상 활동에 관한 그들의 반영을 깊게 한다. 미술 행위는 실험적 형식의 자료분석과 최종 통합 모

이 나무는 뿌리가 없다 : 버려진 청소년기의 이미지

2006년 미국 미술치료협회의 연례 컨퍼런스에서 제시된 '이 나무는 뿌리가 없다'는 확장된 형식의 시에서 반응적 미술행위이다. 이 시는 다수의 양육 가정과 여러 개의 거주 장소, 정신과 입원경험이 있는 청소년 내담자와 미술치료사와의 관계를 은유적으로 탐구한다. 프레젠테이션은 미술치료사와 내담자 모두의 내부 경험들을 드러내기 위해 임상적 미술치료 과정과 시, 그리고 원음악을 역작에 뒤섞는다. 그들은 미술치료 스튜디오의 맥락에서 의미 있는 관계를 형성하기 위해 애썼다.

– Moon, 2006b

두를 제공한다. 학생의 미술 전시와 마찬가지로, 학생의 퍼포먼스는 기술된 맥락적 에세이에 의해 지지를 받는다. 이는 역사와 문학, 이론, 미술치료의 실제 적용에 있어서 연구자의 역량에 기반하고 청중 피드백을 순화한다.

새롭게 출현하는 공청회

미술기반 탐구의 산물을 북돋우기 위해 존재하는 포럼은 공표(publication)나 프레젠테이션으로 공개될 필요가 있다(Hervey, 2000). 지난 수년간 미국 미술치료 협회는 연례 컨퍼런스에서 예술적 탐구 발견물을 전시하는 이상적인 행위 현장에 행위 예술을 포함하였다. 이 포럼에서 Bruce Moon이 발표한 미술기반 탐구의 주목할 만한 예가 있다. 그의 고객 및 사례 중심 퍼포먼스는 컨퍼런스 참가자들에게 일정한 범위의 정서를 불러일으키면서 치료적 결과를 통합하고 제시한다. Moon의 퍼포먼스는 종종 그림과 노래가사나 시 형식의 문구, 악기를 혼합한다. 디지털 기술은 예술적 탐구를 증명하고 퍼뜨리기 위해 새롭게 출현하는 형식을 창조하고 있다. 예를 들면, Moon의 '청각 기억 프로젝트(Acoustic Memory Project)'(2002)는 협회 설립자들의 유산에 대한 미국 미술치료의 구두 음악 역사이고, 'Voices from Nowhere'(2003)는 Moon이 문화적으로 선거권을 빼앗긴 사람들과의 미술치료 경험에서 창조된 원곡의 모음이다.

또 다른 예로 Taylor와 Wilder, Heims(2007)는 포크 락 뮤직비디오에 대한 개인의 시청각 반응의 프레젠테이션을 설명했다. 이들은 자서전적 문화기술지의 예술기반 연구 접근방법을 사용하여, 뮤직비디오에 대한 개인적, 문화적 반응을 탐색하기 위하여 문구와 이미지로 자신들의 '비디오 바디'를 시각적, 은유적으로 새겼다. 마치 현미경과 카메라가 과학자와 아티스트에게 보는 것에 대한 새로운 방식을 준 것처럼 만약 그렇지 않다면 보이지 않았을 각 표현 형식이 연구 관심의 몇 가지 새로운 차원에서 드러남을 상기시켰다. 각 표현 형식이란 시, 웹로그, 시각 예술, 비디오, 퍼포먼스 또는 더 전통적인 사회과학 문서를 말한다.

많은 창조적 가능성은 여전히 미술치료 연구자에 의해 탐구되어야 하는 새로운 다중매체와 온라인 형식에서 출현하고 있다. 온라인 다중매체 전자저널은 전시 예술, 비디오테이프 예술 퍼포먼스, 해설소설과 음악, 예술 심상, 그리고 예술 문구 지지에 의해 수반된 댄스의 통합에 링크하여 출판물에 대한 과거 비용과 제한사항을 뒤흔들 수 있다. 또한 새로운 매체 형식은 과거에 가능했던 것보다 정신건강 치료에서 비영리 지지 집단 및 조직과의 보다 큰 정도의 공조를 가능하게 한다.

미술기반 탐구와 다른 연구 패러다임과의 관계

McNiff(1998a)는 미술기반 탐구가 미술치료를 도울 수 있다고 가정하였다. 미술치료는 실증주의 과학의 한계를 넘어설 수 있다. Carolan(2001)은 인간 과학이 이미 포스트실제주의자와, 구성주의자, 비평이론, 참여적 연구, 다른 방법론 모형의 실증주의자 패러다임을 넘어섰음을 지적했다. 그는 미술기반 연구 접근 방법이 "이러한 패러다임의 모든 활동을 할 수 있다."고 진술하고 있다. 미술기반 방법들을 다른 미술치료 연구로 통합하는 기회는 계속해서 확장되고 있다. 인간 경험에 대한 심화된 이해에 관심이 있는 미술치료 연구는 미술치료 탐구와 해석학·발견적·현상학적 방법론의 혼합을 초래할지도 모른다. 미술기반 탐구는 미술작업이 직접적인 경험의 형식이기 때문에 현상학적으로 설명될 수 있다. 그것은 연구자의 의식 변화를 강조하는 AR 연구의 체계적 구조에 의해 강화될 수 있고, 참여적 행위연구와 통합되고 있는 미술기반 탐구에 의해 강화될 수 있다. '해석학적 원'은 창조적 과정의 단계를 통하여 발견적 탐구의 순환과정으로서 예술적 탐구를 이끌 수 있는 유용한 구조이다. 연구 경험에 의존하는 방법론은 자기 밖과 다른 이들의 대화 내에서 뚜렷한 우월점을 제공하기 위해 미술작품을 통합할지도 모른다. 질적 자료와 양적 측정을 결합한 혼합 연구방법은 자료나 분석결과 제시로 미술과 미술작업을 쉽게 통합할 수 있다.

이 글에서 미술치료 연구방법론을 위한 분석틀은 미술의 위치를 중심적이고 경계가 명확한 관심 분야로 자리 잡게 했다. 문제와 방법, 목적의 폭넓은 기획이 관심 분야에서 발생될지도 모른다. 미술치료사와 내담자, 지역공동체의 예술 활동은 미술기반 탐구에 더하여 세 가지 주요 연구 패러다임 중 하나와 경계를 서로 넘나들며 공유하고 있다. 예를 들어 경험주의자-분석적 목적의 실험, 준실험 성과연구와 비평 목적의 현장기반 행위연구, 사례연구, 문화기술지상의 참여적 행위연구, 그리고 해석주의자의 현상학적 패러다임과 다른 반영적 탐구 활동이 있다. Sullivan(2005)은 이러한 주요한 사회과학 연구 패러다임 중 하나를 시각 예술의 세 가지 주요한 '사고 실제'와 연계함으로써 위와 같은 주장을 진전시켰다(표 7.2).

매체 사고하기 : Arnheim의 '시각적 사고' 연구를 통하여 주로 알려진 이러한 관점은 예술적 사고를 주로 창조적 산물의 형식인 사고와 행위의 결과로 설명한다(Sullivan, 2005). 예술 산물은 예술적 사고의 결과이고 그러므로 매체와 미술작품, 사람들이 의미 형식을 주는 방식에 관한 심리적 속성과 미술치료에서 예술의 상징적 기능과 같은 경험적 연구문제를 강조하는 현장이다. 미술치료 연구에서 어떻게 아티스트-내담자가 그들이 생산한 미술작품에 나타난 '매체 사고하기'가 많은 경험적-분석적 연구들의 초점이 되었을까(제3~4장 참조).

언어 사고하기 : 예술적 사고는 사회적으로 중재된다. 미술치료의 행동적 성과나 산물에 초점을 두기보다, 미술치료 연구가들은 과정을 강조하는 의문과 목표

표 7.2 시각적 지식의 자원

시각적 지식	주 연구의 패러다임	강조	방법과 목적
매체로 생각	경험주의자	형식	지각-개념상징적 생산물 미술작업
언어로 생각	해석주의자	아이디어	서술적 담화글로의 이미지 이해로 이끄는 미술과정
문맥 안에서 생각	비평적	상황	비평적 목적 중재된, 문화적 상황 미술작업의 환경

자료 : Sullivan, G. (2005). Art practice as research: Inquiry in the visual arts. Thousand Oaks, CA: Sage.

를 가질지도 모른다. 문구로 보이는 이미지와 대상으로 구성된 이야기와 예술의 '언어'가 그들의 의미를 발견하기 위해 연구될지도 모른다(Sullivan, 2005). 예술행위활동은 종종 개인적 여행과 이야기를 상세히 보도한다. 예술을 아이디어와 해석의 언어로 연구한 미술치료 연구는 해석주의자 패러다임에서 자리 잡게 될지도 모른다(제6장 참조). '언어 사고하기'를 포함한 미술기반 탐구의 한 가지 예는 Barb Fish(2006)의 이미지기반 이야기 방법이다. 이 방법은 창조했던 아티스트가 말하고 이미지로 직접적인 대화를 통해 말한 이미지의 인생 이야기를 따르고 있다.

맥락 사고하기 : 인지와 학습, 이해에서 맥락의 중요성은 포스트 긍정주의 과학의 특징이다. 한때 고정된 시간이나 공간의 아이콘 상징으로 주로 고려되었던 예술 대상이 이제는 다양한 참조를 더욱 많이 싣게 되었다(Sullivan, 2005). 사회문화적 인지는 사고가 자아와 타인, 인공물의 상호작용 시스템에서 일어나는 방식을 고려해 본다. Sullivan은 많은 비평적, 방침적 연구(제5장 참조)의 관심인 맥락 사고하기가, 예술이 과정이나 산물인 이중 아이디어가 버려졌음에 틀림없다는 의미임을 관찰했다. 과정이나 산물 모두 상호작용하는 복잡한 체계의 기술과 이해를 대표한다.

과학적 연구에서 미술가-연구자의 미래의 역할

연구는 우리가 살고 있고 계속해서 그렇게 살아야 할 사회를 근본적으로 변화시켜 왔다. 미술기반 탐구가 논쟁이 없지 않고 직업으로 채택하면 부정적인 면의 효과가 날 수도 있다. 보다 큰 영역의 사회과학 연구와 헬스케어 분야에서 미술치료의 가치를 보여주기 위해 긴급명령이 주어졌다. 미술치료 연구에서 미술 대 과학 논쟁은 예술에서의 보다 넓은 역사적인 문제의 한 부분이다. 그 예술은 사회를 조성하는 중요한 과학적·기술적 연구가 성장하는 데 있어 실행가능한 역할을 찾지 못하였다. Wilson(1996)은 단지 예술가가 '종종 과학적 연구과정과 세계관에 대한 깊은 이해 없이, 청중으로부터 비난공격당하는 원거리 해설자'

로서 참여해 왔다고 진술하였다. 미술기반 미술치료 연구를 과학적 연구의 반대 입장을 지닌 예술적 실제에 제한하기보다 미술-연구의 융합을 장려하고 중시 하는 것이 또 다른 방법이 될 것이다. Wislson이 연구 환경에서 아티스트의 역 할을 관찰했을 때 썼듯이, 미술치료사는 "과학적·기술적 연구에 더 호기심이 많게 되고, 이 세상에 의미 있게 참여하게 해줄 기술과 지식을 획득하게 되었 다."(1996, p. 15).

개념적 설계 분야에서 교육자인 Wilson은 수년 동안 몇 개의 기술 회사를 위 한 개발자 겸 예술가로서 그리고 기업 연구에 주재하는 예술가로서 일해 왔다. 그는 현재 선호되어 널리 퍼져 있는 연구 패러다임에 적합하지 않기 때문에 버 려지고 가치를 두지 않았던, 많은 좋은 아이디어를 목격했다. 그는 수년 동안 '그림자 연구가'로서 일한 것을 통해 예술가가 연구팀의 일원으로 참여할 때 그 들은 값을 헤아릴 수 없는 관점을 더하고 있다고 결론지었다. 이 관점은 연구과 정을 예기치 않은, 결정적으로 중요한 새로운 방향으로 이끌 수 있게 도와줄 수 있다. 여기에서 기술된 미술기반 탐구에 적용하면, 몇 개의 전통 있는 예술들이 미술치료사에게 전통적이거나 부각하는 건강 보호 연구에서 중요한 역할을 하 도록 독특하게 가르쳐 준다. 미술치료사는 몇 가지 방식에서 연구과정을 증가시 킬 수 있는 어떤 정리들을 가지고 있다.

1. **우상파괴(iconoclasm)의 예술적 전통**: 건강 보호나 지역공동체 개발에서 미 술치료사는 새로운 종류의 연구 의문들을 정의하기 위해, 결과에 대한 정 통이 아닌 해석을 제공하기 위해, 그리고 놓쳤던 발전을 위한 기회를 지적 하기 위해 다른 사람들이 가치를 두지 않는 탐구 분야를 더 취하는 경향이 있을지도 모른다.

2. **사회적 비평의 가치**: 미술치료사는 연구에서 광범위한 문화적 이슈들을 통 합하거나 도전하는 경향이 있고, 또한 착수한 연구의 보다 광범위한 함의 를 탐구하고 명확히 표현하는 경향이 있다.

3. **창조와 혁신의 예술적 가치**: 미술치료사는 탐구에 적용하는 새로운 관점들

을 제공할 수 있고, 또한 상업적이거나 과학적인 기업가 정신보다 칭찬이
나 경외와 같은 기준을 더 혼합하는 경향이 있을지도 모른다. 예를 들면,
그들은 연구팀에서 과학자나 기술자와 다른 방식으로 문제에 접근할지도
모른다.
4. 대화에 관심 : 미술치료사는 과학적 가능성들을 다른 분야에서 동료들에게
   초래하는 것을 보다 폭넓은 대중에게 초래하게 할 수 있고, 또한 전시회와
   다른 미술기반 프레젠테이션을 통해 효과적이고 도발적인 방식으로 발견
   물에 대해 대화하는 것을 돕게 한다.

유사하게 연구자는 새로운 방향에서 과학적 진전을 추구해 왔던 예술작품에
정통하기 시작했다(Wilson, 1996). 한 사람이 얼마나 많은 연구 발전이 연구가
들이 단지 전통적인 연구에 의존했던 날을 밝게 비추게 하지 않았는지를 고려해
본다면, 우리는 과학에서 떼어낸 방법론들의 세트로서가 아니라 연구의 기업가
정신을 낮게 한 혁신적이고 비평적인 관점으로서 미술기반 연구를 생각하기 시
작했는지도 모른다. 그러나 미술치료사는 관심 분야에 도움이 되는 지식과 언
어, 방법, 원리, 정보네트워크를 배움으로써, 또한 자신들이 연구세계에 완전히
참여하기 위한 준비를 함으로써 단지 이러한 기능을 제공할 수 있다.

Wilson은 연구개발을 예술적 활동으로 혼합해 왔다. 그는 과학 저널을 읽고,
온라인 형식에 참여하며, 과학 컨퍼런스에 참석한다. 결과물에 대한 연구자의
토론에 참여하고 예술적 관점을 공유한다. 연구팀에 가치 있는 통찰을 기여해
왔던 떠오르는 기술들을 예술적으로 실험해 왔다. 다학제간 모형인 미술기반 연
구를 향상시키는 데 있어서, Wilson(1996)은 미술치료사에 적용할 수 있는 것
을 다음과 같이 추천했다.

- 인기 있고 전문적인 매체에서 연구와 과학적 주제에 주의를 기울인다. 프레
  젠테이션의 표면 아래를 보고 탐구되지 않은 연구 방향을 사고하기 위한 능
  력을 개발한다.
- 공식적이거나 비공식적인 방법을 통하여 과학과 기술 주제에 관련된 배경

지식과 기술을 획득한다.

- 과학자들이 학교 전문 저널과 컨퍼런스, 무역 잡지와 같은 부각하는 분야나 이론에 대해 배우기 위해 사용하는 정보 출처를 사용한다. 이러한 것들의 많은 부분은 연구 참가자에게 개방되어 있다.

- 과학적 의사소통에 매우 중요했던 메일 목록과 뉴스 단체, 웹사이트, 연구 데이터베이스와 같은 적절한 온라인 출처에 대해서 배운다.

- 비영리/영리 기업과 대학, 다른 연구 조직과 새로운 종류의 상호이익의 공조를 개발한다.

- 아티스트/연구자 탐구로부터 이익을 가져올 수 있는 미래 트렌드를 확인하기 위해 사회과학 연구의 개척자를 정찰한다.

- 예술 쇼와 갤러리, 출판물 논평에서 핵심 제공자로서 예술가와 함께 연구자를 초대한다.

미술치료사는 독특한 세계관을 가지며, 이는 세상을 예술적으로 이해하는 1차적 자료로부터 미술을 기반으로 한 질문과 문제의 범위에서 조사하도록 한다. 예술과 과학, 치료는 그들의 공헌으로부터 크게 이익을 가져올 것이다.

미술기반 탐구와 미술치료 연구의 성과

과학적 지식을 산출하는 미술치료 연구는 모호성을 포함하기보다 제거하고, 입증할 수 있는 증거를 얻고, 그리고 결과물을 보다 큰 이론적 분석틀에 어울리게 하는 것을 목표로 한다(Kaplan, 2000). 과학자들이 객관성을 얻으려고 애쓰는 반면에, 아티스트는 예술의 의사소통하는 힘과 독특한 관점을 통하여 청중을 자극하고 움직이는 특유한 주관성에 몰두한다. Higgins(1996)에 동의하면서 Kaplan(2000)은 예술적 노력들을 일반적인 원리들을 타당화하기보다 설명하는 '구조화된 탐구'로 보았다. 이론을 검증하고 이전 연구를 확립하는 탐구는 건전한 활동이지만, Sullivan(2005)은 우리들에게 학문 또한 아이디어에 대한 것이라고 상기시킨다. 예술적 탐구는 존재하는 현상을 조사하는 비평적 렌즈로서 이 새로운 자각을 창조하고 사용하기 위한 필요에 의해서 미술치료사를 자극한다(Sullivan, 2005). 따라서 미술기반 탐구는 미술치료 지식기반을 미술치료사가 새로운 방식에서 보도록 돕기 위해 제공하는 새로운 아이디어들로서 더하고 있다.

Eisner(1998)가 설명하였듯이 예술작품은 창조자가 이해했고 이해한 것을 형식으로 변화시키기 위한 기술과 상상력을 가졌기 때문에 우리를 이해하도록 도울 수 있다. 이 형식들은 우리에게 배웠지만 알지 못하는 것을 알아차리도록 돕는다. 이러한 의미에서 미술기반 탐구의 성과는 **가능성**(possibility)을 확인하는 것도 그럴듯하게 설명하는 것도 아니라, 미술치료 이슈들에 대한 새로운 이해의 가능성을 제공하는 것이다. 미술기반 탐구는 홀로 존재하는 지식을 확인하는 것이 아니라 이론과 활동에서 혁신을 진전시킨다. 동시에 현장 연구의 목표를 넓게 둘러싸고 있다. 미술치료 연구는 미술기반 방법과 과정이 복잡한 치료 문제에 대해 경험적이거나 실용적인 해결책과 예술적이거나 과학적인 지식을 제공하는 연구들에 혼합되었을 때 풍부해졌다. 예술-과학 영역의 경계를 따라 공조의 기회를 추구하는 방식에서 정보를 받고 과학을 알고 있는 미술치료사는 미술치료에서 예술 활동이 지적이고 상상적인 탐구로서 포함될 때 가능한 여전히 다른 세트의 잠재적 성과들을 더할 수 있다.

요약

1. 미술기반 탐구는 지식을 구성하거나 밝히기 위해 연구관점 내에서 미술실제를 사용한다. 미술실제의 직접적 참가는 연구문제와 방법을 위한 '현장'이 되고 있다. 미술기반 탐구는 아티스트의 관점과 실제에 특혜를 주고 있다.
2. 미술기반 탐구의 목적은 (a) 지식을 확증하거나 공고히 하는 것이라기보다 지식을 자극하고 도전하고 밝히는 것이다. (b) 복잡한 전체 내에서 미묘한 관계에 대한 인식을 확장하는 것이다. (c) 새로운 가능성을 상상하는 것이다.

(d) 미술작업에서 미술지식의 변화를 이해하는 것이다.

3. 미술기반 탐구의 핵심 특성은 (a) 반영적, 창조적 행위를 따르는 비평적 비전, (b) 형언할 수 없는 경험에 형식을 제공 (c) 고조된 감각적·감정적·지적 주의에 대한 구체화된 반응, (d) 은유와 공간적 아날로그를 통한 복잡한 정보에 관한 의사소통, (e) 혁신과 돌파구, (f) 특정 집단이나 사람들에게 토로하는 설득적 메시지를 통해 개인적인 것을 공적화하기 등을 포함한다.

4. 미술기반 탐구에 대한 일반적인 방법론적 틀을 제공하는 미술작품 창조 단계는 최초 자각, 의도적 재창조, 차별화된 비평, 정제와 변화, 대중의 관점을 통한 재맥락화이다(Hervey, 2000).

5. Hervey(2000)는 다른 미술기반 연구와는 달리 미술기반 방법을 차별화하였다. 그는 탐구에 대한 최초 방법으로서 미술작업에 초점을 두었는데 (a) 자료수집으로서 미술작업, (b) 자료분석으로서 미술작업, (c) 결과물을 제시하는 미술작업이 그것이다.

6. 미술기반 탐구의 설계에서 연구문제는 미술치료사가 심리적 문제를 지닌 내담자를 도와주는 것과 상당히 같은 방식에서 창조적 문제로 개념화될 수 있다.

7. 미술가와 시각 이미지의 역할은 모든 방향에서 변화되고 확장되고 있으며, 스튜디오와 갤러리, 지역공동체, 거리, 인터넷상과 같은 새로운 미술기반 탐구의 현장을 포함한다.

8. 미술기반 자료분석의 접근방법은 이해와 반영을 위한 실제를 수반하고, 미술자료와의 은유적 대화와 이미지에 관한 서면으로 된 고찰, 반영적인 미술작업, 비평과 반영에 대한 다른 형식들을 포함한다.

9. 미술기반의 제시 방법은 전통적, 지역사회, 상호작용적, 혹은 실제 미술전시, 미술 퍼포먼스, 출판된 카탈로그, 혹은 글, 다른 미술기반의 매체와 행사를 포함한다. 미술기반 탐구의 타당도는 순수 예술 분야에서와 같이 대중의 비평을 통해 획득된다.

10. 미술기반 탐구는 경험적－분석적 연구,비평적 관점의 현장근거 연구, 현상

학적 반영적 탐구 등과 통합될 수 있다. 각각의 패러다임은 시각적 예술을 주도적인 '사고 실제'와 나란히 하는데 (a) 매체로 생각하기 (b) 언어로 생각하기 (c) 맥락에서 생각하기 등이 있다.

11. 문화를 형성하기 위해 과학적 기술적 연구의 중요성이 늘어가는 데 있어, 미술치료사는 과학을 잘 알고 미술−과학 접점의 경계를 따라 협동할 수 있는 기회를 찾는 새로운 방식을 잘 알고 있는 예술가−연구자로서의 거의 개발되지 않은 역할을 인식할 것이다.

 참고문헌

Allen, P. (1995). *Art is a way of knowing.* Boston, MA: Shambhala.

Arnheim, R. (1969). *Visual thinking.* Berkeley: University of California Press.

Aube, L., Meade, J., & Baeuchle, B. (2006). The art of art therapists: Identity and vision. Poster presented at the Annual Conference of the American Art Therapy Association, New Orleans, LA.

Barbee, M. (2002). A visual-narrative approach to understanding transsexual identity. *Art Therapy: Journal of the American Art Therapy Association, 19*(2), 53–62.

Carolan, R. (2001). Models and paradigms of art therapy research. *Art Therapy: Journal of the American Art Therapy Association, 18*(4), 190–206.

Cole, A. L., & Knowles, J. G. (Eds.). (2001). *Lives in context: The art of life history research.* Walnut Creek, CA: Alta Mira Press.

Corcos, N. (2006). "From where we stand": A Web-based art intervention in response to terror. Poster presented at the Annual Conference of the American Art Therapy Association, New Orleans, LA.

Csikszentmihalyi, M., & Robinson, R. E. (1990). *The art of seeing: An interpretation of the aesthetic encounter.* Malibu, CA: J. P. Getty Press.

Denzin, N. (2003). *Performance ethnography: Critical pedagogy and the politics of culture.* Thousand Oaks, CA: Sage.

Eisner, E. (1981). On the differences between scientific and artistic approaches to qualitative research. *Educational Researcher, 10*(4), 5–9.

Eisner, E. (1991). *The enlightened eye: Qualitative inquiry and the enhancement of educational practice.* New York, NY: Macmillan.

Eisner, E. (1998). *The kinds of schools we need: Personal essays.* Portsmouth, NH: Reed Elsevier.

Eisner, E. (2002). *The arts and the creation of mind.* New Haven, CT: Yale University Press.

Eisner, E. (2003). On the art and science of qualitative research in psychology. In P. M. Camic, J. E. Rhodes, & L. Yardley (Eds.), *Qualitative research in psychology: Expanding perspectives in methodology and design* (pp. 17–30). Washington, DC: American Psychological Association.

Evans, K., & Dubowski, J. (2001). *Art therapy with children on the autistic spectrum: Beyond words.* Philadelphia, PA: Jessica Kingsley.

Fish, B. (2006). Image-based narrative inquiry: An original qualitative research method. Paper presented at the Annual Conference of the American Art Therapy Association, New Orleans, LA.

Garoian, C. R. (1999). *Performing pedagogy: Toward an art of politics.* Albany: State University of New York.

Hervey, L. W. (2000). *Artistic inquiry in dance/movement therapy*. Springfield, IL: Charles C Thomas.

Higgins, R. (1996). *Approaches to research: A handbook for those writing a dissertation*. London, England: Jessica Kingsley.

Kapitan, L. (2003a). *Re-enchanting art therapy*. Springfield, IL: Charles C Thomas.

Kapitan, L., & Newhouse, M. (2000). Playing chaos into coherence: Educating the postmodern art therapist. *Art Therapy: Journal of the American Art Therapy Association, 17*(2), 111–117.

Kaplan, F. F. (2000). *Art, science, and art therapy: Repainting the picture*. Philadelphia, PA: Jessica Kingsley.

Kidd, J., & Wix, L. (1996). Images of the heart: Archetypal imagery in therapeutic artwork. *Art Therapy: Journal of the American Art Therapy Association, 13*(2), 108–113.

Leedy, P. (1997). *Practical research: Planning and design* (3rd ed.). Upper Saddle River, NJ: Prentice Hall.

Linesch, D. (1994). Interpretation in art therapy research and practice: The hermeneutic circle. *The Arts in Psychotherapy, 21*(3), 185–194.

Malis, D., Alter-Muri, S., & Young, L. (2006). Imagistic exchange: Communication in the mother/daughter relationship of artists. Panel presented at the Annual Conference of the American Art Therapy Association, New Orleans, LA.

McNiff, S. (1989). *Depth psychology of art*. Springfield, IL: Charles C Thomas.

McNiff, S. (1992). *Art as medicine: Creating a therapy of the imagination*. Boston, MA: Shambhala.

McNiff, S. (1998a). *Art-based research*. Philadelphia, PA: Jessica Kingsley.

Moon, B. L. (1998). The role of responsive art making. In *The artist as therapist with adolescents* (pp. 22–53). Springfield, IL: Charles C Thomas.

Moon, B. L. (1999). The tears make me paint: The role of responsive artmaking in adolescent art therapy. *Art Therapy: Journal of the American Art Therapy Association, 16*(2), 78–82.

Moon, B. L. (2002). *The acoustic memory project*. [CD recording]. Mundelein, IL: Author.

Moon, B. L. (2003). *Voices from nowhere*. [CD recording]. Mundelein, IL: Author.

Moon, B. L. (2006b). *This tree has no roots: Images of an abandoned adolescent*. Performance presented at the Annual Conference of the American Art Therapy Association, New Orleans, LA.

Robbins, A. (1973). The art therapist's imagery as a response to a therapeutic dialogue. *Art Psychotherapy, 1*(3/4), 181–194.

Robbins, A. (1989). *The psychoaesthetic experience*. New York, NY: Human Sciences.

Sullivan, G. (2005). *Art practice as research: Inquiry in the visual arts*. Thousand Oaks, CA: Sage.

Taylor, P. G., Wilder, S. O., & Helms, K. R. (2007). Walking with a ghost: Arts-based research, music videos, and the re-performing body. *International Journal of Education and the Arts, 8*(7), 1–27.

Weber, S., & Mitchell, C. (2004). *About art-based research*. Retrieved February 10, 2010, from http://iirc.mcgill.ca/txp/?s=Methodology&c=Art-based_research.html

Wilson, S. (1996). *Art as research*. Retrieved February 10, 2010, from http://userwww.sfsu.edu/~swilson/papers/artist.researcher.html

제 3 부

미술치료 연구수행을
위한 제반사항

제8장

연구계획서와
연구윤리

우리가 여전히 감사할 줄 모른다는 것은 인간의 정신 속에 야만성이 차지하고 있다는 것이다. 너무 자주 우리는 우리의 성격에서 다른 것들을 건드리지 않고 야만성에 대한 욕구를 삭제할 수 있다고 가정한다. 그것은 별로 놀랄 만하지 않다. 결국 그것은 우리가 만나 온 본성의 다루기 힘든 여러 측면을 다루어 온 방식이다. 그것을 인지하든 인지하지 않든 간에 우리의 사냥은 여전히 진행 중이다.

지평선까지의 끊임없는 수색은 아프리카의 선신세의 평원부터 우리가 지금 있는 이곳까지 우리를 데리고 왔다. 만약 우리에게서 야만성이 완전히 제거된다면, 우리는 그 감정의 뿌리를 인지하지 못할 수도 있다. 그러나 그것은 별로 차이가 없다.

우리는 여전히 야만성을 보이지 않는 곳에 놓아둘 수 없다. 때때로 야만성은 공터에서 무제한의 자유를 요구하며, 키가 큰 풀밭에서 오랜 동안의 달리기를 요구한다……. 그런 것들이 없다면, 결국 야만성은 우리를 제한된 삶의 주변을 걸어가게 하는 것으로 주저앉게 할 것이며, 방향성이나 쉼 없이, 출구를 찾지만 아무것도 발견하지 못하게 할 것이다.

−Chris Madson

역사를 살펴보면 인간은 항상 주변환경 내에서 개인이나 가족의 성공적인 상호변화를 추구했다. 이런 상호작용에서 얻어진 지식은 어떻게 행동해야 하는지, 또 삶의 욕구에 직면해 무엇에 집중해야 하는가를 알려준다(Kapitan, 1998). 영적 수준에서, 연구는 우주에 대한 존중의 맥락에서 일어나는 '나와 환경 간의 순환을 완성'(Ortega y Gassett, 1943/1985)하는 기능과 좀 더 깊은 방식으로 이해하고 그것과 연관된 지속적 탐색의 기능을 이행한다. 연구에 윤리를 통합하는 것은 당신이 하는 작업을 안전하게 하는 과정으로, 연구에 포함되는 사람과 현상, 그리고 목표 간의 깊은 존중이 바탕이 된 파트너십을 통해 이루어진다. 이것은 연구보고서를 작성하는 이면에 존재하는 주요 이유로, 어떤 대학이나 재단 또는 기관 후원의 요구이다. 이 장에서 나는 연구 참여자의 권리를 보호하기 위해 연구에 대한 당신의 의도를 타인에게 보고서로 바꾸어 전달하는 문제에 대해 기술하고 있다. 보고서 쓰기는 무엇을 진행해야 할지에 대한 계획을 정확하게 전달해야 하기 때문에, 이것은 당신이 만나게 될 잠재적인 윤리적 문제를 생각해 보도록 하는 매개체가 되며, 여기에서 잘 논의되고 있다.

기관윤리심의위원회와 연구의 정의

이 책의 후반에 논의된 것처럼, 오늘날의 연구는 윤리적 규준을 따르며 인간 연구 참여자의 권리를 보호하기 위해 연방정부의 정책, 주 정책, 기관 정책에 따른다. 집단원들은 기관윤리심의위원회(Institutional Review Board, IRB)[6]라 불리는 기관이 후원하는 연구활동을 감독하는 책임이 있다. IRB의 권위에 따르면, 미술치료에서 무엇이 연구이고, 무엇이 연구가 아닌가에 대한 가열된 철학적 논쟁은 진전되지 않고 있다. 미국의 연방법[보건사회복지부(Department of

---

6) 한국에서는 '국가생명윤리정책연구원'에서 기관윤리심의위원회(IRB)를 운영하고 있으며, IRB 아카데미를 통해 연구자의 연구윤리교육을 시행하고 있다. 자세한 안내는 http://nibp.kr를 참고하시오.

Health and Human Service)의 관할하에 있는 17개의 연방국과 기관이 채택함, 2001]은 연구란 '체계적 조사이며, 연구발전을 포함하고, 검증과 평가를 하며, 지식을 발전시키거나 만들기 위해 계획된 것'이라고 정의했다(45 CFR 46.102[d]). 따라서 연구는 몇 가지 수준의 기관윤리심의위원회의 심의와 공식적 조사, 실험, 준실험, 예비연구, 조사연구, 서비스나 다른 지역사회 프로그램을 포함한 사회적 행위 프로젝트 등에 대한 승인을 충족시킨 미술치료사들에 의해 수행된다. IRB의 심의는 약물, 인간을 대상으로 하는 고안물이나 생산물의 검증이 필요할 때 요구되며, 참여자의 환경 조작이나 대인관계 상호작용을 통해 자료를 수집할 때 요구된다. 아동들이나 정신적 건강 문제나 자유에 제한이 있는 사람들을 포함한 취약한 대상들을 연구에 포함시킬 때는 특별한 보호가 필요하다. 연방법령에 따르면, 연구는 연구방법을 가르치는 모의수업이나 교실수업, 교수법의 질을 높이기 위해 고안된 활동들, 교수법의 질에 대한 평가 또는 공공으로 사용할 수 있는 자료연구는 포함하지 않는다. 획득된 지식이 예술적 활동들, 생애사적 활동들, 발견적 활동들, 또한 내러티브한 활동들에서 발견된 것처럼 연구되는 사람에게만 특별하다면 이러한 것은 연구의 정의에 포함되지 않는다. 그러나 이런 유형이나 다른 유형의 미술치료연구는 연방법령에서의 구체성 부족으로 이도 저도 아닌 중간 영역에 포함된다. 불확실할 때, IRB는 당신의 연구보고서를 항상 승인하는 경향이 있으며, 이것 없이 연구를 수행하려 하기보단 승인을 받는 편이 더 낫다.

연구보고서를 심의할 책임이 있는 IRB — 대학의 IRB나 치료기관의 IRB 또는 두 군데 모두 — 는 연구의 심의를 면제할지, 신속하게 심의를 할지, 또는 정규심의를 할지 결정하기 위한 표준화된 과정을 따를 것이다. 많은 기관들에서는 학생들, 지도자들, 치료사들, 승인된 연구자들이 이용할 수 있는 온라인 교육을 통해 인간 대상연구에 대한 훈련을 이행하도록 요구한다.

콜럼버스의 지도 : 연구계획에서 연구보고서까지

보고서 심의와 승인을 마음에 두고, 연구보고서의 문제로 시작해 보자. 연구계획을 보고서로 바꾸는 과정은 기계적인 것이 아니며, 중요한 사고의 변환을 요구한다. 계획 그 자체와 다르게 연구보고서의 주요목적은 연구계획을 타인들과 소통하는 것이다. 연구보고서는 독자에게 정확하고 빠르게 계획된 것이 어떤 것인가를 알려주는 것이다. 보고서를 읽음으로써 비전문가들은 연구가 수행할 가치가 있는 것인지, 연구자가 그것을 수행할 지식과 기술을 갖고 있는지를 알 수 있어야 한다. Maxwell(2005)은 보고서의 목적을 네 개의 주요개념으로 나눠 설명했다.

1. **설명하기** : 당신이 수행하길 원하는 것을 알고, 이제는 타인에게 그것을 설명하라. 이것은 어려울 수 있다. 도전은 보통 좋은 설계를 하지 못하는 것에 대한 것이 아니라, 당신이 어떻게 소통할 것인가가 분명하지 않은 것에 대한 것이다. 명료성은 모든 것이다. 명료성의 부족은 다른 이유보다도 연구와 보고서 허가를 결정한다.

2. **정당화하기** : 보고서를 읽는 사람들은 당신이 계획한 것이 무엇인지보다는 왜 그것을 하길 원하는가를 알고 싶어 한다. 어떤 미술치료사들은 '우리의 연구를 외부의 결정자가 정당화' 해서는 안 된다고 얘기한다(McNiff, 1998a, p. 33). 그러나 이것은 타인과의 상호작용의 의도가 없는 개인에 대한 자기반성적 탐색의 경우에만 진실된 것이다. 후원자나 연구에 참여하는 사람들은 자신들이 포함되는 이유와 얻고자 하는 것이 무엇인지에 대해 알 권리가 있다.

3. **제안하기** : 보고서의 목적은 당신의 주제에 대해 도서관 데이터베이스에 표시될 내용, 철학, 이론을 광범위하고 상세하게 기록하며 연구를 수행한다고 쓰는 것이 아니라 연구를 제안하는 것이다. Maxwell(2005)은 연구자는 때때로 보고서에 원하는 결과를 가져올 것이라는 연구계획 대신에 의도된 결과(논문, 장학기금이나 고용연금 등)에 대해 쓴다는 것을 관찰했다.

4. 비전문가에 대해 이해하기 : 보고서를 읽는 사람들은 당신이 해왔던 모든 것을 생각하고 읽지 않는다. 그리고 당신의 주제에 대한 전문가가 아닐 수도 있다. 그들은 미술치료사가 아닐지도 모른다. 그러므로 비전문가에게도 분명한 방식으로 설계를 제시하는 것이 중요하다.

타당한 연구는 홀로 수행되는 것이 아니기 때문에, 보고서의 독자는 연구에 권위를 인정해 주는 청중의 구성원이다. 몇 주간 연구설계를 혼자 생각하다가 타인이 연구설계를 명료하게 표현하라고 하면 갑자기 충격을 받는다. 이런 독자나 청중은 다음에 나오는 사항들 모두나 그중 몇 개를 포함할 것이다.

- 당신이 학생이라면, 연구의 지도교수나 조언자
- 접근 권한을 허가하는 관리자, 감독관, 공동치료사, 전문기술을 갖고 있는 연구팀과 연관된 전문가, 또는 다른 기관의 직원과 같은 계획한 연구를 수행할 장소의 직원
- 기관윤리심의위원회(IRB)로, 어떤 연구활동이든 심의와 모니터의 책임이 있는 주연구기관(대학이나 기관)의 위원들
- 당신과 연구자, 그리고 당신의 연구설계를 되돌아볼 수 있게 해주고, 이 점

독자의 욕구에 따른 글쓰기와 수정에 대한 체크리스트

- 독자가 누구인가?
- 독자들이 당신에게 기대하는 것이 무엇인가?
- 독자들은 당신과 연구주제에 대해 얼마나 많이 알고 있는가? 당신이 갖고 있는 배경정보만큼, 더 적게, 아니면 더 많이 갖고 있는가? 독자들이 주제에 대해 토론하길 기대하는 것은 무엇인가?
- 독자들이 당신의 설계, 방법, 가설, 또는 가능한 해결책에 어떻게 반응할 것인가? 그들이 당신의 설계에 대해 어떤 논쟁을 하는가?
- 당신은 모든 설계결정을 명확하게 하기 위한 이론적 배경을 갖고 있는가? 또는 독자들은 자신들을 이끌 연구의 과정이나 단계를 좀 더 볼 필요가 있는가? 당신은 충분한 설명을 제공했는가? 또는 독자들은 좀 더 볼 필요가 있을 것인가?
- 당신의 말은 분명하고 전문적이며 초점화되어 있는가? 당신은 독자들의 시간을 소비하는 두서없고 부적절한 토론을 하여 사람들을 혼란시키는가?

을 평가하도록 도와주기 위해 보고서를 읽을 수 있는 당신의 동료들

독자의 이해와 욕구를 분명히 하기 위해 257쪽의 상자글 '독자의 욕구에 따른 글쓰기와 수정에 대한 체크리스트'를 사용하는 것이 도움이 되며, 보고서의 초안을 잡고 발전시키고 수정할 때 주기적으로 이 체크리스트로 돌아오는 것이 도움이 될 것이다.

독자가 생각하는 방법

수많은 학위연구보고서와 전문적인 보고서를 읽는 사람들처럼, 나는 내가 독자로 경험하는 것들을 공유할 것이다. 독자로서 나는 정보를 분명하고 가능하면 직접적인 방식으로 전달하기 원한다. 당신의 아동기에 대한 정보나 또는 미술치료를 어떻게 알게 되었는가에 대한 정보 등은 관계없는 정보가 아니다. 솔직히 나는 신경 쓰지 않으며, 이상한 것은 내가 이전에 들었던 적이 있다는 것이다. 나는 기술이나 문헌적 인용을 상세히 설명하는 것으로는 감동받지 않을 것이다. 의식의 흐름을 따르는 글쓰기나 모든 것이 섞여 있는 긴 구는 나를 화나게 하고 짜증나게 한다. 보고서는 예술적 창작품이 되거나 흥미로운 설명적 글쓰기를 의미하지 않는다. 나의 목적은 계획이 이치에 맞는지를 결정하는 것이므로, 에너지를 창의적 글쓰기에 쏟는 것은 자신을 소모시키는 것이 될 것이다.

연구설계의 논리에 따라 이 주제에서 저 주제로 쉽고 빠르게 옮겨 다닐 수 있도록 글쓰기는 간결해야 하며 정돈되어야 한다. 전문적으로 기술해야 한다. 예를 들어 어떤 속어는 미성숙이나 심각성의 결여를 전하기 때문에 나를 회의론자로 만든다. 이와 유사하게 미술치료에서 사용되는 전문적 용어는 내가 이해하기는 쉽지만, 보고서를 통해 당신이 접근해야 하는 대부분의 다른 독자들의 경우 이해하기 어렵다. 사용한 개념들을 이해할 수 있도록 용어를 정의해야 한다. 언어는 분명하고 정확하며 예리해야 한다. 잘 조직화된 글쓰기는 분명한 생각의 산물이다. 그러므로 보고서를 더 분명하고 일관되게 쓸수록 사람들은 당신의 생각에 설득되기 쉬울 것이며, 효과적으로 수행할 준비를 하게 된다. 이런 이유 때

문에 보고서는 분명하게 정리되어야 한다. 하위 제목의 신중한 사용은 보고서를 통해 설계의 주요 부분으로 이동하고 위치하게끔 해준다.

위에서 언급한 것처럼 대학원생들이 특별히 직면하게 되는 도전은 학기 말에 연구논문을 작성하기 위해 연구결과를 쓰는 것부터 미래에 연구수행을 위한 계획서를 작성하는 것까지, 배운 것을 학업기술로 바꾸는 것이다. 보고서는 문헌이나 일반적인 주제에 대한 것이 아니라 연구에 대한 것이어야 한다. 흥미 있는 질문과 탐색 가능성을 곧 차단당하는 일이 때때로 일어나는 것과 동시에 당신은 문헌을 검토하는 데 자신을 쏟아 붓고, 도서관에 있는 모든 책들을 찾아보며, 방대한 기록을 하고, 이런 과정의 중요한 시점에서 연구를 수행하기보다는 준비하는 데에 더 노력하는 등 점차적으로 초점을 잃어가는 자신을 발견한다. 보고서는 연구문헌을 충분히 검토했다는 것을 보이길 요구하기 때문에 당신은 문헌연구에 몰두하기 쉬우며, 저항할 수 없는 피조물로 인해 점점 더 매혹적인 숲으로 유인되기 쉽다. 그러나 처음에 연구계획을 세울 시간을 갖고 설계에서 각각의 구성요소의 세부사항들을 작업하면, 보고서 글쓰기는 그것과 같은 논리를 따르기 때문에 상대적으로 쉽다.

연구보고서의 요소들

연구설계와 보고서는 마치 같은 것처럼 취급된다. 보고서 글쓰기는 초기 계획단계에서보다 좀 더 상세하게 연구의 각기 다른 구성요소들을 생각할 수 있게 하기 때문이다. 나의 경험에 따르면 처음에는 연구설계에 대한 구체적인 개념적 지도를 그리고, 지도를 보고서로 바꾼다. 이런 방식으로 당신은 연구설계의 창의적 과정을 유지할 수 있으며, 보고서 글쓰기가 직선구조가 되지 않게 할 수 있다. 모든 대학이나 재단은 이 텍스트의 영역을 넘어서는 구체적 요구사항이 있지만, 대부분의 보고서는 공통의 요소들을 가지고 있다. Maxwell(2005)의 상호작용 설계 구성요소들(제1장에서 논의된)로 되돌아가 보면, 연구는 표 8.1에서 보여주는 바와 같이 일반적 연구보고서의 구조적 형식과 결합될 수 있다.

표 8.1	연구설계와 보고서의 요소	
연구설계	**연구보고서**	**IRB 기준**
목적	서론	연구는 가치 있다.
연구문제나 질문	• 목적진술 • 이론적 근거/중요성 • 문제와 가설의 진술 • 연구영역을 정의하는 가정/제한점	과학적 논리에 따른 것으로 생각된다.
개념적 맥락	• 맥락 • 문헌검토 • 연관된 임상적, 전문적, 때때로 개인적 맥락	연구의 근거가 되는 설계와 과학적 논리는 괜찮다고 생각된다.
방법	• 방법과 시간계획표 • 연구대상자 전집과 연구접근 • 자료수집 • 자료분석	방법론은 연구목적을 달성할 것이고, 참여자들에게 안전하다고 생각된다.
타당도	타당도(왜 이것이 잘 고안된 연구인가)와 윤리적 문제를 어떻게 다룰 것인가?	참여자에 대한 이점, 위험요소, 비밀보장, 동의서를 제공한다.
목적으로의 귀환	예측된 결과와 의미	논리가 연구의 의미와 이점에 대한 목적에서 나오는 것으로 생각된다.
참고문헌	참고문헌	연구는 연구의 질에 근거한다.
	• 보충자료 • 동의서 형식 • 평가도구 • 인터뷰 안내지침 등	• 위험과 이점, 동의서, 비밀보장과 또 다른 보호요인을 동의서 양식에 상세하게 기술한다. • 심의와 평가를 통해 도구사용을 고려한다.

서론과 목적

일반적으로 말해 대부분의 보고서는 연구의 관심과 이론적 근거를 확립하기 위해 간결한 진술로 시작한다. 연구 도입에서 가장 공통된 실수는 포인트를 놓치는 것이다(Locke, Spirduso, & Silverman, 1993). 필요로 하는 모든 것들은 기본적 사실이며, 문제에 대한 좀 더 상세한 설명은 나중에 나온다. 서론의 어느 부분에선가 당신은 연구의 주요 목표나 목적에 대한 초점 있는 진술 등 독자의 가장 시급한 관심에 대비해야 한다. 앞에서 언급했듯이, 독자는 당신의 보고서가 익숙해지고 당신의 설계를 따라갈 수 있다. 그러나 이제 또 다른 관심이 생긴다. "왜 그런 질문으로 귀찮게 하는가?" 이것은 연구를 수행하는 데 있어 당신의 이론적 기초를 형성하게 해준다. 많은 보고서들의 경우, 도입은 간결하고, 단순하며, 분명하게 언급된 가설이나 형식적으로 진술된 연구질문으로 끝나게 된다. 연구영역이나 경계의 간단한 기술 또한 많고 넓은 주제 내에서 관심영역을 정확하게 하여 독자의 관심을 집중시키기 위해 제공된다.

명료성은 너무나도 중요하기 때문에, 연구와 연관된 전문용어를 확실하게 정의내리고, 그것을 정확하게 사용한다. 때때로 여기에는 모든 사람들이 이미 알고 있다고 잘못된 가정을 하고 있는 미술치료 용어와 개념을 포함한다. 기본규칙은 각 단어에 대해 연구자와 독자 모두 같은 것으로 이해해야 한다는 것이다(Locke et al., 1993). 예를 들어, '공감'의 사전적 의미는 임상적 정의와는 같지 않다. 공감은 일반적 관심이나 구체적인 치료 기능일 수 있다. 변인으로 공감을 사용하는 연구는 연구자가 공감이란 용어를 어떻게 사용하는지에 대해 정확하게 알려줄 필요가 있다.

맥락

문제의 맥락이나 배경은 문헌 부분에서 다뤄진다. 문헌의 방법론적 탐색을 수행하고 싶다면(제1장 참조), 문제와 하위 문제 주변의 맥락을 만드는 것이 상대적으로 쉬울 수 있다. 문헌검토는 안내지침에 따라 작업한다면 좀 더 일관될 것이다. 문헌검토를 어떻게 구성할지를 결정하기 위한 방법은 저자가 방대한 양의 배경정보를 연관되고 간결한 표현으로 어떻게 통합할지의 아이디어를 얻기 위해 출판된 연구보고서를 살펴보는 것이다(제9장 참조). 안내지침서에 따라 당신이 계획한 연구의 기초를 제공하는 연구들을 선정하고 자신의 연구와의 관련성을 명확한 방식으로 언급하면서 연관성을 분명히 한다(Locke et al., 1993). 연구의 역사적 맥락과 가장 최근에 출간된 연구(최근에서 10년 사이의) 문헌을 확인하라.

연구방법

방법 부분은 참여자 선정, 과정, 측정도구와 기법, 자료수집 방법, 자료분석에 사용된 체계적 과정에 대한 설명 등 연구과정을 확인한다. 많은 미술치료사들이 질적 연구를 준비할 때 직면하는 한 가지 딜레마는 현상학적 연구의 사례에 담겨져 있는 발견과 변화에 개방적인 사고들(ideas)을 어떻게 표현하는가이다. 질적 설계는 변하지 않는 변인들로 설계된 완벽하고 신중하게 짜인 계획을 요구하는 대부분의 양적 설계와는 다르다. 이런 딜레마를 다룰 수 있는 한 가지 방법은 보고서를 연구자와 연구에 대해 지원하고 접근 권한을 주는 청중 간의 '계약'으로 생각하는 것이다. 대부분의 양적 연구는 '폐쇄적 계약'이다. 즉, 오염이나 우연히 일어나는 변인들을 최소화면서 가설을 구체적 프로토콜에 따라 검증한다. 많은 질적 설계는 '개방적 계약'으로, 어떤 자료가 나오고 드러나든 변화에 대해 허용적이다. 그럼에도 불구하고 모든 연구들은 무엇이 일어날지 기대되는 가능성을 구체화하여 계약을 한다. 즉, 위험의 정도, 활동의 유형, 참여자 선정과 참여, 연구를 이끌 가정과 질문 등을 구체화한다.

이런 점을 분명히 하기 위해 나는 1942년 아메리카를 여행한 크리스토퍼 콜럼버스(Christopher Columbus)의 여행기의 예를 들겠다. 콜럼버스의 계획은 발견에 개방적이라는 점에서 '질적'이다. 그는 자신이 무엇을 하려고 하는지를 사전에 알 수 있는 방법조차 없었지만, 기대되는 정확하고 구체적인 결과를 조목조목 얘기하도록 큰 압박을 받았음에 틀림없다. 그러나 그는 무턱대고 위험을 무릅쓰지 않았다. 그는 해박하고 교육받은 논리로 이루어진 가설을 가지고 있었다. 그는 서쪽으로 항해를 했고, 결국 지구의 끝으로 떨어지는 것이 아니라 세상의 반대편에 있는 땅 덩어리와 만나게 되었다. 그는 요청에 대해 해결해야 할 주요 문제와 예기했던 하위 문제들을 가지고 있었다. 이 계획을 수행하는 데 있어 콜럼버스는 투자에 대한 수익을 되돌려주기 위해 위험을 기꺼이 감수해 줄 수 있는 후원자를 필요로 했다. 콜럼버스는 이사벨라 여왕에게 직접 가지 않고 "나에게 돈과 배, 남자들, 장비를 주세요. 그렇지만 그것들을 가지고 무엇을 할지 내가 말하길 기대하지 마세요. 그것은 미스터리입니다. 당신은 단지 나와 함께

한 '과정의 진실성'만을 공유할 것입니다."라고 말한다. 연구자가 보고서를 쓸 때처럼, 콜럼버스는 자신이 최대한으로 실천 가능한 계획을 이사벨라 여왕에게 말했다. 어떤 것이 전개되고 어떤 변화가 일어날지에 대해 설명했으며, 그는 성공에 대한 충분한 지식과 기술을 가지고 투자기관들과 마찬가지로 여왕을 확신시켰다. 그는 자신의 과제를 수행했으며 무엇을 말할지 알고 있었다. 그는 여왕이 흥미를 잃고 마음이 바뀌기 전에 바로 핵심을 말했다.

만약 이사벨라 여왕이 국립보건연구원(National Institutes of Health, NIH)의 수장이었다면, 콜럼버스의 보고서를 거절할 만한 가장 큰 이유는 서쪽 항해가 어떤 유용한 것을 생산하거나 또는 어떻게 하는 것이 중요한가를 확신하지 못한다는 것이다. 또한 콜럼버스가 준비한 방법들은 목적이나 객관성에 있어 의심스러우며 적합하지 않은 것처럼 보였다. 그의 공동 연구자에 대한 위험성이 꽤 높아 보였으며, 그는 의식하지 못한 상태로 항해했다고 믿는 선원들의 정신건강을 어떻게 다뤘는지를 발표하라고, 또는 자신이 '발견한' 원주민에 대한 행동의 결과에 주의를 기울이라고 요청받았을 것이다. 또 다른 일반적 약점은 보고서의 모호하고 일반적인 영역으로, 계획이 괜찮은지를 평가하기 어렵게 한다(그림 8.1 참조). 결국 콜럼버스는 자신이 무엇을 말하는지를 알고 있고, 그런 모험을 수행할 만한 충분한 지식과 경험이 있다는 것을 여왕에게 설득할 필요가 있었다.

연구과정에서의 윤리적 역할

당신은 연구보고서 글쓰기에 너무 열중하거나, 승인이나 지원을 얻기 위해 전체 기획에 대한 설명을 못하게 되는 경우가 생기는데, 그것은 사전에 계획을 짜는 이유를 간과하기 때문이다. 때때로 연구를 계획하는 과정에서 윤리적 문제를 포함시키지 않거나 나중에 생각이 나서 포함하기도 한다. 불행히도 윤리적 딜레마의 범위는 연구자가 매일의 연구과제를 수행할 때 드러난다. 준비된 연구가 왜 심의와 승인을 받아야 하는지에 대한 간단한 개관은 윤리의 핵심적 중요성을 이

연구의 주제 / 연구문제

_____ 연구문제는 보고서에 분명하게 표현된 미술치료 이론과 실제에 중요한 의미를 갖는다.

_____ 연구문제와 기존의 사실이나 이론 간에, 또는 주제와 기존의 실제에서의 문제 간에 분명한 관계가 존재한다.

_____ 질문/문제를 나오게 한 논리나 탐색의 방향 및 모든 설계결정이 분명하다. 모든 과정이 명확하고, 가능한 한 구체적인 연구를 통해 알고자 하는 것들이 주어진다.

영역

_____ 보고서는 시간과 이용 가능한 자원의 측면에서 합리적인 것처럼 보인다.

_____ 보고서는 연구의 함축적인 요구를 상세히 기술하고 있다.

_____ 연구계획은 연구자의 목적을 수행하도록 잘 고안되어 있다.

_____ 필요한 자원들을 확인하고 이용한다.

학문

_____ 사고의 소유권 : 보고서는 명확하게 저자의 생각의 산물이다. 인용문과 다른 말로 바꿔 표현된 자료는 저자의 비평적 사고의 맥락을 표현한다.

_____ 인용은 한정적이며, 이것이 타인들에게 믿음을 주도록 계속해서 개념들과 과정들, 그리고 연구에 독특한 자료들을 제공한다.

_____ 보고서는 문제와 방법의 의미와 주요 개념들이 이해된다는 증거이다. 연구자는 윤리적 문제와 연구에 포함된 다른 문제를 인식하고 주목한다.

발표

_____ 보고서는 전문적으로 쓴다. 독자는 소통되는 것을 이해할 수 있으며, 용어와 과정이 정의된다. 이것은 활자나 철자 오류에 자유롭다.

_____ 보고서는 APA 안내지침서를 따른다.

_____ 보고서는 잘 편집되었다. 불필요한 단어나 연관 없는 비판을 최소한으로 하여 언어를 간결하게 사용한다.

_____ 보고서는 잘 정리되어 있으며 따라가기 쉽다.

그림 8.1 연구보고서 평가 샘플

해하도록 도와줄 것이다.

과학적 연구가 본질적으로 중립적이고 유익한 것이라는 관점은 나치의 '의학적 실험'에 대한 뉘른베르크 재판(Nuremburg trials)에서의 폭로와 원자폭탄 투하를 이끈 선진과학자의 역할에서 드러났다(Punch, 1994). 의학 분야에서는 수치스러운 터스키기 매독연구(Tuskegee Syphilis Study)가 인간 대상자의 권리를 보호하기 위한 운동을 시작하도록 도와주었다. 1960년대 미국인들은 LSD 실험에 미국 중앙정보국(CIA)이 참여하여 아무 이상 없는 대상자에게 약물을 투여하고 결국 한 명이 자살하는 결과를 가져왔다는 것을 알게 되어 충격을 받았다. Milgram(1963)의 고전적 심리학 실험은 실험상황에서 타인이 무엇 때문에 '고통'스러워하는지 알지 못하는 참여자들에게 고통스러워하는 이유를 생각하도록 요구하였다. Punch(1994)는 다음과 같이 썼다.

> 어떤 의미로 보면 우리는 아직까지 Milgram의 죄로 고통받고 있다. 그의 실험연구는 ― 포로로 잡아 취약하고 참여 동의를 받지 않은 사람들을 대상으로 의학적 검사를 수행했다고 폭로함으로써 부정적 반응을 일으켰는데 ― 사회과학 분야에 연구의 엄격성을 가져왔다. 학회들은 전문가의 직업적 수행과 윤리에 대한 규약을 만들었으며, 어떤 연구재단은 윤리적 지침을 연구자가 책임져야 하는 것으로 보았다. 이런 체계화는 특히 현장에 참여하고 있는 연구자의 경우 많은 딜레마를 갖게 했다(p. 89).

이런 관심의 대부분은 해가 되는것, 동의, 속임수, 사생활, 자료의 비밀보장의 주제와 관련이 있다. 사람들과 상호작용하는 연구의 경우, 어떤 방식으로든 그들에게 영향을 줄 것이다. 이런 점에서 연구는 일종의 개입이다. 예를 들어 발견이 목표인 방법은 누군가는 의식하지 못하는 사고, 느낌, 암묵적인 지식을 드러나게 해주는 직접적이고 반성적인 과정으로 경험될 것이다. 그러므로 연구는 어느 정도의 위험을 동반한다. 이런 이유 때문에 연구자는 그들이 연구를 고안하고, 준비하며, 수행할 때 윤리적 틀을 가지고 있어야 한다.

Punch(1994)는 윤리적 규약에 덧붙여, 세 가지 역사적 발전이 몇 가지 윤리적 오만과 초반엔 편협성, 지금은 악명 높은 연구를 수정하는 방향으로 전개되었다고 기술하였다. 1970년대 여성운동은 비착취적인 관계 동일시를 강조하고 권력불균형과 인종주의자들의 가정을 폭로하는 방식의 비평 연구분야를 제시했다. 동시에 참여관찰 현장연구의 발전은 공동 연구자로 연구 '대상자'를 간주하

윤리적 틀

- 미술치료사로서의 의무인 윤리에 대한 전문가의 규약을 넘어서 나는 나의 일과 삶에서 어떤 도덕적, 윤리적 원리를 따르는가?
- 연구과정에서 나는 어떤 '윤리적 견해'를 가지고 있는가?
- 내가 연구하는 사람들에 대한 나의 윤리적 의무는 어디에 있는가?
- 나의 연구문제에 윤리적 문제가 어떻게 자리하는가?

– Hesse-Biber & Leavy, 2006에서 인용함

는 새로운 협력 유형을 창출했다. 어떤 방식으로든 그것들을 보류하거나 속이는 것은 연구되는 과정의 토대를 흔드는 것이다. 결과적으로 연방지원기금을 받는 기관은 기관의 심의위원회를 설립하도록 정부지원 연구를 요구하기 시작했다. 기관윤리심의위원회(Institutional Review Boards, IRBs)로 알려진 이런 위원회들은 연구의 이점이 과도한 위험을 가져오는지와 동의과정이 수행되었는지를 결정하고, 집단 구성원들이 불공정하게 다뤄지지 않고 연구결과의 잠재적인 긍정적 이점을 공유하는 데서 제외되지 않도록 연방에서 명령한 책임을 진다(Beyrer & Kass, 2002).

이것이 연구환경에서의 현실이다. 그러나 이것을 단속기관의 강요에 의한 귀찮은 규율로 보기보단, 연구과정에 대한 당신 자신의 윤리적 관점을 드러낼 기회로(Hess-Biber & Leavy, 2006), 그리고 당신의 연구를 타인들과 의사소통하는 데 사용하는 것이 좋다. 당신은 상단의 '윤리적 틀'에 나온 질문에 대해 생각해 봄으로써, 연구보고서에 수반되는 윤리적 결정을 내릴 때 도움을 받을 수 있을 것이다.

또한 전통적 사회들은 윤리적 규약을 따르는데, 이것은 구성원들에게 항상 환경 내에서의 모든 것들을 존중하는 태도로 말하고 생각하도록, 그리고 그들이 살고 있는 세상의 어느 것보다도 우월하거나 교만하게 행동하지 않도록 요구한다(Kapitan, 1998). 코유콘(Koyukon, 알래스카 원주민)부족의 연장자인 Catherine Attla는 다음과 같이 말했다.

우리가 순종해야 할 정말로 큰 법이 있다. 그 법은 존중이다. 우리는 모든 것들을 존중으로 다뤄야 한다. 지구, 동물들, 나무들, 하늘 등 모든 것들. 그 법을 집행하는 것은 인간이 아니고 세상 그 자체이다……. 만약에 당신이 세상의 한 부분이라도 잘못 다루게 되면 — 만약 당신이 그것을 존중하지 않으면, 당신이 겸손과 조심으로 다가가지 않으면 — 당신은 고통받고, 결과에 대한 대가를 치른다. 이런 식으로 세상을 바라보게 되면 항상 법의 심판을 받게 될 것이다. '공기 중에는 항상 우리를 주시하는 무언가가 있다' 라는 말은 우리가 행하는 모든 것을 의미한다. 우리가 어디에 있든 상관없이 우리는 항상 이런 규칙하에 있다. 주변의 모든 것들이 우리가 하는 모든 것을 인식하고 있기 때문이다(Nelson, 1991, p. 36에서 인용됨).

이런 논의는 '임상실제의 윤리적 규약' 과 윤리적 가치(values) 간의 차이를 유념하도록 도와준다. 모든 연구들은 역사적으로 가장 주목받았던 윤리적 하위 구조를 가지고 있다. 윤리적 규칙이 미술치료 연구를 수행하는 데서 일어나는 모든 것들을 다 포괄할 수 없기 때문에, 환경적 보증이 될 때 잠재된 가치에 집중함으로써 올바른 결정을 내리기 위한 실제 그 자체가 가지고 있는 본래의 모습을 알게 된다. 연구과정에서 당신의 윤리적 의무가 무엇인가를 생각하고 판단하게 해주는 이런 실제는 연구자와 참여자 모두 안전에 민감하게 한다(Patton, 2002). Belmont Report(U.S. Department of Health, Education, & Welfare, 1979)로 알려진, 연구의 진실성을 실천하기 위한 역사적 자산은 오늘날 대부분의 연구자들에게 지침이 되는 세 가지 기본 원리를 제시했다.

- 인간에 대한 존중 : 민주주의의 가치에 근거한 것으로, 이 원리는 자율성에 대한 문제를 불러일으켰고, 자율적으로 행동하고 자유롭게 결정내리는 데 제약이 있는 사람들을 보호해야 한다는 것을 인지하게 한다.
- 선행 : 윤리적 연구자들은 연구에 해를 주는 잠재적 요인과 이점을 고려하고, 사회적 이익에 반(反)하는 개인에게 부과된 위험을 고려한다.
- 정의 : 이 원리는 집단과 개인에게 어떤 위험과 이익이 있는지의 측면에서

인간 대상자 연구윤리에 대한 온라인 출처

온라인 윤리는 과학은 물론 사례연구, 보고서, 토론집단과 여러 국가에서 시행되는 다양한 전문적 사회 윤리 규약으로 '책임 있는 연구수행'에 대한 접근 가능한 문헌과 정보를 가지고 있다.
http://onlineethics.org 참고

미국의회는 사회과학연구를 증진시키고, 국립보건연구원(National Institute of Health, NIH)에서 사회과학 연구를 통합하도록 NIH 내에 행동 및 사회과학연구소(Office of Behavioral and Social Science Research, OBSSR)를 설립했다.
http://obsr.odnih/gov 참고

NIH의 윤리부(Department of Ethics)는 상세한 보고서 리스트를 가지고 있으며, 취업, 일반 대중, 기술, 임상연구 및 다국적 능력배양에 대한 윤리적 주제와 인간 대상 보호에 대해 연구한다.
http://bioethics.nih.gov 참고

미국 교육부(U.S. Department of Education)는 인간 대상자 보호를 위해 일반적 정보와 보호를 관리하는 상세한 규정, Belmont Report와 기관윤리심의위원회(Institutional Review Board) 안내지침서와 같은 훌륭한 자료들을 가지고 있다.
http://www.ed.gov/about/offices/list/ocfo/humansub.html 참고

미국 심리학회(American Psychological Association)는 다양한 문화적 맥락에 적합한 기준을 개발하기 위해 세계적인 원리와 가치에 초점을 둔 윤리, 윤리규약, '보편적 윤리과정' 초안에 대한 지속적인 교육자원을 가지고 있다.
http://www.apa.ethics/homepage/html 참고

공정성에 대한 문제를 불러일으킨다. 예를 들어, 연구 참여자에게 이익이 되는가? 또는 단지 연구자와 그의 사회에만 이익이 되는가? 연구의 통제조건으로 유익한 치료를 참여자들이 거절하는가?

연구자가 직면하게 되는 많은 윤리적 딜레마 가운데, 가장 일반적인 세 가지는 비밀보장, 고지에 입각한 동의, 경계가 흐릿해지는 연구 패러다임에서의 연구자의 역할에 대한 문제이다. 후자는 자신이 치료사로 일하고 있는 환경에서 연구를 수행하는 미술치료사가 직면하게 되는 실제적 도전이다. 대부분의 매체와 학교는 좋은 취지에서 내담자에 대한 연구를 수행하는 치료사나 인턴들을 불편하다고 말한다. 만약 당신이 부모이거나 (연령, 정신건강, 또는 다른 환경에

기인한) 취약함으로 인해 기관에서 돌보고 있는 가족 구성원을 갖고 있는 경우라면, 관련된 위험에 대해 알 것이다. 학교의 일차적 목표는 학생들을 교육하는 것이며, 사립요양원의 일차적 목표는 고령 및 의료적 의존 문제를 개선하기 위해 안전한 거주시설을 제공하는 것이다. 지식과 돌봄을 증진시키는 연구는 환영받지만, 만약 어떤 방식으로든 해를 주는 요인이 있다면 환영받지 못한다. 기관들이 확인할 수 있는 활용, 사용, 또는 기관 및 사람에 대한 가치를 갖고 있지 않은 연구에 내담자들을 참여자로 참여시키지 않는다.

다양한 역할들

다양한 전문적 또는 임상적 위원회는 세팅에 따른 다양한 역할들로 인해 윤리적 딜레마를 갖게 될 수 있다. 치료사와 내담자 간(또는 지도교수와 학생 간)의 관계는 평등주의의 가치가 중요하게 여겨져야 함에도 불구하고 권력과 기관은 평등하지 않다. 연구 참여자들이 동의를 거절하게 되면 불이익을 받거나 예기된 이점을 상실한다는 생각에 동의를 거절할 수 없다고 느끼게 된다면 고지에 입각한 동의서의 글들은 강제압박으로 여겨진다. 예를 들어, 학생들은 교수의 연구에 참여하길 거절한다면 성적에 영향을 받을지도 모른다고 인식한다. 따라서 내담자의 의료적이나 정신건강의 조건이 자신의 자율성을 방해한다. 어떤 내담자들은 당신이 자신들을 싫어하거나 더 이상 자신들을 도와주지 않을 것이라고 두려워한다. 또는 자신들이 연구에 동의하지 않는다면 당신이 가족 구성원들이나 다른 스태프에게 말할 것에 대해 두려워한다. 따라서 동의서에 사인을 하는 것이 자유롭게 고지에 입각한 동의를 했다는 것과 진정으로 같은 것은 아니다. 연구자들은 도와주는 관계에서 자신들의 권력에 민감해야 하며, 참여의 의무가 있다는 느낌과 동의서에 사인했다는 것으로 내담자들을 보호하는 것에 민감해야 한다.

당신의 일차적 역할이 연구를 수행할 기관에서의 미술치료사이거나 교육자라면, 그리고 당신의 내담자(또는 학생)가 연구 대상자로 참여할 것이라면, 이 일차적 역할은 다른 모든 것들보다 우선시한다. 당신은 내담자가 자신의 건강, 복지, 회복을 위해 의지하는 치료계약 — 물리적이고 정서적인 공간, 일정, 역할, 목적과 목표, 평가, 활동, 치료개입 — 의 고결함을 안전하게 해야 할 책임이 있다. 만약에 연구가 치료계약에 기여하는 측면이 있다면 그것들은 포함될 수 있지만, 정상적이고 표준적인 돌봄 내에서 가능한 한 오랫동안 윤리적 문제가 나오지 않아야 한다. 절충적 치료의 위험을 안고 있는 연구의 경우 따로 분리해야 한다.

이런 이유 때문에 어떤 미술치료사들은 자료수집과 분석을 따로 떼어 수행하며, 현장과 시기선택, 역할의 영향을 어떻게 다룰지를 구별하는 방식으로 연구들을 설계한다. 예를 들면, 어떤 미술치료사는 치료사로서 윤리적 자세를 유지하면서 사례 기록과 관찰을 통해 자료를 수집한다. 그러나 수집된 자료의 분석은 주요 치료사가 아닌 연구자에게 분석을 하게 하거나, 치료관계가 종결된 후 회상하여, 또는 AR연구와 같은 분석형태에 참여하여 치료실 밖에서 수행한다. 어떤 미술치료사들은 치료에 직접 개입하지 않는 기관들에서 연구자로 활동한다.

비밀보장과 익명성

비밀보장은 연구 참여자들과 그들에 대해 확인할 수 있는 정보의 노출로부터 방어의 필요성을 의미한다. 이런 원리는 연구 참여자들의 자율성 및 사생활 보호의 권리와 관련 있다. '직접 식별인자(direct identifier)'는 이름, 주소, 전화번호, 이메일 주소, 사회보장번호, 또 다른 개인적 신원번호, 의료기록을 확인할 수 있는 번호, 건강관리 계획을 확인할 수 있는 번호, 은행계좌 번호, 면허번호, 자격증 번호, 지문, 정면으로 나온 사진 등을 포함한다. 연구자들은 잠재적인 '간접 식별인자(indirect identifier)'도 물론 최소화해야 한다. 여기에는 시, 도, 군, 읍, 면, 우편번호와 같은 상세한 지도정보, 개인이 속한 조직의 이름, 다녔던 학교나 교육기관, 정확한 직업이나 지위, 출생장소, 입학장소와 연월일, 치료받은 장소와 연월일, 상세한 수입정보 등이 포함된다. 일반적으로 5명 이하의 사람들에게 공통으로 적용되는 자료들로 이루어진 단일변인은 잠재적인 간접 식별인자로 간주된다(National Institutes of Health, 2003).

윤리적 관심을 불러일으킬 수 있는 비밀보장 정보의 세 번째 측면은 노출되면 참여자들에게 해를 줄 수 있는 민감한 정보와 관련되어 있다. 예를 들면, 참여자의 심리적 안녕에 대한 정보나 소송상의 문제는 개인의 직장 채용을 위태롭게 한다. 또 다른 민감한 정보는 성적 취향이나 실행, 약물남용에 대한 자료, 고위험군 행동의 노출 등이다. 기관윤리심의위원회들(IRBs)은 그런 자료를 수집하는 연구들에 있어 특별한 보호를 요구한다. 건강보호 연구에서 건강정보관련법령(Health Insurance Portability and Accountability Act, HIPAA)은 미국 국립보건원(National Institutes of Health) 홈페이지에서 찾을 수 있다.

고지에 입각한 동의

고지에 입각한 동의(informed consent)는 단순히 연구 참여자들이 동의서에 사인하는 것을 넘어서 윤리적 문제를 드러내 주는 또 다른 비판적 영역이다. 참여자들은 무엇을 연구하는지, 결과가 어떻게 사용될지, 참여가 자발적인지 아닌지, 그리고 언제든 멈출 수 있는지 아닌지, 신원이 어떻게 보호되는지에 대해 충분히 알 권리가 있다(Hesse-Biber & Leavy, 2006; 그림 8.2). 참여자들은 사회적 압력을 느낄 때나 동의를 하라고 요청받은 것을 이해하지 못할 때 동의서를 부지불식간에 위태로운 것으로 느낀다. 만약 동의서가 연구의 특별한 부분을 모호하게 기술하였거나 확실하지 않다고 느끼면 좌절이 일어난다. 또는 승인에 대해 빈칸으로 남겨두는 것은 막연하게 미술작품을 보관하거나 '교육적 또는 전문적' 목적으로 명기되지 않은 미래의 어떤 날짜를 사용하는 것처럼 의미 없는 것이다. 연구를 진행하기 위한 동의서를 얻겠다는 희망으로, 연구자는 연구를 '덜 중요하게 다루거나', 관련될 이점, 위험, 과정의 범위를 완전하게 노출하지 않는다. 악명 높은 예로는 터스키기 매독연구로, 아무것도 모르는 대상자들에게 동의를 구하는 편지를 사용했다. 동의서에는 다음과 같이 진술되어 있었다. "당신은 이제 두 번째 검사에 참여할 마지막 기회를 잡을 것이다. 이 검사는 매우 특별한 것으로 이것이 끝난 후에 당신은 특별한 치료를 받게 될 것이

동의서 샘플
인간 연구수행시 사용하는 연구 동의서

날짜 :

연구제목 :

연구 참여자들에게

　　나는 [학위 프로그램의 이름이나 고용된 기관과 시/도 이름]에 속해 있으며 [주제의 이름] 연구를 수행하고 있습니다. 이 연구는 [연구목적]에 따른 [연구목표]이다. 이 연구 프로젝트 의 정보는 [주어진 영역에서 지식을 넓히는 데 의도된 기여]를 할 것입니다.

　　이 연구가 진행되는 동안, 당신은 [적절하고 구체적인 단어를 사용하여 인터뷰, 평가, 관 찰]에 참여할 것입니다. 이 연구는 [세션의 유형이나 인터뷰를 기술하고, 일정을 구체화하는 것] 을 포함할 것입니다. 세션들은 [필요에 따라 녹음기, 비디오]를 사용할 것이고, 당신은 ['사진 을 찍고 연구결과의 부분으로 사용될 미술작품을 만들라.'는 것처럼 구체적으로] 요청받을 수 있습니다. 또 타인에게 연구의 결과를 보여줄 수 있습니다. 그러나 모든 반응들은 비밀보 장이 될 것이며, 당신의 이름이나 당신의 특성을 확인할 수 있는 어떠한 직·간접적 요인 들은 어떠한 보고서에도 사용되지 않을 것입니다. 또한 당신은 어느 때든 참여를 거절할 수 있습니다. 연구가 완료된 후 나는 당신에게 결과의 요약본을 메일로 전달할 것입니다.

　　다음은 예측되는 위험이나 가능한 불편함에 대한 것입니다. ['미술작품을 만드는 것', '집단을 인터뷰하거나 구성하는 것', '장면이나 화면을 상상하도록 요청받고 그것을 그리는 것' 등과 같은 과정을 구체화하는 것]에 익숙하지 않은 참여자들은 불편함을 느낄지도 모릅니 다. 어떤 [이미지, 집단과정, 반영의 영역 등]은 사람들에게 좋거나 나쁜 기억을 떠올리게 하 며, 강하거나 불쾌한 감정을 일으킬지 모릅니다. (비록 이점이 발생하지 않고 예기치 않은 감정들 또한 발현되지만) 예측되는 이점은 [구체적인 것]을 포함하고 있습니다.

　　만약 이 연구에 대해 의문이 생기면, 편안하게 저에게 [전화로] 연락하면 됩니다. 제 가 즉각 응답할 수 없다면, 가능한 한 빨리 당신에게 연락할 것입니다. 제 연구에 흥미를 보이고 기꺼이 참여해 주어서 감사합니다.

진심을 담아
[당신의 이름]

나는 ＿＿＿＿＿＿＿＿＿＿[연구자의 이름과 기관의 이름]이 수행하는 [구체적인] 연구에 참여 하는 것을 동의합니다. 나는 이 동의서의 동의내용을 검토했으며 충분히 이해했습니다. 나는 어느 때든 연구 참여를 거절할 수 있다는 것을 이해했습니다. 나의 모든 반응들은 비 밀보장이 될 것이라는 것을 이해했습니다. 나는 이 동의서의 복사본을 받았습니다.

사인 :　　　　　　　　　　　　　　　　　　　　　날짜 :

참여자 사인의 증인 :　　　　　　　　　　　　　　날짜 :

▌ 그림 8.2 동의서 샘플

다……."(Hesse-Biber & Leavy, 2006, p. 85). 참여자들은 자신들이 매독에 걸렸다는 사실을 듣지 못했으며, 동의편지는 '특별한 치료'라는 것이 척수액을 뽑아내는 것이라는 사실을 언급하지 않았다.

속임수와 노출

속임수는 고지에 입각한 동의와 밀접하게 관련되어 있다. 위에서 기술한 것처럼 오늘날엔 사악한 속임수를 쓰는 사람이 있다고 믿기 어렵지만, 속임수는 기대하지 않았던 사건과 다르게 전개된다. Gans(1982)는 속임수는 참여관찰에 내재되어 있다고 믿는다. 그는 연구자가 입장허가를 받으면, 사람들은 그것에 대해 잊는 경향이 있으며, 경계심을 늦추게 된다. 그러나 연구자는 결코 그렇지 않다는 것을 관찰했다. 참여할 때 타인들에게 주어지는 것을 가정해 보면, Gans는 "연구는 정말로는 자신의 일을 잊고 경계를 늦추어 행동하지 않는다. 따라서 그가 연구하는 사람들을 속이는 것이다."라고 기록했다. "그는 그렇지 않을 때라도 정서적으로 참여하는 척한다. 그는 자신이 그렇게 행동하는 것이 나타나지 않을 때라도 관찰한다."(p. 59).

고지에 입각한 동의의 실제는 잠재되어 있는 진정한 민주주의 윤리와 도덕적 가치와 분리될 수 없다. 이제 이런 문제뿐 아니라 또 다른 연구 딜레마와 관련해서 연구자에게 도움을 주는 훌륭한 자료들을 온라인에서 참고할 수 있다. 진실한 윤리적 문제는 행위와 그 결과에 대한 여러 다른 가치들을 가질 수 있도록 개인이나 문제에 대해 실제적 선택을 하게 해주는 것이다(Broudy, 1981). 상호존중, 비강압과 비조작, 민주적 가치에 대한 지원은 윤리적 실행을 이끄는 기본 원리이다. 당신이나 사람들이 연구를 수행하려 할 때 일어날 수 있는 가능한 결과를 고려하고 나서 스스로 "나는 이것을 받아들일 수 있는가?" 만약 그렇지 않다면 "왜 이것은 나를 귀찮게 하는가?" 그리고 결과적으로 "내가 그 사람 상황이라면 나는 이런 방식으로 영향을 미치는 이런 행동에 만족하는가?"를 스스로 질문해 봐야 한다. 요약하면 연구에서 윤리적이기 위해서는 연구자와 참여자가 항상 서로 상호호혜적 관계를 계속 지속하고 있다는 것을 이해하는 것이다.

요약

1. 연구 보고서는 연구자의 목적과 연구에 참여하는 사람들 간의 윤리적 계약이다.

2. 연구보고서의 주요 목표는 연구계획을 전달하고, 타인에게 그 계획을 보여주기 위한 것이다. 독자들은 연구의 인정받은 청중 구성원들이다.

3. 보고서의 도입은 연구의 목적과 영역, 이론적 배경, 가설이나 진술된 연구문제 등의 순으로 전개한다. 문제의 배경맥락은 문헌 섹션에 포함한다.

4. 방법섹션은 참여자 선정방법, 과정, 도구, 특정도구, 자료수집, 자료분석에 대한 설명으로 구성된다.

5. '폐쇄적 계약' 설계는 미리 형성된 과정을 따른다. '개방적 계약'은 어떤 자료가 나올지 모르기 때문에 변화를 허용한다. 그러나 모든 연구들은 일어날 것이라 기대되는 가능한 한 가장 큰 범위를 구체화해야 한다.

6. 연구에서 대부분의 윤리적 관심은 위해의 문제, 동의에 대한 속임수, 사생활 침해, 자료의 비밀보장 문제와 관련된다.

7. 기관윤리심의위원회들(IRBs)은 연구의 위험과 이점을 결정하고, 동의서와 인간 대상자에 대한 공정한 치료를 하고 있는지를 승인하기 위한 연방의 권한을 가지고 있다.

8. 윤리적 코드는 모든 불의의 사태를 다 다룰 수 없기 때문에 연구자들은 상호존중, 비강압과 비조작, 민주적 원칙에 대한 지원의 잠재적 가치들을 따라야 한다.

 참고문헌

Beyrer, C., & Kass, N. (2002). Human rights, politics, and reviews of research ethics. *Lancet, 359*(9328), 246–251.

Broudy, H. S. (1981). *Truth and credibility, the citizen's dilemma*. New York, NY: Longman.

Gans, H. (1982). The participant observer as a human being: Observations on the personal aspects of fieldwork. In R. G. Burgess (Ed.), *Field research: A sourcebook and field manual* (pp. 55–61). London, England: George Allen and Unwin.

Hesse-Biber, S. N., & Leavy, P. (2006). *The practice of qualitative research*. Thousand Oaks, CA: Sage.

Kapitan, L. (1998). In pursuit of the irresistible: Art therapy research in the hunting tradition. *Art*

Therapy: Journal of the American Art Therapy Association, 15(1), 22–28.

Locke, L., Spirduso, W., & Silverman, S. (1993). *Proposals that work: A guide for planning dissertations and grant proposals* (3rd ed.). Thousand Oaks, CA: Sage.

Madson, C. (1991). The wilderness within. *Parabola, 16*(2), 65–67.

Maxwell, J. A. (2005). *Qualitative research design: An interactive approach* (2nd ed.). Thousand Oaks, CA: Sage.

McNiff, S. (1998a). *Art-based research.* Philadelphia, PA: Jessica Kingsley.

Milgram, S. (1963). Behavioral study of outcomes. *Journal of Abnormal and Social Psychology, 67,* 371–378.

National Institutes of Health. (2003). *Protecting personal health information in research: Understanding the HIPAA Privacy Rule.* Retrieved February 15, 2010 from http://privacyruleandresearch.nih.gov/pr_02.asp

Nelson, R. (1991). Exploring the near at hand. *Parabola, 26*(2), 35–43.

Ortega y Gassett, J. (1985). *Meditations on hunting.* (H. B. Wescott, Trans.). New York NY: Charles Scribner's Sons. (Original work published in 1943).

Patton, M. Q. (2002). *Qualitative research and evaluation methods* (3rd ed.). Thousand Oaks, CA: Sage.

Punch, M. (1994). Politics and ethics in qualitative research. In N. K. Denzin & Y. S. Lincoln (Eds.), *Handbook of qualitative research* (pp. 83–98). Newbury Park, CA: Sage.

U.S. Department of Health and Human Services. (2009). *Code of federal regulations, Title 45, Public welfare, part 46, Protection of human subjects.* Retrieved February 15, 2010 from http:www.hhs.gov//ohrp.osophs.dhhs.gov/humansubjects/guidance/45cfr46.htm

U.S. Department of Health, Education, and Welfare. (1979, April 18). *The Belmont report.* Retrieved February 15, 2010 from http://www.hhs.gov/ohrp/humansubjects/guidance/belmont.htm

제9장_

연구수행과 결과 보고

요리사 Ting은 우아하게 편안하게 춤을 추듯이
Wenhui를 위하여 황소를 자른다.
"나는 자연스럽게 화장을 하고 움푹 파인 곳에 박아넣고
큰 구멍에 칼을 넣어 따라간다…….
나는 이 칼을 19년 동안 가지고 있었고 수천 마리의
암소들을 잘랐으며
방금 숫돌에 간 것처럼 칼날이 서 있다.
관절 사이에 공간이 있고 칼날은 예리하다
만약 당신이 그 공간에 예리한 칼날을 넣었다면
넓은 공간을 만나게 될 것이다…….
숫돌에 방금 간 것처럼 칼날을 유지하고 있었던 이유가
여기에 있다."
"정말 훌륭해!" Wenhui는 말한다.
"요리사 Ting에 대해서 들었지. 그리고 나는 인생을
어떻게 살아야 하는지 알았어!"

– Watson

개인이나 집단과 좀더 효과적으로 작업을 하기 위하여, 실제 세팅에서 벌어지는 상황의 개념원인을 발견하기 위하여, 역동을 변화시키고 프로그램을 만들기 위하여, 전문가로서 성공적인 목표를 달성하기 위하여, 탐구에 대한 욕구로 가득 차 있을 때 모든 미술치료사들은 연구자가 될 수 있다(Kapitan, 1998: Anderson, 2001). 좋은 연구를 수행하는 미술치료사는 다음과 같이 기술한 사냥꾼과 같다.

> 나는 무엇인가를 좇고 있다. 만질 수 있는 것, 내가 가져야만 하는 것, 또는
> 내게서 도망가고 있는 무엇인가를 말이다. 누군가의 삶에서 쓸모없는 것을
> 추구하는 것이 아니라면, 아주 간단하다(Bass, 1991, p. 54).

미술치료사 겸 연구자에게 있어서, 자신감을 가지고 연구를 수행하는 능력은 그들의 문제를 다른 사람은 어떻게 다루고 수행하는가를 앎으로 향상된다. 이러한 관점에서 볼 때, 전문 문헌은 그다지 성공하지 못한 연구, 또는 성공한 연구로부터, 그들이 배운 것을 나누는 미술치료사들의 메타 스토리이다. 그들이 제공한 지침을 보면, 따라야 할 많은 실마리와 피해야 할 위험 요소를 알 수 있다. 연구를 수행하기 위하여 탐구의 실제, 비평적인 눈으로 기사와 레포트를 읽는 것, 연구 데이터베이스를 활용하고 연구자 간의 발전을 짚어 보는 것 모두 중요하다. 내담자들을 이롭게 하는 이 분야에서 발전이라는 것에 익숙해야 하는 임상가로서의 귀중한 임무이다. 이 장에서는 연구를 하면서 비판적으로 읽기 위함이든, 연구를 수행하고 결과를 보고하기 위함이든 간에 좋은 연구를 하는 방법에 대해서 살펴볼 것이다.

기술(技術)에 관한 문제 : 좋은 연구에 대해 예술가가 알아야 할 것

좋은 연구는 어느 정도의 엄격성을 획득함으로써 만들어진다. 엄격성이란 연구 설계의 엄격성, 연구수행에서의 엄격성, 그리고 다른 사람들에게 어떻게 보고되

고 발표되는지에 대한 엄격성을 말한다. 불쾌한 단어인 엄격성은 당신이 인생을 떠난 후 또는 당신이 숨을 헐떡거리며 떠날 때 힘겨운 시간 후에 이루어지는 사후 경직과 관련된 단어이다. 사전을 보면 단단함, 곤란, 격렬함, 거친, 시도, 시련이라고 규정하고 있다. '엄격주의자(rigorist)'는 가혹하고 엄격하고 모질고 엄한 사람이라고 되어 있다. 정말 놀랍다. 이런 배경을 뒤로 하고 왜 사람들은 '엄격한' 연구를 하고 싶어 하는가? 그러나 이런 정의 사이에 숨겨져 있는 것은 단순한 단어인 '정확성'이다. 연구를 수행함에 있어서 엄격하게라는 말이 의미하는 것은 정확성인 것이다. 엄격한 연구를 수행하기 위하여 모든 과정에서 정확성과 진실성을 따라야 한다.

미술치료사들이 전통적인 공예나 미술품을 만들면서 전통적인 규율의 뿌리를 상기한다면, 연구를 '정확하게' 숙지할 수 있다. 물레를 가지고 일하는 예술가에 대한 묘사를 명심하라.

> 첫째, 그녀는 공기 구멍 없이 판판하게 만든 점토를 준비해야 한다. 그녀는 반죽하고 온 힘을 다해 박자에 맞춰서 '절구질'을 한다. 그리고 물레에 점토 덩어리를 던지고 물을 뿌리고 빠르게 물레를 돌리며 저항하고자 하는 점토를 감싸고 힘껏 몸을 숙이며 손으로 점토 덩어리를 두드린다. 만약 그녀가 중심을 세우려고 꽉 잡는다면, 점토가 중앙에 놓이게 될 것이며, 물레 축에서 잘 돌아가며 부드러운 흙더미가 될 것이다. 그녀는 중앙을 엄지손가락으로 누르고, 입구를 벌려서, 재빠르게 가늘고 긴 원통 모양을 만들 것이다. 도공 기술의 마술같은 정교함과 함께 다양한 속도, 적절한 압력, 집중력과 가는 벽을 세우는 섬세한 터치로 점점 더 민감한 힘을 발휘하여 부드럽게 할 것이다. 중력에 저항하면서 공중에 기댄 젖은 점토는 저항의 한계에 다다르게 될 것이다. 부드럽게 물레는 멈추게 된다(Remde, 1991, pp. 47~48).

양질의 도자기를 만들 때 도공이 물레에 점토를 던지기 위하여 정확한 방법을 따라가고 있다는 것은 자명한 일이다. 물론 도공에 따라 편차가 있을 것이며 도자기의 다양한 형태에 따라서 던지는 기술도 다를 것이다. 그러나 실제적으로 도공은 본질을 거스러서는 형태가 갖춰질 수 없다는 재료의 한계를 알고 있다. '무엇인가를 하는 올바른 길' 이라는 윤리가 그러하듯이 전통적인 미술이 '무엇인가를 만드는 올바른 길' 이라는 작동의 방법을 확인시켜 준다(Coomaraswamy, 1991, p. 9). Remed는 계속해서 다음과 같이 말한다.

> 그녀는 성공과 실패 사이의 가는 줄 위를 걸어간다. 올바른 관계를 맺기 위한 많은 요소들, 공예의 많은 단계들이 있다. 각 단계는 각별히 주의하고 신경을 써야만 한다. 각 단계는 전체와 관련져 있어야 한다. 그 길을 가다 보면 실수가 있을 수 있다. 도공이 흠집을 내는 일이 많을 것이다. 그래도 그녀는 다시 시작한다(p. 48).

'성공과 실패 사이의 가는 줄' 역시 연구수행의 특징이다. 손으로 형태를 만들어 가는 물레의 도자기에 너무 밀착되지 않아야 한다는 것을 아는 도공처럼 연구자도 연구가 예상을 확인할 수도, 확인하지 않을 수도 있다는 것과 찾고 있던 이상이 획득되지 않을 것이라는 것을 안다. 예상치 못한 조건, 완벽하게 구성된 표본에서 벗어난 참여자, 현장으로의 접근 실패, 중요성을 보여주지 않는 자료 등, 이러한 사항들보다 더 많은 것들이 연구가 이상적인 목표를 어떻게 얻을지에 대해 영향을 미칠 것이다. 항상 타협이나 협상이 이루어져야 한다. 그러나 시간 낭비 또는 '실패' 없이 누군가가 당신의 결과를 읽고 전통적인 복제와 이론과 실제에 대해 재보정하면서 '다시 시작' 하길 바란다. 절망적으로 기뚱거리는 도자기 또는 상실로부터 배우는 도공처럼 연구자도 연구자끼리, 그리고 연구마다 정보의 전파와 함께 기술의 정확함을 배운다.

기능공은 당신에게 보다 훌륭하거나 덜 훌륭한 타당성을 가진 많은 작업방식에 대해서 이야기를 할 것이다. 전통적 방법은 시간이 지나도 다양한 필요와 조건에 보다 폭넓게 적용할 수 있기 때문에 가치가 있는 것처럼 연구에서도 마찬가지다. 아랍 전통의 서예가는 '좋은 도구' 를 만들고 '조용히' 먹을 갈고, 사용할 색상과 종이의 종류, 붓 끝을 다듬는 적절한 방법을 위하여 정확한 방법을 배운다. 그들은 "글자를 연구하고 글자의 '강약' 을 바라보도록"하고 집중해서 실수하지 않도록 시작하기 전에 모든 것을 준비하도록 한다(Sulzberger, 1991, p. 27). 어떤 좋은 연구에서와 마찬가지로 만드는 사람에게서 만족스럽고 엄격한 기술이 요구된다.

연구보고서를 평가할 때 연구자는 예술가의 사례를 이해할 수 있어야 하고 올바른 관계와 통합을 획득하기 위하여 연구의 모든 요소들이 어떻게 배열되고 실행되었는지 강점과 약점을 주의 깊고 비평적인 눈으로 바라본다. 이러한 관점으로 볼 때, 연구를 평가하는 것은 연구자가 연구를 잘 수행할 수 있는 정확성의 정도를 인지하는 것보다 연구자의 보고서나 연구자에 '대해서' 비판적이 되는 것은 그다지 중요하지 않다.

연구보고서를 어떻게 읽을 것인가

출판된 연구물이 전문적으로 가치가 높음에도 불구하고, 미술치료사들이 연구보고서를 읽는 것에 시간을 보내지 않는 것 같다. Lock, Silverman과 Spirduso (2004)는 연구보고서를 읽을 때, 연구에 대한 문제점과 보고서에 대한 문제점이라는 두 가지 주요 장해물에 대해서 언급하였다. 많은 사람들은 미술치료를 포함하여 사회과학 연구가 실제 사용이 어렵거나 감동이 없거나 이해하기 어렵거나 너무 복잡하다고 생각한다. 결과가 덜 중요하거나 가설이 확실하지 않을 때 그 연구가 가치 없다고 묵살하는 것은 쉽다. 원 그래프와 숫자로 가득 찬 보고서는 사람을 고려하는 사례 기록에 보다 익숙한 미술치료사에게는 이질적일 수 있다. 여기서 문제점은 연구자가 그들의 기술에 대해서 어떻게 생각하는지를 이해하는 데 있다. 신뢰성을 높이기 위해서 연구자들은 결과물에 영향을 미치는 모든 가능한 변인들을 '제거하고' 그들의 활동을 자세히 살펴보되 간결함을 만들어내야 한다. 이런 보고는 연구자가 상상력이 부족한 대형 컴퓨터 같다는 인상을 주거나 그 연구가 '잘못' 되었다는 제한점에 주목하게 할 수 있다. 단일 연구를 빨리 읽어 보면, 아무것도 발견하지 않은 것처럼 보일지도 모른다. 그러나 지식은 한 걸음씩 오랜 시간을 거쳐 증가하며 이루어진다. 이렇게 모아졌을 때 많은 연구보고서들은 다른 연구자가 따르고 선택할 지식의 자취를 따라 방향을 제시할 수 있다.

더 복잡한 문제를 거슬러 올라가면 모든 연구가 동등하게 창조되는 것은 아니다. 'Art Therapy: Journal of the American' 같은 학술지에 출판된 연구보고서는 동료들에 의해서 평가되었기 때문에 믿을 만하다. 각 보고서들은 개개인의 평가자에 의해서 읽히거나 연구자가 모르는 '심사자' 또는 출판될 수 있는지를 결정하도록 편집자가 도움을 주기도 한다. 때로는 그 연구가 결론이 도출되지 않은 주요 결점을 가졌기 때문에 보고가 거절되기도 한다. 그러나 연구의 약점이 극복되고 연구자가 자료를 다루면서 맥락을 정리하고 문제점을 기술하고, 부족해도 중요도를 보여줄 수 있다. 연구의 제한점에도 불구하고 미술치료 지식에 공헌하는 귀중한 정보를 보고할 수도 있다. 때로는 다른 사람들의 이점을 위하여 널리 알려진 정보를 만들기 위한 출판을 결정하기도 한다.

Lock 등(2004)은 이해할 수 없는 보고서를 읽는 것은 어려운 일이라고 언급하였다. 결국 "왜 영어로 쓰일 수밖에 없는가?"에 대한 것이다. 미술치료는 같은 이론을 배운 미술치료사들과 연구자만 이해할 수 있는 전문용어의 사용과 광범위한 이론들을 망라하고 있다. 그렇지 않은 사람들은 자신들이 특별한 인지기술이나 전문 훈련이 부족한가에 대한 궁금증을 갖게 된다. Lock 등(2004)은 "거의 모든 독자들이 이것이 좋은 연구인가?" 그리고 "이건지, 저건지 대해서 내가 어떻게 이야기할 것인가?" 연구보고서를 접하게 된다고 하였다(p. 4). 이

연구보고서를 읽기 위한 중요한 문제

1. 무엇에 관한 보고서인가?
2. 그 연구가 이미 알려진 것에 얼마나 들어맞는가?
3. 어떻게 그 연구가 이루어졌나?
4. 무엇이 발견되었나?
5. 결과가 의미하는 것은 무엇인가?

– Lock et al., 2004

러한 난제를 다루기 위하여 저자들은 아래와 같이 5개의 기본 문제를 생각하고 단계별로 연구보고에 접근할 것을 권한다.

무엇에 관한 보고서인가   당신은 보고서의 첫 부분과 초록을 보면서 그 연구의 목적과 전체적인 특징을 파악할 수 있다. 초록에는 어떤 조건에서, 누가 참여하였으며 무엇이 발견되었는지, 어떤 종류의 연구가 수행되었는지 진술이 되어야 한다. 저자의 목표나 목적은 질적 연구일 경우에는 주요개념일 것이고, 양적 연구라면 가설이 검증되었다는 것이 적혀진 서론에서 알 수 있다. 읽을 때, 당신은 동일한 가설을 검증하기 위한 연구를 어떻게 설계할 것인지 또는 저자의 고려사항은 어떻게 진술할 것인지 고려해 보아야 한다. 당신은 초록, 목적 진술과 가설 또는 주요 개념을 종합해 보면서 그 보고서에 관한 명확한 아이디어를 가져야 한다.

그 연구가 이미 알려진 것에 얼마나 들어맞는가   문헌 고찰의 목적은 이 질문에 대한 답을 독자에게 제공하는 것이다. 당신이 책이나 저널 보고서에서 발견한 것과는 달리 문헌고찰의 목적은 연구를 위하여 근거를 제공하기 위한 것이기 때문에 깊이 있게 문헌에 대해서 논의한 것이 아니라 간략하고 간결하다. 마치 레이저 빔처럼 저자는 다른 연구로부터 특히 최근에 발행된, 중요한 관련 발견물에 초점을 맞추어야 한다. 때로는 고찰이 특별한 관점을 가지고 있는 참여자를 인터뷰하기 위한 배경이나 특정 치료 개입의 선택과 같은 연구의 특정 방법론에 대한 활용이나 근거를 제공한다. 여기서 저자의 책임감은 주제에 대해 알려진 것을 종합하고 연구를 맥락 속에 두는 사고를 제시하는 것이다. 그 연구가 미술치료에 관한 새로운 지식에 어떻게 공헌할까에 대한 것은 또 다른 중요한 문제이다.

어떻게 그 연구가 이루어졌나   이 질문은 보고서의 방법론 부분에 나타나며 발견물의 신뢰도를 결정하는 중요 열쇠가 된다. 전체적으로 방법론, 목적, 질문이 잘 어우러져 논리가 밝혀져야만 한다. 당신이 만약 그렇게 하기를 원한다면 그 연구를 어떻게 복제할 것인가를 알 수 있는 충분한 정보가 있어야 한다. 질적 연구가 쓰여지든 양적 연구가 쓰여지든 표본 (대상자 또는 참여자들)은 그 연구에 관련된 특징과 인구학적 정보가 포함된 묘사여야 하며 어떻게 선별이 되었고 왜 선별이 되었는지 나타나야 한다. 표본의 크기 (참여자의 수)를 밝혀야 하고, 특별히 연구자가 통계적 중요도를 다루기 위하여 연구자가 의도한다면 큰 표본이 요구되기 때문에 일반화의 목적을 위하여 중요하다. 그러나 큰 표본에 의한 일반화 가능성은 질적 연구의 목적이 아니다. 깊이 있는 연구에 의해서 나올 수 있는 자료의 질과 크기 때문에 적은 수의 참여자로도 충분하다.

당신은 독립, 종속 그리고 통제 변인을 명시할 수 있어야 한다. 그것들이 어떻게 선택되었으며 연구자의 실수나 선입견으로부터 보호하기 위하여 사용된 과정은 무엇인가? 연구자의 방법론은 가설을 실제적으로 검증했는가? 질적 연구에서, 주요개념과 방법론을 선택함에 있어서 그것과의 관계는 변인 대신에 명시될 것이다. 그 연구자가 어떻게 정의하고 특정 전문 용어를 어떻게 조작화했는지를 발견물에 대한 함의를 위해서 명백해야 한다. 예를 들면, 외상후 스트레스 장애(PTSD)로 진단받은 사람과 심리적 외상을 경험한 사람 사이의 차이가 있다고 하자. 그 연구가 PTSD로 진단받은 연구 참여자의 포함 여부는 심리적 외상 사건을 경험한 사람을 위한 미술치료 개입에 관한 연구에 중요한 차이를 제공할 수 있다.

방법론 부분 역시 자료가 어떻게 수집되고 과정이나 도구의 사용에 대한 기술을 포함해야 할 것이다. 측정의 선택은 연구의 주요 개념이나 변인과 가설의 논리에 달려 있을 것이다. 독자가 타당도(그들이 측정하려는 것을 측정하는)와 신뢰도(반복적으로 사용했을 때 일관성 있게 그들이 평가할 수 있는)를 숙지할 도구들에 대한 기술이 있어야 한다. 질적 연구에서는 자료수집에 대한 기술을 할 때 면접자, 미술기법이나 과정, 의도와 같은 것들이 포함될 것이다. 어떤 종류의 보고서를 대하든 간에 독자는 어떻게 기록되었으며 무엇이 행해졌는지 자세히 알아야 한다.

마침내 방법론 부분에서는 자료분석 방법을 기록할 것이다. 만약 통계가 쓰여졌다면 명확하고 간결하게 기술해야 하며 중요성의 정도를 진술해야 한다. 독자가 자료를 이해하기 위하여 연구자는 발견물을 기술적으로 잘 요약해야 하며 변인 간의 관계를 보여주어야 한다. 질적 연구에서 자료분석은 항상 연구자가 말이나 이야기들을 어떻게 코딩하는가의 문제이며 주제 또는 패턴을 발견해야 한다.

무엇이 발견되었나   이것은 보고서의 결론 부분에 해당된다. 그것들이 왜 발생되었는지(이것은 논의 부분에서 다루어짐)에 대한 논의 없이 직접적으로 보여주는 것이 제일 좋다. 자료가 요약되고 연구문제에 대한 답이 어떻게 내려졌는지에 대한 관계성을 보여준다. 양적 보고서는 가설이 지지되는지 아닌지를 보여줄 것이다. 통계는 언제나 숫자라는 형태와 그래프, 간결한 표로 보여준다. 연구의 목적에 따라 (a) 빈도, 방법 또는 중간값과 하나의 변인을 위한 범위나 평균적 편차 (b) 논리적 또는 다중 회귀의 결과 또는 상관 통계, 카이 제곱과 같은 숫자 패턴을 통해 두 개 이상의 변인 간의 관계 (c) ANOVA 또는 결과의 t-검증으로 두 집단 간 방법의 차이를 기술적 통계로 보여줄 것이다. 만약 추론적 통계가 사용되었다면 p값이 통제와 실험집단 사이 또는 변인 간의 관계를 통하는 것 대신에 우연히 발생한 결과물에 대한 개연성을 나타냄을 진술해야 할 것이다. 결과물에 대한 통계를 보여줄 때 그것들을 정당화하기에는 너무 작은 표본 크기였다면 결론을 이끌어내는 것을 금하는 것이 중요하다.

결과를 보여주는 연구에서 **효과 크기**(Effect Size, ES)나 치료 개입뿐만 아니라 변인들 간의 관계의 통계적 중요성을 아는 것이 중요하다. ES는 통제집단과 실험집단 간의 표준화한 평균의 차이점을 따져 봄으로써 산출될 수 있다. 예를 들어서, 0.6의 ES는 실험집단의 평균 점수가 0.6 표준편차이거나 통제집단의 평균 점수보다 73% 높다는 것을 의미한다. 때로는 ES는 통계학자 Jacob Cohen에 의해 개발된 평균 기준을 사용하여 '큰'(예 : 0.08이거나 그보다 큰) 또는 '중간'(예 : 0.05) '작은'(예 : 0.02~0.03)으로 해석될 것이다. 하지만 맥락을 무시하고 ES를 취하지 않도록 하는 것이 중요하다. 예를 들어서 실제일 때 어려운 조건의 치료에서 작은 효과는 임상적으로 중요한 차이점을 나타낼 수도 있다. 이러한 점에서 임상적 중요성은 내담자에게 중요한 내담자의 조건을 바꿔야 함을 의미한다.

질적 연구에서 연구자는 연구문제를 나타내고 연구되고 있는 경험이나 사건, 조건의 이해를 확인하거나 새로운 것에 공헌하는 전형적이거나 의미 있는 패턴을 보여주는 것부터 자료 기록에 이르기까지 실례를 선택할 것이다. 그것들은 항상 분석 단위 또는 연구 참여자의 합성 기록이나 사례 이야기, 인용 또는 발췌문으로 제시된다. 연구자는 독자가 연구문제들과 선택된 자료의 관계를 볼 수 있도록 양적 연구의 경우에서처럼 확인된 주요 주제를 둘러싼 결과 부분을 조직화할 것이다. 어떤 종류의 연구라도 당신은 논의를 읽기 전에 함의와 결과를 어떻게 해석할지에 대해 고려해 봄으로써 논리를 시험할 수 있다.

결과를 의미하는 것은 무엇인가　비판력이 있는 독자로서 지금부터 당신은 연구에 대한 당신만의 아이디어를 가질 수 있고 저자가 제시한 것과 비교할 수 있다. 이 문제는 보고서의 결론과 논의 부분에 언급된다. Locke, Silverman과 Spirduso(2004)는 살펴보아야 할 네 가지 사항을 추천한다. (a) 즉, 가장 중요한 것은 무엇이며, 기대한 바에 동의할 수 있는지 등과 같이 저자가 보고하고 있는 자료의 의미를 발견했는가? (b) 연구에서 제외된 참여자들이거나 조사에서 낮은 응답 비율과 같이 결과에 영향을 줄 수 있는 것들이 생겼을 때 어려움이나 한계점에 대한 토의가 있는가? (c) 연구가 문헌이나 넓은 영역에 어떻게 공헌할 것인가 그리고 (d) 이전의 분야에서 보고된 발견과 일치하는 결론의 범위 정도를 확인한다.

독자는 연구문제에 대한 답이 있는지, 없는지 연구자가 했던 것처럼 고려하기 위한 토론으로 안내되어야 한다. 만약 연구가 일반화할 수 있다면 보고되어진 결과가 주어졌을 때 어디까지 범위가 가능하며 또는 적절할 것인가? 때로는 연구자가 통계적, 임상적 중요성(실제적 가치)과 맞추고 싶은 희망으로 혼동되는 변인에 대한 언급을 하지 않으려 하거나 결론을 과장한다. 결론은 항상 연구의 실재성과 논의 분야에서 제공된 한계에 의해서 한정될 필요가 있다. 그것은 반드시 충분한 자료에 의해 근거가 마련되어야 하고 추측에 의해서 방향이 바뀌거나 즉흥적으로 이론화하지 않아야 한다(표 9.1).

단일 연구보고서에서 엄격하거나 '정확성'을 담고 있는 것은 무리한 것처럼

표 9.1	연구보고서의 비평적 검토를 위한 점검목록
보고 요소	찾아야 할 사항
주 제	주제가 명확하고 간결한가? 연구의 내용을 정확하게 가리키고 있는가?
저 자	당신은 그들의 연구에서 다른 사람에 의해서 인용되었던 그 저자의 연구물을 본 적이 있는가? 모든 저자들이 저명하진 않지만 신뢰도가 견고하다.
초 록	• 첫 번째 문장에서 글의 목적을 간결하게 진술하는가? • 초록에서 무엇을 했고, 누구와 했으며, 무엇을 위한 효과인지 기술하고 있는가? 결과는 어떠했나?
서 론	• 연구에서 하위주제 또는 연구문제, 주요 개념은 무엇인가? • 저자의 목표 또는 목적은 무엇인가? • 관련 문헌 검토가 인용되었는가? • 그 연구가 이미 알려진 것에 도전하는가, 아니면 논리적으로 확장하는가? • 그 연구가 어떻게 지지되는지 충분히 비평된 문헌이 인용되었는가? • 약점, 지식 간의 공백, 선입견이 설명되었는가? • 개념, 용어, 변인들이 어떻게 조작되었으며 정의되는가? • 연구방법의 선택을 위하여 주어진 근거인가? • 그 연구를 이끄는 주요 문제 또는 가설은 무엇인가?
방 법 론	• 방법론이 자세히 설명되는가? 현상의 논리적 설명, 대안이 있거나 적절한가? • 예외 조항과 선택 과정, 표본 크기, 참여자 또는 대상이 충분히 설명되었는가? 그 연구를 위해서 그것들이 적절한가? • 관련 변인이 인지되었는가? 관련 없는 변인은 무엇인가? • 통제가 적절한가? 선입견은 어떻게 통제되고 고려되는가? • 치료 과정이 설명되었는가? 그리고 일관적으로 적용되었는가? • 윤리적 문제가 어떻게 다루어지는가? • 어떤 도구나 과정이 사용되었는가? 당신은 주어진 정보를 근거로 그것들의 신뢰도나 타당도를 판단할 수 있는가? 자료분석을 위한 과정은 무엇인가? 그것들은 적절한가?

표 9.1	연구보고서의 비평적 검토를 위한 점검목록 (계속)

보고 요소	찾아야 할 사항
결 과	• 관련 자료의 요약이 표나 그래프 형식으로 제시되었는가? • 통계나 다른 자료가 정확하게 해석되었는가? • 질적 연구의 사례에서 제공된 본문 분석이나 정확하고 신뢰성 있는 사례가 제공되었는가? • 분석이 논리적이고 직관력이 있는가? • 미술 이미지가 전제와 연구목적에 관련되어서 논의되고 선택되었는가?
논 의	• 연구문제에 답이 주어졌는가? • 예견된 가설이 자료와 분석에 의해서 지지되었는가? • 보증이 된다면 어느 정도까지 일반화가 가능한가? • 결과가 어떻게 일반화되거나 실제나 이론에 적용되는가? • 저자가 연구의 한계를 어떻게 고려하는가? • 연구가 계획한 대로 진행이 되었는가? 변화가 어떻게 발견에 • 영향을 미쳤는가? 개방적 연구라면 그 문제에 관련 있었던 자료분석에서 무엇이 발생했는가?
결 론	• 문제가 재진술되는가? • 결론이 발견으로부터 논리적으로 따라가거나 생기는가? • 저자가 추측적 진술을 피하는가? • 간결한 결론 진술이 제시되었는가? 정당한가? • 연구가 가치나 임상적 중요성을 가지고 있는가?
참고문헌	• 참고문헌이 각 연구에 인용된 대로 제시되었는가? • 그것들을 이용 가능한가? 만약 당신의 연구를 위하여 그것들을 검토할 필요가 있다면 인용된 참고문헌을 찾을 수 있는가?
부 록	• 조사 도구, 인터뷰 지침 또는 다른 정보들이 제시되었는가? • 그렇지 않다면 저자는 필요시 그것들을 제시하기 위하여 연락 가능한가?

보이며 또한 사실이 그렇다. Tolman과 Brydon-Miller(2001)은 양적 연구자들이 "질적 연구와는 견줄 수 없는 해결책과 문제를 추론하는 지름길을 제시한다."는 이점이 있다는 것을 관찰하였다(p. 18). 예를 들어서, 당신이 집단 간의 '무선 배치', '일정한 변인', '중요도'의 목적아 무엇을 의미하는지 이해한다면 당신은 질적 승인을 확인하고 널리 용인된 엄격성의 요소를 위한 보고서를 훑어볼 수 있다. 그러나 이러한 지름길 역시 저자가 그들이 중요하게 여기는 현실 세계와 변인들 간의 불완전함, 과정의 실패, 혼란스러운 변인에 집중하는 것을 피

하도록 할 수 있다. 이러한 실수나 자료 '조작' 이 질적 연구에서는 숨기기가 어렵다. 왜냐하면 덜 익숙한 방법론에 대한 설명을 더욱 자세히 요구하거나 객관성에 대한 추정이 빈약하기 때문이다. 질적 연구에서의 발견물을 보고하기 위해서는 많은 공간과 단어들이 필요하다. 왜냐하면 모든 것이 상황에 맞게 설명되고 맥락 안에서 다루어져야 하기 때문이다. 이러한 이유로 질적 연구는 저널에 불충분하게 보고되는 경향이 있으며 모범적인 연구물이나 모델을 발견하기 어려울 수 있다. 보고의 부재는 질적 연구가 양적 연구만큼 엄격하거나 '좋지' 않다는 잘못된 인상을 생성할 수 있다.

연구보고에서 정보의 간결하고 직선적 제시는 연구수행이 기계적이고 사상과 분리된 착수라는 또 하나의 잘못된 인상을 줄 수 있다. 다른 사람들이 알고자 하는 것을 확실하게 제시하고 싶은 욕구와 뒤늦은 깨달음 때문에 그들의 경험을 연구하고 사람들과 작업하는 복잡한 현실이 항상 보고서로 이어지지 않는다. 미술치료사들이 이 현실을 인식하도록 돕기 위하여 Anderson(2001)은 연구수행에서 그녀만의 노련한 경험을 다음과 같이 기술하였다.

> 나의 탐구 정신은 많은 길로 인도한다. 그 길을 따라가다 나는 내담자의 치료를 방해하지 않고 연구를 수행하는 것이 얼마나 어렵고 동시에 책임져야 하고 고려해야 할 사항들이 많은지를 알게 되었다. 대학의 연구 수혜와 상담센터에 의해 동시에 기금을 조성했던 한 프로젝트에서 문자적으로 모든 것이 어긋났던 적이 있다. 한 동료는 내담자를 충분히 검토하지 않았고 렌즈가 작동하지 않아 비디오 촬영자가 중도하차했으며 사진사는 적절치 않은 감도의 필름을 사용해서 내담자들이 만든 미술작품을 기록하려고 했던 사진의 절반이 무용지물이 되었다. 6개월이 소요된 연구설계는 연필과 종이에만 근거를 두었던 까다로운 자료의 실제 수집이 협조를 해주지 않아 실패로 돌아갔다. 다행히도 다음에 수행될 요인이 그 프로젝트의 가장 중요한 부분이었다. 두 집단의 내담자들을 위한 실제 미술치료였다. 양적·질적 자료의 결합이 사용되기 때문에 집단 미술치료의 효과성이 각각의 치료사들과 내담자들의 인터뷰를 통하여 기록되었다(p. 136).

양적 연구와 질적 연구의 서로 다른 논리

연구보고서를 비판적인 시각으로 고찰하면서 당신은 양적 연구에서는 얼마나 주의 깊은 검증을 위한 구조적인 절차를 시행하고 있으며, 논리적으로 검토되어는 변인들과 연결되어 있는지 알 수 있다. 일반적인 것으로부터 특정 부분에 이르기까지 현존하는 전제 또는 가설로부터 논리적인 결론으로 전형적인 분석이 이루어진다. 질적 연구는 검증한다기보다 현상을 이해하거나 발견 지향적인 목적을 가지고 있다. 이 연구들은 나타나는 자료와의 상호교류를 극대화하기 위하여 만들어진다. 연구는 앞으로 빛을 보게 될 정보나 알려지지 않은 변인들처럼 새로운 이해를 수행하기 위한 변화를 허용한다. 질적 설계에서 분석은 상황에 대한 특정 사실로부터 자료에 의해서 이치에 맞게 드러나는 것을 보다 넓게 이해하는 것에 이르기까지 귀납적인 경향을 띤다. 비판적으로 보고서를 읽을 때 이러한 차이점들을 명심해야 한다.

 양적 연구의 논리로 질적 설계를 평가하는 우를 범하는 일은 허다하다. 반대의 경우도 마찬가지다. 예를 들어, 질적 연구에서는 자료의 다양한 근거를 통하여 전체적인 이해를 산출하는 목적이 있기 때문에 표본 크기가 작다. 다른 현장에서의 적용이 가능하다 할지라도 결과물에는 양적 연구의 사례에서처럼 대상을 일반화하려는 의도가 없으며 복잡하지만 목적을 가진 복잡함이다. 일반화의 부재는 연구로서 부적절성을 의미함이 아니며 단지 양적 연구의 입장에서 보면 부적절한 대체일 뿐이다. 마찬가지로 실험은 특정 인물의 실재를 심층적으로 이해하기 위하여 일반화하는 것이 아니다. 또 제약을 두지 않은 설계가 양적 연구의 논리 안에서만 적합한 '엄격성'이나 '타당성'이 결여되어 있다는 불평이 있다. 이러한 차이점은 판단의 실수가 계속될 때 명백해 보일 수 있다. 예를 들어, 연구자들은 적은 인원으로부터 자료가 수집되었을 경우 질적 연구에서의 결과를 방어적으로 논의할 것이다. 목적이 그것에 있지 않음에도 그들은 일반화에 대한 판단을 두려워한다.

 그러므로 특별히 질적 연구에서 결과물의 신뢰도와 질을 평가할 때 존재하는 방법론과 연구가설의 넓은 범위를 인식하는 것이 중요하다. Daley(2007)는 "무엇을 위한 분석인가?"로 중요한 변별력을 갖기 위하여 지침이 되는 유용한 질문을 명심하도록 제시하고 있다.

과학적 분석은 두 가지 다음과 같은 전통에 뿌리를 두고 있다.

- 보편적인, 규칙과 법에 근거한 방법
- 기술적인, 독특하고 다양한 것과 관련이 있는

예를 들어, 사례연구에서 보편적인 접근은 경험과 공통의 의미에 대한 패턴을 세우기 위하여 많은 사람들로부터 자료를 수집하는 것과 관련이 있다. 대신 기술적인 접근은 특정 개인을 바라보는 것이고 주어진 상황과의 관계에서 그 사람의 관계성을 다루거나 그 사람이 어떻게 선택하는지를 보는 것이다. Daley (2007)는 에믹(emic) 관점으로 알려진, 그 현상을 경험하는 사람들인 내부자와 그 경험을 연구하고 있는 연구자의 에틱(etic)적 관점의 외부 관찰자 사이의 긴장감을 가지고 이 개념을 서술하였다. "이러한 관점으로 우리가 나열하는 방법은 우리가 분석을 어떻게 하는가에 따라 심오한 의미를 품고 있다."(p. 213)

Daley는 다음과 같이 연이어 말하고 있다

> 우리가 "무엇을 위한 분석인가?"라는 질문을 할 때, 에믹과 에틱 간의 큰 차이점은 외부 관찰자, 또는 내부자적인 관점을 나타내는 정도와 우리의 연구 노력의 결과물에 대해서 어떻게 생각하는가에 대한 근본적인 문제에서 제기되고 있다. 우리의 분석에 대한 결과를 어떻게 생각하는가는 인식론적인 신념에 달려 있다. 만약 우리의 신념이 실증주의자 또는 포스트실증주의자의 패러다임에 근거한다면 에틱 관점에 무게를 두는 것은 그러한 신념과 관련이 있다. 만약 사회 구성주의자 또는 포스트모던적인 접근이라면, '해석의 해석'(Gertz, 1973, 1983) 또는 이차적 이야기로 간주되는 연구로서 에틱과 에믹 사이의 경계가 모호해질 것이다(pp. 213~214).

Daley(2007)가 양적 연구와 질적 연구에 적용된 논리에 따른 최종적 정의는 해석과 분석, 기술과 관련이 있다. 체험한 사람의 경험 또는 심층적 의미 기술을 추구하는 방법론은 주로 분석에 목표를 둔 설명보다 '복잡한' 기술을 과장하는 경향이 있다. 정의를 통해 살펴볼 때 해석이 그 부분들의 의미를 만드는 과정에 초점을 둔다면 분석은 구성 요소의 분리와 인식의 과정에 초점을 둔다(Daley, 2007). 분석과 해석은 이론과 지식을 구성하기 위하여 그것들을 사용하고 연구자가 자료의 중요도에 무게를 싣도록 허용하는 산만한 관계를 갖는다.

연구를 평가하기 위한 보고서의 기준

미국 교육연구협회(AERA)는 그들의 웹사이트(www.aera.net)를 통해서 볼 수 있는 질적·양적 연구를 발간하는 편집자들, 평론가들, 저자들, 연구자들을 위한 가치 규준을 만들었다. 연구자들은 연구 결과물을 정당화하고 결론을 지지하는 정확하고, 충분한 증거를 제공할 것이라는 일반적인 기대가 있다(AERA, 2006). 위에 언급한 것처럼, 연구보고는 각각의 요소가 조직화됨으로써 논리를 강조하고 모든 연구 절차를 명백하게 진술함으로써 '투명해야' 한다. 규준은 "잠재적 사용을 가능하도록 하며 대중들의 감시를 위하여 준비하고 다른 사람들의 연구물을 이해하도록 학자와 임상가를 돕는다."(AERA, 2006, p. 2) 각 보고서는 다른 사람들이 확실한 자신감을 가지고 기반을 잡을 수 있도록 신뢰성이 있어야 한다. 그러므로 연구보고는 왜곡, 위조, 결과나 자료의 조작으로부터 자유로워야 하며 다른 사람들의 아이디어와 기술에 공헌해야 한다. 연구는 다른 연구자들이 미래의 연구를 수행하면서 결과를 분석하거나 복제하거나 증명할 수 있도록 접근 가능해야 한다.

연구 장학금이 기금의 형태이기 때문에 이러한 기대가 존재한다. 그 기초는 기술적이거나 지능적인 기술이 아니라 정직성이다. Locke, Spirduso와 Silverman(1993)은 다음과 같이 요약하였다.

만약 학자들이 Jacob Brownowski(1965)가 '진실의 습관'이라고 명명한 것이 없다면 신뢰성 있는 지식의 축적은 없었을 것이며, 결국에는 과학도 없었을 것이다. 양심의 습관을 위한 규칙은 명확하다. 타협, 지름길, 변명이 없으며, 체면차리지 않는다. 설계, 수행, 연구보고는 학자들 간의 사회적 계약이 지켜질 때만 이해된다. 모든 사람들은 그들이 아는 것만큼 진실을 말한다(p. 25).

미술치료 사례 및 결과 보고의 모형

나는 여러 가지 용도를 마음속에 생각하며, 이 장에 나오는 연구모형들을 선택하였다. 첫째, 나는 미술치료 관련 전문적인 문헌에서 발견되는, 매우 다양한 종류의 독특한 연구설계와 접근 방식을 발견했다. 미술치료에서 그런 연구가 존재한다는 것을 보여주고 싶었고, 이것들이 초보 연구자의 연구 아이디어와 목표, 연구 접근방법들을 창조적으로 들어맞게 만들어 주는 것을 고무시켜 주기를 희망하였다. 둘째, 나는 이들 자료가 이 책의 제2부와 그리고 다양한 기술 서적에서 발견되는 연구의 명쾌하고 논리적인 설명에 반대되는, 실체에 대한 어떤 균형을 제공해 줄 것으로 기대하였다. 탁월함 때문에 선택되었지만, 독자들은 그 어느 것도 완벽하지 않으며, 또 한계가 있다는 것을 알게 될 것이다. 하지만 각각의 자료들은 저자의 목적을 달성하였고, 동료들이 성공적으로 검토하였고, 그리고 출판되었다. 이것들은 새로운 증거와 생각으로 기여를 하였고, 심각한 의문을 제기하였다. 이는 연구 학생들에게 있어서는, 출판된 연구에 대한 보다 세심한 읽기나 비판을 고무시킬 수 있다. 연구를 수행하는 미술치료사들에게 있어서는, 다른 사람들이 어떻게 그들의 연구와 성공의 정도를 구축하였는지를 실증적으로 보여줄 것이다.

마지막으로, 다음의 모형 연구는 초보 연구자들이 경험적 논문을 읽고 평가하는 방법을 배우는 데에 있어도 도움을 줄 것이다. 각각의 연구는 AERA(2006)의 보고 기준을 지침으로 사용하여 평가되었다. 이것들은 제목, 저자/일자, 초록, 접근 방식 및 주요 구성에 대한 요약 및 논의와 함께 점검목록 형식으로 제시될 것이다. 독자들은 초록(아니면 논문 원문 그 자체)을 읽고, 그 논문의 강점과 약점에 대해 제공된 논의 사항과 자기들의 반응을 비교해 볼 수 있다.

분명히 선택할 만한 탁월한 논문들은 많이 있다. 여기에 선택된 논문들은 동일한 질의 다른 논문이 없다는 것을 의미하는 것은 아니다. 선택된 논문 중 어떤 것은 최근의 것이라기보다는 '고전적'인 것이다. 그 내용은 미술치료에 대한 현재의 생각을 반영하고 있는 것으로 추론되어서는 안 된다. 전반적인 목적은 이들 저자나 연구자들에 대해 비판을 하려는 것이 아니라, 그 논문 속에 있는 주요 요소에 대한 독자들의 관심을 이끌어내고, 사려 깊은 분석을 자극하려는 것이다.

접근 방식 : 실험적(RCT : 무작위 통제된 시도)

저자/일자	Monti, D.A., Peterson, C., Shakin Kunkel, E. J., Hauck, W. W., Pequignot, E., Rhodes, L., & Brainard, G. C. (2005).
제목	여성 암환자를 위하여 마음챙김 근거 미술치료의 무작위로 통제된 시도 (MBAT)

초록(요약)   이 치료 성과연구는 '마음챙김 근거의 미술치료(MBAT)'라고 불리는, 암환자에 대한 심리사회적 집단치료의 효과를 보여주기 위함이었다. 무작위 통제집단의 연구를 위해, 암 진단을 받은 111명의 여성이 나이별로 짝을 이루어, 마음챙김 근거의 미술치료를 위한 8주 치료 개입(회기당 2.5시간) 또는 대기자 명단 통제집단에 무작위로 배정되었다. 총 111명의 여성 중, 93명(84%)은 연구 이전 및 연구 이후 측정을 받았다. 통제집단에 비해 MBAT 집단에서 건강 관련 지표 또는 삶의 질에 있어서의 상당한 개선뿐만 아니라 고통 증상의 상당한 감소가 발견되었다.

가설   일반적인 의료 치료와 함께 8주간의 MBAT 집단치료 개입을 받은 암환자들은, 의료치료만 받은 사람들에 비해 고통, 걱정, 우울의 보다 큰 감소가 있는가? 의료치료와 함께 MBAT를 받은 환자들은 MBAT를 받지 않은 환자들 보다 개선된 건강 관련 삶의 질을 보여주는가?

표본　　발병 후 4개월에서 2년 사이의 암 진단을 받은 111명의 성인 여성들이 다. 말기적 예후, 주요 정서장애 또는 정신병에 대한 정신과 진단, 또는 심각한 인지 장애를 가지고 있는 환자들은 표본에서 제외되었다.

자료수집　　표준 도구(개정판 증상 점검 목록 및 의료 성과연구의 약식 건강 조사표)를 사용한 치료 개입 이전 및 이후 측정과 미술치료사가 이끄는 오디오 테이프를 사용한 명상 연습에 대한 주별 과제와 마음챙김에 근거한 8주 미술치료 프로그램. 자료는 16개월에 걸쳐 회기에 대한 7개의 실험집단과 7개의 통제집단에 대해 비교하였다.

자료분석　　통제집단과 치료 개입 집단의 평균 점수를 비교하기 위해, 이전 점수와 이후 점수(0주차 및 8주차)를 반복 측정 및 ANOVA(analysis of variance; 변량 분석)를 사용하여 분석되었다. 주간 치료 상호작용에 대한 효과 크기가 측정되었다. 모집 기간은 무작위 효과였다. 표본 내 반복 측정이 공분산 구조와 ANCOVA 내에서 분석되었다.

결과　　MBAT 치료 개입은 고통 증상 감소에 있어 통계적으로 중요하다는 것을 보여주며 가설을 확인시켜 주었다. MBAT 치료 개입은 통제 개입에 비교하여, 정신 건강, 일반적인 건강 및 활력, 사회적 기능에 있어 상당한 증가를 보여주었다.

제한점　　단기 영향만이 평가되었다. 통제집단은 아무런 치료 개입을 받지 않았다. 미술치료 집단과 지지를 받았지만 미술치료를 받지 않은 통제집단과 비교하면, 이 사람들에게 있어 미술치료가 효과적이라는 것을 보여주는 특정 변인을 구분하는 데 도움이 될 수 있다.

표준	기준 설명
Y	문제에 대한 분명한 진술
Y	관련 문헌 검토
Y	개념적, 방법론적, 또는 이론적 방향에 대한 근거
Y	질문의 분명한 논리
Y	전체적 설계에 대한 충분한 설명
Y	연구된 내용, 표본 수, 표본 선정 방법에 대한 설명
Y	접근, 선택, 동의 과정 설명
Y	자료수집에 있어서의 연구자와 참여자의 역할 설명
Y	집단에 대한 자세한 설명, 배정 방법, 과정 및 근거
Y	치료 개입의 특징에 대한 통제집단 또는 비교집단과 관련된 설명
Y	자료수집 : 방법, 시간, 수집자 및 목적, 반복을 위해 자세하고 충분함
Y	측정 또는 분류 전개 설명
N	분류 계획이 예와 함께 설명되고 도식화됨
Y	표, 차트, 부록 등에 나타난 빈도
N	코딩, 코더 간 신뢰도 또는 검사 확인 설명
Y	양적 자료분석 : 관련 통계 빈도, 척도와 합성물로부터의 주요 자료 요소, 적절한 사용, 타당도 및 신뢰도를 나타내는 충분한 세부 사항
Y	양적 절차가 문제진술을 위해 사용됨 : 결론에 필수적인 기술적 및/혹은 추론적 통계분석이 수행됨, 발견의 타당도를 훼손할 수 있는 변수가 발견됨
Y	결론에 대한 분명한 진술
Y	윤리 결정, 동의, 선입견이 명백하게 진술됨

논의　　　많은 사례연구와 암환자에 대한 미술치료의 혜택에 대해 기술된 설명이 있지만, 통제된 연구는 거의 없다. Monti 등의 연구는 치료의 총체성(표준화된 미술치료 과정이 능력 있는 전문가에 의해 제공됨), 측정, 참여자의 선정/배치에 대해 주의 깊은 관리를 통하여, 미술치료의 혜택에 대한 예비적 증거를 제공한다. 여러 장소에 있는 다른 미술치료사와 함께 연구를 반복해보는 것은, 암환자에게 도움이 되는 미술치료의 구체적이고 아주 중요한 특징을 추가적으로 발견하는 데에 도움이 될 수 있을 것이다.

접근 방식 : 실험적 성과연구

저자/일자	Pifalo, T.(2006)
제목	성적 학대를 받은 아동 및 청소년에 대한 미술치료 : 확장된 연구

초록　　이 논문은 아동의 성 학대와 관련된 치료 문제를 해결하기 위해, 미술치료, 인지행동치료, 및 집단 과정을 혼합 사용하여, 예비연구에 대한 4년의 사후 관리 결과에 대해 보고한다. 모든 집단의 참여자들은 8주간의 집단치료에 참여하기 이전 및 이후에, 심리적 외상센터에서 일반적으로 사용되는, 아동용 심리적 외상 증상 점검목록(Briere, 195)을 사용하여 평가되었다. 이 확장된 연구의 결과는 미술치료(AT)와 인지행동치료(CBT)의 혼합 사용이 아동 성적 학대와 가장 빈번하게 관련이 있는 증상을 감소시키기 위한 효과적인 치료 개입이라는 것을 지지한다.

가설　　집단치료에 있어 AT와 CBT의 혼합 사용이 아동 성적 학대의 증상을 감소시키는가?

표본　　이전의 예비연구(Pifalo, 2002)의 결과에 따라, 보다 광범위한 동일 장소 표본 구성이 수행되었는데, 치료를 위해 의뢰된 성적 학대 히스토리가 있는 8~10세, 11~13세, 14~16세의 41명의 아동들을 포함하고 있다.

자료수집　　참여자들은 인지행동치료를 병행한 미술치료 모형을 사용하는 치료집단에 8주 동안, 주당 1시간씩 만났다. 집단 구성원들은 아동용 심리적 외상 증상 점검목록(Briere, 195)을 사용하여 참여 이전 및 이후에 평가되었다.

자료분석　　측정의 임상적 하위 척도의 변화는 통계 과정에 준한다(Fisher의 t값과 그들의 상응하는 p값).

결과　　통계적으로 중요한 증상의 감소가 10개의 임상 하위 척도(걱정, 우울, 분노, 심리적 외상 이후 스트레스, 해리, 성적 관심, 성적 집착, 및 성적 고통) 중 9개에 대한 점수에 나타났고, 부인을 근거로 한 심리적 외상 관련 주제에 대해 보다 개방적으로 되는 경향이 있었다. 치료 개입의 효과는 심리적 외상 후 스트레스, 해리 및 성적 관심 척도에서 크게 나타났다. 매우 중요한 항목 점수 중 세 가지(다른 사람을 해치고 싶은 욕망, 불신 및 매우 중요한 항목 합계)는 병리 증상이 감소되는 방향으로 통계적 중요성을 획득하였다. 발견은 가설을 확인시켜 준다.

제한점　　동일한 설계의 2002년 예비연구에 대해 우호적으로 비교를 하였지만, 연구설계는 비교집단을 포함하고 있지 않다. 인지행동치료를 병행한 미술치료가 혼합되었기 때문에, 미술치료가 기여한 구체적인 효과가 무엇이었는지를

표준	기준 설명
Y	문제에 대한 분명한 진술
Y	문헌 검토
Y	개념적, 방법론적, 또는 이론적 방향에 대한 근거
Y	질문의 분명한 논리
Y	전체적 설계에 대한 충분한 설명
Y	연구된 내용, 표본 수, 표본 선정 방법에 대한 설명
N	접근, 선택, 동의 과정 설명
N	자료수집에 있어서의 연구자와 참여자의 역할 설명
N	집단에 대한 자세한 설명, 배정 방법, 과정 및 근거
N	치료 개입의 특징에 대한 통제집단 또는 비교집단과 관련된 설명
Y	자료수집 : 방법, 시간, 수집자 및 목적, 반복을 위해 자세하고 충분함
Y	측정 또는 분류 전개 설명
N	분류 계획이 예와 함께 설명되고 도식화됨
Y	표, 차트, 부록 등에 나타난 빈도
Y	코딩, 코더 간 신뢰도 또는 검사 확인 설명
Y	양적 자료분석 : 관련 통계 빈도, 척도와 합성물로부터의 주요 자료 요소, 적절한 사용, 타당도 및 신뢰도를 나타내는 충분한 세부 사항
Y	양적 절차가 문제진술을 위해 사용됨 : 결론에 필수적인 기술적 및/혹은 추론적 통계분석이 수행됨, 발견의 타당도를 훼손할 수 있는 변수가 발견됨
Y	결론에 대한 분명한 진술
N	윤리 결정, 동의, 선입견이 명백하게 진술됨

판단하는 것은 불가능하다. 가능성이 있기는 하지만 그 결과는 일반화된 개선과 증가된 치료 집중 때문일 수 있다.

논의 이 간단한 보고서는 이전의 연구(Pifalo, 2002)를 기반으로 한 후속 연구에 대해 기술하였고, 따라서 자료의 통계적 결과를 제시하는 것에 주로 집중하였다. 독자는 반복을 위해서 이전의 연구를 참조할 필요가 있다. 두 연구 모두 아동 성적 학대가 있는 아동과 청소년에 대한 단기적이고, 인지적으로 구성된 미술치료 집단의 효과성을 분명하게 나타내 주는 유의한 성과를 보여주었다. 상대적으로 작은 표본 크기와 무작위성의 결여가 한계점이다. 하나의 측정이 사용되었고 비교집단은 사용되지 않았지만, 보다 광범위한 동일 지역 연구 결과는 동일한 연구설계로 실시한 예전의 발견을 입증해 준다.

접근 방식 : 단일 주제 실험적 설계

저자/일자	Morgan, C. C., & Johnson, D. R. (1995)
제목	전투 관련 PTSD에서의 악몽 치료의 그림그리기 과제 사용

초록 외상후 스트레스 장애(PTSD)를 가지고 있는 두 명의 베트남 전쟁 참전 용사에 대한 악몽치료가, 그림 그리기 과제를 글짓기 과제와 비교하며 수행되었다. 우리의 가설은 시각적 이미지와 악몽의 시각적 양상 사이의 동형 이성(同型 異性)이 심리적 외상을 보여주는 정상적인 인지적 도식으로 변형시켜 주고 통합해 주는, 보다 효과적인 수단을 제공해 줄 수 있다는 것이다. 그림 그리기와 글짓기가 번갈아 실시된 12주짜리 치료 개입에서, 두 대상자는 그림 그리기 조건에서 악몽의 빈도와 강도가 감소되는 것으로 보고되었다. 이 연구는 PTSD에서의 미술치료 방법의 보다 대규모의 연구에 대한 지지를 제공해 준다.

가설 PTSD의 특징적이고 만연하는 증상(악몽)이 미술치료, 특히 그림 그리기 과제에 의해 영향을 받을 수 있는가? 시각적 이미지와 시각적 악몽 간의 동형 이성(同型 異性)이 심리적 외상 문제를 정상적인 인지적 도식으로 변형시켜 주고 통합해 주는 보다 효과적인 수단을 제공해 주는가?

표본   자원한 두 명의 대상은 PTSD 진단 기준에 해당되는 42세 및 44세의 베트남 전쟁 참전 용사였다. 두 대상자는 미술치료의 사전 경험이 없거나 초등학교 이후 미술 수업을 받지 않았으며, 구두 또는 문장 표현과 관련된 학습 무능력 또는 문제를 가지고 있지 않은, 고졸생이었다. 두 사람은 16주짜리 PTSD 프로그램에 참여한 입원환자였고, 연구 이전에 매월 4회 이상 발생하는, 전투 관련 악몽의 존재를 보고하였다.

자료수집   12주짜리 연구에는 ABAB 또는 BABA 형식으로 그림 그리기와 글짓기를 반복하는 네 번의 3주간의 간격이 포함되어 있었다. 글짓기 개입 동안, 대상자들은 깨어나자마자 악몽을 자세하게 기록하였다. 그림 그리기 개입 동안 대상자들은 깨어나자마자 악몽을 그리기 위해 오일 파스텔을 사용하였다. 네 가지 변수(악몽의 빈도 및 강도, 악몽에서 깨어났을 때 놀람, 악몽 후 다시 잠들기 힘듦)에 대한 자기 보고 채점 척도가, 12주간의 시도 동안 주간 단위로 사용되었다.

자료분석   원자료는 각각의 치료 개입의 누적된 긍정적 또는 부정적 효과를 표시하기 위해, 두 대상자 간의 차이 및 각각의 3주간의 간격 내에서의 변화를 비교한, 두 요인 ANOVA(대상자 × 양상)에 적용시켰다. 질적 자료는 대상자들의 자기 보고에서 구했다.

결과   두 대상자는 글쓰기와 비교하여 그림 그리기 치료 개입에서, 빈도가 더 적고 강도가 더 약한 악몽을 경험하였고, 다시 잠들기가 덜 어렵거나 깨어났을 때 덜 놀라는 경험을 하였다. 또한 대상자들은 악몽에 대해 글을 쓸 때 더 많은 당혹스러움을 보고하였다.

제한점   오직 하나의 측정이 사용된 작은 표본, 자기 보고

표준	기준 설명
Y	문제에 대한 분명한 진술
Y	관련 문헌 검토
Y	개념적, 방법론적, 또는 이론적 방향에 대한 근거
Y	질문의 분명한 논리
Y	전체적 설계에 대한 충분한 설명
Y	연구된 내용, 표본 수, 표본 선정 방법에 대한 설명
Y	접근, 선택, 동의 과정 설명
N	자료수집에 있어서의 연구자와 참여자의 역할 설명
N	집단에 대한 자세한 설명, 배정 방법, 과정 및 근거
N	치료 개입의 특징에 대한 통제집단 또는 비교집단과 관련된 설명
Y	자료수집 : 방법, 시간, 수집자 및 목적, 반복을 위해 자세하고 충분함
Y	측정 또는 분류 전개 설명
N	분류 계획이 예와 함께 설명되고 도식화됨
Y	표, 차트, 부록 등에 나타난 빈도
N	코딩, 코더 간 신뢰도) 또는 검사 확인 설명
Y	양적 자료분석 : 관련 통계 빈도, 척도와 합성물로부터의 주요 자료 요소, 적절한 사용, 타당도 및 신뢰도를 나타내는 충분한 세부 사항
Y	양적 절차가 문제진술을 위해 사용됨 : 결론에 필수적인 기술적 및/혹은 추론적 통계분석이 수행됨, 발견의 타당도를 훼손할 수 있는 변수가 발견됨
Y	결론에 대한 분명한 진술
Y	윤리 결정, 동의, 선입견이 명백하게 진술됨

논의 이 연구는 하나 이상의 적합한 주제와 비교되고 반복될 경우의 성과를 찾기 위한, 단일 주제 설계의 가치를 실증적으로 보여준다. 그림 그리기와 글짓기의 두 가지 양상의 비교는, PTSD 악몽의 치료를 제공할 수 있다는, 주로 시각적인 치료 개입에 있어서의 미술치료의 효과에 대한 가정을 검증한다. 이 논문에서의 발견은 현재의 심리적 외상 이론의 맥락에서 논의되고, 미술치료의 효과에 대한 신빙성을 제공해 준다. 이 연구는 자기 보고 척도 외에 표준 정신력 측정을 사용하였으면 더 강력할 수 있었다. 결과는 악몽의 빈도와 강도를 감소시킴에 있어 통계적 주요성을 나타내었고, 참여자의 자기 보고는 임상적 중요성

또한 암시할 정도로 통계적 발견을 입증해 주었다. 이 치료 개입은 양상 또는 예술 매체 그리고 자기 보고 측정 수단으로 제한되어 있기 때문에, 쉽게 반복될 수 있고, 다른 종류의 PTSD 환자에 대한 영향을 비교하면 달라질 수 있다.

접근 방식 : 단일대상 실험적 설계

저자/일자	Kearns, D. (2004)
제목	감각 통합 장애아동에 대한 미술치료

초록　주의력 결핍장애 및 아스퍼거 장애와 같은 장애를 진단받는 학생들의 수가 점점 많아지고 있다. 감각 통합 장애는 이러한 장애의 징후의 일부일 수 있다. 이는 교실에서의 행동과 학업 성적 부진을 초래할 수 있다. 이 단일사례연구는 감각 통합 장애를 가지고 있는 5세의 백인 아동에 대한 미술치료 효과를 조사하였다. 미술치료는 세 가지 매체를 사용하여 전 미술활동(pre-art activity)에 집중하였다. 교사의 평가로 교실에서의 행동의 개선을 측정하였다. 각각의 다양한 매체 회기는 비예술 경험이 제공되는 통제된 회기와 비교되었다. 결과는 부정적인 행동의 최초 발생의 지연뿐만 아니라, 미술 회기 이후 긍정적인 행동의 증가를 나타내 주었다. 미술치료는 유용한 치료 개입으로 판명되었다.

가설　복합적인 양상의 자극을 주는 미술활동에 집중된 개별 미술치료가 참여자의 집중 능력을 증가시켜 주고 교실에서의 기대에 부응하는가?

표본　사회화와 교실에서의 행동에 문제가 있는 5세 참여자 1명

연구설계　ABAB 방식. 여기에서 A는 치료하지 않은 상황을 나타내고, B는 치료 개입으로서의 미술치료의 실험적 변수를 나타낸다.

자료수집　형식적 요소 미술치료 척도(Gantt & Tabone, 1998)를 사용한, 그림 그리기에 대한 사전, 사후 평가, 연구과정 동안의 30분 간격의 교실에서의 수행에 대한 교사의 평가, 12회의 통제 회기, 10회의 이젤에서 그림 그리기 회기, 9

회의 점토 회기, 9회의 핑거페인팅 회기이며 각 회기는 20분간 진행되었다.

자료분석　　미술치료 개입이 있을 때와 없을 때를 비교한, 목표 활동의 평균 횟수, 5점 척도를 사용한 치료 전후 그리기에 대한 평가

결과　　미술치료가 행해진 아침에 행동이 개선된다는 가설 확인

제한점　　단일대상설계는 모든 사람에 대한 일반화와 치료 개입을 제공하는 여러 치료사에 대한 비교를 불가능하게 한다.

표준	기준 설명
Y	문제에 대한 분명한 진술
Y	관련 문헌 검토
Y	개념적, 방법론적, 또는 이론적 방향에 대한 근거
Y	질문의 분명한 논리
Y	전체적 설계에 대한 충분한 설명
Y	연구된 내용, 표본 수, 표본 선정 방법에 대한 설명
Y	접근, 선택, 동의 과정 설명
Y	자료수집에 있어서의 연구자와 참여자의 역할 설명
N	집단에 대한 자세한 설명, 배정 방법, 과정 및 근거
Y	치료 개입의 특징에 대한 통제집단 또는 비교집단과 관련된 설명
Y	자료수집 : 방법, 시간, 수집자 및 목적, 반복을 위해 자세하고 충분함
Y	측정 또는 분류 전개 설명
Y	분류 계획이 예와 함께 설명되고 도식화됨
Y	표, 차트, 부록 등에 나타난 빈도
Y	코딩, 코더 간 신뢰도 또는 검사 확인 설명
N	양적 자료분석 : 관련 통계 빈도, 척도와 합성물로부터의 주요 자료 요소, 적절한 사용, 타당도 및 신뢰도를 나타내는 충분한 세부 사항
N	양적 절차가 문제진술을 위해 사용됨 : 결론에 필수적인 기술적 및/혹은 추론적 통계분석이 수행됨, 발견의 타당도를 훼손할 수 있는 변수가 발견됨
Y	결론에 대한 분명한 진술
Y	윤리 결정, 동의, 선입견이 명백하게 진술됨

논의   이 연구의 강점은 치료 효과가 참여자의 학교생활의 일반적인 과정에 영향을 줄 수 있기 때문에, 이들 치료 효과를 분리하기 위해 세심하게 통제된 설계가 매우 논리적이라는 것이다. 교사는 계획표에 의한 미술치료 회기를 모른 채 평가를 실시한다. ABAB 설계는 이 단일 대상자에 대한 치료 효과 대 비치료 효과에 대한 비교를 가능하게 해준다. 10주 동안의 많은 횟수의 회기는 충분한 자료수집 비교를 가능하게 해준다. 자료수집이 반복을 위해 자세하게 기술되어 있지만, 자료분석 과정은 따라 하기가 어렵다. 연구자들은 독자들이 FEATS 하위 척도와 평가 결과의 중요성에 대해 익숙하다고 가정한다. 하위 척도의 선택과 그 중요성은 기술되어 있지 않다. 자료들은 통계분석에 준하지 않는다. 치료를 행하는 동일인(연구자)이 그림도 평가한다. 치료 결과는 미술 매체 종류와, 대상자의 행위에 대한 그것들의 상대적인 영향에 집중하지만, 치료사의 촉진 기술과 관련된 결과는 이 연구에 포함되어 있지 않다. 이 설계는 모든 사람들에게 일반화를 가능하게 하지 않지만, 교실에서 감각 통합 장애를 경험하는 아이에게 있어 미술치료가 이른 아침에 유용할 수 있다는 가설을 검증해 준다.

접근 방식 : 준실험적 RCT 혼합 방법

저자/일자	Doric-Henry, L. (1997)
제목	요양시설 거주 노인에 대한 미술치료로서의 도자기 만들기

초록   동양의 던지기 기술에 근거한 8회 도자기 수업을 사용한 미술치료 개입이 그들의 심리적 행복을 목표로, 20명의 요양시설 거주 노인들에 대해 실시되었다. 양적 평가는 Hebl과 Enright(1993)를 근거로 이루어졌고, 참가자의 자부심, 우울, 및 걱정을 측정하는 준실험적 설계를 사용하였고, 20명의 요양시설에 거주하지 않는 노인과 비교하였다. 양적 평가에는 의뢰인 자기 평가, 개선 사례 기록, 일기 기록, 및 사진 등이 포함되었다. 치료 개입 이후, 참여집단은 비교집단과 비교하여, 검사 이후 엄청나게 개선된 자부심 측정과, 감소된 우울 및 걱정

을 나타내었다. 시설에 거주하는 노인에 대한 미술치료의 함의와 추가적인 연구
가 논의되어 있다.

가설   도자기 만드는 물레에 점토 던지기 형식의 경험이 요양시설 거주 노인
들의 자부심을 증가시키고 우울을 감소시켜 주는가? 점토를 사용하는 작업의
치료적 효과가 표준 정신 측정을 사용하여 평가될 수 있는가?

표본   요양시설 거주 참여자 20명 및 동일 시설 거주 비참여자 20명이 관심
도에 따라, 그리고 치료 개입에 참여할 수 있는 최소한의 신체적 능력을 가진 사
람에 대해 선택되었다.

자료수집   질적 자료가 모든 참여자에 대한 치료 개입 이전 및 이후의 인터뷰,
참여자 번호에 의해 무작위로 구성된 8주간의 도자기 치료 개입의 각각의 참여
자에 대한 관찰 사례 기록, 참여자의 자기 보고 설문으로부터 수집되었다. 양적
측정에는 Coopersmith의 자존감 목록(Coopersmith, 1981)과 Beck의 우울증
목록(Beck et al., 1961) 및 상태-특성 불안 목록(Spielberger et al., 1983)을
사용한 치료 개입 이전 및 이후의 점수가 포함되었다.

자료분석   치료 개입 이전 종속 변인에 대한 두 집단의 유사성을 판단하기 위
해, 독립 표본에 대한 평균 비교 검증(t-test)에 대한 두 집단의 차이를, 각각의
측정을 위한 사전검사에 대해 치료 개입 집단과 통제집단을 비교하였다. 자부
심, 우울 및 걱정에 있어서의 변화를 측정하기 위해, 상응하는 표본 t 검증으로
치료 개입집단 및 통제집단에 대한 종속 변인 각각의 평균값의 사전, 사후 차이
를 비교하였다.

결과   가설을 확인시켜 주었으며, 통제집단과 비교하여 노인들에게 있어 상
당히 낮은 수준의 우울, 증가된 자존감, 그리고 감소된 불안을 보여주었다. 추가
적인 분석은 세 가지 측정 모두 처음에 높은 점수를 보여주었던 참여자들에게
있어, 치료 개입은 아무런 중요성을 나타내지 않은 반면, 우울, 자존감, 불안에

대해 처음에 낮은 점수를 보여주었던 참여자들은 엄청나게 개선되었음을 보여주었다. 참여자들은 8주간의 연구 내내 독립성이 증가되었다.

제한점 대표성이 없는 작은 무작위 표본

표준	기준 설명
Y	문제에 대한 분명한 진술
Y	관련 문헌 검토
Y	개념적, 방법론적, 또는 이론적 방향에 대한 근거
Y	질문의 분명한 논리
Y	전체적 설계에 대한 충분한 설명
Y	연구된 내용, 표본 수, 표본 선정 방법에 대한 설명
Y	접근, 선택, 동의 과정 설명
Y	자료수집에 있어서의 연구자와 참여자의 역할 설명
Y	집단에 대한 자세한 설명, 배정 방법, 과정 및 근거
Y	치료 개입의 특징에 대한 통제집단 또는 비교집단과 관련된 설명
Y	자료수집 : 방법, 시간, 수집자 및 목적, 반복을 위해 자세하고 충분함
Y	측정 또는 분류 전개 설명
N	분류 계획이 예와 함께 설명되고 도식화됨
Y	표, 차트, 부록 등에 나타난 빈도
N	코딩, 코더 간 신뢰도 또는 검사 확인 설명
Y	양적 자료분석 : 관련 통계 빈도, 척도와 합성물로부터의 주요 자료 요소, 적절한 사용, 타당도 및 신뢰도를 나타내는 충분한 세부 사항
N	질적 자료분석 : 제공된 상호작용 또는 행동, 근거를 특징지어 주기 위해 기술된 자료를 수집하기 위해 사용된 관례
Y	양적 절차가 문제진술을 위해 사용됨 : 결론에 필수적인 기술적 및/혹은 추론적 통계분석이 수행됨, 발견의 타당도를 훼손할 수 있는 변수가 발견됨
Y	결과적인 자료수집에 영향을 준 질적 절차, 반복적 또는 지속적으로 발생하는 패턴을 찾기 위해 사용된 실질적인 범주, 또는 텍스트에 대한 심층적 해석
N	주장을 전개하고, 확인해 주는/ 확인해 주지 않는 증거를 찾고, 추가적인 증거를 수집하고 주장을 위하여 질적 반복 과정이 분명하게 기술됨
Y	결론에 대한 분명한 진술
Y	윤리 결정, 동의, 선입관이 명백하게 진술됨

논의   혼합 방식의 연구설계는 인과관계 비교와, 이 연구의 참여자의 신체 기능, 창조성, 및 정서적 필요의 범위를 실증적으로 보여주기 위해 선택된 풍성한 정보의 사례를 제공해 준다. 이 보고서는 또한 연구자에 대한 이 연구의 영향, 기관에서 그런 연구를 행하는 것의 문제점, 극복되어야 하는 일반적인 문제 등에 대한 논의도 제공한다. 이 연구는 반복 가능 문제에 대해서도 다루어 주고, 향후의 연구에 대한 함의도 설명해 준다. 치료사의 영향은 이 연구의 성과 측정에 포함되어 있지 않다. 동일한 설계가 다른 예술 매체에도 사용될 수 있다.

접근 방식 : 기술적 조사연구

저자/일자	Vick, R. M. & Sexton-Radek, K. (2005)
제목	미술과 편두통 : 미술작업과 통증 경험 간의 관계 연구

초록   이 연구 프로젝트는 127명의 편두통 환자에게 있어서의 미술작업과 통증의 관계를 실험한 이전의 연구(Vick & Sexton-Radek, 1999)를 확장시킨다. 편두통 증상 및 치료에 대한 기본적인 개관이, 이 프로젝트의 맥락을 제공하기 위해 '편두통 미술'과 관련된 개념 설명과 함께 제시된다. 두통 전력, 통증 경험, 및 미술작업을 다루는 설문 조사가 전국 편두통 미술 대회의 371명의 참여자들에게 우송되었다. 양적 및 질적 자료가 분석되었다. 참여자들은 미술작업이 두통을 완화하기보다는 유발할 가능성이 더 많다는 것과, 스튜디오에서의 작업의 양과 질 둘 다 두통 삽화를 감소시켜 주었다고 보고하였다. 게다가 참여자들은 그들이 촉진된 편두통을 느낀 다양한 미술 매체와 실제를 확인시켜 주었고, 그들이 두통을 해결하기 위해 사용하곤 했던 회피 전략에 대해 언급하였다. 이러한 직관에 반하는 발견의 함의가 논의되어 있다.

가설   미술작업이 편두통의 빈도, 지속 기간, 또는 강도를 변화시키는가?

독립 변인   미술작업, 종속 변인 : 편두통에 대한 효과

　편의적 표본은 두 조사에서 얻은 자료와 총 127명의 편두통 환자로부터의 자

료를 결합한 것이다. 집단 1은 1998년의 표본으로부터의 자료로 이루어져 있고, 2001년 표본으로부터의 집단 2 자료와 비교되어 있다.

자료수집 이 논문에 첨부되어 있는 2장짜리 설문

자료분석 기술적 통계가 주요 두통 변수 및 인구통계학 자료에 따른 빈도와 비율을 제공한다. 비율은 자기 보고, 시각적 증상 및 미술작업에 대한 편두통의 영향에 대해 제공되어 있다.

표준	기준 설명
Y	문제에 대한 분명한 진술
Y	관련 문헌 검토
Y	개념적, 방법론적, 또는 이론적 방향에 대한 근거
Y	질문의 분명한 논리
Y	전체적 설계에 대한 충분한 설명
Y	연구된 내용, 표본 수, 표본 선정 방법에 대한 설명
Y	접근, 선택, 동의 과정 설명
Y	자료수집에 있어서의 연구자와 참여자의 역할 설명
Y	집단에 대한 자세한 설명, 배정 방법, 과정 및 근거
N	치료 개입의 특징에 대한 통제집단 또는 비교집단과 관련된 설명
Y	자료수집 : 방법, 시간, 수집자 및 목적, 반복을 위해 자세하고 충분함
Y	측정 또는 분류 전개 설명
N	분류 계획이 예와 함께 설명되고 도식화됨
Y	표, 차트, 부록 등에 나타난 빈도
N	코딩, 코더 간 신뢰도 또는 검사 확인 설명
Y	양적 자료분석 : 관련 통계 빈도, 척도와 합성물로부터의 주요 자료 요소, 적절한 사용, 타당도 및 신뢰도를 나타내는 충분한 세부 사항
Y	질적 자료분석 : 제공된 상호작용 또는 행동, 근거를 특징지어 주기 위해 기술된 자료를 수집하기 위해 사용된 관례
N	양적 절차가 문제진술을 위해 사용됨 : 결론에 필수적인 기술적 및/혹은 추론적 통계분석이 수행됨, 발견의 타당도를 훼손할 수 있는 변수가 발견됨
Y	결과적인 자료수집에 영향을 준 질적 절차, 반복적 또는 지속적으로 발생하는 패턴을 찾기 위해 사용된 실질적인 범주, 또는 텍스트에 대한 심층적 해석

(계속)

표준	기준 설명
N	주장을 전개하고, 확인해 주는/확인해 주지 않는 증거를 찾고, 추가적인 증거를 수집하고 주장을 위하여 질적 반복 과정이 분명하게 기술됨
Y	결론에 대한 분명한 진술
Y	윤리 결정, 동의, 선입관이 명백하게 진술됨

논의 이 연구는 편두통으로 고통을 받는 예술가들로부터의 자기 보고 자료를 수집하여, '미술이 치료 효과가 있다'는, 널리 알려진 주장을 탐구한다. 결과는 많은 응답자에게 있어, 미술작업이 편두통을 완화시키기보다는 실재적으로 유발시킨다는 것을 보여준다. 방대한 문헌 조사가 독자들로 하여금 편두통의 질병과 치료에 대해 잘 알 수 있도록 제공되어 있다. 결론은 미술치료 이론과 실제에 대한 함의를 제시해 준다. 이 보고서의 한 가지 약점은 양적 자료가 어떻게 부호화되고 범주화되었는지에 대한 설명이 없다는 것이다. 아무런 예가 제공되지 않았다. 광범위하고 일반적인 범주인 '미술작업'의 주요 개념이, 다양한 생각과 실제를 가지고 있었을 조사 응답자들에 대해 처리되거나 정의되지 않았다. 대량의 표본이 선택되었으나, 자신의 행동에 대한 응답자의 자기 보고에 의존하는 조사 연구는, 다른 아무런 측정도 인식과 실제 행동을 비교하기 위해 사용되지 않은 경우에는 제한적이 된다. 하지만 기술적 연구인 이 연구는 '미술이 치료 효과가 있다'는 주장의 정확성에 대해 논의할 수 있는 건전한 기초를 제공해 주었고, 향후의 미술치료 연구를 위한 중요한 질문을 제기해 준다.

접근 방식 : 대표 사례연구

저자/일자	Henley, D. (2007)
제목	적에게 이름 붙이기 : 조울증 및 동반 장애아동에 대한 미술치료 개입

초록 성인의 조울증과의 차이와, 발현과 발달과정을 복잡하게 만들어주는 다양한 동반 형태를 감안하면, 조울증의 소아과적 형태에 대한 치료 및 진단은 임상적 문제를 제기해 준다. 이 논문은 어린 시기에 시작되는 조울증의 발현에 대해 설명해 주고, 2년 6개월에 걸친 16명의 아동에 대한 184회기로 구성된

연구를 근거로 하여, 미술치료 개입 실시 방법을 제공해 준다. 32회의 미술치료 개입을 받은 9~15세의 아동들에 대한 16사례 중 대표적인 4사례의 짧은 글이 제시되어 있다. 임상 평가, 치료 개입, 예술적/행동적 성과가 주로 미술치료에 대한 정신 역동적 접근 방식 및 대상 관계 접근 방식 범주 내에서 분석되어 있다.

연구문제   구성된 미술치료 개입('적에게 이름붙이기' 치료 개입)은 유아기 개시 조울증을 가지고 있는 아이들의 치료적 진전을 발전시킴에 있어 어느 정도 효과가 있는가?

표본   4개의 사례 이야기가 저자와의 2년 6개월 과정의 미술치료 회기에 참여한 9~15세의 16명의 어린이를 대표하여 기술되어 있다. 이 이야기는 (a) 고전적인 유아기 개시 조울증을 가진 아동, (b) 극심한 조광증과 함께 혼합된 양극성 장애를 가진 아동, (c) 주의력 결핍장애와 경조증을 가진 아동, 그리고 (d) 아스퍼거 증후군과 양극성 장애를 받은 아동에 대한, 치료 문제와 성과에 대해 실증적으로 보여준다.

자료수집   증상을 완화시켜 주고 아동이 핵심 자아로부터의 객관적인 거리를 찾는 것을 도와주는 방법을 모색하는 Fristad, Gavazzi와 Soldano(1998)가 변형시킨, '이름 붙이기' 치료 개입을 포함한 총 184회의 회기가 기록되었다.

자료분석   사례 기록, 임상 평가, 및 치료 개입에 기록된 예술적/행동적 치료 성과가 주로 미술치료에 대한 정신 역동적 접근 방식 및 대상 관계 접근 방식을 사용하여 분석되어 있다.

결과   '이름 붙이기' 치료 개입은, 아동의 내적 대상 관계에 있어서의 은유적인 적 또는 친구에 이름 붙이기의 양극성 라인을 따라 분리되는 매우 드문 사례와 함께, 치료 개입의 목표, 자아 구조, 내담자의 자율성을 진전시켜 주었다.

표준	기준 설명
Y	문제에 대한 분명한 진술
Y	관련 문헌 검토
Y	개념적, 방법론적, 또는 이론적 방향에 대한 근거
Y	질문의 분명한 논리
N	전체적 설계에 대한 충분한 설명
Y	연구된 내용, 표본 수, 표본 선정 방법에 대한 설명
N	접근, 선택, 동의 과정 설명
Y	자료수집에 있어서의 연구자와 참여자의 역할 설명
Y	집단에 대한 자세한 설명, 배정 방법, 과정 및 근거
N	치료 개입의 특징에 대한 통제집단 또는 비교집단과 관련된 설명
Y	자료수집 : 방법, 시간, 수집자 및 목적, 반복을 위해 자세하고 충분함
N	측정 또는 분류 전개 설명
Y	분류 계획이 예와 함께 설명되고 도식화됨
N	표, 차트, 부록 등에 나타난 빈도
N	코딩, 코더 간 신뢰도 또는 검사 확인 설명
N	질적 자료분석 : 제공된 상호작용 또는 행동, 근거를 특징지어 주기 위해 기술된 자료를 수집하기 위해 사용된 관례
N	결과적인 자료수집에 영향을 준 질적 절차, 반복적 또는 지속적으로 발생하는 패턴을 찾기 위해 사용된 실질적인 범주, 또는 텍스트에 대한 심층적 해석
N	주장을 전개하고, 확인해 주는/확인해 주지 않는 증거를 찾고, 추가적인 증거를 수집하고 주장을 위하여 질적 반복 과정이 분명하게 기술됨
Y	결론에 대한 분명한 진술
Y	윤리 결정, 동의, 선입관이 명백하게 진술됨

논의　　조사연구 그 자체로 수행되지는 않았지만, Henley의 사례연구는, 미술치료사가 어떤 내담자에게 있어서의 미술치료의 효과성에 대한 보다 많은 이해에 기여하는 치료 성과를 발견하고, 평가하고, 철저한 연구보고서에 설명해 주는 방법을 실증적으로 보여준다. 184회의 회기 동안의 특정 미술치료 개입에 대한 Henley의 체계적 연구는 임상 치료의 치료적으로 효과적이고 예술적인 접근 방식을 보여준다. 사례에 대한 세부 사항은 미술치료 개입 및 미술치료사와의 상호작용함에 있어서의 주요 특징, 문제점 및 의뢰인의 경험을 조명해 주기에

충분히 제공되어 있다. 유아기 개시 조울증은 문헌에서 거의 주의를 받지 못하였기 때문에, Henley의 사례연구는 필요 간극을 미묘한 효과로 채워준다. 연구자는 치료 성과를 반복하고 비교하기 위해 동일한 증상을 가진 아동에게 동일하게 치료 개입을 적용할 수 있다.

접근 방식 : 문화기술지적 예비연구

저자/일자	Spaniol, S. (1998)
제목	미술치료 불능에 대한 문화기술지적 접근으로 : 협력자로서의 정신장애자

초록　이 논문은 미술치료 연구의 문화기술지 모형을 제시한다. 이 모형은 정신장애가 있는 사람들은 '장애 문화'로 동일시되는 어떤 문화의 구성원으로 간주될 수 있다는 가정에 근거한다. 이것은 연구자로 하여금 다른 문화로 들어가는 인류학자로서 미술치료에 참가하는 정보제공자에게 전문가로서의 선입견을 배제하기 위하여 존경, 겸손, 자원을 가지고 접근하도록 요구한다. 문화기술지 방법의 기본 원리가 기술되어 있고, 장애 문화의 개념이 소개되어 있다. 문화기술지 접근 방식의 원리를 개발하고 규명하기 위해 저자에 의해 설계된 예비 조사의 진화와 실행도 논의되어 있다. 현장 관찰과 인터뷰에 대한 주제분석으로부터 파생된 연구의 결과가, 이 방법을 사용할 후속의 연구를 위하여 가능한 방향을 제시하고 있다. 이 논문은 이 연구 접근방법을 사용하길 원하는 미술치료사를 위한 구체적인 권고로 마무리되어 있다.

연구문제　정신장애를 가진 사람들에게 '장애 문화'의 구성원으로 접근함으로써 우리는 무엇을 배울 수 있는가? 이 개념이 미술치료사 실제에 어떤 정보를 제공해 주는가?

주요어　장애 문화, 인간 중심 미술치료, 치료적 관계 밖에서의 비계층적 동맹을 통해 이해된 치료 관련 문제

표본   지역 공동체에서 서로 알게 된 정신장애가 있는 5명

선택   '눈덩이처럼 불어나는' 방법, '전문적인' 정보제공자를 찾기 위한 참여자의 권고

통제   비전문가 역할을 받아들이고 초청에 의한 미술치료 회기에 참여함으로써 접근, 관계 및 최소화된 침범이 구축되었다. 참여자를 공동 조사자로 초대한 자연주의적, 가정에서의 인터뷰

자료수집   현장 기록, 절반 정도가 사전에 정해진 문화기술지적 인터뷰에 대한 녹음 테이프 전사

자료분석   인터뷰가 부호화되고 주제에 대한 복합적인 설명으로 종합되었다.

타당도   하나 이상의 자료 출처와 관점을 사용하고 연구 참여자 중 한 사람과 정신장애가 있는 비참여자 한 사람에게 보고서를 검증시킴으로써, 동의할 수 있는 타당성이 획득됨

표준	기준 설명
Y	문제에 대한 분명한 진술
Y	관련 문헌 검토
Y	개념적, 방법론적, 또는 이론적 방향에 대한 근거
Y	질문의 분명한 논리
Y	전체적 설계에 대한 충분한 설명
Y	연구된 내용, 표본 수, 표본 선정 방법에 대한 설명
Y	접근, 선택, 동의 과정 설명
Y	자료수집에 있어서의 연구자와 참여자의 역할 설명
N	집단에 대한 자세한 설명, 배정 방법, 과정 및 근거
N	치료 개입의 특징에 대한 통제집단 또는 비교집단과 관련된 설명
Y	자료수집 : 방법, 시간, 수집자 및 목적, 반복을 위해 자세하고 충분함
Y	측정 또는 분류 전개 설명
Y	분류 계획이 예와 함께 설명되고 도식화됨

(계속)

표준	기준 설명
N	표, 차트, 부록 등에 나타난 빈도
Y	코딩, 코더 간 신뢰도 또는 검사 확인 설명
Y	질적 자료분석 : 제공된 상호작용 또는 행동, 근거를 특징지어 주기 위해 기술된 자료를 수집하기 위해 사용된 관례
N	하과적인 자료수집에 영향을 준 질적 절차, 반복적 또는 지속적으로 발생하는 패턴을 찾기 위해 사용된 실질적인 범주, 또는 텍스트에 대한 심층적 해석
Y	주장을 전개하고, 확인해 주는/ 확인해 주지 않는 증거를 찾고, 추가적인 증거를 수집하고 주장을 위하여 질적 반복 과정이 분명하게 기술됨
Y	결론에 대한 분명한 진술
Y	윤리 결정, 동의, 선입관이 명백하게 진술됨

논의   저자는 그녀의 분명한 목적이 연구에 대한 문화기술지적 접근 방식을 실증적으로 보여주는 것이라고 말하였지만, 예비 조사의 사례는 다른 집단이나 대상자들에 대해 반복할 수 있을 만큼 충분히 자세하였다. 이 연구의 강점은 5명의 정신장애자 중 한 사람이 미술치료를 어떻게 경험하였는지에 대해 설명하는 일인칭 화법과, 미술치료를 자기들의 필요에 맞추어 적용될 수 있도록 권고한 것이다. 사례 간 분석은 참여자와, 정신질환을 가졌던 비참여자와의 독립적인 자료로 확인된 네 개의 주요 주제로 귀결되었다. Spaniol은 이 연구를 수행함에 있어서의 자기 자신의 경험, 특히 전문가로서의 경계에의 도전을 반영하였다. 그녀는 방법에 있어서의 엄격성을 획득하기 위해, 여러 권고 사항을 제시하였다.

접근 방식 : 참여 활동 연구

저자/일자	Collie, K. & Cubranic, D. (1999)
제목	원격치료의 해결책으로서 미술치료

초록   원격치료란 건강 관리에 대한 접근의 질을 증가시키기 위한 전기통신 기술의 사용을 가리킨다. 이 논문에서 우리들은 원격치료 분야에 존재하는 간극을 설명하고, 컴퓨터 지원 원격 미술치료사, 문장 전용 인터넷 서비스와 같이 각

자의 가정에 있는 사람들에게 접근할 수 있고, 화상회의와 같이 시청각 의사소통을 포함할 수 있다는 것을 제시한다. 우리들은 원격집단 미술치료를 지원해 주는 컴퓨터 시스템을 설계, 평가하기 위해 공동 작업을 하였던, 우리가 수행한 행동 연구조사를 제시하고, 그리고 미술치료의 역사, 미술치료 과정의 특성, 표현 매체로서의 시각 예술의 특징, 컴퓨터 이미지의 독특한 품질, 그리고 컴퓨터를 사용하는 심리학적 효과와 관련된 이유로, 미술치료가 원격치료에 독특하게 적합하다고 주장한다.

연구문제　비디오 회의 및 인터넷 통신과 같은 형식의 원격치료 제공의 시청각적 한계에 대한 해결책으로서 컴퓨터 지원 원격 미술치료 사용. 결과적인 미술치료 방법은, 구두 및 비구두 뉘앙스적 표현과 실시간 동시적으로 의사소통을 표현하기 위한 발전된 수단을 통해, 집에 있는 사람들에게 접근할 수 있다.

표본　그 지역사회의 각자 다르지만 관련이 있는 전문 지식 기반을 가지고 있는 10명의 공동 연구자가 미술치료 컴퓨터 시스템의 특징을 테스트하기 위해 참여하였다. 참여자들은 포커스 집단 연구의 선택 기준에 따라 선정되었다 (Morgan, 1993).

자료수집　5명씩 두 집단이 저자가 설계한 컴퓨터 시스템을 치료사와 의뢰인의 관점에서 경험하기 위해, 2회의 2시간짜리 가상 원격 미술치료에 참여하였고, 그 이후 그 경험에 대한 대면 미술치료 촉진집단 토론에 참여하였다.

자료분석　집단 토론의 전사 및 연구자들의 기록에 대해, 포커스 집단 연구 및 행동 연구방법을 근거로 한 내용분석을 실시하였다. 자료는 원격치료 주제의 빈도와 강도에 따라 분류되었다. 미술치료의 방대한 경험이 있는 사람으로부터의 언급은 가중 처리되었다.

결과　사용 편리 및 어색함 없음, 침묵 및 사회적 프로토콜, 곡해에 대한 보호, 미술치료와 관련된 컴퓨터 이미지의 품질, 숙련과 통제 느낌의 다섯 가지 주제가 도출되었다. 몇몇 예기된 걱정은 확인되지 않았다. 일반적으로 원격 미술치료는 한계를 극복하고 원격치료 제공 시스템의 확장 가능성이 있는 것으로 판단되었다.

표준	기준 설명
Y	문제에 대한 분명한 진술
Y	관련 문헌 검토
Y	개념적, 방법론적, 또는 이론적 방향에 대한 근거
Y	질문의 분명한 논리
N	전체적 설계에 대한 충분한 설명
Y	연구된 내용, 표본 수, 표본 선정 방법에 대한 설명
N	접근, 선택, 동의 과정 설명
Y	자료수집에 있어서의 연구자와 참여자의 역할 설명
Y	집단에 대한 자세한 설명, 배정 방법, 과정 및 근거
N	치료 개입의 특징에 대한 통제집단 또는 비교집단과 관련된 설명
Y	자료수집 : 방법, 시간, 수집자 및 목적, 반복을 위해 자세하고 충분함
Y	측정 또는 분류 전개 설명
N	분류 계획이 예와 함께 설명되고 도식화됨
N	표, 차트, 부록 등에 나타난 빈도
Y	코딩, 코더 간 신뢰도 또는 검사 확인 설명
N	질적 자료분석 : 제공된 상호작용 또는 행동, 근거를 특징지어 주기 위해 기술된 자료를 수집하기 위해 사용된 관례
N	결과적인 자료수집에 영향을 준 질적 절차, 반복적 또는 지속적으로 발생하는 패턴을 찾기 위해 사용된 실질적인 범주, 또는 텍스트에 대한 심층적 해석
N	주장을 전개하고, 확인해 주는/ 확인해 주지 않는 증거를 찾고, 추가적인 증거를 수집하고 주장을 위하여 질적 반복 과정이 분명하게 기술됨
Y	결론에 대한 분명한 진술
N	윤리 결정, 동의, 선입관이 명백하게 진술됨

논의   이 연구에서의 방법에 대한 세부 사항의 결여는, 이 연구설계의 전체 범위가 발견될 수 있는 다른 자료원으로 독자를 보내기로 한 저자 측의 결정 때문이다. 컴퓨터 시스템이 설계된 이론적 모형(이야기 치료)이 연구에 설명되어

있고 통합되어 있다. 결과는 참여적 행동 연구에서 전형적이듯이, 참여자로부터의 명확한 권위를 가지고 도출된 주제에 대한 완전한 처리로 조망되어 있다. 독자들은 원격치료 형식의 몇몇 한계를 해결하고, 컴퓨터 지원 프로그램에서의 미술치료의 특이한 적용을 고려하는 이 프로젝트의 문제점과 가능성에 대한 분명한 감각을 얻을 수 있다.

접근 방식 : 참여 활동 연구

저자/일자	Spaniol, S. (2005)
제목	'학습된 희망' : 참여 활동 연구에 대한 예술 중심 접근 방식

초록　　이 논문은 미술치료를 경험하였거나 자기 표현을 위해 미술작업을 경험한, 정신질환이 있는 사람과 미술치료사를 위한 Lesley 대학교에서의 2일간의 컨퍼런스에 대해 기술하고 있다. '참여 대화'로 설계된 이 컨퍼런스는 정신건강 전문가들 및 고객 사이의 협동을 증진시키고자, 워싱턴 소재 정신 건강 서비스 센터에서 개발한 PAR(Participatory Action Research; 참여 행동 연구) 형식이었다. 여러 번의 이러한 대화가 1997년 이후 개최되었지만, 이것은 이질적인 집단들로 하여금 동질감 인식을 공유할 수 있도록 해주고, 파트너십을 구축하기 위해 미술작업을 사용한 최초의 것이었다. PAR에 대한 예술 중심 접근 방식은 다양한 참여자들로 하여금 신뢰를 구축해 주고, 상호이해를 창출하도록 해주었다. 미술치료사들은 그들의 전문가적인 태도와 실행에 새로운 관점을 통합하기 시작하였다.

연구문제　　미술치료사의 경청과 창조적인 능력의 기술적인 사용은 미술치료 서비스를 사용하는 사람들과의 협력적인 파트너십에 기여를 해줄 수 있고, 그들의 무능이 아니라 인간의 욕구와 희망에 집중하는 치료의 새로운 전망을 공동으로 구축할 수 있게 해준다. 이 연구의 주요 목표는 예술의 의사소통 능력을 통해 듣지 못했던 소리를 증폭시켜 주는 것이었다.

표본 34명의 미술치료사, 자기 표현 또는 회복을 위해 예술을 사용하는 정신질환자들, 그리고 가족 후견인들이 2일간의 컨퍼런스에 참석하였다. 동일한 숫자의 미술치료사와 고객들이 참석하였다.

자료수집 첫째 날에는 경험을 공유하고 관심 분야를 찾아냄으로써 관계 구축을 시작하는 것이 목표였고, 둘째 날에는 연대를 구축하기 시작하고 구체적인 행동 단계를 찾는 것이었다. 참여 대화 형식은 CMHS National Advisory Council for Consumer/Survivor Subcommittee(고객/생존자 분과 위원회를 위한 국가 자문 위원회)의 지침에 따랐다. 리더십과 기타 책무는 동등하게 공유되었다. 사람들은 여러 많은 활동을 포함하여, 그리기와 토론에 참여하였다.

자료분석 및 결과 대화에서 도출된 공통 주제 및 문제가 확인되었다. 미술치료 프로그램을 위한 구체적인 권고 목록이 모든 참여자들에 의해 생성되었고, 적합한 활동 및 프로그램의 필요를 위한 권고, 추가적인 네트워크 기회를 위한 희망과 같은 주요 연구 성과로 기술되었다. 녹음 테이프 및 기록 노트를 근거로 한 최종 보고서가 작성되어 피드백을 위해 모든 참여자들에게 우송되었다. 권고에 근거한 매뉴얼이 작성, 출판, 배부되었다.

표준	기준 설명
Y	문제에 대한 분명한 진술
Y	관련 문헌 검토
Y	개념적, 방법론적, 또는 이론적 방향에 대한 근거
Y	질문의 분명한 논리
Y	전체적 설계에 대한 충분한 설명
Y	연구된 내용, 표본 수, 표본 선정 방법에 대한 설명
Y	접근, 선택, 동의 과정 설명
Y	자료수집에 있어서의 연구자와 참여자의 역할 설명
N	집단에 대한 자세한 설명, 배정 방법, 과정 및 근거
N	치료 개입의 특징에 대한 통제집단 또는 비교집단과 관련된 설명
Y	자료수집 : 방법, 시간, 수집자 및 목적, 반복을 위해 자세하고 충분함

(계속)

표준	기준 설명
N	측정 또는 분류 전개 설명
N	분류 계획이 예와 함께 설명되고 도식화됨
N	표, 차트, 부록 등에 나타난 빈도
N	코딩, 코더 간 신뢰도 또는 검사 확인 설명
Y	질적 자료분석 : 제공된 상호작용 또는 행동, 근거를 특징지어 주기 위해 기술된 자료를 수집하기 위해 사용된 관례
N	결과적인 자료수집에 영향을 준 질적 절차, 반복적 또는 지속적으로 발생하는 패턴을 찾기 위해 사용된 실질적인 범주, 또는 텍스트에 대한 심층적 해석
Y	주장을 전개하고, 확인해 주는/확인해 주지 않는 증거를 찾고, 추가적인 증거를 수집하고 주장을 위하여 질적 반복 과정이 분명하게 기술됨
Y	결론에 대한 분명한 진술
Y	윤리 결정, 동의, 선입관이 명백하게 진술됨

논의　　이 연구는 참여 행동 연구의 주요 특징에 대한 자세한 설명을 제공해 주고, 미술치료 적용에 대한 이해를 제시해 준다. PAR이 '다양한 접근 방식 중 하나이지, 특정한 연구방법'(p. 86)이 아니라는 것이, 이 논문에서 분명하게 확인되고 설명되어 있다. 미술치료가 제공되는 다른 집단 또는 공동체에 대해 유사한 접근을 사용하는 것을 고려하기에 충분한 세부 사항이 제시되어 있다.

접근 방식 : 현상학적 미술기반 사례연구

저자/일자	Van Lith, T. (2008)
제목	심리사회적 거주 환경으로의 전이를 지원하기 위한 미술치료의 현상학적 조사

초록　　이 연구는 장기 입원 치료로부터 심리사회적 거주 재활 환경으로 이전하는 청소년기의 정신질환자를 지원하기 위해 미술치료 사용을 조사하려 하였다. 현상학적 예술 중심 사례 연구방법이 이전의 생활 경험을 조사하기 위해 사용되었다. 참여자는 11회의 미술치료 회기에 참석하였고 새로운 환경으로 이주한 직후 6주간에 걸쳐서 매일 미술저널을 사용하였다. 자료분석은 이미지에 반복적으로 나타난 주제와 시각적 특징을 찾아내었고, 참여자의 경험에 대한 설명

을 향상시켜 주었다. 공동체 환경으로의 이주의 전이 과정에는 학습, 자기 개발 및 성숙의 여정이 수반된다는 것을 결과로 보여주었다. 미술치료는 특히 내적 자아를 표현하고 탐구하는 지속적인 출구로서 기능하는 미술저널의 사용을 통해, 이전 과정에 도움을 주었다.

연구문제　　정신 병동에서 거주 재활 환경으로 이전을 하는 젊은 여성이 매일의 미술저널로 기록한 생활 경험은 무엇인가?

표본 및 선정　　경계선 성격장애로 진단받은 한 명의 참여자

자료수집　　(a) 6주간의 개인 미술치료에서의 참여자가 반영하여 만든 매일의 미술저널, (b) 미술치료 회기로부터의 작품, (c) 연구자의 회기 기록, (d) 참여자의 작품에 대한 회기 이후의 반성적 반응

자료분석　　문장 설명에 반복적으로 나타나는 주제와 작품에 반복되는 시각적 특징의 로딩 및 분류, 자료 출처 전체에 걸친 핵심 특성에 대한 확증과 공동 연구자

타당도　　자료분석으로부터의 문장 기준 및 시각적 주제가 참여자 및 사례연구자에 의해 확증되었다.

제한점　　사례연구는 동일한 성질의 추가적인 사례연구에 의해 향상될 수 있을 것이다.

표준	기준 설명
Y	문제에 대한 분명한 진술
Y	관련 문헌 검토
Y	개념적, 방법론적, 또는 이론적 방향에 대한 근거
Y	질문의 분명한 논리
Y	전체적 설계에 대한 충분한 설명
Y	연구된 내용, 표본 수, 표본 선정 방법에 대한 설명

(계속)

표준	기준 설명
Y	접근, 선택, 동의 과정 설명
Y	자료수집에 있어서의 연구자와 참여자의 역할 설명
N	집단에 대한 자세한 설명, 배정 방법, 과정 및 근거
N	치료 개입의 특징에 대한 통제집단 또는 비교집단과 관련된 설명
N	자료수집 : 방법, 시간, 수집자 및 목적, 반복을 위해 자세하고 충분함
N	측정 또는 분류 전개 설명
N	분류 계획이 예와 함께 설명되고 도식화됨
Y	표, 차트, 부록 등에 나타난 빈도
Y	코딩, 코더 간 신뢰도 또는 검사 확인 설명
Y	질적 자료분석 : 제공된 상호작용 또는 행동, 근거를 특징지어 주기 위해 기술된 자료를 수집하기 위해 사용된 관례
Y	결과적인 자료수집에 영향을 준 질적 절차, 반복적 또는 지속적으로 발생하는 패턴을 찾기 위해 사용된 실질적인 범주, 또는 텍스트에 대한 심층적 해석
Y	주장을 전개하고, 확인해 주는/확인해 주지 않는 증거를 찾고, 추가적인 증거를 수집하고 주장을 위하여 질적 반복 과정이 분명하게 기술됨
Y	결론에 대한 분명한 진술
N	윤리 결정, 동의, 선입관이 명백하게 진술됨

논의　　이 연구의 강점은 그녀의 삶에 있어서 중요한 이전을 위하여 미술치료 내담자의 임상적 고려사항을 보여주기 위해 계획된, 주제 자료의 제시에 있다. 현상학적 보고서의 모든 특징이 제시되어 있지만, 문헌 검토는 얼마 되지 않는 연구로부터 도출된 방대한 문제를 제시해 주고, 치료 과정과 반성적 문장에 대한 설명은 반복을 위해 충분하지 않다. 참여자가 획득된 자료를 검증하였다고 기술되어 있지만 결과는 사례에 대한 연구자의 주관적인 경험에 많이 의존하고 있는 것처럼 보인다. 참여자의 경험에 대한 기술은 핵심 관심 사항을 실증적으로 보여주기 위해 풍부하고 자세히 기술되어 있다. 논의 부분은 이 사례를 연구 문헌 맥락 속으로 성공적으로 자리매김시키고, 미술치료의 혜택적인 측면에 대한 명쾌한 결론을 이끌어낸다.

접근 방식 : 내러티브적 미술기반 연구

저자/일자	Barbee, M. (2002)
제목	성전환자 정체성 이해를 위한 시각적 내러티브 접근 방식

초록　성전환 관련 임상 문헌은 역사적으로 이 과정에 대한 의학적 치료 개입 평가와 후속 연구를 포함하는 병리학에 초점을 맞추어 왔었다. 이 문헌을 접하는 임상 의사들은, 성전환자가 되는 개인적 경험에 거의 공감하지 못할 수 있다. 이 논문은 샌프란시스코의 소집단의 시각적, 구두의 '성별 이야기'를 이끌어내기 위해 수행되었다. 참여자들은 자기의 성별 이야기에 대해 사진을 찍도록 요구 받았다. 이 사진들은 개방형 인터뷰의 기초가 되었고, 참여자의 경험 이야기 묘사로 이어졌다. 녹취론은 공통 주제에 대해 검토되었고, 그 후에 그 문헌과 비교·대조되었다. 성전환 경험의 개인적인 의미를 검토하는 것의 중요성이 발견되었고, 사진들은 이러한 의미의 도출을 위한 가치 있는 자극물로 판명되었다. 성전환 경험의 이론과 임상 치료에 대한 시각적 내러티브 접근 방식이, 그들의 경험을 병리화하지 않고 성전환 의뢰인과 작업할 수 있는 틀을 발견하기 위해 제시되어 있다.

연구문제　임상 문헌에서 발견될 수 있는 것처럼, 덜 전형적이거나 선입관이 있는 관점에서의 성전환 경험에 대한 심층적인 이해를 획득하는 것, 의미 있는 '성별 이야기'와 개인적인 이야기, 그리고 성전환자의 관련 있는 시각적 자기표현을 문서화하는 것

표본　성전환자의 호르몬 치료 전문인 도시 병원으로부터 모집한 6명의 참여자. 연구 표본은 다양한 인종, 문화, 경제 및 지리적 배경을 가진, 4명의 남성에서 여성으로, 2명의 여성에서 남성으로의 성전환자로 구성되었다.

자료수집　각 참여자와의 세 번의 미팅이, 설문을 사용한 소개 인터뷰, 참여자의 '성별 이야기'를 실증적으로 보여주기 위한 사진 과제와 인터뷰 원고를 검토하기 위한 2회의 후속 인터뷰와 그리고 성별 이야기의 세부 사항을 자세히 묘사

하기 위하여 사진 묘사로 구성되었다.

자료분석   녹취록이 작성되었고 주제별로 요약되었다. 개인적인 시각적 이야기 묘사가 인구 통계적 자료, 12장의 사진, 그리고 개인의 성전환 정체성을 이야기식으로 기술해 주는 의미가 담긴 주제로부터 생성되었다. 지속적인 패턴, 연결, 그리고 개인적 및 집단적 의미에 강조를 두며, 여섯 가지 이야기를 비교하면서, 집단적 주제가 도출되었다. 도출된 주제는 검토되었고 문헌과 비교되었다.

결과   아홉 가지의 주제, (1) 외모에 대한 걱정, (2) 성전환 정체성 개발, (3) 성전환 원인, (4) 전이 경험, (5) 성별과 성 역할, (6) 차별 경험, (7) 행동주의, (8) 공동체 및 지원의 출처, (9) 정신 건강 전문의와의 경험이 모든 사람들의 녹취록에 나타났다. 가장 빈번한 주제는 희망하는 성과 성별의 관점에서의 시각적 자기 표현이었다.

표준	기준 설명
Y	문제에 대한 분명한 진술
Y	관련 문헌 검토
Y	개념적, 방법론적, 또는 이론적 방향에 대한 근거
Y	질문의 분명한 논리
Y	전체적 설계에 대한 충분한 설명
Y	연구된 내용, 표본 수, 표본 선정 방법에 대한 설명
Y	접근, 선택, 동의 과정 설명
N	자료수집에 있어서의 연구자와 참여자의 역할 설명
Y	집단에 대한 자세한 설명, 배정 방법, 과정 및 근거
N	치료 개입의 특징에 대한 통제집단 또는 비교집단과 관련된 설명
Y	자료수집 : 방법, 시간, 수집자 및 목적, 반복을 위해 자세하고 충분함
Y	측정 또는 분류 전개 설명
N	분류 계획이 예와 함께 설명되고 도식화됨
N	표, 차트, 부록 등에 나타난 빈도

(계속)

표준	기준 설명
Y	코딩, 코더 간 신뢰도 또는 검사 확인 설명
Y	질적 자료분석 : 제공된 상호작용 또는 행동, 근거를 특징지어 주기 위해 기술된 자료를 수집하기 위해 사용된 관례
N	결과적인 자료수집에 영향을 준 질적 절차, 반복적 또는 지속적으로 발생하는 패턴을 찾기 위해 사용된 실질적인 범주, 또는 텍스트에 대한 심층적 해석
Y	주장을 전개하고, 확인해 주는/확인해 주지 않는 증거를 찾고, 추가적인 증거를 수집하고 주장을 위하여 질적 반복 과정이 분명하게 기술됨
Y	결론에 대한 분명한 진술
N	윤리 결정, 동의, 선입관이 명백하게 진술됨

논의 이 논문은 정신 건강 관리의 문제와 그 역사를 구축하는 데에 있어 포괄적이다. 문헌에 대한 철저한 검토가 개관과 연구 발견의 보강 증거로서 제공되어 있다. 연구자는 공감이 가는 상세하고 뉘앙스가 있는 묘사를 획득하였다. 하지만 내부자–외부자 지위 및 기타 민감한 윤리적 문제에 대한 연구자의 논의가 포함되어 있지 않았고, 자료분석 과정도 이 연구를 반복하기에 충분히 자세히 기술되어 있지 않다. 이 연구는 "우리들 모두는 우리 삶의 의미를 나타내는 이야기를 지속적으로 창출하고 해석한다."(p. 61)고 주장을 하며, 포스트모더니즘 관점을 제시하는 데에 성공적이었다.

높은 질의 결과를 획득하기 위한 연구 수행하기

당신의 연구를 수행하기 위한 전략으로 단계별 절차를 제시하는 것 대신, 발표된 연구논문을 집중적으로 제시한 것이 이해가 안 갈 수도 있겠다. 앞선 장에서, 연구를 수행하는 방법은 당신의 목표와 문제에 대한 방법론과 그것의 체계적인 적용에 대한 선택에 달려 있다는 것을 밝혔다. 어떠한 기술을 가지고 있든, 초보자와 전문가는 자기의 실제 연구에서 봉착할 수 있는 잠재적인 방해와 문제에 대한 통찰을 얻기 위해, 이전에 실행된 타인의 경험을 학습한다. 다른 연구자들이 그들의 문제에 대해 접근하고, 연구를 설계하고, 필요하거나 도출되는 한계의 맥락 속에서 결과를 얻어내는 방법에 대한 세심한 분석으로부터 많은 것을 배울 수 있다.

타인이 발표한 작업에 대한 학습 외에, 연구모임 또는 스터디 그룹에서의 멘토링이나 참여를 통해, 연구수행과 높은 품질의 성과를 증진시킬 수 있다. 영국에서 대규모 자료수집과 연구 문서화를 촉진시킨, ATPRN(Art Therapy Practice Research Network, 미술치료 실제 연구 네트워크)으로부터 미술치료사들은 많은 도움을 받았다. 미국에서 미국 미술치료협회는 전국 연례 발표회에서 각각의 연구자들이 작업에 관해 연결하고 학습하는, '연구 모임'을 했었다. 경험 있는 미술치료 연구자로부터 다른 학문 또는 배경에서 연구기술을 가지고 있는 사람들로부터 멘토링을 받는 것은 실제적인 방법과 제안을 얻을 수 있는 좋은 방법이다.

경험이 많은 연구자들은 조사 연구를 수행하는 것은 당신의 시간과 자원에 대한 방법론적, 효율적, 효과적 관리를 필요로 한다는 것을 말해줄 것이다. 높은 성과를 거두는 성공적인 연구자들은 시간과 프로젝트 관리에 주의를 집중한다. 그들은 종이 복사와 전자 형식의 자료를 체계적으로 관리하는 시스템을 구축하였고, 효과적인 도서관 및 데이터베이스, 자료 관리와 분석을 위한, 컴퓨터 사용 기술을 개선시키기 위해 노력하였다. 시간, 예산 및 힘의 제약을 알기 때문에, 그들은 더 열심히가 아니라 더 현명하게 일하려고 노력하였다. 그들은 사이트와 참여자에게 가능성이 있는 접근을 개선시키는, 그리고 연구팀의 다른 구성원을 찾고 효과적으로 작업하는 광범위한 의사소통 기술을 사용하는, 효과적인 네트워크 기술자들이다. 그들은 효율적이고 잘 개발된 글쓰기 기술이 있다면, 미술치료 이론 구축을 위해 전파되고 사용되는 그들의 연구 발견의 가능성이 높아진다는 것을 알고 있다. 따라서 효과적인 연구자들은 정치적, 제도적, 조직적, 임상적인 목적을 염두에 두고 연구를 수행한다. 그들의 연구가 어떻게 사용되기를 원하는지에 관심을 가지고 있고, 연구가 타인에 의해 반복되고, 사용되고, 받아들여질 가능성을 증가시키기 위해 프레젠테이션, 공개적인 연설, 출판 기술에 대해 공을 들인다.

그렇다면 궁극적으로 연구수행에 있어 훌륭한 연구자는 훌륭한 사냥꾼, 예술가, 또는 공예가와 유사하다. Beckford(1997)는 사람들은 "젊고, 강하고, 적극적이고, 과감하고, 진취적이어야 한다. 조용하고, 인내심이 있고 자만하지 말아야 한다. 그뿐 아니라 냉철하고, 정확하고, 시민적이고 깔끔해야 한다."(p. 122)고 기록하였다. 연구자든 예술가든, 공예가든 아니면 사냥꾼이든, 당신의 "목소리는 강하고 명확해야 한다." 그리고 당신은 우수한 귀와 기민한 눈을 가지고 있어야 한다. 젊은 영혼의 연구자들은 연구에 참여하는 사람들에게 확장시켜줄 수 있도록, 자기 자신의 삶의 창조적이고 윤리적인 균형을 얻는 방향으로 작업함으로써, 자기 기술을 적용한다. 연구를 수행함에 있어 강한 영혼을 소유하기를!

요약

1. 연구자들은 다른 사람의 연구를 평가하고 전문적인 문헌을 추적함으로써 훌륭한 연구를 수행하는 것에 대해 배울 수 있다.

2. 엄격한 연구는 모든 절차에 있어 정확성과 질에 집중함을 의미한다.

3. 논문의 초록과 도입 부분은 수행된 연구, 목적, 가설 또는 핵심 문제에 대한 정확한 아이디어를 제공해야 한다.

4. 문헌 검토의 목적은 이미 알려진 것과 제기된 질문을 고려한 연구 맥락을 독자들에게 제공하는 것이다.

5. 연구설계는 논리적이어야 하고, 그 연구를 반복하기 위한 방법 항목에 충분한 정보 — 참여자, 변수 및 통제, 자료수집 및 분석 — 가 있어야 한다.

6. 결과 부분에는 연구질문과 관련된 자료가 요약되어야 한다. 양적 보고는 그 가설이 지지되는지 아닌지를 보여줄 것이다.

7. 논의 및 결론 부분에는 자료의 의미, 봉착된 한계와 문제점, 연구가 그 문헌에 어떻게 기여를 하였는지, 결론이 어떻게 도달되었는지에 대해 기술하여야 한다.

8. 양적 연구의 논리로 질적 설계를 평가하거나 그 반대로 하는 것이 일반적인 실수이다. 다른 종류의 연구보고와 분석적 가정을 평가할 때 그 차이점을 염두에 두어야 한다.

9. 연구보고는 그 결론을 지지하는 정확한 증거와 과정, 설계의 논리를 설명함에 있어 투명성을 필요로 한다. 대중들과 기타 연구자들은 발표된 설명의 정확성에 의존한다.

10. 다른 사람의 발표 논문을 학습하는 것 외에, 연구자들은 연구 네트워크에서의 멘토링과 참여를 통해, 자기 연구의 수행과 높은 질의 성과를 증진시킬 수 있다.

11. 연구수행은 시간과 자원의 방법론적, 효과적, 효율적 자료 관리를 필요로 한다.

 참고문헌

American Educational Research Association. (2006). Standards for reporting on empirical social science research in AERA publications. *Educational Researcher, 35*(6), 33–40.

Anderson, F. (2001). Benefits of conducting research. *Art Therapy: Journal of the American Art Therapy Association, 18*(3), 134–141.

Barbee, M. (2002). A visual-narrative approach to understanding transsexual identity. *Art Therapy: Journal of the American Art Therapy Association, 19*(2), 53–62.

Bass, R. (1991). Why I hunt. *Parabola, 26*(2), 54–56.

Beckford, P. (1847). *Thoughts on hunting, in a series of familiar letters to a friend.* London, England: Henry G. Bohn.

Collie, K., & Cubranic, D. (1999). An art therapy solution to a telehealth problem. *Art Therapy: Journal of the American Art Therapy Association, 16*(4), 186–193.

Coomaraswamy, A. K. (1991). The use of art. *Parabola, 26*(3), 4–10.

Daley, K. J. (2007). *Qualitative methods for family studies and human development.* Thousand Oaks, CA: Sage.

Doric-Henry, L. (1997). Pottery as art therapy with elderly nursing home residents. *Art Therapy: Journal of the American Art Therapy Association, 14*(3), 163–171.

Henley, D. (2007). Naming the enemy: An art therapy intervention for children with bipolar and comorbid disorders. *Art Therapy: Journal of the American Art Therapy Association, 24*(3), 104–110.

Kapitan, L. (1998). In pursuit of the irresistible: Art therapy research in the hunting tradition. *Art Therapy: Journal of the American Art Therapy Association, 15*(1), 22–28.

Kearns, D. (2004). Art therapy with a child experiencing sensory integration difficulty. *Art Therapy: Journal of the American Art Therapy Association, 21*(2), 95–101.

Locke, L., Silverman, S., & Spirduso, W. (2004). *Reading and understanding research* (2nd ed.). Thousand Oaks, CA: Sage.

Locke, L., Spirduso, W., & Silverman, S. (1993). *Proposals that work: A guide for planning dis-*

sertations and grant proposals (3rd ed.). Thousand Oaks, CA: Sage.

Monti, D. A., Peterson, C., Shakin Kunkel, E. J., Hauck, W. W., Pequignot, E., Rhodes, L., & Brainard, G. C. (2005). A randomized, controlled trial of mindfulness-based art therapy (MBAT) for women with cancer. *Psycho-Oncology, 15*(5), 363–373.

Morgan, C. A., & Johnson, D. R. (1995). Use of a drawing task in the treatment of nightmares in combat-related post-traumatic stress disorder. *Art Therapy: Journal of the American Art Therapy Association, 12*(4), 244–247.

Pifalo, T. (2002). Pulling out the thorns: Art therapy with sexually abused children and adolescents. *Art Therapy: Journal of the American Art Therapy Association, 19*(1), 12–22.

Pifalo, T. (2006). Art therapy with sexually abused children and adolescents: Extended research study. *Art Therapy: Journal of the American Art Therapy Association, 23*(4), 181–185.

Remde, G. (1991). Close to the earth. *Parabola, 26*(3), 46–49.

Spaniol, S. (1998). Towards an ethnographic approach to art therapy research: People with psychiatric disability as collaborators. *Art Therapy: Journal of the American Art Therapy Association, 15*(1), 29–37.

Spaniol, S. (2005). "Learned hopefulness": An arts-based approach to participatory action research. *Art Therapy: Journal of the American Art Therapy Association, 22*(2), 86–91.

Sulzberger, J. (1991). Some notes on Arab calligraphy. *Parabola, 16*(3), 26–29.

Tolman, D., & Brydon-Miller, M. (2001). *From subjects to subjectivities: A handbook of interpretive and participatory methods.* New York: New York University Press.

Van Lith, T. (2008). A phenomenological investigation of art therapy to assist transition to a psychosocial residential setting. *Art Therapy: Journal of the American Art Therapy Association, 25*(1), 24–31.

Vick, R. M., & Sexton-Radek, K. (1999). Interplay of art-making practices and migraine headache pain experience. *Headache Quarterly Current Treatment and Research, 10*, 287–291.

Vick, R. M., & Sexton-Radek, K. (2005). Art and migraine: Researching the relationship between artmaking and pain experience. *Art Therapy: Journal of the American Art Therapy Association, 22*(4), 193–204.

Watson, B. (1968). (Trans.). *The complete works of Chuang Tzu.* New York, NY: Columbia University Press.

제10장_

미술치료 연구물의
학술지 출간을 위한
글쓰기

사냥하러 가는 것은
영웅의 질문 단계를 따를 필요가 있다.
위험할 수 있는 어떤 과업을 수행하는 것처럼
불가사의한 영역으로 이끄는 직관적 사명감에 굴복하는
전통적인 사회로부터의 철회.
흥분, 경외심, 슬픔 같은 깊은 감정에 직면하고,
힘이 행사되고,
낯선 선생님이 나타나고,
개인적 변형이 펼쳐지고,
영웅적 행위가 수행되고,
그리고 마지막으로 그 영웅이
공동체의 욕구를 제공하고
모든 삶에 새로운 정신을 불어넣기 위한
'변화된 존재'로 되돌아온다.

– Josepe Campbell

잠재적인 이득을 위해 낚싯줄을 강에 던지는 낚시처럼 연구에 대해서도 유사하게 생각하라. 잘 설계된 연구는 작은 물고기를 낚싯바늘에 끼어 많은 사람이 먹을 수 있는 더 큰 물고기를 유인하는 것과 같다. 비교적 작은 연구더라도 제시할 수 있는 이점을 가지고 있고, 현재 필요한 것에 정확하게 초점을 맞춘다면 미술치료 서비스를 위한 전체적인 움직임을 촉발시키는 결과를 만들수 있다(Kapitan, 2006b). 여기 하나의 사례가 있다. 몇 년 전 미국 미술치료협회는 정부의 국정, 전문적 관계, 미술치료사를 짝 지워 연구하기 위한 학술 연구에 전문가를 모집하였다(Kaiser, Dunne, Malchiodi, Feedn, Howie, Cutcher, & Ault, 2005). 대상은 외상후 스트레스 장애(PTSD)를 겪는 퇴역군인을 위한 미술치료였다. 이것을 생각하게 된 배경은 퇴역군인들과 작업하는 미술치료사들이 성공을 보고하지만 지원해 줄 재정자원이 거의 없다는 것 때문이었다. 미술치료가 퇴역군인들을 위한 우선적인 치료로서 얼마나 효율적인지를 보여주고어떻게 그 결과를 좀 더 널리 알랄 수 있는가?

이 연구가 퇴역군인들과 함께하는 미술치료사들의 작업만을 지지해 주는 것으로 인식될 수 있다. 그러나 미술치료를 받는 모든 내담자는 이런 연구를 통해 '상승효과(multiplier effect)' 때문에 이득을 얻을 것이다. 연구대상에서 보일수 있는 성공은 서로 연결되어 있는 전체 재정자원 지원처의 연결고리에 새로운인식을 만들어내고, 모든 다른 종류의 미술치료 서비스와 필요성을 일반화하게될 것이다(Kapitan, 2006b). 미술치료가 PTSD로 고통받고 있는 전쟁 퇴역군인들에게 좀 더 나은 도움을 줄 수 있다면 그것은 PTSD를 겪는 다른 대상, 학대받은 여성이나 아동, 위기 청소년, 또는 위기 성인들을 위해 도움이 될 수 있을것인가? 이라크 전쟁에서 돌아온 미국 병사들에게 도움이 된다면 그것은 지구상의 다른 전쟁이나 외상의 생존자들에게 도움을 줄 수 있을 것인가? 하나의 연구를 넘어선 이런 가치는 상승효과를 통해 향상될 수 있는데, 이를 위해서는 누군가가 연구하고 출간하여, 사용되어야만 한다.

왜 출간하는가

모든 미술치료 내담자들에게 이로운 연구가 되려면 외부의 동료들과 그것을 수행하고 있는 사람들로부터의 정밀검토가 필요하다. 아마도 이것은 공식적이든 비공식적이든 연구를 글쓰기 하는 많은 미술치료 연구자들을 보호하는 안전장치를 갖기 위한 단계일 것이다. 오랫동안 미술치료사들은 일반적으로 자신들의 작업 결과를 표현하기 위해서는 치료팀의 다른 구성원들과 짝을 지었다. 그러나 다양한 결과를 얻기 위한 지식들을 공유하는 것이 때로는 미술치료 분야에서는 무언가 빠뜨린 결정적인 단계일 수 있다. 소수의 개별적인 전문가들 입장에서 볼 때 이것은 다른 사람들에게 이득을 줄 수 있는 지식을 보류하는 상상도 할 수 없는 일이다. 가치 있는 아이디어와 지식은 집단주의 사회에서, 특히 자원이 적은 사회에서는 기하급수적으로 성장한다. 이는 가장 좋은 것을 수행하여 자원을 발생시키는 문화 체계를 가지고 있기 때문이며, 개인적 이득을 넘어서 보편적인 선을 행하기 위한 서비스에 대한 사고방식이 있기 때문이다(Kapitan, 2006b).

　수렵채집인들은 이런 원칙을 잘 이해하였다. 비록 고립되어 사냥감을 찾아다닌다 하더라도, 사냥꾼은 사냥의 진실된 목적이 공동체를 부양하기 위해 필요한 음식 저장고를 채워야 하는 것이라는 사실을 알고 있다(Kapitan, 1998). 마찬가지로 연구자는 지식에 대한 개인적 탐구가 혼자가 아니라, 누군가와 연결되어 있다는 것을 알아야만 한다. 탐구 결과는 기본적인 과학적 또는 미술적 대화를 새롭게 하여 누군가에게 장점을 준다. 한번 그 선물이 주어지고 자료가 수집되고 분석되면, 연구자는 가장 필요한 목적을 위해 결과를 활용하고 보급시키기 위한 의무감을 가져야 한다.

　공식적인 지식의 공유와 미술치료사의 개인적 또는 전문적 힘 간의 연계는 심사숙고할 가치가 있다. 시인 Jimmy Santiago Baca는 자신의 무지로 인해 더 넓은 지식의 강으로부터 잘려진 것 같다고 느낀다는 것을 서술한 적이 있다. 그가 젊은이로서 읽고 쓰기를 배울 때, 말이 얼마나 큰 힘을 가져오는지에 대해 경악하였다. 그의 지식을 단어로 옮기는 것은 자신에게 진실을 강요하며, 그것을 짜내고 있을 때조차도 그의 인생에 맞서고 이해하도록 만들었다(Baca, 2001, p. 5). 언어는 타인에 대한 자비로운 개입과 '속해 있다'는 믿음에 기초한 미래로 향한 길을 개방시켰다. Baca는 자신이 사회와 함께하는 공동저자였는지 생각해 보았고, 공헌의 지속적인 영향을 적극적으로 외치도록 독자들에게 도전하였다. 미술치료사들이 아직 기록하지 못한 중요한 모든 작업들을 생각할 때, Baca의 왜곡된 관찰을 공유할 필요가 있다. 그는 "우리는 이렇게 함께 있다.", 그러나 당신은 그것을 말하지 않았다."라고 말했다(Stahura, 인용). 이 장에서는 미술치료사들의 연구 글쓰기 기술을 향상시킬 수 있는 전략을 살펴보고, 자신의 직업에 질적인 공헌을 하는 것에 관심을 가지고 출간을 위한 글쓰기 과정을 이해하기 쉽게 제시할 것이다.

학술지를 위한 원고 준비

학술지는 연구자들에게 연구결과의 이점을 공식적으로 나누고 다른 학자나 전문가들과 공유하기 위한 포럼을 제공한다. 무역잡지와 달리 학술지는 우선적으로 전문가가 출판 전에 연구결과의 효용성을 평가하는 의미를 지닌 동료들의 검토가 이루어진 연구원고를 포함한다. 서로 다른 유형의 원고들 때문에 연구원고는 저자가 수행한 경험적 연구의 결과가 보고된 일차적 원천이다. 대체로 주요한 경향이나 결론을 확인하기 위해 특정 주제에 대해 많은 연구들에서 평가된 심사원고들은 타인의 연구를 요약한 것이기 때문에 이차적 원천으로 고려된다. 이론적 원고들이 새롭게 제공되거나 미술치료와 관련될 수 있는 유사한 논문에서 나온 지식들을 만든다. 학술지는 또한 책이나 비디오 고찰, 떠오르는 새로운 항목들, 또는 예비연구, 편집, 코멘터리, 의견들을 출간할 수 있다.

제9장에서 논의했듯이, 출간된 연구보고서들의 비평적인 고찰은 연구자들에게 출간을 위한 글쓰기에 대한 지침을 제공해 줄 수 있다. 이 장의 초점이 되는 기초적이고 경험적인 연구원고는 (a) 제목과 저자, (b) 초록, (c) 서론과 관련 문헌고찰, (d) 연구방법, (e) 연구결과, (f) 논의, (g) 참고문헌, (h) 표와 그림 순서

에 따르는 여덟 가지로 구성된다. 형식은 고찰, 편집, 출판의 과정을 돕는 방식으로 구성된다. 이것은 제한된 기본적인 구조 내에서 과학적 글쓰기의 필요한 범위와 깊이 모두를 이해할 수 있는 모래시계 이미지를 활용하는 데 도움이 될 수 있다. 즉, 아래에 기술된 더 자세한 내용처럼, 원고는 우선적으로 서론에서 탐구 영역과 연구의 중요성을 좀 더 광범위하게 고찰하는 것으로 시작해서, 이후에는 충분한 문헌고찰을 좁게 제시하는 것으로 좁혀진다. 이후에는 연구질문이나 가설에서 파생된 좀 더 좁은 내용들이 포함되는데 연구에서 활용된 방법에 대한 매우 자세한 서술이 이루어진다. 연구결과 부분은 발견된 것에 대한 매우 좁은 진술로 시작된다. 이후에는 그 결과들을 이전의 연구결과와 비교하고 대조하는 좀 더 넓은 논의, 그리고 마지막에는 좀 더 넓은 탐색 분야의 앞으로의 연구 방향에 관한 결론이 포함된다.

원고를 정리하기 위한 하나의 좋은 전략은 간단한 여덟 항목을 순서대로 배정하고 '모래시계' 안에 내용들을 자세하게 채워 넣으면 된다.

1. **겉표지**: 겉표지는 제목, 저자이름(들), 저자 소속, 원고 각 쪽의 상부 표제나, 키워드, 편집 과정에서 원고를 확인할 수 있는 상부 표제로서 사용되는 짧은 제목이 포함된다. 제목은 원고의 내용을 정확하게 전달하는 데 초점이 맞춰져서 의미를 전달하지 못하는 무관한 단어들은 포함되지 않아야 한다. 그 제목을 전자 데이터베이스에서 어떻게 찾을 수 있을까를 주의 깊게 생각하라. 키워드가 포함되었다면 원고는 좀 더 쉽게 찾기 쉬운 데이터베이스 자료가 될 수 있다.

2. **초록**: 초록은 보고서의 간략하고 포괄적인 요약이다. 보고서의 주된 점을 나타냄과 동시에 다른 연구자들이 연구나 도서관 데이터베이스에서 출간된 보고서를 찾는 데 도움이 되는 키워드를 포함하고 있다. 이런 이유로, 초록은 텍스트의 내용과 구성을 정확하게 반영해야만 하고 저자의 의견이나 평가적인 코멘트에서 자유로워야 한다. 초록은 연구가 수반된 것들을 한눈에 알 수 있도록 제공하는데, 누군가가 원고를 읽거나 문헌고찰에서

초록에 포함되는 요소들

- 원고의 내용에 대한 충분하고, 정확하며, 간결한 기술
- 연구에서 언급된 주제나 문제 진술
- 사용된 연구설계와 방법론의 유형(절차, 검사도구, 실험연구에서의 처치 포함)
- 구체적인 표집 또는 참여자에 대한 명확한 기술(인원수, 연령 등)
- 결과(통계적 유의성과 실험연구의 경우 효과 크기 등 포함)
- 연구의 결론과 시사점

그것을 인용하였을 때 흥미를 불러일으킬 수 있을지 없을지를 결정하기도 한다.

3. **서론과 문헌고찰** : 이 부분에서는 실제적인 원고 텍스트가 시작된다. 그 분야에 대한 연구를 확인하고 그것의 유의성을 폭넓게 논의하는 서론은 연구문제와 그것의 중요성을 확인하는 간략한 주제를 진술하는 것으로 절의 내용을 끝내야 한다. 관련된 연구의 맥락은 문헌고찰을 통해 제공된다. 그것은 전체를 총망라하기보다는 간략하고 정확하게 초점이 맞추어져야만 한다. 이전의 연구나 관련된 이론들과의 연결된 논리와 현재의 문제에 대한 실제의 시사점 간의 연계가 명확해야 한다. 연구의 주제와 이론적 설명을 포함하고 있는 최근 연구들이 포함되어야만 한다. 이 부분에서는 명확한 가설이나 문제 진술로 결론짓는다.

4. **연구방법** : 연구방법을 제시하는 전형적인 순서는 참여자를 기술하는 것이다. 그들을 선택하게 된 준거와 표집방법, 참여자의 수, 연구 동의 절차, 연구 장소, 그리고 모집단과 어떻게 다른지에 대한 간략한 논의가 포함되어 추출된 표본 크기에 대한 진술 등을 기술한다. 그런 다음 사용된 장치나 도구들을 명확히 한다. 이 부분의 마지막에서는 주된 연구방법 또는 패러다임을 밝히고, 자료를 수집하고 연구를 수행한 구체적인 절차를 기술한다. 질적 연구도 유사한 절차를 따르는데, 방법론에 대해 독자들에게 친숙해지기 위해 절차에 대한 논의에서 자료수집과 분석에 대해 좀 더 자세히 서술

할 필요가 있다.

5. **연구결과** : 이 부분에서는 자료수집과 분석에서 발견한 것들을 간결하게 요약한다. 결과는 중요한 자료가 생략되지 않도록 정확하고 편견 없이 명료하게 기술되어야 한다. 제시된 결과를 통해 독자는 그 결과가 결론을 증명할 수 있는지 없는지를 결정할 수 있다. 표는 일반적으로 통계적 자료를 보여주기 위해서나 질적 연구를 위해 사용되는데, 이는 주제나 이슈를 예시로 보여주기 위해 인용된 자료를 조직화하는 데 도움이 될 수 있다. 이들은 출간되지 않은 원고 상태에서 텍스트를 추가하는 독립된 쪽에 기술한다. 연구보고서에서 자료를 보고 추론할 수 있는 통계를 제시할 때 필요한 특정 조건들은 'Publication Manual of the American Psychological Association' (6th Ed.)을 찾아본다(2009).

6. **논의와 결론** : 이 부분은 연구자의 가설에 대해 연구결과를 연결시킴으로써 시작된다. 그리고 나서 범위를 넓혀 미래의 연구에 대한 시사점뿐만 아니라 다른 연구에서 발견된 것들과 비교하며 결과를 논의하고 해석한다. 가설을 명확하게 할 수 없는 연구결과는 제한점에 기술한다. 결론에서는 이 연구가 탐색 분야에서의 지식에 어떻게 공헌할 것인가에 대한 좀 더 큰 맥락의 진술을 제시한다.

7. **참고문헌** : 참고문헌은 독립된 쪽에 시작하고 반드시 APA의 지침이나 웹사이트에 따라야만 한다. 이것들은 복잡하고, 많은 오류의 원천이 될 수 있으므로 주의 깊게 고찰해 보는 것이 중요하다. 새로운 전자 서식이 참고문헌을 복잡하게 할 수 있으므로 꼭 점검해 보아야 한다.

8. **그림과 표** : 이것은 원고의 맨 마지막에 독립된 쪽에 위치한다. 각 그림은 순서에 따라 번호를 붙인다. 표는 내용을 함축하는 간결한 제목으로 붙인다. 표와 그림을 자료로 조직화하기 위해서 APA 매뉴얼을 참고해야 한다.

물론, 원고가 이 여덟 항목보다 더 많아질 수 있지만 이 여덟 항목 구조는 출

홀륭한 연구보고서 글쓰기를 위한 점검 항목

- 제목 : 명확하고, 간결하고, 정확하게 논문의 내용을 나타내는 핵심단어 포함
- 초록 : 목적에 대한 명확한 진술, 누구와 함께 무엇을 하였는지, 어떤 목적과 어떤 효과와 결과가 나왔는지 기술. 찾을 수 있는 핵심단어 포함
- 서론 : 연구문제나 주요 개념, 저자의 목적과 목표, 연구방법의 이론적 배경, 가설이나 주된 문제 에 대한 진술. 첫 3절 안에 명확한 주제진술 포함
- 문헌고찰 : 연구를 수행하도록 한 타당하고 적절하며 비평적인 지식과 편차에 있어서의 단점과 차이에 대한 설명 포함
- 방법론 : 적합하고 논리적이며 윤리적인 구체적 사항 기술(대상, 표본 크기, 선택준거, 관련 변인, 외재 변인, 적합한 통제, 편파적 진술이나 통제, 처치 절차, 타당한 도구, 자료분석 절차)
- 결과 : 텍스트와 표 요약, 정확한 통계와 명확하고 믿을 만한 예시 또는 원문분석. 논리적이고 지 각적인 분석. 미술작품은 맥락적으로 논의
- 논의 : 연구문제에 대한 답 제시. 가설 지지 또는 기각. 근거가 제시된 일반화, 이론이나 실제에 적 합한 결과, 제한점, 편차 또는 드러난 이슈 확인
- 결론 : 문제 재진술. 과장된 진술은 피함. 간략한 결론적 진술
- 참고문헌 : 독자나 다른 연구자들이 접근할 수 있는 인용된 모든 연구 제시, APA 양식으로 기 술, 오류 정정

간을 위해서 반드시 요구되는 요소들을 모두 포함하고 있으므로 원고를 만들 때 도움이 될 것이다. 이전 장에서 자세히 언급했듯이, 각 부분에는 독자들의 이해 와 비평을 구체화할 수 있는 주된 질문이 포함되어야 한다.

연구를 보고할 때 연구설계와 시사점 등에서 제시된 윤리적 결정에 대한 책임 을 져야 한다(AERA, 2006). 다음의 사항들이 포함될 수 있다.

- 참여자로부터의 동의나 동의 포기
- 비밀보장 동의
- 사이트나 연구자료에 대해 접근할 수 있는 측면에 대한 동의
- 보상 제공 측면의 내용
- 사적인 정보의 노출을 막기 위한 자료 변용에 사용된 기술
- 연구자의 흥미나 편견의 갈등에 대한 보고

논문이나 학위논문을 학술지 원고로 전환하기

최근 대학원의 특별한 도전은 논문이나 학위논문 같은 장문의 원고를 출판 가능한 원고로 만드는 것이다. 석사나 박사학위를 취득하기 위해 수행된 연구작업은 시간과 노력으로 나타난 것이다. 연구를 학술지의 좀 더 작은 규모에 적합하게 바꾸는 것은 어렵지만 불가능하지는 않다. 앞서 논의한 내용들을 참고하여 보고서 형식에 맞게 연구요점에 좀 더 정확히 초점을 맞추며 작성해 나간다. 일반적으로 정보의 길이와 분량을 잘라내고, 주된 주제나 주장이 포함되며 연구결과에서 좀 더 신중한 선택이 필요하다.

글쓰기 전략의 하나는 좀 더 유의한 결과나 연구로부터 나온 결과들을 선택하는 것이고, 원고에 대한 일명 '모래시계' 개요를 세우는 것이다. 예를 들어 원고를 살펴보고 각각을 항목화하고 나서 그 항목으로 다시 돌아가 가장 중요한 결과들을 쓰고 중요도의 순위에 따라 순서화한다. 이렇게 하는 것은 학술지에 포함되어야 할 필요가 있는 연구결과들을 구별하는 데 도움이 된다. 연구의 좀 더 큰 유의성을 생각하며 주된 결과를 기초로 여덟 항목의 개요를 조직화하기 시작하라.

학문적 기술을 하기 위해 연구문제와 관련된 영역의 참고문헌들을 비교적 완벽하게 살펴보는 것이 필요하다. 그러나 학술지의 독자들은 저자가 연구과정에서 학습한 세부적인 내용보다는 연구 자체의 가치에 좀 더 관심을 가질 것이므로 매일 읽은 주제와 관련된 텍스트를 증명하지 않아도 된다. 그래서 연구결과의 중요한 맥락을 나타낼 수 있는 것만 참고문헌으로 제시해 주면 된다. 유사하게 학위논문위원회는 저자의 학습이나 기술을 나타내는 연구방법론 부분에서 기본적인 연구설계 시 고려사항에 대한 서술적인 세부 사항을 강조한다. 학술지에서는 연구방법론이 정확하고 정밀하게 기술되는 것이 중요하다. 질적 연구에서 Patton(2002)은 조화를 강조하였다. 연구에 대한 기술과 자료의 해석을 이해하기 위한 방법론에 대해 충분히 기술되어야 하며, 그 기술에 대해 평가하기 위해 독자들을 위한 충분한 해석이 있어야만 한다.

학위논문에 적용될 수 있는 또 다른 도전은 학술지 원고로서 비교적　실재적인 결론을 서술하는 것이다. 프로젝트에 너무 많은 에너지를 소비했기 때문에, 미경험 또는 비과학적인 심사위원이나 독자와 부딪힐 경우 정서적인 어려움으로 저자의 주장을 지나치게 강조하거나 불편한 자료를 생략하려고 할 수 있다.

논문의 전체 분량을 학술지에 적절하게 조절하는 것이 어렵다면 논문의 어떤 부분이나 주장에 너무 밀착되어 있기 때문일 수 있다. 특히 학술지에 처음으로 도전하는 것이라면 몇 번의 초안 교정에 애를 먹을 수 있기 때문에 마지막 원고는 중요한 성취를 보여준다. 그러므로 새로이 학술지에 접근할 때 원래 논문의 풍부함을 갖도록 한다. 일단 학술지 원고 글쓰기를 완성했는데도 그 길이가 너무 길다면 다른 학자 또는 교수 멘토에게 보여주어 좀 더 무자비하게 편집하도록 하는 것이 가장 좋은 방법이다. 이런 시도는 새로운 원고를 스스로 모두 통합하려 하기 때문에 편집하려는 모든 자료를 놓치지 않으려는 것을 극복할 수 있게 해준다.

모범적인 연구를 수행하는 데 성공한 학생들은 이런 특별한 단계를 거쳐 연구를 학술지에 쓰게 된다. 연구 참여자를 귀하게 여길 때 그들은 그 결과가 다른 사람들과 공유될 것이라는 기대에 동의할 수 있다. 한편, 모든 석사논문이나 학문적 연구가 원 연구의 결과는 아니다. 그러므로 연구자의 책임성의 일부는 연구의 질과 유의성에 대한 자기 평가를 하는 것이고, 그 결과가 어떻게 보급될 수 있는지에 대한 결정을 내리는 것이다. 연구는 '저장수명'을 가지고 있고 한 연구는 꽤 빠르게 관련 검색에서 사라질 수 있다. 기회를 잡기 위해서, 논문이나 학위논문을 졸업 후 오래지 않아 지도 교수나 공동저자와 재연결하는 것이 바람직하다. 보고서를 완성하는 최종 마감 기한을 정하고 위에 기술된 기본적인 개요를 만들기 시작하라. 그래야만 가치가 있는 논문을 만들 것이고, 가치가 퇴색되지 않고 만족될 수 있을 것이다.

다른 학술지와 구술 발표 장소

공식적인 연구보고서와 더불어, 이론 중심 논문이나 실제 중심 논문, 전문적 이슈나 통찰에 대한 관점, 그리고 근거 있는 의견들처럼 대부분의 학술지들은 다

양한 범주의 내용을 출간한다. 일반적으로 이론이나 실제 중심 논문은 연구보고
서로서 유사한 기본 형식을 따르는데 논문의 목적에 대한 명확한 서론, 관련된
참고문헌의 고찰, 문제진술, 분석방법, 논문의 목적을 나타내는 논의 또는 예시,
기대되는 결과 또는 제안된 해결책, 그리고 미술치료 분야의 시사점 등이 그것
이다. 의견이나 관점은 짧아지고 좀 더 특정한 관심이나 통찰에 초점을 두지만
문헌에 근거한 주장이 발표되길 기대한다.

　미술치료사들은 컨퍼런스나 심포지엄에서 구술로 그들의 연구를 발표할 수
있다. 이것은 연구결과를 유포하기 위한 또 다른 중요한 수단이다. 컨퍼런스는
대화와 비평을 제공하는 눈이 높은 청중과 연구자들을 연결해 준다. 불행하게도
이런 구두 발표가 미술치료 문헌으로 출판되는 경우가 매우 적다. 이런 포럼에
서 연구가 만족스럽게 발표될 수 있다 해도 청중은 학술지의 국제적인 독자 청
중과 비교될 만큼 적다. 연구의 구두 발표는 글로 쓰이고 동료들이 고찰한 출판
으로 받아들여질 때까지 예비연구로 생각된다. 그러므로 원고로 개정하기 위한
동기화로서 발표 후 받은 피드백을 활용하는 것이 중요하다.

　논문을 출간 가능한 원고로 전환시키고, 구술 발표를 위해 글쓰기 하는 것은
특별한 도전이다. 중요한 문자적 노력은 초기 창작이기 때문에 발표자는 구술
발표 원고를 출간할 수 있는 것으로 제공한다. 이런 원고들은 교정 없이 받아들
이는 경우는 드물다. 구술 발표에서 저자의 '목소리'는 실제 청중 이전에 발표
에 의해 영향을 받는다. 효과적인 발표는 자발적인 동의와 청중의 흥미, 질문과
대답, 다른 연구나 공동 발표자로부터의 자료를 투입시키는 연구자료의 조직화
등이 포함될 수 있다. 이것은 실제 청중을 위해 큰 영감을 주지만, 독자들을 위
한 출판이 불가능할 수 있다. 그러므로 구술 발표는 좀 더 형식적으로 잘 쓰인
보고서를 위한 가치 있는 자료로 전환시키는 것이 중요하고, 이 장에서 언급된
연구 출판 지침에 따르는 것이 중요하다.

저작권과 권리

연구보고서의 저작권, 그리고 저자의 수와 순서를 결정하는 것은 비밀 미스터리 같아 보인다. 대체로 저작권자의 순서는 전체 프로젝트에 기여한 크기를 나타낸다. 제1저자는 연구설계, 논문의 중요한 부분 글쓰기, 개념적 모형이나 평가 개발, 자료분석과 결과해석과 같이 논문에서 주되게 전문적인 공헌을 한 사람이다(Fine & Kurdek, 1993). 대체로 학술지에 논문을 제출한 저자는 '교신저자'(corresponding author, 비록 때때로 다른 저자가 이 역할을 받아들이기도 하지만)로 지명된다. 교신저자는 출판사의 편집자나 심사위원과 교류하는 책임을 수행한다. 다른 저자들은 글쓰기나 연구의 자료수집 및 분석에 실질적인 전문적 공헌을 했을 때 명단에 실린다. 장기 프로젝트에서 새로운 연구자들이 진행 중인 프로젝트에 참여하게 되는 것이 드문 것은 아니다. 그러므로 논문의 저작권 등 프로젝트에 대한 모든 공헌은 연구가 발표되었을 때 공식적으로 결정된다.

장기 프로젝트에서, 교수-학생 관계의 맥락에서의 저작권은 항상 윤리적인 의사결정 과정이 포함되어야 한다. 이것은 연구 프로젝트의 초기 단계에서 다루어지는 것이 가장 좋고 연구 진행 동안 지속적으로 다루어져야만 한다. 대부분의 사회과학 분야에서 학생은 학위논문과 같은 인생의 획기적인 프로젝트의 제1저자로 명단에 오른다. Fine과 Kurdek(1993)은 교수와 학생의 공동 논문일 때, 정당한 저작권을 미리 확보하기 위해 동의할 수 있는 충분한 정보를 모두 가지고 과제와 공헌에 대한 동의가 이루어져야 한다고 추천하고 있다. 이 같은 원칙은 일반적으로 시간이 지남에 따라 공헌도의 구성과 정도가 변화될 수 있는 연구팀의 구성원들 간의 저작권 순서를 결정할 때 이루어진다. 일반적으로 학술적인 출판에서 저자로 포함되는 경우, 그 개인의 공헌은 전문적이고 지적인 또는 창의적인 것이어야 하며, 그 논문의 완성에 기여해야 한다(Fine & Kurdek).

윤리적인 공정성의 측면에서 저작권은 신뢰가 우선되어야만 한다. 학생이 연구를 수행한 적이 있지만 교수에 의해 공헌이 인정받지 못하면 전문성과 학문적 연구에 대해 현명하고 성실한 조언자 관계는 윤리적인 실패로 인해 해를 입게 된다. 또한 논문에 기여하지 않은 교수 멘토가 대학의 명성을 향상시키기 위해 논문의 저자로 포함된다면 착취적이라고 할 수 있다. 유사하게 학생이 논문에 전문적인 공헌을 하지 않았는데 저자로 포함되었다면, 학생의 진실된 능력이 가려지고 오랫동안 권위가 약화될 수 있다. 똑같은 윤리적 지침이 연구논문에서 동료들 간의 저작권을 결정할 때도 다루어져야 할 것이다.

저작권을 구별할 때 또 하나 중요한 것은 논문의 연구 공헌에 있어서의 참여자들의 역할이다. 연구참여자들은 저자로 명단에 오르기보다는 편집자나 저자의 노트에 알려지게 된다. 대체로 하나의 주제에 대한 그들의 생각이나 글쓰기에 공헌한 사람들은 자료수집의 부분에서 기여하였다. 일반적으로 저작권은 논문에 대한 공헌이 전문적이거나, 연구를 설계하였거나 보고서를 조직화하거나 작성한 사람이 보유한다.

출간된 논문에서 나타난 저자의 이름에는 '영구소유권' 상태로 존재하고, 그렇기 때문에 그것은 연구지식이 발견되었던 시점의 윤리적 기준과 전문적 기준에 따르는 매우 중요한 것이다. 저자들은 연구에서 발견하고 원고에서 나타난 정보는 정확하고 믿을 만한 것이라고 증명하는 데 책임을 진다. 이것은 아이디어, 단어, 다른 사람들의 공헌이 언급되어야만 하고 자기 자신의 것으로 다루어져서는 안 된다. 대부분의 연구자들은 연구의 실제적인 지지 수준보다 좀 더 의미 있게 보이려고 과장되게 진술하거나 주장하는 것을 피하기 위해 연구결과를 주의 깊게 살펴본다. 물론 그들은 연구결과나 근거를 조작해서는 안 되고 반대 주장이나 제한점을 반드시 확인해야만 한다. 또한 인간의 권리를 보호해야만 하고, 직접적으로나 간접적으로 해가 되어서는 안 된다.

마지막으로, 학문적인 글쓰기에서 전문성의 중요성이 반드시 언급되어야 한다. 특히 다른 연구자나 저자와 함께 개별적으로 획득된 작은 분야에서는 타인의 작업을 고찰할 때 객관성의 정도 때문에 학력이 요구된다. 편견을 접고 다른 사람의 연구를 비평할 때 그 사람의 아이디어로부터 저자가 분리되어야 한다는 것이 중요하다. 미술치료사들은 이전의 연구가 단순하게 '이전의' 또는 역사적으로 언급되어야 한다는 것을 인식함으로써 또 다른 함정을 피할 수 있다. 그것은 이후 그 분야의 발달로 인해 배울 수 있는 것들을 고려하지 못하는 '나쁜' 것은 아니다.

연구보고서의 일관된 글쓰기 전략

생각한 대로 글쓰기

연구보고서의 글쓰기는 많은 미술치료사가 자주 즐기는 논리적 도약이나 창의적 꾸밈없이 어떤 것이 연속으로 일어나는 과정을 보여주는 것이다. 창의적 논픽션이나 개인적 저널쓰기와 같은 유형과는 다르게 솔직하고 직접적인 형태의 연구보고서는 다른 연구자들과 독자들에게 사실적 정보의 전달을 목적으로 하고 있다. 과학적 글쓰기는 치료사의 범위를 넘어서는 것으로 보여서는 안 된다. 치료사는 사례를 발표하거나 내담자를 도와주기 위해 과제를 가장 단순한 요소로 나눠 과제분석을 할 때와 같은 기술을 적용한다.

『On Writing Well』(1980)이란 저서에서 Zinsser는 글쓰기란 복잡한 대상을 독자가 접근할 수 있는 단순한 대상으로 만드는 것이며, 단지 '잇따라 차례차례 문장을 놓은 것'의 문제라고 주장했다(p. 114). 이 기술을 실천해 보도록 학생들에게 주었던 단 하나의 단순한 과제는 무엇이 어떻게 작동하는가를 상세하게 기술하는 것이었다. 예를 들어 가위를 어떻게 사용하는가를 단계적으로 설명하는 것이다. 당신이 가위에 대해 어떻게 느끼는지, 가위의 이야기를 어떻게 끝맺는지의 문제가 아니라, 단지 분명하고 있는 그대로의 사실과 각 단계의 논리적 순서가 중요하며, 정확한 관찰로부터 도출되어야 하며, 정확하고 분명하게 정의된 언어를 사용하여 글을 쓴다.

Zinsser(1980)는 작가가 자신의 생각과 아이디어를 문장으로 쓰는 데 어려움을 갖고 있을 때 무엇이 어떻게 작동하는지를 기술하는 것은 어려움을 타개해 준다는 것을 발견했다. 문장쓰기 연습은 두 가지 중요한 목적을 완성시켜 준다. 첫 번째는 당신이 생각할 수 있게 해주고 무엇이 어떻게 작동하는지 아는 것을 통해 당신을 확신하게 해준다. 두 번째, 이 방법은 독자가 충분히 이해하고 당신의 방법을 적용해 볼 수 있도록 설명을 요구한다. 연구보고서의 첫 번째 초안 글쓰기는 첫 번째 목적과 연관되며, 이것은 논리적 순서에 따라 연구 전체 — 목표, 문제 및 가설, 연관된 연구의 검토, 자료수집과 분석의 방법, 결과 — 를 생각하게 해준다. 이처럼 글쓰기는 사고하기이며 자료분석의 확장된 형태이다. 당신은 자신을 위해 첫 번째 초안을 쓰지만, 두 번째 초안은 독자를 위해 써야 한다. 연구 전체에 대한 글을 쓰고 생각하기 위해, 즉 이제 두 번째 초안을 작성하기 위해, 아무것도 모르는 독자의 관점으로 연구에서 물러나 연구를 바라봐야 한다. Zinsser(1980)는 과학적 글쓰기의 이런 원칙은 모든 논픽션 글쓰기에 적용된다고 믿었다. 좋은 연구보고서를 쓰는 것은 '아무것도 모르는 연구자가 단계별로 주제를 잡아가도록 이끄는' 것이다(p. 116).

단순히 글쓰기를 논의하기보다는 연구에 대한 생각의 수단으로써 이 과정을 사용하기 위해, Creswell(2003)은 한 시간 동안 한 구절을 4개의 초안으로 써보는 연습(15분마다 1개의 새로운 초안 써보기)을 추천했다. 문장을 손질하는 것이 목적이 아니라 당신이 연구에서 발견한 것을 진실로 이해하고 설명할 수 있으며, 다른 것들도 이해하길 원할 때까지 글쓰기, 검토하기, 새로 글쓰기의 순환과정으로 생각을 더 크게 확장시키려는 목적으로 4개의 초안쓰기를 수행한다.

글쓰기를 하는 대부분의 연구자들은 이런 종류의 '작업을 통해 생각하기'를 수행하기 위해서는 주의가 흩어지지 않는 환경과 글쓰기 근육을 단련시키는 자신감 형성 작업이 필요하다는 것을 발견한다. 이런 이상적인 것들은 글쓰기를 원하지만 시간이 별로 없고 연구에 집중하기 힘든 치료사들에게는 어려울 수 있다. 몇몇 미술치료사들은 일기나 비주얼 저널에 자신의 생각이나 관찰한 것들을 글로 써보며 연습을 한다. 연구 아이디어나 질적 자료로의 변환을 위해 이런 자료들이 조사될 수 있다. 이런 지원이 없다면 글쓰기는 힘들고 벅찬 작업이 될 것이다. 예를 들어, 나는 한때 논문 때문에 겁을 먹고 결국 고통스러운 글쓰기가 원인이 되어 좌절의 두려움을 가진 미술치료 전공 학생에게 조언을 한 적이 있다. 나는 그녀에게 인생에서 어려운 기술을 익혀 성공경험을 했던 적이 있었는지를 물었다. 그녀는 고등학교를 다니는 동안 주(州)의 크로스컨트리 챔피언이었다고 말했다. 논문 글을 쓰는 것은 그녀가 크로스컨트리 주자로 성공했을 때 했던 연습과 상징적으로 똑같은 것이라고 보고 우리는 함께 논문 교육활동을 만들었다. 매주 일정한 날을 간단한 글쓰기 기간으로 정하여 글쓰기에 전념하였다. 완전한 초안을 쓸 때까지 쉬거나 끝까지 하거나를 번갈아 가며 진행하였다. 그녀는 트로피와 리본으로 둘러싸인 책상에 앉아서 글을 썼으며, 운동복과 좋아하는 운동화를 착용하지 않고는 컴퓨터 앞에 결코 앉지 않았다.

비선형적으로 사고하는 사람들

몇몇 미술치료사들의 경우 선형적 사고를 하지 않는다. 즉, 그들은 순환적으로 사고한다. 이런 사고를 하는 작가의 경우, 글쓰기 또한 생각하기와 같다. 그러나 생각은 한 번에 여러 방향으로 움직이는 경향이 있다. 즉, 창의적 가능성들을 위해 직관적 연관을 탐색하거나 표적에서 벗어난 것을 발굴하려고 한다. 우리 중 몇몇은 각각의 요소들을 완전히 파악할 때까지 과정이 어떻게 이루어지는지 모르고, 나중에 그것들이 어떻게 구성되는지 구조에 대해 걱정한다. 체계적인 조직을 갖춘 초안작성을 요구하는 직관적이고 순환적인 사고를 하는 사람들을 위해 Linton(2002)은 '반영적 윤곽잡기' 라 불리는 단순한 과정을 개발하였는데 이는 대단히 유용하다. 이것은 3단계로 구성되어 있다.

1단계 : 한 장의 종이에 초안에 표시된 순서대로 모든 제목과 하위 제목을 쓴다. 그런 다음 각 부분과 하위 부분에 포함된 페이지의 장수와 구의 개수를 세고 기록한다. 이것은 단계의 유형과 페이지 장수를 기준으로 작업을 어떻게 구조화할지에 대한 아이디어를 줄 것이고, 논문의 목적을 논리적으로 지원할지의 여부를 알려줄 것이다. 또한 이것은 각 부분에 얼마나 많은 양을 넣을 것인지, 이런 부분들을 어떻게 균형을 맞출 것인지를 알려주며, 전반적인 흐름을 잡게 해준다.

2단계 : 2단계는 각 부분들을 꼼꼼히 읽고 종이의 여백에 주요 키워드나 구를 쓴다. 이것은 주요 아이디어나 초점을 확인하려는 것이다. 그러고 나서 각 구를 읽고 여백에 주요점을 기술하는 간단한 구나 키워드를 붙인다. 이제 이런 키워드들과 그것들이 나타난 순서를 구성하여 내용표를 만든다. 윤곽을 잡고 이것을 1단계에서 작성한 정보(논리, 가치, 각 부분의 양과 전체적 흐름)와 비교하면서, 당신은 어떤 것이 쓸데없이 반복되는지, 주제에서 벗어난 정보인지, 중요한 정보가 생략되어 있는지 등에 대해 알아차릴 수 있어야 한다.

3단계 : 이제 당신은 정보의 논리와 흐름을 향상시키기 위해 초안기록에서 공백이 생긴 부분이나 삭제된 것들을 채우고 형태를 잡아나가기 시작한다. 연구논문에서 필요로 하는 요소들이 포함되어 있는지, 어느 부분에 배치할지를 점검하라. 적절하게 배치되지 않는 요소들은 다시 배치하고 빠진 요소들을 덧붙인다.

요구와 증거에 대한 주장하기

분명한 의사소통은 과학적 글쓰기의 중요한 지침이다. 당신이 내놓는 '주장'은 논쟁적이라 생각되지 않는다. 차라리 타인에게 당신이 얘기하는 것이 신뢰성 있고 진실되다고 설득하는 대화에 가까우며, 그것을 지지하는 이유나 증거에 가깝다. 이것은 '주장'이라 불린다. 좋은 연구보고서는 그럴듯하고, 실질적이며, 구체적인 주장에 근거하고 있다. 그것들을 지지하는 증거는 관련이 있어야 한다. Booth, Colomb, Williams(1995)는 독자들이 연구주장을 받아들이게 되는 여섯 가지의 지지적인 증거확인 절차를 제시했다. 증거는 (a) 정확하거나 신뢰성이 있어야 하며, (b) 세밀해야 하고, (c) 충분해야 하며, (d) 연구집단의 대표성을 띠어야 하고, (e) 신뢰성 있는 출처가 있어야 하며, (f) 거기에서 나온 존재라는 의미에서 권위가 있어야 한다(p. 97).

주장이 정상적으로 들리기 위해 마지막으로 심각하게 고려해야 할 점은 주장의 진실여부를 제한할 수 있는 어떤 자격조건을 나타내는 것이다. 어떤 저자들은 이 단계는 쓸데없이 반복되는 것이고 전혀 필요 없다고 하지만, 반대 주장은 나의 주장을 서서히 쇠퇴시키고 실패로 이끈다. 그러나 신중한 조건부 주장은 좀 더 믿음성 있고 과학적 지식을 구성하는 데 필요한 투명성과 정직성의 안전막을 제공한다. 자격조건은 제한된 조건과 영역, 반대 주장이나 자료의 오염, 다른 연구자들이나 독자들이 사실로 믿을 만한 대안점에 대한 기술을 포함한다. 좋은 주장은 독자의 반대를 예측할 것이며, 연구의 미흡한 점에 대한 철저한 검토를 정직성에서 벗어난 것으로 창피해하지 않는 것이다. 연구자가 공정한 진실을 위해 열심히 했다는 것을 얘기했기 때문에 독자들은 그런 신중한 검토를 평가한다.

일관된 주장을 담은 논문을 쓰기 위해, Zinsser(1980)는 연구보고서 글쓰기를 마치 거꾸로 피라미드를 쌓는 것처럼 상상하라고 제안했다. 바닥은 독자가 다른 어떤 것을 배우기 전에 이미 알고 있는 기본적 사실이다. 다음 문장은 그 사실을 좀 더 넓히는 것으로, 점차적으로 당신은 기본적 사실들의 의미를 넓혀가도록 좀 더 많은 정보를 가지고 쌓아올리며 피라미드를 더 넓게 만든다. McCullough(2009)는 Jay(가명)라는 청소년 사례에서 전이대상의 사용에 대해 조사했다. 그녀가 주장하는 기본적 사실은 Jay는 자발적으로 미술치료 회기에 영웅 캐릭터 인형을 가지고 왔고, 그녀가 제공한 미술재료와 함께 그 캐릭터를 가지고 정교화 작업을 했다는 점이다. 이것은 흥미로운 일이다. 그러나 왜 MaCullough의 관찰이 저널에 출판될 만큼 중요한가? Jay가 미술치료 세션에 영웅 캐릭터 인형을 가지고 왔다는 것은 Jay의 부모가 이혼하여 Jay가 받은 극심한 스트레스에 대처하기 위해서라고 의미를 부여한다. 좋다. 그러나 대부분의 12세 소년들은 부모가 이혼을 했든 안 했든 간에 영웅 캐릭터 인형으로 작업하지 않나? 분명한 사실이다. 그러나 McCullough는 이 사례에서 소년의 영웅 캐릭터 인형은 전이대상으로 기능했다고 주장했다(Winnicott, 1971). McCullough의 사례연구가 치료에서의 전이대상에 대해 이미 알려져 있는 것과 어떻게 다른가? 매우 어린 아동들에게서 좀 더 전형적으로 많이 보이지만, McCullough는 이 12세 소년이 부모와 분리되는 새로운 심리적 현실을 통합하기 위해 자신의 삶에서 좀 더 안정된 시기로 퇴행하여 도움을 얻을 만한 무언가를 필요로 했다고 보았다. 독자들은 전체적 맥락을 보기 시작할 수 있다. 그러나 목적이 무엇인가? McCullough 는 Jay의 내러티브는 '전이대상의 치료적 사용과 이혼 아동의 대처기제로서 상 징을 통한 의사소통에 대한 연구를 수행하게 한 좀 더 강력한 사례'라고 썼다(p. 24). Jay와 치료사, 그리고 그의 미술작업 간에 만들어진 삼자관계는 자신의 이 야기를 표현하도록 했을 뿐 아니라 부모와의 분리로 인해 무능감을 느끼지 않도 록 자신이 만든 세상에 치료사를 초대했다.

독자와 연결하기

McCullough(2009)의 연구는 저자의 주장의 정확성과 논리를 감소시키지 않는 방식으로 내러티브 사례 사용을 통해 독자로 하여금 Jay와 미술치료 작업을 하 는 치료사가 되는 것을 쉽게 상상할 수 있게 해준 좋은 예이다. 연구보고서의 논 리를 구성하는 데 있어 연구에서 나온 무언가를 독자와 연결하기 위해 자신의 경험을 사용하는 것이 효과적이다. 예를 들어 미술치료와 활동치료를 비교하는 무작위 통제집단연구(Lyshak-Stelzer와 동료들, 2007)는 독자의 미술치료 활 동을 향상시키고, 새로운 프로그램을 개발하도록 도와준다는 결과로 독자를 설 득한다.

  미술치료사들은 친숙하지 않은 과학적 이론이나 사실들을 독자가 이해하도록 도와주기 위해 친근한 상징, 시각적 이미지, 또는 창의적 개입을 사용한다. Pifalo (2009)는 특히 근친상간에 노출된 성인 여성들의 트라우마 극복에 대한 연구를 설명하고 지지해 주기 위해 '미로 지도 만들기(mapping a maze)'라는 시각적 상징을 사용했다. Henley(2007)는 '적에게 이름붙이기(naming the enemy)' 라 불리는 미술치료 과정을 통해 초기 발병된 양극성 장애 아동들의 기분장애 증상을 치료하고 감별하였다.

  결과적으로 글을 쓰는데 과학자들이 표본을 조사해서 쓰는 것이 아닌 자연인 처럼 쓰지 말아야 할 이유는 없다. 당신이 대상자를 학술적으로만 다루기 때문 에 대상자는 당신에게 의미 없고 건조하며 이인화된 것으로 표현된다. 많은 연 구보고서와 원고를 읽는 편집자들처럼, 마치 자신의 연구에 스스로가 변하지 않는 또 다른 변수가 된 듯이 글을 쓰는 연구자로 인해 나 역시 지루해진다. 그들은 자신의 연구가 인간의 온기를 반영하는 무언가를 전달하지 않아야 신뢰성이 있다고 생각한다. 아이디어와 결과는 분명하고 직접적으로 보여야 한다. 그러나 그것들은 또한 독자를 설득시키고 흥미로워야 한다. 독자들은 분명한 언어를 사용하고, 대상자의 참여와 연구자의 열정이 소통하는 보고서를 좋은 보고서로 평가할 것이다.

전문적 글쓰기 기준 : 출판 가능한 논문쓰기

생각을 초안으로 쓰고, 독자와 관련된 일관성 있는 주장을 글로 쓴 후, 쓴 글을 읽을 만한 수준의 보고서로 만들기 위해 다듬어야 하는 시간이 필요하다. 출판 가능한 논문은 전문적 의견을 담고 있어야 하며, 비평적으로 아이디어를 표현해야 한다. 단어 선택은 정보를 정확하게 전달하는 데 기초해야 한다. 초점화가 잘 된 연구보고서는 간결하다. 7개의 단어로 표현할 수 있는 생각을 20개의 단어를 사용한 장황하고 복잡한 문장으로 표현되지 않도록 간결하게 편집해야 한다. 이것은 독자가 논문의 전체 의미를 파악하기 쉽게 해준다.

저자가 좋은 문장을 만들고 자신의 글을 다듬는 데 사용할 수 있는 몇 가지 훌륭한 교재가 있다. 미술치료사들이 좀 더 활용해야 할 자료는 'Publication Manual of the American Psychological Association'(2009)이다. 이 매뉴얼에는 'APA' 스타일을 따른 인용 체계와 권위 있는 참고문헌에 더하여, 아이디어를 표현하는 것뿐만 아니라 문법과 구두점 찍는 것을 향상시키고, 특별서식을 제공하는 몇 개의 특수한 챕터가 있다.

가능하면 수동태보다는 능동태를 사용하고, 시제와 문법은 신중하게 선택한다. 구체적인 어떤 사람을 지칭할 때를 제외하고는 중립적인 성을 지칭하는 언어를 사용한다. 중요하게 생각할 점은 사람을 묘사할 때 편견, 상투적인 표현, 판단, 부정확한 일반화에 민감해야 한다는 것이다. 사람을 라벨링하거나 형용사(집이 없는 사람들) 대신 명사(노숙자)로 사람들을 표시하는 것은 피한다. '사람을 첫 번째로 두는' 원칙은 특히 다양한 진단적 상태에 있는 환자에 대해 글쓰기를 할 때 중요하다. 예를 들어 '정신분열증과 함께 살아가는 사람들'을 '정신분열증 환자'보다 선호한다. 그런 상태는 그 사람이 가지고 있는 것이지 그 사람 자체가 아니기 때문이다. 문화적 집단을 식별하는 명사들의 경우, 이것들은 시간에 따라 변한다. 그래서 당신은 수용할 수 있는 가장 최근 용어들을 이해하고 사용해야 한다. APA가 추천한 편견과 판단을 줄이기 위한 좋은 전략은 자신의 집단 확인자들이 당신이 기술한 집단을 대신해서 글쓰기 영역을 읽어 나간다. 만약 당신이 이런 식으로 기술하는 것을 원치 않으면, 이후에 교정이 필요하다. 다음에 나오는 APA 안내지침(2009, pp. 71~77, 또는 www.apastyle.org에서 'Guidelines for Unbiased Language')은 연구보고서에서 인간 대상자에 대한 글을 쓸 때 좀 더 민감할 수 있도록 도와줄 것이다(표 10.1).

표 10.1	좋은 문장을 만들기 위해 APA 스타일 사용하기
APA 안내지침	**예시**
주어와 동사 일치시키기	• 좋지 않은 예 : 만약 참여자가 자신의 역할에 대해 혼란스러움을 느꼈다면 결정을 위해 자료는 재검토되었다. • 좋은 예 : 참여자가 자신의 역할에 대해 혼란스러움을 느꼈는지의 여부를 결정하기 위해 자료를 재검토했다.
수동태가 아닌 능동태 사용하기. 행동을 하는 주체가 누구인지 분명히 밝히기	• 주의 : 성가신 반복을 피하기 위해 '그 또는 그녀'와 '그의 또는 그녀의'를 자주 사용하지 않는다. • 좋지 않은 예 : 몇몇의 면접은 현장에서의 지각에 맞춰졌다. • 좋은 예 : 나는 세 명의 미술치료사들을 면접했으며, 그들에게 현장에서 지각한 것들을 기술하도록 요청했다.
주요 행위를 표현하기 위해 명사 대신 정확하고 능동적인 동사 사용하기	• 좋지 않은 예 : 치료사의 결정은 청소년 탈락에 대한 프로그램의 개발 및 그것의 매력과 연관이 있다. • 좋은 예 : 치료사는 학교에서 탈락의 위험을 가진 청소년이 매력을 느낄 수 있는 프로그램 개발을 결정했다.
연관된 항목들의 리스트를 만들 때 병행구조 사용하기	• 좋지 않은 예 : 저자는 연구의 목적, 자료가 어떻게 수집되고 분석되었는지와 결과가 어떻게 발견되었는지, 추후연구를 위한 몇 가지 제언 만들기에 대해 기술했다. • 좋은 예 : 저자는 연구의 목적, 자료수집과 분석, 결과, 추후연구를 위한 제언에 대해 기술했다.

표 10.1	좋은 문장을 만들기 위해 APA 스타일 사용하기 (계속)
APA 안내지침	**예 시**
가능하면 몇 개의 명제로 이루어진 구 사용하기	• 좋지 않은 예 : 연구에서 2개의 참여자 집단에 대한 면접이 비디오카메라로 기록되었으며, 나는 질적 방법을 통해 자료를 분석했다. • 좋은 예 : 나는 2개의 참여자 집단 인터뷰를 비디오카메라로 녹화하였으며, 질적 자료를 분석했다.
인간의 특성을 대상이나 개념으로 양도하지 말기	• 좋지 않은 예 : 자료는 프로그램이 성공을 누리는 것처럼 보였다. • 좋은 예 : 자료는 프로그램이 성공적이었다는 것을 제시해 주고 있다.
그들이 서술하고 있는 것 바로 옆에 서술문 배치하기	• 좋지 않은 예 : 탁자위에 놓여 있는, 나는 아동이 점토로 코일처럼 길게 만든 항아리를 보았다. • 좋은 예 : 나는 아동이 점토로 코일처럼 길게 감아 만든 항아리가 탁자 위에 놓인 것을 보았다.
은어, 상투적인 문구, 속어와 과장법 피하기	• 좋지 않은 예 : 희생자의 엄마는 믿을 수 없는 분노를 보여 줬다. • 좋은 예 : 내담자의 어머니는 매우 화가 난 것처럼 보였다.
많이 사용되고 정확하게 서술하고 있는 형용사로 대체하기	• 좋지 않은 예 : 몇 개의 공정하고 좋은 연구들은 정말로 재미있는 결과를 가져왔다. • 좋은 예 : 기분을 조절하는 데 있어 창의성의 역할을 조사한 연구들 가운데, Smith(2007)는 우울한 청소년들은 단기미술치료에서 효과를 본다는 것을 발견했다.
문헌을 참고할 때 과거시제 사용하기	• 좋지 않은 예 : McNiff(1992)는 미술은 치유적이라고 말한다. 그는 계속해서 미술은 집단에게 효과적이라고 말한다. • 좋은 예 : McNiff(1992)는 미술은 치유적이고 집단에 효과적이라고 썼다.
문화적으로 민감하며, 비성차별어 사용하기	• 좋지 않은 예 : 일반적으로 의사는 자신의(his) 정신분열증 환자가 약을 먹길 기대한다. • 좋은 예 : 의사들은 일반적으로 환자들이 약을 복용하기를, 특히 정신분열증으로 진단된 환자들의 경우엔 약을 복용하기를 기대한다.
연구의 저자들과 그들의 직접 경험을 '우리'라고 사용하는 것 제한하기	• 좋지 않은 예 : 우리는 사회에 지역 공동체를 만드는 데 별 관심이 없었다. • 좋은 예 : 어떤 참여자들은 지역 공동체가 미국 사회에서는 별로 가치가 없다고 믿었다.

표 10.1	좋은 문장을 만들기 위해 APA 스타일 사용하기 (계속)
APA 안내지침	**예 시**
간결한 스타일을 유지하기 위해 너무 많은 단어들로 넘치는 문장 다듬기	• 좋지 않은 예 : 아이러니컬하게 미술치료사로서 이 주제에 대해 공식적으로 연구하려는 것은 결코 나의 의도가 아니며, 연구설계에 미술치료 평가도구의 사용을 옹호하거나 촉진하려고 하지 않았다. • 좋은 예 : 나는 연구에서 결코 미술에 기반한 평가도구 사용을 옹호한 적이 없다.

1. **구체성의 수준을 적절하게 기술하라.** 광범위한 범주 대신 구체적 연령 범위를 사용하고, 유도적인 임상용어를 피하며, 광범위한 출신 지역(아시아인) 대신 구체적인 출신 지역(일본인)으로 표시하고, 결혼유무나 교육수준과 같은 연구와 관련 없는 정보를 포함시키지 않는다.

2. **라벨링에 민감해져라.** 사람들이 선호하는 식별 참조집단을 사용하고, '노인'이나 '경계선'과 같은 대상으로 사람들을 범주화하지 말며, '희생자'나 '이상'과 같이 정서가 부여된 용어는 피한다.

3. **참여를 인정하라.** 비인격적인 용어인 '피험자' 대신 '참여자'로 대체하고, '조사가 완료되었다'라는 말 대신 '학생들이 조사를 완료했다'와 같이 능동태를 사용한다. 성, 성적 기호, 인종, 인종정체성, 장애, 연령에 비차별적인 언어를 사용하라.

동료간의 검토 : 학술적 의사소통의 '생태계'

'Art Therapy : Journal of the American Art Therapy Association'과 같은 전문학술저널은 현장의 학술적 의사소통에 주요역할을 한다. 이런 체계를 통해 연구와 여러 논문들이 만들어지며, 동료간의 검토가 이루어지고 널리 알려지며 미래 학자가 양성된다[Association of College & Research Libraries(ACRL), 2003]. 학술저널 미술치료 연구는 공유되고 검증된 '메타—스토리'의 지식으로, 수년간의 미술치료 프로그램의 특성 및 그 영향에 대한 기록, 문제에 대한 제안, 의미 패턴의 관찰, 목표와 과정의 조절, 다른 미술치료사들이 자신의 연구를 선택하고 따르는 도중에 무언가를 표현하고 있다(Kapitan, 2009). 수렵채집인의 전통에서처럼, 지식은 단계적이고 오랜 시간에 걸쳐 점차적으로 그리고 협력적으로 만들어진다. 저널을 읽으면서, 독자들은 학술적 의사소통이 동료들, 멘토들, 펠로우 임상가와 그들의 내담자들, 협력적인 동료들 간의 관계를 어떻게 양성하는지를 이해하게 된다. 학술출판물에 기여한 사람들 각각은 미술치료의 영향 영역을 확장한다.

당신이 원고를 완성하고 학술저널에 원고를 제출하려 할 때, 다른 관점으로 원고를 검토해 줄 사람들로 구성된 동료간 검토 체계를 거치는 것이 좋다. 미출간되었거나 일반서적으로 출간되는 미술치료 이론 및 실제와는 다르게, 저널논문들은 높은 질적 수준을 갖추기 위해 동료들의 검토를 받는다. 연구 장학금은 대규모 기획의 한 부분이며, 대중과 다른 연구자들의 작업은 이런 출판물의 정확성에 따른다. 동료들의 검토는 연구의 질에 대한 공인된 벤치마크이며, 출간된 연구물의 설계가들이 적절하며, 결과가 타당하고 믿을 만하다는 것을 확실하게 해준다.

학술지 편집부에서 일하는 봉사자들처럼 동료 심사위원들은 연구보급에 결정적 지원을 하며, 전문성에 중요한 기여를 한다. 편집자들이 이런 역할을 맡기기 위해 심사위원들을 초대하지만, 어떤 저널들은 웹사이트 링크를 통해, 또는 저자나 동료들의 추천을 통해 심사위원들을 적극적으로 찾기도 한다. 대부분의 학술지 편집부에는 일정한 심사위원들이 있지만 필요에 따라 특수한 분야의 전문가들을 초빙해 검토를 맡긴다. 따라서 연구자들, 소장교수들, 출판에 관심이 있는 치료사들이 고려해야 할 점은 동료 심사위원으로 자원하는 것이다. 편집위원회에서 일하는 것은 당신이 시의 적절하게 현장에서 이루어지고 있는 연구에 접촉할 수 있는 기회이며, 현장에서의 글쓰기와 생각을 볼 수 있게 되며, 저자의 작업을 향상시키고 출판할 수 있도록 도와주고 멘토링할 수 있는 기회가 된다. 동료간의 검토가 양면으로 전문성을 강화시킨다는 것은 분명하다.

그러나 학술저널의 질은 저널의 '생태계(eco-system)'에서 여러 가지 것들이 서로 다른 역할들을 한다는 것을 의미한다. 저자와 연구자들은 질적으로 괜찮은 저널이 출판되길 원한다. 즉, 자신의 작업이 청중들에게 가능하면 빠르고 넓게 영향을 주고 연결되길 원한다. 심사위원들은 제출원고를 검토하고 저자들에게 가치 있는 피드백을 제공하는 전문 봉사자들이다. 그들은 전문 분야의 지식을 쌓을 수 있는 잘 쓰인 논문이나 연구를 기대한다. 편집인들은 출판을 위해 좋은 내용을 뽑아서 제작한다. 또 논문이 독창성이 있고 미술치료사들에게 영향을 줄 수 있는 잠재성을 갖고 있다면 편집자의 흥미를 끌 것이다. 출판사들은 논문에 매력을 느끼는 좋은 편집인들과 심사위원들, 그리고 독자의 욕구를 만족시키는 출판에 관심이 있다. 독자들은 전문성과 자신의 작업향상에 영향을 줄 ― 읽은 내용을 자신의 연구나 실제에 적용하는 것에 관심을 두고 ― 질 좋은 논문을 찾는다(Morris, 2008). 그들의 시간은 귀중하고 값비싸다. 그래서 독자들은 논문의 내용이 최신의 것이며 흥미 있고 연관된 자료를 담고 있는지를 읽고 평가할 것이다.

동료간 검토가 이루어진 저널 생태계의 중요한 링크는 도서관으로, 구독과 연구 데이터베이스 구축은 논문을 직접 찾아볼 수 있게 해준다. 영향력 있는 저널은 수백만의 독자가 접근할 수 있다. 도서관은 예산이 제한되어 있어서 매우 탁월한 구독 결정을 해야 한다. 당신의 논문내용이 질적으로 우수한 출판물이라면 미술치료 영역을 확장시켜 줄 것이다. 도서관의 가치는 어떻게 사용하는가에 달려 있다. 도서관 고객이 재빠르게 위치를 찾아서 그 내용을 사용할 수 있도록 당신의 논문은 다양한 데이터베이스에서 '찾을 만한 가치가 있는' 자료가 되어야 한다. 대다수의 저널이 전자 데이터베이스와 '전문(全文) 이용가능'으로 이용할 수 있게 되면, 학생들과 연구자들이 전 세계의 도서관에서 당신의 논문을 찾음으로써 동료간 검토가 이루어진 문헌에 대한 인식이 극적으로 높아지게 될 수 있다.

제출과 검토의 개관 : 출판 과정의 단계

1. **출판 선택하기** : 출판하길 원하는 논문이 있다면 첫 번째 결정해야 할 사항 중 하나는 'Art Therapy'가 적합한가, 다른 학술저널이 적합한가를 고려하는 것이다(표 10.2). 일반적으로 저널은 또 다른 출판사나 정기간행물을 출판하는 곳에 제출하지 않은 원본만 수락할 것이다. 출판물의 편집 임무는 그 저널의 웹사이트나 저널 안쪽 표지에 쓰여 있으므로 그곳을 참고하라. 여기에는 출판인, 편집자, 편집위원 등의 '발행인'의 이름과 리스트가 적혀 있다. 제출에 필요한 편집임무와 가이드라인은 당신이 출판할 원고를 작성하는 데 도움을 줄 것이다. 당신이 좋은 논문을 썼더라도 모든 저널에 출판할 수 없기 때문에 이 부분은 중요하다. 즉, 독자의 흥미와 관심 영역에 적합해야 하기 때문이다. 저널이 다루는 범위와 질에 대한 감을 잡기 위해, 발행인의 리스트를 보고, 몇 가지 주제와 관련해서 논문들을 읽어 보는 것이 좋다. 또한 대부분의 저널 웹사이트는 저자가 원고를 작성하는 데 도움이 되는 자세한 정보를 제공한다.

2. **'간단하게' 검토하기** : 논문을 제출하기 전에 자료에서 실수한 점을 찾아내고 논문의 논지가 분명하고 결과에 의해 분명하게 지지되고 있는지를, 또 전문 청중들을 위해 쓰였는지를 확인하기 위해 한 명 이상의 신뢰할 수 있는 동료들에게 원고를 읽어 보도록 요청하는 것은 매우 좋은 생각이다. 이 단계는 '간단한' 동료 간 검토와 같은 기능을 하며, 확실한 독자의 견해에 대해 알 수 있게 해주는 이점이 있다. 독자로서 당신의 동료는 당신이 분명히 이해한 것이 다른 누군가에게는 분명하게 이해되지 않는다는 것을 보여줄 수도 있다. 당신은 자신의 논문에 너무 가깝게 있기 때문에 보지 못하는 부분이 있을 수 있다. 논문을 재정리하는 데 동료들의 피드백을 활용하라. 글쓰기에 문제가 있다면, 또 다른 좋은 전략으로는 제출하기 전에 원고를 정리하는 차원에서 탁월한 문장 실력을 갖추고 있는 누군가의 도움을 받는 것이 좋다.

3. **서식의 오류들 제거하기** : 다음으로 제출과 검토를 위해 저널의 저자 안내지침을 검토하라. 원고가 모든 요소들을 다 포함하고 있고 제대로 규격에 맞춰졌

표 10.2	학술저널 출간의 임무와 영역 : Art Therapy : Journal of the American Art Therapy Association의 예
Art Therapy 저널이 출판하는 것은 무엇인가?	• 양적 연구보고서(예 : 실험연구, 준실험연구, 단일사례연구, 조사연구나 상관연구 같은 비실험적 기술연구, 치료결과연구, 메타분석연구) • 질적 연구보고서 및 혼합설계 연구보고서(예 : 평가연구, 사례연구, 현상학, 문화기술지, 참여 및 다른 AR 연구, 해석학적 연구, 미술기반 연구) • 현장에서 흥미 있는 전문적 문제와 주제 또는 실제와 연구를 통합한 이론적, 분석적, 해석적, 실제기반 논문들 • 이론, 실제, 경험 및 현장의 영향에 대한 주제를 논리 정연하게 펼친 의견에 대해 독창적이거나 통찰적인 관점을 보여주는 코멘터리나 견해 • 책과 비디오에 대한 리뷰 • 원고기고를 요청하는 특별한 주제에 대한 내용
Art Therapy 저널이 출판하지 않는 것은 무엇인가?	• 신문에 실리는 것이 좀 더 적절한 글 : 고용현장, 전문적 영역, 또는 후원기관에서 시기적으로 일어나는 사건들. 프로그램에 대한 리뷰와 그것에 대한 사람들의 기여점. 공식적으로 쓰인 회고문이나 사실적 보고서. 전문협회의 위원회 활동이나 후원사건 및 정책개발에 대한 내용 • 저널링, 시쓰기, 개인적 미술작업에 대한 반영이나 창의적 소설쓰기 등의 글. 이것들은 훌륭하지만 저널은 학문적 연구출간이 필수적 목적이다. • 장별로 이루어진 책, 이전에 출간된 논문, 한정된 역사적 리뷰들, 여행기, 유명 저자들과의 인터뷰 • 주요설계의 결함을 갖고 있는 연구들, 하위기준이나 윤리적으로 도전을 받고 있는 연구, 문화적으로 둔감하고 부당하게 표현되었으며, 선동적인 언어를 사용한 논문, 편견이 들어간 논문
Art Therapy 저널에서 원고를 평가하기 위해 사용하는 준거는 무엇인가?	• 저널의 적합성 여부(편집 임무의 기준을 충족시키는가? 또 학술적 의사소통에 대한 기여를 하는가?) • APA 스타일과 포맷 요구사항을 따름 • 글쓰기의 질적 수준 • 내용의 질 • 미술치료 현장에 대한 중요성

표 10.2	학술저널 출간의 임무와 영역 : Art Therapy : Journal of the American Art Therapy Association의 예(계속)
원고를 수락하지 않는 가장 일반적인 이유는 무엇인가?	• 빈약하게 조직되었으며, 글쓰기가 좋지 않음 • 최신의 중요한 연구들을 참고하지 않음(참고문헌이 빠졌거나 부정확하고, 적절하지 않으며, 오래됨) • 참고문헌 인용과 전문적 글쓰기 스타일의 요구사항 모두에서 APA 스타일을 따르지 않음 • 현장에서 별로 중요하지 않음. 예를 들어 미술치료는 보고서와 별 관련이 없고, 자료들 또한 전문청중들에게는 너무 기본적이며, 결과는 너무 하찮거나 자기참조적 관심에 한한 것으로 제한적임 • 독창적이지 않음(이전연구에 대한 재해석이나 다른 의미 있는 사항의 첨가 없이 타인의 작업을 재해석함) • 통제(또는 질적 연구에서의 삼각기법)의 실패, 양적 연구에서 효과 크기의 누락과 같이 연구설계의 결함이나 자료분석에서 나온 증거보다 훨씬 큰 의미를 부여하여 주장하는 경우

는지 확신하기 위해 매우 철저하게 확인하라. 원고의 제목이나 내용에서 당신이나 다른 저자의 이름을 확인할 수 있는 정보를 모두 지워라. 저널 편집인이 검토 없이 당신에게 논문을 되돌려주는 이유가 될 수 있는 일반적 문제들은 (a) 참고문헌 인용과 원고 준비에서 APA 스타일과 서식을 따르지 않았거나, (b) 지나치게 길게 썼거나, (c) 표나 그림의 개수가 지나치게 많거나, (d) 초록을 안 썼거나 또는 부정확하게 썼거나, (e) 저자의 이름이나 일하는 장소가 논문의 내용에 드러나 있거나, (f) 원고가 저널의 제출기준을 따르지 않았을 경우이다. 서식에 맞게 잘 작성된 원고는 전문성을 보여주며 글자체, 철자, 문법적 오류가 없다면 심사위원들에게 보내진다. 또한 대부분의 사람들은 스타일에 대한 안내지침을 일반적인 이해수준으로 받아들이며, 이런 것들은 자주 바뀌기 때문에 정확한 문헌 인용을 위해 APA 출판지침이나 웹사이트를 검토하는 시간을 갖는 것이 좋다.

4. **원고 제출하기** : 당신이 'Art Therapy : Journal of the American Art Therapy Association'에 원고를 제출하려 한다면, 웹사이트로 가서 제출 및 검

토 과정에 대한 정보를 찾아라. 전자제출 시스템에 접속하라. 당신은 마우스로 쉽게 이용 가능한 단계에 대한 안내를 받아, 자세한 저자 정보를 제공하고, 제출 기준과 주요단어를 선택하며, 원고, 표, 그림을 올릴 것이다. 성공적으로 제출하고 나면 자동으로 접수 안내메일을 받게 될 것이다. 출판설명서대로 작성되었는지를 기술지원으로 확인하고, 일차적인 검토를 해줄 편집자에게 원고를 보낼 것이다.

  5. **동료간 검토하기** : 대부분의 편집자와 심사위원들은 저널을 위한 전문 분야의 봉사자로 일하고 있으면서 또 다른 임무를 맡고 있기 때문에 검토 과정은 시간이 걸린다. 원고를 검토하는 데는 보통 두 달 이상이 소요된다. 그 이유는 많은 단계를 거쳐야 하기 때문이며, 대다수의 저명한 저널들에는 심사위원들의 관심을 끄는 다량의 원고들이 제출되기 때문이다. 검토를 기다리는 수많은 제출원고들, 논문주제에 맞는 전문성을 갖춘 심사위원들의 수, 편집자와 심사위원 간의 의사소통에 걸리는 시간에 따라 소요시간이 결정된다. 편집자는 논문을 읽고 평가적인 피드백과 출판을 위한 제언을 해줄 전문성을 갖춘 심사위원을 선택할 것이다. 공정성을 보장하기 위해, 심사위원들은 '이중 블라인드 장치'를 사용한

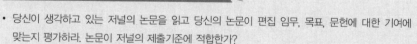

논문제출 전 살펴봐야 할 몇 가지 조언

- 당신이 생각하고 있는 저널의 논문을 읽고 당신의 논문이 편집 임무, 목표, 문헌에 대한 기여에 맞는지 평가하라. 논문이 저널의 제출기준에 적합한가?
- 논문을 믿을 만한 동료에게 읽어 봐 달라고 요청하고 중요한 피드백을 받아라. 피드백을 논문을 다시 정리하고 수정하는 데 사용하라.
- 연구에서의 실수나 원고의 실수를 확인하라.
- 논문의 문장들이 분명하고 연구결과를 지지해 주는가? 논문이 전 세계의 전문청중들을 위해 쓰였는가?
- 정확한 원고서식, 글쓰기, 스타일 요구사항을 위해 APA 매뉴얼과 저널의 편집요강을 검토하라. 논문의 문헌 인용과 참고문헌 목록이 APA 스타일을 따르고 있는가? 그림과 표의 개수 또는 단어제한에 대한 규정을 따랐는가?
- 본문에 저자의 이름과 소속기관이 없는지 확인하고, 블라인드 검토 과정을 따르는지 확실히 하라.
- 서면동의서, 저작권 승인, 연구의 자료와 같은 필요한 서류를 정리하라.

다. 이것은 저자나 심사위원의 이름을 알지 못하게 하는 것을 의미한다. 또한 편집자는 심사위원이 저자와 같은 지역에 살고 있지 않으며, 같은 기관에 근무하고 있지 않다는 것도 확인한다.

심사위원들은 저널에 대한 적합성, 독창적인 내용의 질, 미술치료 현장에서의 의미와 같은 기준에 따라 논문을 읽고 평가할 것이다. 그들은 논문의 강점과 약점을 평가할 것이고, 논문질의 향상을 위해 제안서를 만들 것이다. 마지막으로 심사위원의 제언에 기초해 편집결정이 내려진다. 당신은 (a) 저널이 논문에 실릴 것인지, (b) 출간 전에 수정이 필요한지, (c) 여러 이유로 논문출판이 보류될지에 대한 편지를 받을 것이다.

6. **출판 결정을 위한 작업하기** : 당신이 출간거부편지를 받게 되면 유명 저널의 경우 거부율이 높다는, 특히 첫 번째 제출원고일 경우 높다는 사실을 알 필요가 있다. 당신의 논문이나 연구가 저널 독자에게 잘 맞지 않을지도 모른다. 종종 연구는 논리적일지 모르지만 보고서는 좀 더 잘 조직화되거나 좀 더 견고하게 전개되거나 좀 더 분명하게 쓰여야 할 필요가 있다. 또는 논문이 승인되지 않았을지라도 심사위원들은 당신이 논문을 수정한다면 다시 검토하길 원한다고 하는 정보를 당신에게 보낼지도 모른다. 이후에 승인이 보장되진 않지만 수정에 대한 제안은 원고의 잠재성을 지원한다는 심사위원의 바람에서 나온 것이다. 그들의 의견이 출판 경험에서 나왔다는 것을 명심하고 그들이 제안한 대로 따르라. 같은 단계를 따라 원고를 수정하고 다시 제출하라. 당신이 심사위원의 평가적 피드백을 어떻게 적용해야 하는가는 편지에 포함되어 있다.

7. **원고승인** : 논문이 출판승인을 받았다면, 당신은 몇 가지 사소한 사항들을 수정하라고 요청받을지 모른다. 또한 출판을 위해 준비한 그림과 미술작품을 논문과 함께 제출하라고 요청받을지도 모른다. 이전에 저작권을 요청하지 않았다면, 수정된 원고와 함께 출판계약서에 서명하면서 논문에 대한 저작권을 갖게 된다. 승인된 원고는 출간을 기다리고, 편집자는 출판에 대한 각 주제(보통은 분기별로)에 맞게 선정한다. 'Art Therapy' 논문의 경우, 내용은 전문으로 실리는 논문, 간단한 보고서와 견해, 연구, 현장에 영향을 주는 시기별 주제들이 균

형 있게 구성된다. 논문이 출간될 때쯤 되면 편집자나 출판사로부터 연락을 받을 것이다. 출간되기 전에 편집자와 교정편집자는 사실 확인과 논문편집을 할 것이며, 그들은 수정검토와 질문에 대한 대답을 하도록 요청할지도 모른다. 마지막으로 논문이 어떻게 인쇄될지를 보여주는 '교정쇄'를 확인하라고 당신에게 요청할 것이다. 본문에 변화가 있다면 이 단계를 그냥 지나가서는 안 된다. 이것이 인쇄 전 마지막 단계이다. 원고나 교정 파일을 되돌려주는 게 지연되면 출간도 늦어지게 된다.

장해물

제출과 검토 과정에서 가장 힘든 점은 편집자가 당신의 원고를 되돌려주는 것으로 당신은 출판되기 위해서는 수정이 필요하다는 것을 알게 된다. 당신은 좋은 원고를 쓰기 위해 너무나도 많은 에너지를 소비하기 때문에, 타인이 논문의 부족한 부분을 발견했을 때 받아들이기 어려울 수 있다. 때때로 건설적 비평이 건설적으로 들리지 않는다. 개인적으로 피드백을 받거나 편집자나 심사위원이 당신의 논문을 승인하는 데 너무나도 편견적이라고 생각하는 것은 중요하지 않다. 내 경험에 따르면, 오래된 저널리즘 격언 중 '독자는 항상 옳다'라는 말은 여기서 핵심적인 통찰을 제공한다. 심사위원의 피드백은 당신의 메시지가 옳지만 독자와 연결되지 않는다는 점을 분명히 말하는 것이다. 예를 들어, 심사위원이 "이것은 분명하지 않다."라고 말하면, 문제는 심사위원이 그것을 이해하는 데 있어 충분히 민감한지의 여부가 아니라, 당신의 요점이 좀 더 분명하게 진술되어야 한다는 것이다. 주장이 신뢰성이 없거나 심사위원이 없다면, 수많은 저널의 독자들은 이해하지 못하거나 수용하지 않는다. 메시지나 의미를 향상시켜라. 그러면 독자가 그것을 긍정적으로 받아들이고 반응할 것이라는 가능성이 높아진다.

　이런 상황을 다루는 좋은 전략은 며칠 동안 피드백을 그냥 놔두었다가 다시 읽어 본다. 처음에는 심사위원 하나하나의 제안을 살펴본 후 주요 수정 사항을 수정하는 것이 더 간단하다. 또는 피드백은 당신의 논문이 그 분야에서 한층 더 가치 있기 위해서는 논문을 강화시키는 노력이 필요하다는 것을 암시한다. 아무

튼 논문을 수정하고 수정된 논문을 다시 제출하기 위한 기한을 설정하라. 경험 있는 저자들은 '거절된 논문'이 방치되고 연구에 대한 당신의 열정이 식기 때문에 이런 방해물들은 빨리 제거하는 것이 중요하다고 말한다. 논문의 의도와 목표를 분명히 지지하는 조언들을 수용하여 신중하게 논문을 수정하고, 수정할 때 각각의 주요점을 어떻게 다루었는지를 간단히 설명하는 편지와 함께 논문을 다시 제출하라.

당신이 연구 글쓰기의 주요 단계를 밟았다면, 다른 많은 미술치료사들이 불행히도 하지 못했던 선택을 한 것이다. 나는 당신이 포기하지 말고 이런 점을 잘 따라하길 소망한다. 당신의 연구는 미술이 치유적이라는 중요한 생각을 세상에 내놓기 위해 서로 협력적으로 작업하고, 만들고, 상상하고, 생각하는 미술치료사들의 공동체에 대한 '메타-스토리'의 한 부분이다.

요약

1. 출판을 위한 글쓰기는 미술치료 연구와 지식의 이점을 증가시키기 위해 연구의 결과를 공유하는 중요한 수단이다.

2. 연구자는 윤리적으로 가장 가능한 목적을 위해 결과를 사용하고 전파할 수 있게 해주는 연구 참여자에게 고마움을 느껴야 한다. 또한 이 단계를 밟는 것은 미래 세대의 미술치료사들에게 지식을 전수시켜 주는 것이다.

3. 기본적인 논문 형식은 (a) 제목과 저자, (b) 초록, (c) 서론과 관련 문헌 고찰, (d) 연구방법, (e) 연구결과, (f) 논의, (g) 참고문헌, (h) 표와 그림의 8개 부분으로 구성되어 있다. 이 형식은 개관, 편집, 출판 과정을 도와준다.

4. 저작권은 책임감을 수반하며, 설계하고, 조직하고, 글을 쓰거나 타인이 제출한 자료의 편집을 담당한 사람에게 귀속된 것이다.

5. 연구보고서는 사실적인 정보를 보여주도록 고안된 간단한 서식을 따른다. 그러나 이것은 글쓰기가 건조해지거나 흥미 없어진다는 것을 의미하는 것은 아니다.

6. 초고쓰기는 연구를 통해 사고하는 과정이며, 독자들이 그것을 충분히 이해할 수 있도록 설명함으로써 논리적 순서로 배열하는 과정이다.

7. 명확한 의사소통은 과학적 글쓰기의 가장 중요한 방향이다. 좋은 연구보고서는 증거로 확증되고 필요에 따라 적절한 주장들을 바탕으로 구축된다.

8. 전문적인 목소리로 출판 가능한 논문을 쓴다. 독자들이 쉽게 논문의 전체적인 중요성을 이해하도록 정확하고 용의주도하며 간결하게 쓴다.

9. 동료 간의 검토는 질에 대한 공인된 벤치마크이며, 출판된 연구들이 적절하게 설계되었고 결과가 가치 있고 신뢰할 만하다는 것을 보장한다.

10. 편집자는 심사위원들이 출판하려는 원고들을 읽고 평가하도록 원고들을 할당한다. 동료 간의 검토를 통과하지 못하는 원고들은 출판을 위한 제출목록에 적합하지 않거나, 상당한 수정을 필요로 한다. 저자는 원고를 수정해서 다시 제출하라는 요청을 받을 수 있다. 또는 출판이 승낙될 수도 있다.

 참고문헌

American Educational Research Association. (2006). Standards for reporting on empirical social science research in AERA publications. *Eduacational Researcher, 35*(6), 33–40.

American Psychological Association. (2009). *Publication manual of the American Psychological Association* (6th ed.). Washington, DC: Author.

Association of College and Research Libraries. (2003). *Principles and strategies in the reform of scholarly communication.* [White paper]. Retrieved Febraury 15, 2010, from the American Library Association: http://www.ala.org/ala/mgrps/divs/acrl/publications/whitepapers/princi lestrategies.cfm

Baca, J. S. (2001). *A place to stand.* New York, NY: Grove Press.

Booth, W. C., Colomb, G. G., & Williams, J. M. (1995). *The craft of research.* Chicago, IL: University of Chicago Press.

Campbell, J. (1968). *The hero with a thousand faces* (2nd ed.). Princeton, NJ: Princeton University Press, Boligen Series XVII.

Creswell, J. W. (2003). *Research designs: Qualitative, quantitative, and mixed methods approaches* (2nd ed.). Thousand Oaks, CA: Sage.

Fine, M. A., & Kurdek, L. A. (1993). Reflections on determining authorship credit and authorship order on faculty-student collaborations. *American Psychologist, 48*(11), 1141–1147. Retrieved on April 22, 2009, from http://www.apastyle.org/authorship.html

Henley, D. (2007). Naming the enemy: An art therapy intervention for children with bipolar and comorbid disorders. *Art Therapy: Journal of the American Art Therapy Association, 24*(3), 104–110.

Kaiser, D., Dunne, M., Malchiodi, C., Feen H., Howie, P., Cutcher, D., & Ault, R. (2005). *Call for art therapy research on treatment of PTSD.* [Monograph]. Mundelein, IL: American

Art Therapy Association. Retrived Febraury 15, 2010 from http://www.americanarttherapy association.org/upload/callforresearchptsd.pdf

Kapitan, L. (1998). In pursuit of the irresistible: Art therapy research in the hunting tradition. *Art Therapy: Journal of the American Art Therapy Association, 15*(1), 22–28.

Kapitan, L. (2006b). The multiplier effect: Art therapy research that benefits all. *Art Therapy: Journal of the American Art Therapy Association, 23*(4), 154–155.

Kapitan, L. (2009). Quality matters: Expanding the reach of art therapy's scholarly communication. *Art Therapy: Journal of the American Art Therapy Association, 26*(1), 2–3.

Linton, R. (2000, August). Retrospective outlining. *The Learning Councilor Newsletter, 1*, 1–2.

Lyshak-Stelzer, F., Singer, P., St. John, P., & Chemtob, C. M. (2007). Art therapy for adolescents with posttraumatic stress disorder symptoms: A pilot study. *Art Therapy: Journal of the American Art Therapy Association, 24*(4), 163–169.

McCullough, C. (2009). A child's use of transitional objects in art therapy to cope with divorce. *Art Therapy: Journal of the American Art Therapy Association, 26*(1), 19–25.

Morris, S. (2008). What is quality in journal publishing? *Learned Publishing, 21*, 4–6. doi: 10.1087/095315108X248383.

Patton, M. Q. (2002). *Qualitative research and evaluation methods* (3rd ed.). Thousand Oaks, CA: Sage.

Pifalo, T. (2009). Mapping the maze: An art therapy intervention following disclosure of sexual abuse. *Art Therapy: Journal of the American Art Therapy Association, 26*(1), 12–18.

Stahura, B. (n.d.). Jimmy Santiago Baca interview. *The Progressive*. Retrieved from http://www.progressive.org/mag_intvbaca

Winnicott, D. W. (1971). *Playing and reality*. London, England: Tavistock.

Zinsser, W. (1980). *On writing well*. New York, NY: Harper and Row.

용어해설

가설(hypothesis)　어떤 문제에 대해 논리적 가정을 세워서 그 문제에 대해 추론하는 구조이다.

개방적 계약(open contract)　연구주제나 방향과 관련되어 드러나는 연구전개와 분명해지는 자료처럼 변화를 허용하는 연구설계를 의미한다.

경험적(empirical)　직접관찰이나 실험에 근거해 연구를 기술하는 것이다.

경험주의자 패러다임(empiricist paradigm)　연구의 경험주의자 패러다임은 사회적 및 자연적 현실에 대한 예측과 통제에서 얻은 지식에 일차적으로 관심을 둔다.

고지에 입각한 동의(informed consent)　연구참여에 대한 참여자의 자발적인 동의를 말한다. 고지에 입각한 동의 과정은 연구자가 그들의 참여를 자유롭게 결정할 수 있도록 하기 위해 참여에 대한 모든 측면을 개방적으로 밝히고 설명할 필요가 있다.

관점(standpoint)　참여자의 목소리, 대행, 권력의 측면에서 관찰 연구를 당연시 여겼던 가설을 비판하는 이론이다.

관점 타당도(validity, of perspective)　참여자의 관점과 관련해 타당도가 향상되는 질적 연구에서의 구조이다.

관찰자간 신뢰도(inter-observer reliability) 두 명의 관찰자가 같은 관찰이나 자료를 정확하게 범주화할 수 있는 정도이다.

괄호치기(bracketing) 현상학적 연구에서 사용되는 방법으로 연구현상을 체계적으로 분리하는 방법이다. 연구자는 일반적인 사고로부터 현상을 분리하고 사고를 중단하는 것이다. 괄호치기는 연구자로 하여금 사전지식이나 가정에 영향을 받지 않고 현상의 핵심에 대해 숙고하게 한다.

구성원 검토(member checking) 연구 참여자들에게 그들의 참여로 이루어진 사례 보고서의 정확성을 조사하기 위해 사용하는 전략이다.

구성 타당도(validity, construct) 추상적 개념이나 아이디어를 의미하는 구성의 정도를 측정할 수 있는 정도를 말한다.

귀납법(induction) 관찰에 근거해 이론을 개발하기 위한 연구절차로서 특정한 자료 또는 특수한 사례로부터 추론하는 과정이다.

기관윤리심의위원회(Institutional Review Board) 연구 참여자들을 보호하기 위해 협회가 특별하게 구성한 집단으로 연구에 대한 감독을 수행한다.

기술통계(statistics, descriptive) 자료의 '윤곽'과 자료집단들 간의 관계를 조직화하고 요약하며, 조명하기 위해 사용되는 절차이다.

기저선(baseline) 기저선은 비교의 기초로 사용되는 실험 전 조건이다.

내러티브 분석(narrative analysis) 사회적, 심리적, 문화적으로 의미 있는 패턴을 나타낼 수 있는 문서로 기록된 자료로서 사람들의 이야기를 드러내는 하나의 연구방법이다.

내적 전념(in-dwelling) 심층적인 이해를 위해 연구 참여자들의 경험의 어떤 측면에 지속적인 초점을 두는 발견적 방법이다.

내적 타당도(validity, internal) 결과나 인과관계를 결정하는 데 있어 편파로부터 자유로운 정도를 말한다. 예를 들어 연구상황에서 독립변인이나 처치가 차이를 만드는 것이 있다.

단일대상 연구(single-subject research) 동일한 집단을 통제집단(비처치를 하는 시기)과 실험집단(처치를 하는 시기)으로 만들어서 사전 사후 측정을 하는 연구이다.

대상간 설계(within-subjects design) 모든 참여자들이 모든 수준의 독립변인을 갖게 되는 실험 설계로 각 참여자의 수행이 여러 조건에 따라 비교된다.

대응집단 설계(matched group design) 가능한 한 많은 특성들을 공유한 쌍을 이룬 무작위 선택 집단들로 구성된 실험연구이다.

독립변인(variable, independent)　　조작이나 개입을 하는 변인으로 모든 것이 일정한 상황에서 개입이나 조작의 효과를 보여준다.

동료간 검토(peer review)　　연구출판을 위한 하나의 벤치마크로 연구가 적절하게 설계되었는지 그리고 보고된 연구결과가 타당하고 신뢰가 있는지를 보장하기 위해 그 분야의 전문가들이 연구를 고찰하는 것이다.

맥락적 타당도(validity contextual)　　특별한 자료를 연구문제의 전체적인 맥락과 어떻게 적합하게 맞출 것인가에 대해 기술한다.

무작위 추출(randomization)　　모집단의 특징이 표본의 특징과 일치하도록 조건화하기 위하여 대상을 할당하는 과정이다.

무작위 표본(random sampling)　　전집에서 추출된 표집이 편파적이 아니라는 것을 확인하는 과정으로 각 사람은 표집 추출에 동일한 기회를 얻는다.

문화기술지 연구(ethnographic research)　　문화기술지 연구는 문화집단에 대한 심도 깊은 자연주의적 연구이다.

문화기술지 인터뷰(ethnographic interview)　　문화기술지 인터뷰는 문화기술지 연구의 주요 방법론적 도구이다. 이것은 반구조화되고 개방적인 인터뷰로 개인의 문화와 연관된 질문으로 구성된다.

미술기반 탐구(art-based inquiry)　　미술치료사의 관점과 실제에서 나온 지식을 분명히 하고 구성하기 위한 방법이다. 또는 미술실제에 직접 참여하는 것은 연구문제와 방법을 위한 '현장'이 된다.

미술기반 평가(assessments, art-based)　　여러 집단이나 치료결과로 나온 예술작품을 수집하고 기술하는 연구에 사용하는 과정, 또는 미술치료사가 치료계획을 짜거나 내담자의 의미 있는 미술매체 사용을 역동적으로 평가하는 데 사용하는 과정 등을 표준화하는 것이다.

반영(reflexivity)　　참여자뿐만 아니라 연구자의 관점 그리고 문화적, 사회적, 정치적 의식 또는 자기 자각의 지속적인 실험을 포함하는 탐구 과정이다.

반영적 비평(reflexive critique)　　문제 해결을 위해 채택된 행위를 관찰한 결과로서 새로운 가설을 공식화하는 AR연구에서의 자료분석 과정이다.

발견적 탐구(heuristic inquiry)　　개인적 발견의 과정에 초점을 맞추는 것으로, 새로운 의미와 통찰을 이끌고, 연구자의 자기반성적 탐색과 공동 연구자의 개인적 경험에 대한 자기성찰적 탐색 모두를 포함한다.

방법론(methodology)　　연구자가 연구목적과 문제를 바라보는 특정 렌즈로, 연구결과를 어떻게 얻고 해석할 것인지에 대해 자료수집 및 통제방법에서부터 전체적인 계획을 안내하는 것까지의 사고 양식이다.

범위(range) 통계에서 범위란 가장 높은 점수와 낮은 점수 사이의 차이나 자료의 확산을 말한다.

변증법적 비평(dialectic critique) 변증법적 비평은 AR에서의 자료분석 과정으로, 체계에서의 상호의존적이고 모순된 요소들 간의 상호작용의 결과물로 변화를 연구하는 것이다.

복제(replication) 동일한 조건과 과정 중에 발생하는 비슷한 결과에 대한 검증을 위하여 연구를 반복하는 과정이다.

본질적 사례연구(intrinsic case study) 일반적인 문제를 규명하기 위해 사용되기보다는 특별한 사례에 대한 연구자의 본질적 관심을 연구하기 위해 사용된다.

분석 단위(unit of analysis) 분석 단위는 현장, 시간, 활동, 특정 사례, 공동체, 프로그램, 집단, 개인이 된다. 연구문제와 목적을 위하여 중요한 함의를 가지고 있는 특성들 또는 특별한 특성을 조명하는 표집 한계이다.

비밀보장(confidentiality) 연구자가 연구 참여자의 동의 없이 정보를 제3자에게 노출하지 않겠다는 연구윤리에 대한 것이다.

비실험적 기술연구(non-experimental descriptive research) 기존의 문제나 상황에 대한 자료를 수집하고 측정하는 설계로서 상관연구와 조사연구가 포함된다.

비평적 패러다임(critical paradigm) 연구에서의 비평적 패러다임은 인간의 잠재성을 극대화하기 위해 현실에 대한 사회적 의식을 변형시키는 데 일차적 관심을 둔다.

사례연구(case research) 사례연구는 질적 연구의 유형으로 연구자의 흥미를 끄는 특별한 조건, 특성, 또는 상황을 설명하기 위해 한 개인이나 집단, 현장, 사건을 이해하는 연구방법이다.

사전사후검사 통제집단 설계(pretest posttest control group design) 매칭에 의해 또는 무작위화된 절차를 통해 형성된 두 집단이 포함된 실험 설계이다.

사후검사 통제집단 설계(posttest-only control group design) 실험집단이 처치를 받고 실험처치 없는 통제집단과 비교되는 실험 설계이다.

삼각기법(triangulation) 결과물의 타당도를 높이기 위해 다양한 방법, 자료, 관점, 이론들을 사용하여 자료를 수집하거나 분석하는 질적인 과정이다.

상관연구(correlational research) 상관연구는 2개 이상의 변인들 간의 인과관계가 아닌 정도와 방향에 대한 선형관계를 보는 연구이다.

상상적 변형(imaginal variation)　현상학적 자료 환원의 한 원리로 연구자가 현상을 기술하기 위해 주된 차원을 제외시키거나 변화시켜 결과를 고려하는 것이다. 주된 차원을 변화시킨 결과가 '무너짐'이라는 의미라면 그 차원은 전체를 나타내는 현상에 대한 의미의 본질이라 할 수 있다.

상승효과(multiplier effect)　어떤 연구가 상호연결된 관심망을 통해 널리 퍼질 때 잠재적인 영향이 생길 것이라는 원리이다.

상호주관적 타당도(validity, intersubjective)　연구결과가 정보를 주는 피드백을 통하여 검증되고 확인되는 질적 연구의 구성이다.

성과연구(outcomes research)　주어진 상황의 효과, 특성, 처치의 이점을 조사한다.

성숙(maturation)　시간이 흐름에 따라 성장, 감소 또는 실험 조건과 관련 없는 다른 요인들로 인한 변화 과정이다.

솔로몬 4집단 설계(solomon four-group design)　사전검사의 영향을 통제하는 통제집단 설계의 확장된 형태이다.

수평화(horizontalization)　현상학적 자료분석 방법으로, 모든 진술과 관점에 똑같은 가치를 두고 조사하기 위해 괄호치기를 하고 핵심 특성을 추출한 자료를 넓게 펼쳐놓는 것이다.

시계열 설계(interrupted time series experiment)　단일실험집단의 참여자들이 경험한 자연스럽게 발생하는 사건이나 처치 전후의 다양한 관찰에서 얻은 자료를 수집하는 연구설계이다.

신뢰도(reliability)　연구도구의 일관성에 대한 원리이다. 신뢰성 있는 도구는 지속적으로 시간이 흘러도 동일한 결과를 가져올 것이라 가정된다.

실증주의(positivism)　지식을 주장할 때 객관적 실재가 있고 직접적이거나 관찰 가능한 경험만 타당하다는 원칙에 근거한 이론적 관점이다.

실험(experiment)　통제되거나 '폐쇄적' 환경에서 이루어지는 체계적인 연구로 효과를 알아보기 위해 알려진 모든 변인을 통제하거나 조작할 수 있다.

암묵적 지식(tacit knowing)　의미에 대해 내적 탐구를 통해 얻은 인간의 이해와 지식을 인식하는 발견적 연구의 원칙을 말한다.

양적(quantitative)　예언적 설명에 도달하기 위한 연역적 추론, 인과관계, 변인의 통제와 측정에 의해 규정되는 연구 패러다임을 말한다.

엄격성(rigor)　모든 과정에서의 정확도와 통합에 집중하는 연구에서의 신중함과 정확성을 말한다.

에믹(emic)　경험을 내부자의 설명에 기초하여 바라보는 문화적 관점이다.

에틱(etic)　경험을 외부자의 설명에 기초하여 바라보는 문화적 관점이다.

연구(research)　일반적으로는 과학적, 학문적 조사 또는 탐구로 정의된다. 미국의 연방법에 의하면 연구란 지식을 일반화하기 위한 기여 또는 발전하기 위하여 설계된 평가나 실험, 연구발전을 포함한 체계적 조사로 정의된다.

연구 대상자(human subject)　연구자가 상호작용이나 중재를 통한 정보 또는 확인할 수 있는 사적 정보를 얻는 데 흥미가 있는 사람을 의미한다.

연구책임자(principal investigator)　연구의 설계와 구성의 일차적인 책임이 있는 사람이다.

연역(deduction)　연역은 일반적인 것에서 특별한 것을 추론하는 과정이며, 연구자는 자료를 예측하고 가설을 검증하기 위해 일반이론을 사용한다.

영가설(null hypothesis)　실험이 틀렸음을 입증하는 하나의 구조이다. 변인에 있어 집단 간의 차이나 관계가 없다는 것이고, 독립변인이 종속변인에 영향을 주지 않는다는 것이다.

오염변인(variable, confounding)　연구의 독립변인과 상호작용하는 이차변인으로 독립변인이 기대되는 결과를 가져온다는 확실성에 이의를 제기하게 하는 정도에 대한 것이다.

외적 타당도(validity, external)　연구가 실제 인생을 대표하고 그 연구의 표본에서부터 다른 사례까지 일반화할 수 있는 정도에 대한 결정을 말한다.

유의성(significance)　가능성에 대한 실험적 발견의 정도를 의미한다.

위험 평가(risk assessment)　연구 참여자가 피해 가능성에 노출될 수 있는 가능성을 평가하는 과정이다.

윤리(ethics)　연구의 설계와 수행에서의 규준이라 할 수 있다. 이것은 참여자의 복지와 통합 및 위해 방지에 기초하고 있다.

이론(theory)　자료의 예측, 해석 또는 기술을 허용하는 개념과 아이디어의 조직체이다.

일반화(generalization)　변화에도 불구하고 연구에서 얻은 결과를 유사한 집단, 현장, 치료에 적용할 수 있는지와 관련한 연구원리이다.

임상 연구팀(clinical research team)　개인이 수행 가능한 것 이상의 더 큰 연구를 성공적으로 수행하기 위해 전문성과 기술을 갖고 있는 사람들을 모아 놓은 다학

제적 전문가 집단이다. 현장에서의 연구는 팀 각각의 구성원이 자신의 독특한 전
문성에 해당되는 측면에 책임을 다할 때 관리될 수 있다.

자료(data)　　진실을 찾기 위한 경험적 관찰들이나 사실들이다.

자료분석(data analysis)　　수집된 정보를 해석하고 그것의 의미를 추출하는 방법
이다.

자료수집(data collection)　　연구의 중심문제, 가설 또는 가정을 분명히 하고 해결하
거나 검증하기 위해 연관된 정보를 찾는 방법이다.

자연관찰(naturalistic observation)　　연구자의 개입을 최소화하는 자료수집에 대한
발견 지향적인 접근이다.

자연실험(natural experiment)　　자연스럽게 일어나는 사건(재난이나 일상적인 처치
와 같은)이나 거기에 존재하는 특별한 변인들의 효과를 연구한다.

저작권(authorship)　　연구보고서에서의 저작권은 연구의 실질적 기여를 한 사람이
나 연구를 수행했거나 보고서를 실제로 쓴 사람을 기초하여 결정한다.

전환(ABA) 설계(reversal design)　　적은 수의 피험자를 대상으로 한 설계로, 피험자
의 기저선 조건을 측정하고 실험처지나 개입을 한다.

조사연구(survey research)　　전집에 대한 가설을 진술하고 추세를 설명하기 위해 전
집에 대한 특정 정보를 수집하는 방법이다.

조작화(operationalize)　　연구자가 수행해야 할 조작을 통해 연구의 모수를 정의하는
것으로 연구설계 과정의 한 부분이다.

종단연구(longitudinal study)　　발달적 연구라고도 부르며 어떤 경향들을 확인하거
나 예견하기 위한 목적으로 오랜 기간 동안 이루어지는 연구설계이다.

종속변인(variable, dependent)　　관찰되는 결과를 보여주는 변인으로 조건의 변화
또는 조작, 개입의 결과에 따른다.

준실험(qussi-experiment)　　무작위 할당 대신에 연구자의 통제 없이 자연 발생적이
거나 '선택된' 변인들로 통제한 실험이다.

중앙집중 경향(central tendency)　　최빈치, 중앙치, 평균 같은 측정치로 분포된 방대
한 자료의 중간 지점을 찾기 위해 사용하는 통계적 기법이다.

중앙치(median)　　분포 또는 배열된 수치의 중앙지점을 기술하는 중앙집중 경향에
대한 측정치이다.

증거기반 실제(evidence-based practice)　　치료 효과를 입증하고 보살핌에 대한 임
상적 지침과 기준을 알려주는 특정 연구의 순위에 근거한 접근이다.

질적(qualitative) 심층적 이해에 도달하기 위해 관찰된 주제와 반성, 귀납적 추론에 대한 탐구적 또는 해석적 분석으로 이루어지는 연구 패러다임이다.

참여관찰(participant-observation) 관찰자가 연구되고 있는 상황에 어느 정도 참여하는지의 정도를 나타내는 현장 전략이다.

참여적 사례연구(participatory case research) 연구자 그리고 중요한 이슈나 상황에 대한 통찰을 제공하는 사례 참여자나 정보제공자 간에 이루어지는 협력적인 탐구의 한 형태이다.

처치(treatment) 개인의 건강이나 안녕을 향상시키기 위한 목적으로 변화를 꾀하려는 일련의 절차이다.

초록(abstract) 연구보고서의 간략하고 정확한 요약으로 저널의 앞부분에 위치하며, 핵심단어 검색에 사용된다.

총괄 평가(evaluation, summative) 다른 프로그램 및 대용량 표집에서 나온 표준과 그 결과를 비교함으로써 프로그램의 효과성을 검토하는 것이다. 총괄 평가는 다양한 현장 평가에서 처치를 표준화하기 위해 사용되는 방법이다.

최빈치(mode) 가장 빈번한 점수인 중앙집중 경향의 측정치이다.

최소위험(minimal risk) 연구 참여자에 대한 최소 위험은 연구에 참여함으로써 얻는 손해나 불편의 가능성을 의미하는 것으로, 일상생활이나 일련의 심리검사 과정에서 흔히 경험하는 것 이하여야 한다.

측정(measurement) 대상의 수나 속성을 부여함으로써 비교를 통한 판단을 내리기 위해 사용되는 일련의 절차이다.

탐구(inquiry) 어떤 관심이나 질문을 조사하거나 연구하는 행위이다.

통계적, 매개 변수의(statistics, nonparametric) 정규 곡선을 따라 분포되지 못한 자료를 해석하기 위하여 사용하는 절차이다.

통계적, 추론적(statistics, inferential) 표준 또는 모형을 비교할 때 자료에 대한 신뢰도와 일반화에 대한 추론을 만들기 위해 사용되는 절차이다.

통제(control) 다른 모든 변수들을 고정시켜 놓고 할당된 모수 내에서 비교하기 위한 방법이다.

통제된 실험(controlled trial) 특별한 조건을 갖고 있는 집단에서의 처치 효과를 조건이 없는 다른 집단과 비교하는 실험 설계이다.

통제변인(variable, control) 독립변인으로 실험에서 일관성을 유지한다.

판단중지(epoche) 연구자의 편견, 가정, 선입견을 체계적으로 점검하기 위한 현상학적인 방법으로, 연구의 주관적 문제에 대해 연구자의 개인적 개입을 가능한 많이 제거하기 위한 목적을 갖는다.

평균(mean) 중앙집중 경향의 측정치이며 전체 점수의 합을 점수의 개수로 나누어 얻는다.

폐쇄적 계약(closed contract) 변화를 받아들이지 않는 연구설계를 의미한다. 의도된 연구는 알려진 가설을 검증하기 위한 목적으로 설계되었으며, 오염변수나 예측하지 못한 변수를 최소화하기 위해 구체적인 계획을 따르게 된다.

표본(sample) 모집단의 대표적인 추출로 통계에서 전집의 하위집합을 의미한다. 결과를 전집에 일반화하기 위해서나 전집에 대한 지식으로 만들기 위해 목표가 되는 모집단을 대표하는 추출방법이다.

표준편차(standard deviation) 평균범위의 분포 여부를 알기 위해 점수가 어떻게 평균과 관련이 있는지에 대한 통계적 기술 측정이다.

프로그램 평가(program evaluation) 프로그램의 전반적인 효과성 또는 특정 단위, 활동, 프로그램, 사건, 현장을 살펴보기 위한 연구결과의 한 형태이다.

프로토콜(protocol) 다중의 연구자들이 연구로부터 유사한 결과를 얻기 위해 정확하게 따르는 고정된 일련의 절차이다. 또한 연구 프로토콜은 때때로 기관윤리심의 위원회에 제출하도록 요구되기도 한다.

피험자간 설계(between subject design) 피험자간 설계는 두 집단을 무작위로 배치하거나 대응시켜 실험하는 것으로 각 집단은 각기 다른 수준의 독립변인 대상이 된다.

한계설정(delimitation) 연구문제와 상관없이 연구를 수행하는 데 있어 한계를 기술하는 것이다.

해석주의자 패러다임(interpretivist paradigm) 인간의 경험을 질적으로 해석하고 이해하는 데 주된 관심이 있는 연구이다.

해석학(hermeneutics) 해석의 이론과 실제이다. 이것은 연구자와 텍스트 또는 사물 간의 대화로, 텍스트나 사물이 만들어진 맥락과 그것에 대한 해석적 맥락 간을 왔다 갔다 하면서 이루어진다.

현상(phenomenon) 의미 있는 사건, 관계, 입장, 정서 또는 이슈에 대한 독립체, 구성 또는 경험이다.

현상학적 탐구(phenomenological inquiry) 선가정을 최소화하면서 참여자들의 경험, 시각, 관점의 본질에 관한 통찰을 찾는 것이다.

현상학적 환원(phenomenological reduction)　자료의 본질적 구조가 밝혀지고 기술 되는 현상학적 연구에서의 자료분석 절차이다.

형성평가(evaluation, formative)　향상과 변화를 위해, 또는 전략적 미래설계에 대 한 기초를 제공하기 위해 구체적 프로그램의 효과성을 조사하는 것이다.

혼합설계(mixed design)　연구문제의 실용주의적 관심에 따라 양적 자료와 질적 자 료, 또는 폐쇄적 전략과 개방적 전략의 혼합을 모두 허용한다.

효과성(effectiveness)　개입이나 치료가 실제 내담자와의 일반적인 상황에서 사용 될 때 유익한 결과를 가져오는 경향의 정도를 의미한다.

효과 크기(effect size)　영가설의 틀린 정도를 계산하여 독립변수의 효과를 결정하는 것이다.

효율성(efficacy)　개입이나 치료가 처치 없는 통제상황에서 발견될 수 있는 것보다 더 나은 결과를 가져올 수 있는 정도를 의미한다.

후기실증주의(post-positivism)　인간 행동을 설명하는 데 있어서의 과학적 판단과 인과관계의 한계를 고려한 이론적 관점이다.

AR(Action-Research)　변화를 가져오기 위한 목적으로 문제, 이슈의 해결책이나 또는 현장 실무자의 실제의 특성을 찾기 위해 연구방법을 적용하는 것이다.

PAR(Participatory Action Research)　사회적 변화의 목적을 가지고 자신의 경험을 조사하고, 문제를 정의하고, 그에 대한 지식과 해결책을 만드는 데 관심이 있는 사람들의 공동체에 의해 집단적으로 조직화된다.

참고문헌

Allen, P. (1995). *Art is a way of knowing*. Boston, MA: Shambhala.

Allen, P. B., & Gantt, L. (1992). Guidelines for getting started in art therapy research. In H. Wadeson (Ed.), *A guide to conducting art therapy research* (pp. 23–27). Mundelein, IL: American Art Therapy Association.

American Art Therapy Association. (2003). *Ethical principles for art therapists*. Mundelein, IL: Author.

American Educational Research Association. (2006). Standards for reporting on empirical social science research in AERA publications. *Educational Research, 35*(6), 33–40.

American Psychological Association. (2009). *Publication manual of the American Psychological Association* (6th ed.). Washington, DC: Author.

Anderson, F. E. (1978). *Art for all the children*. Springfield, IL: Charles C Thomas.

Anderson, F. (2001). Benefits of conducting research. *Art Therapy: Journal of the American Art Therapy Association, 18*(3), 134–141.

Argyris, C., & Schon, D. A. (1974). *Theories in practice: Increasing professional effectiveness*. San Francisco, CA: Jossey-Bass.

Argyris, C., & Schon, D. A. (1978). *Organizational learning: A theory of action perspective*. Reading, MA: Addison Wesley.

Arnheim, R. (1969). *Visual thinking*. Berkeley: University of California Press.

Arrington, D., & Anderson, F. (1992). Grants: A structure for research. In H. Wadeson (Ed.), *A guide to conducting art therapy research* (pp. 193–198). Mundelein, IL: American Art Therapy Association.

Association of College and Research Libraries. (2003). *Principles and strategies in the reform of scholarly communication*. [White paper]. Retrieved February 15, 2010, from the American Library Association: http://www.ala.org/ala/mgrps/divs/acrl/publications/whitepapers/prin-cilesstrategies.cfm

Aube, L., Meade, J., & Baeuchle, B. (2006). The art of art therapists: Identity and vision. Poster presented at the Annual Conference of the American Art Therapy Association, New Orleans, LA.

Baca, J. S. (2001). *A place to stand*. New York, NY: Grove Press.

Backos, A. Y., & Pagon, B. E. (1999). Finding a voice: Art therapy with female adolescent sexual abuse survivors. *Art Therapy: Journal of the American Art Therapy Association, 16*(3), 126–132.

Bailey, D. M. (1991). *Research for the health professional: A practical guide*. Philadelphia, PA: Davis.

Barbee, M. (2002). A visual-narrative approach to understanding transsexual identity. *Art Therapy: Journal of the American Art Therapy Association, 19*(2), 53–62.

Bass, R. (1991). Why I hunt. *Parabola, 26*(2), 54–56.

Beck, P. V. (1991). Wild trout. *Parabola, 16*(2), 26–29.

Beckford P. (1847). *Thoughts on hunting, in a series of familiar letters to a friend*. London, England: Henry G. Bohn.

Bell, C. E., & Robbins, S. J. (2007). Effect of art production on negative mood: A randomized, controlled trial. *Art Therapy: Journal of the American Art Therapy Association, 24*(2), 71–75.

Bell, E. E. (2001). Infusing race into the U.S. discourse on action research. In P. Reason & H. Bradbury (Eds.), *Handbook of action research* (pp. 48–58). Thousand Oaks, CA: Sage.

Betensky, M. (1973). *Self-discovery and self-expression*. Springfield, IL: Charles C Thomas.

Beyrer, C., & Kass, N. (2002). Human rights, politics, and reviews of research ethics. *Lancet, 359*(9328), 246–251.

Bloomgarten, J., & Netzer, D. (1998). Validating art therapists' tacit knowing: The heuristic experience. *Art Therapy: Journal of the American Art Therapy Association, 15*(1), 51–54.

Bogdan, R., & Biklen, S. (1982). *Qualitative research for education: An introduction to theory and methods*. Boston, MA: Allyn and Bacon.

Booth, W. C., Colomb, G. G., & Williams, J. M. (1995). *The craft of research*. Chicago, IL: University of Chicago Press.

Braud, W., & Anderson, R. (1998). *Transpersonal research methods for the social sciences: Honoring human experience*. Thousand Oaks, CA: Sage.

Brooke, S. (1996). *A therapist's guide to art therapy assessments*. Springfield, IL: Charles C Thomas.

Broudy, H. S. (1981). *Truth and credibility, the citizen's dilemma*. New York, NY: Longman.

Brown, T. (1991). The tracker. *Parabola, 16*(2), 70–72.

Campbell, D. T., & Stanley, J. C. (1969). *Experimental and non-experimental designs for research*. Chicago, IL: Rand McNally.

Campbell, J. (1968). *The hero with a thousand faces* (2nd ed.). Princeton, NJ: Princeton University Press, Boligen Series XVII.

Cantera (Center for Communication and Popular Education of Nicaragua). (2007). *Who are we?* Retrieved February 15, 2010, from http://www.canteranicaragua.org/en_cantera.html

Carolan, R. (2001). Models and paradigms of art therapy research. *Art Therapy: Journal of the American Art Therapy Association, 18*(4), 190–206.

Carr, D. (1986). *Time, narrative, and history*. Bloomington: Indiana University Press.

Carter, F. (1991). Fox and hounds. *Parabola, 16*(2), 30–34.

Chambers, E. (2000). Applied ethnography. In N. K. Denzin & Y. S. Lincoln (Eds.), *Handbook of qualitative inquiry* (2nd ed.; pp. 51–69). Thousand Oaks, CA: Sage.

Chapman, L., Morabito, D., Ladakakos, C., Schreier, H., & Knudson, M. M. (2001). Effectiveness of art therapy interventions in reducing post traumatic stress disorder (PTSD) symptoms in pediatric trauma patients. *Art Therapy: Journal of the American Art Therapy Association, 18*(2), 100–104.

Chataway, C. J. (2001). Negotiating the observer-observed relationship: Participatory action research. In D. L. Tolman and M. Brydon-Miller (Eds.), *From subjects to subjectivities: A handbook of interpretive and participatory methods* (pp. 239–255). New York: New York University Press.

Cohen, B., Mills, A., & Kijak, A. K. (1994). An introduction to the Diagnostic Drawing Series: A standardized tool for diagnostic and clinical use. *Art Therapy: Journal of the American Art Therapy Association, 11*(2), 105–110.

Cole, A. L., & Knowles, J. G. (Eds.). (2001). *Lives in context: The art of life history research*.

Walnut Creek, CA: AltaMira Press.

Collie, K., Backos, A., Malchiodi, C., & Spiegel, D. (2006). Art therapy for combat related PTSD: Recommendations for research and practice. *Art Therapy: Journal of the American Art Therapy Association, 23*(4), 157–164.

Collie, K., & Cubranic, D. (1999). An art therapy solution to a telehealth problem. *Art Therapy: Journal of the American Art Therapy Association, 16*(4), 186–193.

Coomaraswamy, A. K. (1991). The use of art. *Parabola, 26*(3), 4–10.

Corcos, N. (2006). "From where we stand": A Web-based art intervention in response to terror. Poster presented at the Annual Conference of the American Art Therapy Association, New Orleans, LA.

Creswell, J. W. (1994). *Research design: Qualitative and quantitative approaches.* Thousand Oaks, CA: Sage.

Creswell, J. W. (1998). *Qualitative inquiry and research design: Choosing among five traditions.* Thousand Oaks, CA: Sage.

Creswell, J. W. (2003). *Research designs: Qualitative, quantitative, and mixed methods approaches* (2nd ed.). Thousand Oaks, CA: Sage.

Csikszentmihalyi, M., & Robinson, R. E. (1990). *The art of seeing: An interpretation of the aesthetic encounter.* Malibu, CA: J. P. Getty Press.

Daley, K. J. (2007). *Qualitative methods for family studies and human development.* Thousand Oaks, CA: Sage.

Deaver, S. P. (2002). What constitutes art therapy research? *Art Therapy: Journal of the American Art Therapy Association, 19*(1), 23–27.

Denzin, N. (2003). *Performance ethnography: Critical pedagogy and the politics of culture.* Thousand Oaks, CA: Sage.

DeWalt, K. M., & DeWalt, B. R. (2002). *Participant observation: A guide for fieldworkers.* Walnut Creek, CA: AltaMira Press.

Diamond, P. (1992). The single-case study. In H. Wadeson (Ed.), *A guide to conducting art therapy research* (pp. 97–116). Mundelein, IL: American Art Therapy Association.

Dickinson, T. D. (Ed.). (2003). *Community and the world: Participating in social change.* Hauppauge, NY: Nova Science.

Dilthey, W. (1976). *Selected writings.* (H. P. Rickman, Ed. & Trans.). Cambridge, MA: Cambridge University Press.

Dilthey, W. (1985). *Poetry and experience. Selected works, vol. 5.* Princeton, NJ: Princeton University Press.

Doric-Henry, L. (1997). Pottery as art therapy with elderly nursing home residents. *Art Therapy: Journal of the American Art Therapy Association, 14*(3), 163–171.

Douglass, B., & Moustakas, C. (1985). Heuristic inquiry: The internal search to know. *Journal of Humanistic Psychology, 25*(3), 39–55.

Eisner, E. (1981). On the differences between scientific and artistic approaches to qualitative research. *Educational Researcher, 10*(4), 5–9.

Eisner, E. (1991). *The enlightened eye: Qualitative inquiry and the enhancement of educational practice.* New York, NY: Macmillan.

Eisner, E. (1998). *The kinds of schools we need: Personal essays.* Portsmouth, NH: Reed Elsevier.

Eisner, E. (2002). *The arts and the creation of mind.* New Haven, CT: Yale University Press.

Eisner, E. (2003). On the art and science of qualitative research in psychology. In P. M. Camic, J. E. Rhodes, & L. Yardley (Eds.), *Qualitative research in psychology: Expanding perspectives in methodology and design* (pp. 17–30). Washington, DC: American Psychological Association.

Elmes, D. G., Kantowitz, B. H., & Roediger III, H. L. (1999). *Research methods in psychology* (6th ed.). Pacific Grove, CA: Brooks/Cole.

Emerson, R. M., Fretz, R. I., & Shaw, L. L. (1995). *Writing ethnographic field notes.* Chicago, IL: University of Chicago Press.

Evans, K., & Dubowski, J. (2001). *Art therapy with children on the autistic spectrum: Beyond words*. Philadelphia, PA: Jessica Kingsley.

Fay, B. (1987). *Critical social science*. Ithaca, NY: Cornell University Press.

Feen-Calligan, H. R. (2005). Constructing professional identity in art therapy through service-learning and practica. *Art Therapy: Journal of the American Art Therapy Association, 22*(3), 122–131.

Fenner, P. (1996). Heuristic research study: Self-therapy using the brief image making experience. *The Arts in Psychotherapy, 23*, 37–51.

Fine, M. A., & Kurdek, L. A. (1993). Reflections on determining authorship credit and authorship order on faculty-student collaborations. *American Psychologist, 48*(11), 1141–1147. Retrieved on April 22, 2009, from http://www.apastyle.org/authorship.html

Fine, M., Torre, M. E., Boudin, K., Bowen, I., Clark, J., Hylton, D., . . . & Upegui, D. (2003). Participatory action research: From within and beyond prison bars. In P. M. Camic, J. E. Rhodes, & L. Yardley (Eds.), *Qualitative research in psychology: Expanding perspectives in methodology and design* (pp. 173–197). Washington, DC: American Psychological Association.

Finkelstein, M. (2005). *With no direction home: Homeless youth on the road and in the streets*. Belmont, CA: Thomson Wadsworth.

Fish, B. (2006). Image-based narrative inquiry: An original qualitative research method. Paper presented at the Annual Conference of the American Art Therapy Association, New Orleans, LA.

Fish, B. (2008). Formative evaluation research of art-based supervision in art therapy training. *Art Therapy: Journal of the American Art Therapy Association, 25*(2), 70–77.

Fitzpatrick, F. (2002). A search for home: The role of art therapy in understanding the experiences of Bosnian refugees in Western Australia. *Art Therapy: Journal of the American Art Therapy Association, 19*(4), 151–158.

Friedman, V. J. (2001). Action science: Creating communities of inquiry in communities of practice. In P. Reason & H. Bradbury (Eds.), *Handbook of action research* (pp. 159–170). Thousand Oaks, CA: Sage.

Friere, P. (1970). *Pedagogy of the oppressed*. New York, NY: Plenum Press.

Friere, P. (1997). Foreword. In S. E. Smith and N. A. Johnson (Eds.), *Nurtured by knowledge: Learning to do participatory action-research* (pp. xi-xii). New York, NY: Apex Press.

Gadamer, H.–G. (1976). *Philosophical hermeneutics*. Berkeley: University of California Press.

Gans, H. (1982). The participant observer as a human being: Observations on the personal aspects of fieldwork. In R. G. Burgess (Ed.), *Field research: A sourcebook and field manual* (pp. 55–61). London, England: George Allen and Unwin.

Gantt, L. (1990). A validity study of the Formal Elements Art Therapy Scale (FEATS) for measuring diagnostic information through assessing formal variables inpatients' drawing. Unpublished doctoral dissertation, University of Pittsburgh, PA.

Gantt, L. (1992a). Some research models drawn from neighboring fields. In H. Wadeson (Ed.), *A guide to conducting art therapy research* (pp. 67–78). Mundelein, IL: American Art Therapy Association.

Gantt, L. (1992b). A description and history of art therapy assessment in research. In H. Wadeson (Ed.), *A guide to conducting art therapy research* (pp. 120–140). Mundelein, IL: American Art Therapy Association.

Gantt, L. (1998). A discussion of art therapy as science. *Art Therapy: Journal of the American Art Therapy Association, 15*(1), 3–12.

Gantt, L. (2001). The Formal Elements Art Therapy Scale: A measurement system for global variables in art. *Art Therapy: Journal of the American Art Therapy Association, 18*(1), 50–55.

Gantt, L. (2004). The case for formal art therapy assessments. *Art Therapy: Journal of the American Art Therapy Association, 21*(1), 18–29.

Gantt, L., & Tabone, C. (1998). *The Formal Elements Art Therapy Scale: The rating manual*. Morgantown, VW: Gargoyle Press.

Gardner, H. (1973). *The arts and human development*. New York, NY: Wiley.

Garoian, C. R. (1999). *Performing pedagogy: Toward an art of politics*. Albany: State University of New York.

Gendlin, E. (1962). *Experiencing and the creation of meaning*. Chicago, IL: Free Press.

Gergen, K. (1991). *The saturated self: Dilemmas of identity in contemporary life*. New York, NY: Basic Books.

Gilroy, A. (2006). *Art therapy, research, and evidence-based practice*. Thousand Oaks, CA: Sage.

Giorgi, A. P., & Giorgi, B. M. (2003). The descriptive phenomenological psychological method. In P. M. Camic, J. E. Rhodes, & L. Yardley (Eds.), *Qualitative research in psychology: Expanding perspectives in methodology and design* (pp. 243–274). Washington, DC: American Psychological Association.

Golub, D. (2005). Social action art therapy. *Art Therapy: Journal of the American Art Therapy Association, 22*(1), 17–23.

Gordon, J., & Shontz, F. (1990a). Living with the AIDs virus: A representative case study. *Journal of Counseling and Development, 68*, 287–292.

Gordon, J., & Shontz, F. (1990b). Representative case research: A way of knowing. *Journal of Counseling and Development, 69*, 62–69.

Guba, E. G., & Lincoln, Y. S. (1998). Competing paradigms in qualitative research. In N. K. Denzin & Y. S. Lincoln (Eds.). *The landscape of qualitative research: Theories and issues* (pp. 195–220). Thousand Oaks, CA: Sage.

Guerrero, S. H. (1999). *Gender-sensitive and feminist methodologies: A handbook for health and social researchers*. Quezon City: University of the Philippines Center for Women's Studies.

Hall, B. (1981). Participatory research, popular knowledge, and power: A personal reflection. *Convergence, 14*(3), 6–17.

Hayes, S. C. (1998). Single case experimental design and empirical clinical study. In A. E. Kazdin (Ed.), *Methodological issues and strategies in clinical research* (pp. 419–450). Washington, DC: American Psychological Association.

Hebert, P. (1997). Treatment. In R. L. Kane (Ed.), *Understanding health care outcomes research* (pp. 93–126). Gaithersburg, MD: Aspen.

Heidegger, M. (1962). *Being and time*. New York, NY: Harper and Row.

Henley, D. (2007). Naming the enemy: An art therapy intervention for children with bipolar and comorbid disorders. *Art Therapy: Journal of the American Art Therapy Association, 24*(3), 104–110.

Heron, J., & Reason, P. (2001). The practice of co-operative inquiry: Research 'with' rather than 'on' people. In P. Reason & H. Bradbury (Eds.), *Handbook of action research* (pp. 179–188). Thousand Oaks, CA: Sage.

Hervey, L. W. (2000). *Artistic inquiry in dance/movement therapy*. Springfield, IL: Charles C Thomas.

Hesse-Biber, S. N., & Leavy, P. (2006). *The practice of qualitative research*. Thousand Oaks, CA: Sage.

Heyneman, M. (1991). The never-ceasing dance. *Parabola, 16*(2), 4–13.

Higgins, R. (1996). *Approaches to research: A handbook for those writing a dissertation*. London, England: Jessica Kingsley.

Hocoy, D. (2005). Art therapy and social action: A transpersonal framework. *Art Therapy: Journal of the American Art Therapy Association, 22*(1), 7–16.

Hoffmann Davis, J. (2003). Balancing the whole: Portraiture as methodology. In P. M. Camic, J. E. Rhodes, & L. Yardley (Eds.), *Qualitative research in psychology: Expanding perspectives in methodology and design* (pp. 199–218). Washington, DC: American Psychological Association.

Janesick, V. J. (2004). *"Stretching" exercises for qualitative researchers* (2nd ed.). Thousand Oaks, CA: Sage.

Julliard, K. (1994). Increasing chemically dependent patients' belief in step one through expressive therapy. *American Journal of Art Therapy, 33*(4), 110–119.

Julliard, K. P. (1998). Outcomes research in health care: Implications for art therapy. *Art Therapy: Journal of the American Art Therapy Association, 15*(1), 13–21.

Junge, M. B. (1989). The heart of the matter. *The Arts in Psychotherapy, 16,* 77–78.

Junge, M. (1994). The perception of doors: A sociodynamic investigation of doors in 20th century painting. *The Arts in Psychotherapy, 21*(5), 343–357.

Junge, M. B., & Linesch, D. (1992). Art therapists' way of knowing: Toward creativity and new paradigms for art therapy research. In H. Wadeson (Ed.), *A guide to conducting art therapy research* (pp. 79–83). Mundelein, IL: American Art Therapy Association.

Kaiser, D. H. (1996). Indications of attachment security in a drawing task. *The Arts in Psychotherapy, 23*(4), 333–340.

Kaiser, D., Dunne, M., Malchiodi, C., Feen H., Howie, P., Cutcher, D., & Ault, R. (2005). *Call for art therapy research on treatment of PTSD.* [Monograph]. Mundelein, IL: American Art Therapy Association. Retrieved February 15, 2010, from http://americanarttherapyassocia-tion.org/upload/callforresearchptsd.pdf

Kaiser, D. H., St. John, P., & Ball, B. (2006). Teaching art therapy research: A brief report. *Art Therapy: Journal of the American Art Therapy Association, 23*(4),186–190.

Kane, R. L. (Ed.). (1997). *Understanding health care outcomes research.* Gaithersburg, MD: Aspen.

Kapitan, L. (1997). Making or breaking: Art therapy in a violent culture. *Art Therapy: Journal of the American Art Therapy Association, 14*(4), 255–260.

Kapitan, L. (1998). In pursuit of the irresistible: Art therapy research in the hunting tradition. *Art Therapy: Journal of the American Art Therapy Association, 15*(1), 22–28.

Kapitan, L. (2003a). *Re-enchanting art therapy.* Springfield, IL: Charles C Thomas.

Kapitan, L. (2003b, Winter). Going for the money. *Newsletter of the American Art Therapy Association, 36*(4). Mundelein, IL: American Art Therapy Association.

Kapitan, L. (2004). Artist disenchantment and collaborative witness project. *The Journal of Pedagogy, Pluralism and Practice, 9.* Retrieved February 15, 2010, from http://www.lesley.edu/journals/jppp/9/index.html.

Kapitan, L. (2005, Summer). Advancing the profession: Progress report from the AATA Board of Directors. *Newsletter of the American Art Therapy Association, 38*(2). Mundelein, IL: American Art Therapy Association.

Kapitan, L. (2006a). Global perspectives of practice. *Art Therapy: Journal of the American Art Therapy Association, 23*(2), 50–51.

Kapitan, L. (2006b). The multiplier effect: Art therapy research that benefits all. *Art Therapy: Journal of the American Art Therapy Association, 23*(4), 154–155.

Kapitan, L. (2007). The power of n=1: An art therapist's qualities of mind. *Art Therapy: Journal of the American Art Therapy Association, 24*(3), 101–102.

Kapitan, L. (2009). Quality matters: Expanding the reach of art therapy's scholarly communication. *Art Therapy: Journal of the American Art Therapy Association, 26*(1), 2–3.

Kapitan, L., & Newhouse, M. (2000). Playing chaos into coherence: Educating the postmodern art therapist. *Art Therapy: Journal of the American Art Therapy Association, 17*(2), 111–117.

Kaplan, F. (1998). Anger imagery and age: Further investigations in the art of anger. *Art Therapy: Journal of the American Art Therapy Association, 12*(2), 116–119.

Kaplan, F. (2000). *Art, science, and art therapy: Repainting the picture.* Philadelphia, PA: Jessica Kingsley.

Kaplan, F. (2001). Areas of inquiry for art therapy research. *Art Therapy: Journal of the American Art Therapy Association, 18*(3), 142–147.

Kaufman, A. B. (1996). Art in boxes: An exploration of meanings. *The Arts in Psychotherapy, 23*(30), 237–247.

Kazdin, A. E. (Ed.). (1998). *Methodological issues and strategies in clinical research* (2nd ed.). Washington, DC: American Psychological Association.

Kearns, D. (2004). Art therapy with a child experiencing sensory integration difficulty. *Art Therapy: Journal of the American Art Therapy Association, 21*(2), 95–101.

Keyes, M. F. (1974). *The inward journey.* Millbrae, CA: Celestial Arts.

Kidd, J., & Wix, L. (1996). Images of the heart: Archetypal imagery in therapeutic artwork. *Art Therapy: Journal of the American Art Therapy Association, 13*(2),108–113.

Knapp, N. (1992). Historical overview of art therapy research. In H. Wadeson (Ed.), *A guide to conducting art therapy research* (pp. 7–12). Mundelein, IL: American Art Therapy Association.

Kramer, E. (1971). *Art as therapy with children*. New York, NY: Schocken Books.

Kramer, E., & Schehr, J. (1983). An art therapy evaluation session for children. *American Journal of Art Therapy, 23*, 3–12.

Kunkle-Miller, C. (1982). The effects of individual art therapy upon emotionally disturbed deaf children and adolescents. In A. DiMaria, E. S. Kramer, & E. A. Roth (Eds.), *Art therapy: Still growing. Proceedings of the 13th Annual Conference of the American Art Therapy Association* (pp. 137–142). Alexandria, VA: American Art Therapy Association.

Kvale, S. (1996). *Interviews: An introduction to qualitative research interviewing*. Thousand Oaks, CA: Sage.

Kvale, S. (2003). The psychoanalytic interview as inspiration for qualitative research. In P. M. Camic, J. E. Rhodes, & L. Yardley (Eds.), *Qualitative research in psychology: Expanding perspectives in methodology and design* (pp. 275–297). Washington, DC: American Psychological Association.

Kwiatkowska, H. Y. (1978). *Family therapy and evaluation through art*. Springfield, IL: Charles C Thomas.

Lark, C. V. (2005). Using art as language in large group dialogues: The TREC™ model. *Art Therapy: Journal of the American Art Therapy Association, 22*(1), 24–31.

Lawrence-Lightfoot, S., & Hoffman Davis, S. (1997). *The art and science of portraiture*. San Francisco, CA: Jossey Bass.

Leedy, P. (1997). *Practical research: Planning and design* (3rd ed.). Upper Saddle River, NJ: Prentice Hall.

Lett, W. R. (1998). Researching experiential self-knowing. *The Arts in Psychotherapy, 25*(5), 331–342.

Linesch, D. (1994). Interpretation in art therapy research and practice: The hermeneutic circle. *The Arts in Psychotherapy, 21*(3), 185–194.

Linesch, D. (1995). Art therapy research: Learning from experience. *Art Therapy: Journal of the American Art Therapy Association, 12*(4), 261–265.

Linton, R. (2000, August). Retrospective outlining. *The Learning Councilor Newsletter, 1*, 1–2.

Locke, L., Silverman, S., & Spirduso, W. (2004). *Reading and understanding research* (2nd ed.). Thousand Oaks, CA: Sage.

Locke, L., Spirduso, W., & Silverman, S. (1993). *Proposals that work: A guide for planning dissertations and grant proposals* (3rd ed.). Thousand Oaks, CA: Sage.

Lumpkin, C. (2006). Relating cultural identity and identity as art therapist. *Art Therapy: Journal of the American Art Therapy Association, 23*(1), 34–38.

Lykes, M. B. (2001). Activist participatory research and the arts with rural Mayan women: Interculturality and situated meaning making. In D. L. Tolman & M. Brydon-Miller (Eds.), *From subjects to subjectivities: A handbook of interpretive and participatory methods* (pp. 183–199). New York: New York University Press.

Lyshak-Stelzer, F., Singer, P., St. John, P., & Chemtob, C. M. (2007). Art therapy for adolescents with posttraumatic stress disorder symptoms: A pilot study. *Art Therapy: Journal of the American Art Therapy Association, 24*(4), 163–169.

Madson, C. (1991). The wilderness within. *Parabola, 16*(2), 65–67.

Maguire, P. (1987). *Doing participatory research: A feminist approach*. Amherst: The Center for International Education, University of Massachusetts.

Malchiodi, C. (1992). Minimizing bias in art therapy research. In H. Wadeson (Ed.), *A guide to conducting art therapy research* (pp. 31–36). Mundelein, IL: American Art Therapy Association.

Malchiodi, C. (1995). Does a lack of art therapy research hold us back? *Art Therapy: Journal of the American Art Therapy Association, 12*(4), 218–219.

Malchiodi, C. (Ed.). (1998a). [Special issue on art therapy and research]. *Art Therapy: Journal of the American Art Therapy Association, 15*(1–2).

Malchiodi, C. (1998b). Embracing our mission. *Art Therapy: Journal of the American Art Therapy Association, 15*(2), 82–83.

Malchiodi, C. (2000). Authority or advocacy: Art therapy in service of self or others? *Art Therapy: Journal of the American Art Therapy Association, 17*(3), 158–159.

Malis, D., Alter-Muri, S., & Young, L. (2006). Imagistic exchange: Communication in the mother/daughter relationship of artists. Panel presented at the Annual Conference of the American Art Therapy Association, New Orleans, LA.

Marincowitz, G. J. O. (2003). How to use participatory action research in primary care. *Family Practice, 20*(5), 595–600.

Maxwell, J. A. (2005). *Qualitative research design: An interactive approach* (2nd ed.). Thousand Oaks, CA: Sage.

McCullough, C. (2009). A child's use of transitional objects in art therapy to cope with divorce. *Art Therapy: Journal of the American Art Therapy Association, 26*(1), 19–25.

McLaughlin, D., & Carolan, R. (1992). Types of research. In H. Wadeson (Ed.), *A guide to conducting art therapy research* (pp. 49–54). Mundelein, IL: American Art Therapy Association.

McLeod, J. (1994). *Doing counseling research.* Thousand Oaks, CA: Sage.

McNiff, S. (1989). *Depth psychology of art.* Springfield, IL: Charles C Thomas.

McNiff, S. (1992). *Art as medicine: Creating a therapy of the imagination.* Boston, MA: Shambhala.

McNiff, S. (1998a). *Art-based research.* Philadelphia, PA: Jessica Kingsley.

McNiff, S. (1998b). Enlarging the vision of art therapy research. *Art Therapy: Journal of the American Art Therapy Association, 15*(2), 86–92.

Merleau-Ponty, M. (1973). *The prose of the world.* Evanston, IL: Northwestern University Press.

Milgram, S. (1963). Behavioral study of obedience. *Journal of Abnormal and Social Psychology, 67,* 371–378.

Milligan, L. (1996). A mother's journey of healing: When a child changes gender. *Art Therapy: Journal of the American Art Therapy Association, 13*(4), 282–284.

Monti, D. A., Peterson, C., Shakin Kunkel, E. J., Hauck, W. W., Pequignot, E., Rhodes, L., & Brainard, G. C. (2005). A randomized, controlled trial of mindfulness-based art therapy (MBAT) for women with cancer. *Psycho-Oncology, 15*(5), 363–373.

Moon, B. L. (1995). *Existential art therapy: The canvas mirror.* Springfield, IL: Charles C Thomas.

Moon, B. L. (1998). The role of responsive art making. In *The artist as therapist with adolescents* (pp. 22–53). Springfield, IL: Charles C Thomas.

Moon, B. L. (1999). The tears make me paint: The role of responsive artmaking in adolescent art therapy. *Art Therapy: Journal of the American Art Therapy Association, 16*(2), 78–82.

Moon, B. L. (2002). *The acoustic memory project.* [CD recording]. Mundelein, IL: Author.

Moon, B. L. (2003). *Voices from nowhere.* [CD recording]. Mundelein, IL: Author.

Moon, B. L. (2006a). *Ethical issues in art therapy* (2nd ed.). Springfield, IL: Charles C Thomas.

Moon, B. L. (2006b). *This tree has no roots: Images of an abandoned adolescent.* Performance presented at the Annual Conference of the American Art Therapy Association, New Orleans, LA.

Moon, B. L. (2007). Dialoguing with dreams in existential art therapy. *Art Therapy: Journal of the American Art Therapy Association, 24*(3), 128–133.

Moon, C. H. (2002). *Studio art therapy: Cultivating the artist identity in the art therapist.* Philadelphia, PA: Jessica Kingsley.

Morgan, C. A., & Johnson, D. R. (1995). Use of a drawing task in the treatment of nightmares in combat-related post-traumatic stress disorder. *Art Therapy: Journal of the American Art Therapy Association, 12*(4), 244–247.

Morris, S. (2008). What is quality in journal publishing? *Learned Publishing, 21,*4–6. doi: 10.1087/095315108X248383

Morse, J. M., & Field, P. A. (1995). *Qualitative research methods for health professionals* (2nd ed.). Thousand Oaks, CA: Sage.

Moustakas, C. (1990). *Heuristic research: Design, methodology, and applications.* Newbury

Park, CA: Sage.

Moustakas, C. (1994). *Phenomenological research methods.* Thousand Oaks, CA: Sage.

Musham, C. (2001). The potential contribution of art therapy to social science research. *Art Therapy: Journal of the American Art Therapy Association, 18*(4), 210–215.

Nainis, N. (2007). Developing a scientific research study for expressive art therapy. Presentation at Northwestern Memorial Hospital, Chicago, IL.

Naples, N. N. (2003). *Feminism and method: Ethnography, discourse analysis, and activist research.* New York, NY: Routledge.

National Institutes of Health. (2003). *Protecting personal health information in research: Understanding the HIPAA Privacy Rule.* Retrived February 15, 2010, from http://privacyrule-andresearch.nih.gov/pr_02.asp

Naumburg, M. (1966). *Dynamically oriented art therapy.* New York, NY: Grune and Stratton.

Naumburg, M. (1973). *An introduction to art therapy.* New York, NY: Teachers College Press of Columbia University,

Nelson, R. (1991). Exploring the near at hand. *Parabola, 26*(2), 35–43.

Oleson, V. (1994). Feminism and models of qualitative research. In N. K. Denzin & Y. S. Lincoln (Eds.), *Handbook of qualitative research* (pp. 158–174). Thousand Oaks, CA: Sage.

Ortega y Gasset, J. (1985). *Meditations on hunting.* (H. B. Wescott, Trans.). New York, NY: Charles Scribner's Sons. (Original work published in 1943).

Park, P. (2001). Knowledge and participatory research. In P. Reason & H. Bradbury (Eds.), *Handbook of action research* (pp. 81–90). Thousand Oaks, CA: Sage.

Patton, M. Q. (2002). *Qualitative research and evaluation methods* (3rd ed.). Thousand Oaks, CA: Sage.

Peacock, M. (1991). A personal construct approach to art therapy in the treatment of post sexual abuse trauma. *American Journal of Art Therapy, 29,* 100–109.

Pifalo, T. (2002). Pulling out the thorns: Art therapy with sexually abused children and adolescents. *Art Therapy: Journal of the American Art Therapy Association, 19*(1), 12–22.

Pifalo, T. (2006). Art therapy with sexually abused children and adolescents: Extended research study. *Art Therapy: Journal of the American Art Therapy Association, 23*(4), 181–185.

Pifalo, T. (2009). Mapping the maze: An art therapy intervention following disclosure of sexual abuse. *Art Therapy: Journal of the American Art Therapy Association, 26*(1), 12–18.

Punch, M. (1994). Politics and ethics in qualitative research. In N. K. Denzin & Y. S. Lincoln (Eds.), *Handbook of qualitative research* (pp. 83–98). Newbury Park, CA: Sage.

Quail, J. M., & Peavy, V. (1994). A phenomenological research study of a client's experience in art therapy. *The Arts in Psychotherapy, 21*(1), 45–57.

Reason, P. (1981). *Human inquiry.* New York, NY: John Wiley & Sons.

Reason, P., & Bradbury, H. (Eds.). (2001). *Handbook of action research.* Thousand Oaks, CA: Sage.

Remde, G. (1991). Close to the earth. *Parabola, 26*(3), 46–49.

Reynolds, M. W., Nabors, L., & Quinlan, A. (2000). The effectiveness of art therapy: Does it work? *Art Therapy: Journal of the American Art Therapy Association, 17*(3), 207–213.

Rhyne, J. (1973). *The gestalt art experience.* Monterey, CA: Brooks/Cole.

Rhyne, J. (1992). How ideas are generated for art therapy research. In H. Wadeson (Ed.), *A guide to conducting art therapy research* (pp. 113–121). Mundelein, IL: American Art Therapy Association.

Richardson, P. (2001). Evidence-based practice and the psychodynamic psychotherapies. In C. Mase, S. Moorey, & B. Roberts (Eds.), *Evidence in the psychological therapies* (pp. 157–173). New York, NY: Brunner-Routledge.

Ricoeur, P. (1981). *Hermeneutics and the human sciences.* Cambridge, MA: Cambridge University Press.

Riley, S. (1996). Videotape recording in supervision and live supervision. In C. Malchiodi & S. Riley (Eds.), *Supervision and related issues* (pp. 143–153). Chicago, IL: Magnolia Street.

Riley, S. (1997). Social constructionism: The narrative approach and clinical art therapy. *Art

Therapy: Journal of the American Art Therapy Association, 14(4), 282–284.

Riley, S. (2000). Questions to which "not knowing" is the answer: An exploration of an "invented reality" called art therapy and the supporting structure known as the "profession" of art therapy. *Art Therapy: Journal of the American Art Therapy Association, 17*(2), 87–89.

Robbins, A. (1973). The art therapist's imagery as a response to a therapeutic dialogue. *Art Psychotherapy, 1*(3/4), 181–194.

Robbins, A. (1989). *The psychoaesthetic experience*. New York, NY: Human Sciences.

Robbins, A., & Sibley, L. B. (1976). *Creative art therapy*. New York, NY: Brunner/Mazel.

Rosal, M. (1989). Master's papers in art therapy: Narrative or research case studies? *The Arts in Psychotherapy, 16*(2), 71–75.

Rosal, M. (1992). Illustrations of art therapy research. In H. Wadeson (Ed.), *A guide to conducting art therapy research* (pp. 57–65). Mundelein, IL: American Art Therapy Association.

Rubin, J. (1977). *Child art therapy*. New York, NY: Van Nostrand Reinhold.

Rudner, R. (1991). The call of the climb. *Parabola, 16*(2), 73–78.

Salkind, N. J. (1997). *Exploring research* (3rd ed.). Upper Saddle River, NJ: Prentice Hall.

Sheller, S. (2007). Understanding insecure attachment: A study using children's bird nest imagery. *Art Therapy: Journal of the American Art Therapy Association, 24*(3), 119–127.

Silver, R. (1996). *The Silver Drawing Test of Cognition and Emotion* (3rd ed.).Sarasota, FL: Ablin Press.

Silver, R. (1998). *Updating the Silver Drawing Test of Cognition and Emotion* (3rd ed.). Sarasota, FL: Ablin Press.

Spaniol, S. (1990). Exhibition art by people with mental illness: Process and principles. *Art Therapy: Journal of the American Art Therapy Association, 7*(2), 70–78.

Spaniol, S. (1998). Towards an ethnographic approach to art therapy research: People with psychiatric disability as collaborators. *Art Therapy: Journal of the American Art Therapy Association, 15*(1), 29–37.

Spaniol, S. (2000). "The withering of the expert": Recovery through art. *Art Therapy: Journal of the American Art Therapy Association, 17*(2), 78–79.

Spaniol, S. (2005). "Learned hopefulness": An arts-based approach to participatory action research. *Art Therapy: Journal of the American Art Therapy Association, 22*(2), 86–91.

Sperry, L., Brill, P. L., Howard, K. I., & Grissom, G. R. (1996). *Treatment outcomes in psychotherapy and psychiatric interventions*. New York, NY: Bunner/Mazel.

Spindler, G., & Spindler, L. (1987). *Interpretive ethnography of education: At home and abroad.* Hillsdale, NJ: Lawrence-Erlbaum.

Spradley, J. P. (1979). *The ethnographic interview*. Fort Worth, TX: Holt, Rinehart and Winston.

Spradley, J. P. (1980). *Participant-observation*. Fort Worth, TX: Holt, Rinehart and Winston.

Stacy, J. (1991). Can there be a feminist ethnography? In S. B. Gluck & D. Patai (Eds.), *Women's words* (pp. 111–119). New York, NY: Routledge.

Stahura, B. (n.d.). Jimmy Santiago Baca interview. *The Progressive*. Retrieved from http://www. progressive.org/mag_intvbaca

Stake, R. E. (1994). Case studies. In N. K. Denzin & Y. S. Lincoln (Eds.), *Handbook of qualitative research* (pp. 236–247). Thousand Oaks, CA: Sage.

Stake, R. E. (1995). *The art of case study research*. Thousand Oaks, CA: Sage.

Sullivan, G. (2005). *Art practice as research: Inquiry in the visual arts*. Thousand Oaks, CA: Sage.

Sulzberger, J. (1991). Some notes on Arab calligraphy. *Parabola, 16*(3), 26–29.

Sung-Chan, P. (2007). Generating practice knowledge for social work education: A teacher's experience in Hong Kong. *Social Work Education, 26*(6), 601–615.

Swan, J. A. (1999). *The sacred art of hunting*. Minocqua, WI: Willow Creek Press.

Sweig, T. (2000). Women healing women: Time-limited, psychoeducational group therapy for childhood sexual abuse survivors. *Art Therapy: Journal of the American Art Therapy Association, 17*(4), 255–264.

Tappan, M. B. (2001). Interpretive psychology: Stories, circles, and understanding lived experience. In D. L. Tolman & M. Brydon-Miller (Eds.), *From subject to subjectivities: A handbook of interpretive and participatory methods* (pp. 45–56). New York: New York University Press.

Tavani, R. (2007). Male mail: A survey of men in the field of art therapy. *Art Therapy: Journal of the American Art Therapy Association, 24*(1), 22–28.

Taylor, P. G., Wilder, S. O., & Helms, K. R. (2007). Walking with a ghost: Arts-based research, music videos, and the re-performing body. *International Journal of Education and the Arts, 8*(7).

Tolman, D., & Brydon-Miller, M. (2001). *From subjects to subjectivities: A handbook of interpretive and participatory methods.* New York: New York University Press.

Torbert, W. R. (2001). The practice of action inquiry. In P. Reason & H. Bradbury (Eds.), *Handbook of action research* (pp. 250–260). Thousand Oaks, CA: Sage.

Ulman, E., & Dachinger, P. (Eds.). (1975). *Art therapy theory and practice.* New York, NY: Schocken Books.

U.S. Department of Health, Education, and Welfare. (1979, April 18). *The Belmont report.* Retrieved February 15, 2010, from: http://www.hhs.gov/ohrp/humansubjects/guidance/belmont.htm

U.S. Department of Health and Human Services. (2009). *Code of federal regulations, Title 45, Public welfare, part 46, Protection of human subjects.* Retrieved February 15, 2010, from http://www.hhs.govohrp.osophs.dhhs.gov/humansubjects/guidance/45cfr46.htm

Van Lith, T. (2008). A phenomenological investigation of art therapy to assist transition to a psychosocial residential setting. *Art Therapy: Journal of the American Art Therapy Association, 25*(1), 24–31.

Van Manen, M. (1990). *Researching lived experience.* London, ON: State University of New York Press.

Vick, R. (2001). Introduction to special section on research in art therapy: When does an idea begin? *Art Therapy: Journal of the American Art Therapy Association, 18*(3), 132–133.

Vick, R. M., & Sexton-Radek, K. (2005). Art and migraine: Researching the relationship between artmaking and pain experience. *Art Therapy: Journal of the American Art Therapy Association, 22*(4), 193–204.

Vick, R. M., & Strauss, B. S. (1997). Assessment of affects: Comparison of ratings of prestructured images with symptom checklist. *Art Therapy: Journal of the American Art Therapy Association, 14*(2), 95–101.

Wadeson, H. (Ed.). (1992). *A guide to conducting art therapy research.* Mundelein, IL: American Art Therapy Association.

Wadeson, H. (2002). The anti-assessment devil's advocate. *Art Therapy: Journal of the American Art Therapy Association, 19*(4), 168–170.

Watson, B. (1968). (Trans.). *The complete works of Chuang Tzu.* New York, NY: Colombia University Press.

Weber, S., & Mitchell, C. (2004). *About art-based research.* Retrieved February 15, 2010, from http://iirc.mcgill.ca/txp/?s=Methodology&c=Art-based_research.html

Wilson, S. (1996). *Art as research.* Retrieved February 15, 2010, from http://userwww.sfsu.edu/~swilson/papers/artist.researcher.html

Winnicott, D. W. (1971). *Playing and reality.* London, England: Tavistock.

Winter, R. (1989). *Learning from experience: Principles and practices in action research.* Philadelphia, PA: Falmer Press.

Wix, L. (1995). The intern studio: A pilot study. *Art Therapy: Journal of the American Art Therapy Association, 12*(3), 175–178.

Wolcott, H. F. (1994). *Transforming qualitative data: Description, analysis, and interpretation.* Thousand Oaks, CA: Sage.

Yates, C., Kuwada, K., Potter, P., Cameron, D., & Hoshino, J. (2007). Image making and personal narratives with Japanese-American survivors of World War II internment camp. *Art Therapy: Journal of the American Art Therapy Association, 23*(3), 111–118.

Zinsser, W. (1980). *On writing well.* New York, NY: Harper and Row.

찾아보기

저 자 소 개

Lynn Kapitan(PhD, ATR-BC)

위스콘신 Milwaukee Mount Mary 대학 미술디자인 학부의 미술치료 대학원 과정 개설자이며 교수이다. 'Art Therapy: Journal of the American Art Therapy Association'의 편집자이며, 이 저널은 그녀가 지난 18년간 동료 자문자, 편집자, 출판자로서 꾸준히 제공해 온 미술치료 분야의 학문적인 연구를 선도하고 있다. Union Institute and University의 졸업생으로서 훌륭한 연구 업적으로 명성 높은 'Circle of Scholars'에 입회했고, 미국 미술치료협회의 회장을 역임하였다. 현재는 미 중남부의 민간단체와 협의하여 공동체에 기반한 문화간 미술치료를 수행하고 있다. 또한 1991년부터 대학에서 미술치료 연구를 가르쳤고, 미술치료에서의 사회적 행위, 다문화적이고 직업적인 이슈, 유해 작업 환경에서의 창의성 발달, 전략적인 정책 발달과 리더십이라는 주제로 국내외적으로 연구 발표 및 출판하고 있다.

역 자 소 개

장연집
프랑스, 스트라스부르, 루이빠스대학교 대학원 심리학과(심리학박사)
서울여자대학교 특수치료전문대학원 교수/사회과학대학 아동학과 교수 겸직
서울여대 사회과학대학 학장, 입학처장, 한국심리치료학 회장 등 역임
한국심리학회 산하 학회 임상심리전문가, 상담심리전문가, 건강심리전문가,
   한국심리치료학회 심리치료전문가, 미술심리치료전문가, K-EMDR 전문가,
   국제 NLP Trainer & Consultant 외

손승아
서울여자대학교 아동학과 아동심리전공 문학박사
Child's Mind 심리상담센터 공동소장
서울여자대학교 특수치료전문대학원 강사 외/아동학과 겸임교수
한국심리학회 산하 상담심리학회 상담심리사 1급, 청소년상담사 1급

안경숙
서울여자대학교 아동학과 아동심리전공 문학박사
Child's Mind 심리상담센터 공동소장
서울여자대학교 특수치료전문대학원 강사 외/아동학과 겸임교수
한국심리학회 산하 상담심리학회 상담심리사 1급, 청소년상담사 1급,
   게슈탈트치료 수련감독자

장윤정
가톨릭대학교 생활문화학과 아동학전공 이학박사
샌프란시스코주립대 아동청소년발달학과 Visiting Scholar
가톨릭대학교 심리학과 외 연구방법과 통계 강의

최호정
서울여자대학교 특수치료전문대학원 표현예술치료학 박사
서울여자대학교 특수치료전문대학원 겸임 교수 역임
최호정 미술심리치료연구소 소장
서울여자대학교 심리건강증진센터 강사
서울여자대학교 인증 예술치료사(30호), 미국 미술치료학회 공인 미술치료사(ATR)